8° Ll 15 16 2

Paris
1818

d' Hozier, Jean-François-Louis

Recueil de tous les membres composant l'ordre royal et militaire de Saint-Louis depuis 1693

Volume 2

ROBERT 1987

RECUEIL
DE TOUS LES MEMBRES
COMPOSANT

L'ORDRE ROYAL ET MILITAIRE
DE SAINT-LOUIS.

DE L'IMPRIMERIE DE J. SMITH, RUE MONTMORENCY, N.º 16.

RECUEIL
DE TOUS LES MEMBRES

COMPOSANT

L'ORDRE ROYAL ET MILITAIRE

DE SAINT-LOUIS,

DEPUIS L'ANNÉE 1693, ÉPOQUE DE SA FONDATION;

PRÉCÉDÉ

DES ÉDITS DE CRÉATION ET AUTRES

RELATIFS AUDIT ORDRE :

OUVRAGE posthume de JEAN-FRANÇOIS-LOUIS, Comte D'HOZIER, Chevalier de l'Ordre des Saint-Maurice et Lazare de Sardaigne, Chambellan de l'Électeur Palatin;

DÉDIÉ AU ROI.

TOME SECOND.

A PARIS,

Chez SMITH, Imprimeur-Libraire, rue Montmorency, n.º 16;
Et chez GIDE fils, Libraire, rue St.-Marc-Feydeau, n.º 20.

1818.

RECUEIL

DE TOUS LES MEMBRES

COMPOSANT

L'ORDRE ROYAL ET MILITAIRE

DE SAINT-LOUIS.

CHEVALIERS, COMMANDEURS

ET GRAND'CROIX.

De VATTEVILLE (*Jean-Chrétien*), *chevalier, puis marquis* de Conflans,
Capitaine au régiment de cavalerie de Roussillon dès le 7 mai 1682.
Sa compagnie réformée, il entra capitaine dans le régiment de cavalerie de Besons (depuis Balivières et Auneuil), en août 1688.
Obtint une commission pour tenir rang de mestre-de-camp de cavalerie en octobre 1690.
Mestre-de-camp du régiment de Conflans, juin 1694.
Brigadier des armées du Roi, janvier 1702.
Maréchal-de-camp, octobre 1704.
Lieutenant-général des armées du Roi, mars 1710.
Reçu chevalier de l'ordre de Saint-Louis de 1701 à 1715.
Commandeur le 21 février 1723.
Mort le 7 mars 1725.

Des MEURS,
   Capitaine de carabiniers.
   Reçu chevalier de l'ordre de Saint-Louis de 1701 à 1715.

D'ENONVILLE (*le chevalier*),
   Ingénieur.
   Reçu chevalier de l'ordre de Saint-Louis de 1701 à 1715.

Du FAUX,
   Lieutenant au régiment de Montal-cavalerie.
   Reçu chevalier de l'ordre de Saint-Louis de 1701 à 1715.

De TARDIF (*René*),
   Ingénieur.
   Directeur des fortifications de Dauphiné.
   Reçu chevalier de l'ordre de Saint-Louis de 1701 à 1715.
   Maréchal-de-camp en 1719.
   Mort en 1736, âgé de quatre-vingt-quatre ans, après en avoir servi soixante.

De BEAUREGARD,
   Ingénieur.
   Reçu chevalier de l'ordre de Saint-Louis de 1701 à 1715.

D'ASTOR,
   Lieutenant-de-Roi à Blaye.
   Reçu chevalier de l'ordre de Saint-Louis de 1701 à 1715.

MORANT,
   Lieutenant au régiment Commissaire-général-cavalerie.
   Reçu chevalier de l'ordre de Saint-Louis de 1701 à 1715.

De BOISANDRÉ,
   Lieutenant-colonel du régiment de Vexin.
   Reçu chevalier de l'ordre de Saint-Louis de 1701 à 1715.

Des CROCHETS,
   Lieutenant-de-Roi à Verdun.
   Reçu chevalier de l'ordre de Saint-Louis de 1701 à 1715.

De BARMONT de THOIRAS,
    Lieutenant-colonel d'infanterie.
    Reçu chevalier de l'ordre de Saint-Louis de 1701 à 1715.

De GRIEU,
    Capitaine au régiment d'Anjou-infanterie.
    Reçu chevalier de l'ordre de Saint-Louis de 1701 à 1715.

De VÉRAC du POUJET,
    Commandant à Bouillon.
    Nommé chevalier de l'ordre de S.-Louis de 1701 à 1715.
    Mort avant d'être reçu.

De la BARLIÈRE,
    Lieutenant-de-Roi à Sédan.
    Reçu chevalier de l'ordre de Saint-Louis de 1701 à 1715.

D'OLIVE,
    Capitaine au régiment de Languedoc-infanterie.
    Reçu chevalier de l'ordre de Saint-Louis de 1701 à 1715.

Du MAY,
    Capitaine des gardes du duc de Villeroy.
    Reçu chevalier de l'ordre de Saint-Louis de 1701 à 1715.

Des ONDES,
    Major du régiment d'Orléans-infanterie.
    Reçu chevalier de l'ordre de Saint-Louis de 1701 à 1715.

Du BARREAU,
    Lieutenant-colonel d'infanterie.
    Reçu chevalier de l'ordre de Saint-Louis de 1701 à 1715.

De VELLE,
    Capitaine réformé de carabiniers.
    Reçu chevalier de l'ordre de Saint-Louis de 1701 à 1715.

De MUS,
    Ingénieur, et directeur des fortifications de Picardie et d'Artois.
    Reçu chevalier de l'ordre de Saint-Louis de 1701 à 1715.

D'ARGICOURT,
   Major du régiment de Bouzols-cavalerie.
Reçu chevalier de l'ordre de Saint-Louis de 1701 à 1715.

De BAMBIGNY,
   Capitaine de mineurs.
Reçu chevalier de l'ordre de Saint-Louis de 1701 à 1715.

De CHAPISEAUX (*Henri-Louis, marquis*),
   Enseigne des Gardes-du-Corps.
Reçu chevalier de l'ordre de Saint-Louis de 1701 à 1715.

L'HUILLIER,
   Commandant à Antibes.
Reçu chevalier de l'ordre de Saint-Louis de 1701 à 1715.

De BARETTE,
   Major du régiment de Bourgogne-infanterie.
Reçu chevalier de l'ordre de Saint-Louis de 1701 à 1715.

De BARÈRE,
   Capitaine au régiment de Morangies.
Reçu chevalier de l'ordre de Saint-Louis de 1701 à 1715.

D'ARCY,
   Capitaine au régiment des Vaisseaux.
Reçu chevalier de l'ordre de Saint-Louis de 1701 à 1715.

Du LESTIER,
   Lieutenant-colonel du régiment de Gévaudan-dragons.
Reçu chevalier de l'ordre de Saint-Louis de 1701 à 1715.

De MAGNY,
   Capitaine de grenadiers au régiment de Brie.
Reçu chevalier de l'ordre de Saint-Louis de 1701 à 1715.

De SEVIGNY,
   Lieutenant-colonel du régiment d'Anlezy-cavalerie.
Reçu chevalier de l'ordre de Saint-Louis de 1701 à 1715.

MEDONI,
Lieutenant-colonel du régiment Royal-italien.
Reçu chevalier de l'ordre de Saint-Louis de 1701 à 1715.

DE NARBONNE (*Louis-Benoît*),
Lieutenant-colonel du régiment de Mirabeau-infanterie.
Gouverneur de Reggio dans le Modénois.
Reçu chevalier de l'ordre de Saint-Louis de 1701 à 1715.

D'AOUST,
Lieutenant-de-Roi de Landau.
Reçu chevalier de l'ordre de Saint-Louis de 1701 à 1715.

FICHER,
Lieutenant de la compagnie générale des Gardes-Suisses.
Reçu chevalier de l'ordre de Saint-Louis de 1701 à 1715.

DE LIBERTAT,
Lieutenant-colonel du régiment de Nivernais.
Reçu chevalier de l'ordre de Saint-Louis de 1701 à 1715.

LE FEVRE,
Capitaine au régiment d'Orléans,
Reçu chevalier de l'ordre de Saint-Louis de 1701 à 1715.

DE MARCILLAC,
Major du régiment de la Mark-infanterie.
Reçu chevalier de l'ordre de Saint-Louis de 1701 à 1715.

SERT-DE-MARIE,
Capitaine de grenadiers au régiment de Piémont.
Reçu chevalier de l'ordre de Saint-Louis de 1701 à 1715.

DE LA MUTELLIÈRE,
Exempt des Gardes-du-Corps.
Reçu chevalier de l'ordre de Saint-Louis de 1701 à 1715.

DE FAVANCOURT,
Sous-brigadier de la première compagnie des Mousquetaires.
Reçu chevalier de l'ordre de Saint-Louis de 1701 à 1715.

DE GOULET DE BREVANNE,
   Ingénieur.
   Reçu chevalier de l'ordre de Saint-Louis de 1701 à 1715.

D'AIGUILLE,
   Capitaine de grenadiers au régiment de Bourbonnais.
   Reçu chevalier de l'ordre de Saint-Louis de 1701 à 1715.

DE LA FITTE DE PELLEPORT,
   Mestre-de-camp d'un régiment de cavalerie.
   Reçu chevalier de l'ordre de Saint-Louis de 1701 à 1715.

DE MAZILLE,
   Maréchal-des-logis des gendarmes de la Garde.
   Reçu chevalier de l'ordre de Saint-Louis de 1701 à 1715.

FERRON,
   Lieutenant aux Gardes-Françaises.
   Reçu chevalier de l'ordre de Saint-Louis de 1701 à 1715.

DE SINFART,
   Ingénieur.
   Reçu chevalier de l'ordre de Saint-Louis de 1701 à 1715.

DE LEVISTON,
   Major de la citadelle de Metz.
   Reçu chevalier de l'ordre de Saint-Louis de 1701 à 1715.

DE LARTIGUE,
   Capitaine d'artillerie.
   Reçu chevalier de l'ordre de Saint-Louis de 1701 à 1715.

SERMENT,
   Commandant à la citadelle de Nancy.
   Reçu chevalier de l'ordre de Saint-Louis de 1701 à 1715.

DE VILLERAZE,
   Capitaine au régiment de Soissonnais.
   Reçu chevalier de l'ordre de Saint-Louis de 1701 à 1715.

Du FERRIER,
   Lieutenant-colonel du régiment des Vaisseaux.
   Reçu chevalier de l'ordre de Saint-Louis de 1701 à 1715.

De NEVILLETTE,
   Capitaine au régiment Dauphin-infanterie.
   Reçu chevalier de l'ordre de Saint-Louis de 1701 à 1715.

De FLAICHE,
   Lieutenant-colonel du régiment de Grignan-cavalerie.
   Reçu chevalier de l'ordre de Saint-Louis de 1701 à 1715.

De DOUXMÉNIL,
   Capitaine aux Gardes-Françaises.
   Reçu chevalier de l'ordre de Saint-Louis de 1701 à 1715.

D'AIGREMONT,
   Lieutenant-colonel du régiment d'Ourches-cavalerie.
   Reçu chevalier de l'ordre de Saint-Louis de 1701 à 1715.

De DURCET (*le chevalier*),
   Maréchal-des-logis de la cavalerie.
   Reçu chevalier de l'ordre de Saint-Louis de 1701 à 1715.

NOBLESSE,
   Ingénieur.
   Reçu chevalier de l'ordre de Saint-Louis de 1701 à 1715.

De BARDON,
   Major du régiment du Maine.
   Reçu chevalier de l'ordre de Saint-Louis de 1701 à 1715.

D'AGOULT,
   Lieutenant-colonel du régiment de Talendre-infanterie.
   Reçu chevalier de l'ordre de Saint-Louis de 1701 à 1715.

De SAINT-ESTÈVE,
   Capitaine de grenadiers au régiment de Gâtinais.
   Reçu chevalier de l'ordre de Saint-Louis de 1701 à 1715.

Du MOUCHET,
   Lieutenant-colonel du régiment de Bassigny.
   Reçu chevalier de l'ordre de Saint-Louis de 1701 à 1715.

Du MOUSSEAU,
   Lieutenant au régiment de Berri-cavalerie.
   Reçu chevalier de l'ordre de Saint-Louis de 1701 à 1715.

De NOGARET,
   Capitaine de grenadiers au régiment de Piémont.
   Reçu chevalier de l'ordre de Saint-Louis de 1701 à 1715.

De MANVILLE,
   Lieutenant-de-Roi de Pierre-Encise.
   Reçu chevalier de l'ordre de Saint-Louis de 1701 à 1715.

De RODEMACK,
   Lieutenant-colonel du régiment de Choiseul.
   Reçu chevalier de l'ordre de Saint-Louis de 1701 à 1715.

De THEYS,
   Sous-lieutenant-de-Roi de la citadelle de Metz.
   Reçu chevalier de l'ordre de Saint-Louis de 1701 à 1715.

D'ARNAULT,
   Major du régiment d'Anlezy-cavalerie.
   Reçu chevalier de l'ordre de Saint-Louis de 1701 à 1715.

Le CONTE de NONANT,
   Lieutenant-colonel d'infanterie.
   Reçu chevalier de l'ordre de Saint-Louis de 1701 à 1715.

D'ARMOULIN,
   Major d'Anvers.
   Reçu chevalier de l'ordre de Saint-Louis de 1701 à 1715.

De GUERRY-DES-CRÉPINIÈRES,
   Lieutenant-de-Roi de Philippeville.
   Reçu chevalier de l'ordre de Saint-Louis de 1701 à 1715.

De MELLERAY,
>Lieutenant-colonel du régiment de Boulonais.
>Reçu chevalier de l'ordre de Saint-Louis de 1701 à 1715.

De TAURIAC (*Jacques*), *seigneur* de Bossac,
>Capitaine au régiment de Sault.
>Reçu chevalier de l'ordre de Saint-Louis de 1701 à 1715, et vraisemblablement à l'occasion de la perte qu'il fit d'un bras au combat de Chiari.

De PAILLE,
>Lieutenant-colonel du régiment de Touraine.
>Reçu chevalier de l'ordre de Saint-Louis de 1701 à 1715.

De LACO,
>Capitaine de grenadiers au régiment de Vermandois.
>Reçu chevalier de l'ordre de Saint-Louis de 1701 à 1715.

PARISOT,
>Major de Cambrai.
>Reçu chevalier de l'ordre de Saint-Louis de 1701 à 1715.

De GRANDCHAMP (*le chevalier*),
>Maréchal-des-logis de la deuxième compagnie des Mousquetaires.
>Reçu chevalier de l'ordre de Saint-Louis de 1701 à 1715.

De TAVAGNY,
>Lieutenant-colonel du régiment de Miroménil.
>Reçu chevalier de l'ordre de Saint-Louis de 1701 à 1715.

De VILLEPEAUX,
>Sous-lieutenant aux Gardes-Françaises.
>Reçu chevalier de l'ordre de Saint-Louis de 1701 à 1715.

De PAULO,
>Maréchal-des-logis de la première compagnie des Mousquetaires.
>Reçu chevalier de l'ordre de Saint-Louis de 1701 à 1715.

Des LANDES,
>Capitaine de canonniers.
>Reçu chevalier de l'ordre de Saint-Louis de 1701 à 1715.

JACQUET,
>Ingénieur.
>Reçu chevalier de l'ordre de Saint-Louis de 1701 à 1715.

De MENON de SAINT-QUENTIN de TURBILLY,
>Lieutenant-de-Roi d'Aix.
>Reçu chevalier de l'ordre de Saint-Louis de 1701 à 1715.

De MÉRIALS,
>Lieutenant-colonel du régiment Royal-Roussillon.
>Reçu chevalier de l'ordre de Saint-Louis de 1701 à 1715.

De ROSSI de BAVILLE (*François*), marquis de SAINT-SECOND,
>Capitaine au régiment de la marine.
>Major et lieutenant-colonel de différens régimens de nouvelle création.
>Colonel d'un régiment d'infanterie étrangère de son nom.
>Brigadier des armées du Roi.
>Reçu chevalier de l'ordre de Saint-Louis de 1701 à 1715.
>Mort en 1716.

De la MOTTE BARACÉ,
>Lieutenant d'artillerie.
>Reçu chevalier de l'ordre de Saint-Louis de 1701 à 1715.

De TARADE,
>Ingénieur.
>Reçu chevalier de l'ordre de Saint Louis de 1701 à 1715.

De JONVILLE,
>Ingénieur.
>Reçu chevalier de l'ordre de Saint-Louis de 1701 à 1715.

De BOIRECLOU de la BAUDIÈRE,
>Lieutenant-colonel du régiment de Beauce.
>Reçu chevalier de l'ordre de Saint-Louis de 1701 à 1715.

CHARLES;
>   Major de Schelestadt.
>   Reçu chevalier de l'ordre de St.-Louis par M. de Laubanie, officier général, de 1701 à 1715.

DE CHANTARIÉGE,
>   Capitaine au régiment de Choiseul-cavalerie.
>   Reçu chevalier de l'ordre de Saint-Louis de 1701 à 1715.

DE GRANGEMONT,
>   Lieutenant-de-Roi de Monaco.
>   Reçu chevalier de l'ordre de Saint-Louis de 1701 à 1715

DE LA MOTTE DE CAIRON (*Jacques*),
>   Premier lieutenant des grenadiers à cheval, avec rang de mestre-de-camp de cavalerie.
>   Reçu chevalier de l'ordre de Saint-Louis de 1701 à 1715.

DE JONQUIÈRES,
>   Capitaine au régiment d'Aubusson-cavalerie.
>   Reçu chevalier de l'ordre de Saint-Louis de 1701 à 1715.

DE CHANTOISEAU,
>   Commandant de bataillon au régiment de la marine.
>   Reçu chevalier de l'ordre de Saint-Louis de 1701 à 1715.

DE VILLENEUVE,
>   Lieutenant-de-Roi d'Arras.
>   Reçu chevalier de l'ordre de Saint-Louis de 1701 à 1715.

TRUFFIER D'AUGECOURT,
>   Capitaine au régiment de Royal-dragons.
>   Reçu chevalier de l'ordre de Saint-Louis de 1701 à 1715

YTHIER,
>   Lieutenant-colonel du régiment de Montmain-cavalerie.
>   Reçu chevalier de l'ordre de Saint-Louis de 1701 à 1715.

DE VILLENEUVE,
>   Lieutenant-colonel du régiment d'Oléron-infanterie.
>   Reçu chevalier de l'ordre de Saint-Louis de 1701 à 1715.

MASSON,
>Brigadier des chevau-légers de la Garde.
>Reçu chevalier de l'ordre de Saint-Louis de 1701 à 1715.

De la LOUVIÈRE,
>Lieutenant colonel du régiment de Montpeiroux-cavalerie.
>Reçu chevalier de l'ordre de Saint-Louis de 1701 à 1715.

De BEAUMANOIR,
>Capitaine au régiment d'Anjou.
>Reçu chevalier de l'ordre de Saint-Louis de 1701 à 1715.

De VILLEMAN,
>Major de Sarre-Louis.
>Reçu chevalier de l'ordre de Saint-Louis de 1701 à 1715.

De COURTADE,
>Commandant au fort du Bains.
>Reçu chevalier de l'ordre de Saint-Louis de 1701 à 1715.

De LUTZELBOURG (*Walter*),
>Capitaine au régiment de Rosen-cavalerie.
>Lieutenant-colonel de celui de Royal-allemand.
>Reçu chevalier de l'ordre de Saint-Louis de 1701 à 1715.
>Mort en 1736.

JUBERT,
>Maréchal-des-logis des chevau-légers de la Garde.
>Reçu chevalier de l'ordre de Saint-Louis de 1701 à 1715.

De TALVENAC,
>Lieutenant-de-Roi de Menin.
>Reçu chevalier de l'ordre de Saint-Louis de 1701 à 1715.

De la VILLENEUVE,
>Aide-major des Gardes-du-Corps.
>Reçu chevalier de l'ordre de Saint-Louis de 1701 à 1715.

De la HAS,
>Lieutenant-colonel du régiment des Cravates.
>Reçu chevalier de l'ordre de Saint-Louis de 1701 à 1715.

De COURCELLES GRÉNÉ,
　Lieutenant-de-Roi à Tournai.
　Reçu chevalier de l'ordre de Saint-Louis de 1701 à 1715.

De FONTIENNE,
　Capitaine au régiment de Saint-Pouange-infanterie.
　Reçu chevalier de l'ordre de Saint-Louis de 1701 à 1715.

De COURT,
　Lieutenant-colonel du régiment de Beaujolais.
　Reçu chevalier de l'ordre de Saint-Louis de 1701 à 1715.

PASCAL,
　Major du régiment des Clos-cavalerie.
　Reçu chevalier de l'ordre de Saint-Louis de 1701 à 1715.

De LA COUR,
　Ingénieur.
　Reçu chevalier de l'ordre de Saint-Louis de 1701 à 1715.

De SUIGNAUX,
　Aide-major du régiment de Périgord.
　Reçu chevalier de l'ordre de Saint-Louis de 1701 à 1715.

De MASCHAT de la COTE de POMPADOUR,
　Colonel d'infanterie.
　Reçu chevalier de l'ordre de Saint-Louis de 1701 à 1715.

Du VINET,
　Lieutenant-colonel du régiment de Sourches-infanterie.
　Reçu chevalier de l'ordre de Saint-Louis de 1701 à 1715.

De LA SALLE,
　Capitaine au régiment Mestre-de-Camp-général-dragons.
　Reçu chevalier de l'ordre de Saint-Louis de 1701 à 1715.

De CUGNAC-DAMPIERRE, *marquis* de Dampierre,
　Colonel d'un régiment d'infanterie.
　Reçu chevalier de l'ordre de Saint-Louis de 1701 à 1715.
　Brigadier des armées du Roi en 1719.

NEVEU,
> Major des chevau-légers de la Garde.
> Reçu chevalier de l'ordre de Saint-Louis de 1701 à 1715.

De SAULIÈRE,
> Capitaine de grenadiers au régiment d'Artois.
> Reçu chevalier de l'ordre de Saint-Louis de 1701 à 1715.

De COUDRAS,
> Capitaine de grenadiers au régiment de Bourgogne.
> Nommé chevalier de l'ordre de Saint-Louis de 1701 à 1715.
> Tué au service avant d'être reçu.

PASCAL,
> Lieutenant-colonel du régiment de Querey.
> Reçu chevalier de l'ordre de Saint-Louis de 1701 à 1715.

Du MAS (*Bernard*),
> Premier maréchal-des-logis de la première compagnie des Mousquetaires.
> Reçu chevalier de l'ordre de Saint-Louis de 1701 à 1715.

De COTTIGNON,
> Lieutenant-de-Roi de la citadelle de Calais.
> Reçu chevalier de l'ordre de Saint-Louis de 1701 à 1715.

D'AYDIC (*le chevalier*),
> Capitaine au régiment de la Sarre.
> Reçu chevalier de l'ordre de Saint-Louis de 1701 à 1715.

D'AURUSSE,
> Commandant à Bouillon.
> Reçu chevalier de l'ordre de Saint-Louis de 1701 à 1715.

De MARTIMONT,
> Capitaine de grenadiers au régiment de Flandres.
> Reçu chevalier de l'ordre de Saint-Louis de 1701 à 1715.

De SAINT-ÉLOY,
> Capitaine de grenadiers au régiment d'Oléron.
> Reçu chevalier de l'ordre de Saint-Louis de 1701 à 1715.

DE COTTURE,
Capitaine de grenadiers au régiment de Languedoc.
Reçu chevalier de l'ordre de Saint-Louis de 1701 à 1715.

DE BAILLEUL,
Major de Nice.
Reçu chevalier de l'ordre de Saint-Louis de 1701 à 1715.

DE TALANGES,
Capitaine au régiment d'Hautefort-dragons.
Reçu chevalier de l'ordre de Saint-Louis de 1701 à 1715.

DE LOUBERT (*Adrien-Alexandre*), *seigneur* D'ARDÉE,
Capitaine au régiment de Royal-Vaisseaux en 1694.
Lieutenant-de-Roi à Caen.
Reçu chevalier de l'ordre de Saint-Louis de 1701 à 1715.

DE JAYARY,
Capitaine au régiment du Maine-infanterie.
Reçu chevalier de l'ordre de Saint-Louis de 1701 à 1715.

DE CŒURS,
Major du régiment de Ponthieu.
Reçu chevalier de l'ordre de Saint-Louis de 1701 à 1715.

D'AVESNES,
Lieutenant-colonel du régiment de la Marche.
Reçu chevalier de l'ordre de Saint-Louis de 1701 à 1715.

MASSE,
Major de Nancy.
Reçu chevalier de l'ordre de Saint-Louis de 1701 à 1715.

DE SAINT-GERMAIN,
Major du fort de Saint-André de Salins.
Reçu chevalier de l'ordre de Saint-Louis de 1701 à 1715.

DE COULANGES,
Capitaine de grenadiers au régiment de Vexin.
Reçu chevalier de l'ordre de Saint-Louis de 1701 à 1715.

De SAINT-AVY,
  Enseigne des Gardes-du-Corps.
  Reçu chevalier de l'ordre de Saint-Louis de 1701 à 1715.

De LONGUEVILLE,
  Capitaine au régiment de Bourgogne-infanterie.
  Reçu chevalier de l'ordre de Saint-Louis de 1701 à 1715.

De TAURINS,
  Lieutenant de vaisseaux du Roi.
  Reçu chevalier de l'ordre de Saint-Louis de 1701 à 1715.

De VILLERVILLE,
  Lieutenant-colonel du régiment Mestre-de-Camp-général-dragons.
  Reçu chevalier de l'ordre de Saint-Louis de 1701 à 1715.

De la SERRE de la RAZETTE,
  Capitaine au régiment Dauphin-infanterie.
  Reçu chevalier de l'ordre de Saint-Louis de 1701 à 1715.

De VILLERAZE,
  Capitaine au régiment de Guienne-infanterie.
  Nommé chevalier de l'ordre de Saint-Louis de 1701 à 1715.
  Mort avant d'être reçu.

De LOUPIAC de la DEVEZE,
  Chef de bataillon au régiment de Royal-artillerie.
  Reçu chevalier de l'ordre de Saint-Louis de 1701 à 1715.

De PARDAILLAN (le comte),
  Reçu chevalier de l'ordre de Saint-Louis depuis 1715.
  Capitaine de vaisseaux du Roi en 1731.
  Commandant la compagnie des gardes du Pavillon en 1734.

CHARPENTIER,
  Capitaine aux Gardes-Françaises.
  Reçu chevalier de l'ordre de Saint-Louis depuis 1715.
  Tué à la bataille d'Etlingen en 1743.

De LUC MAJOUR (*Pierre, chevalier*),
Major du régiment de Rohan.
Reçu chevalier de l'ordre de Saint-Louis depuis 1715.
Mort en 1743, des suites d'une blessure qu'il reçut à la bataille d'Etlingen, où il perdit les yeux.

De la VILLEGONTIER,
Lieutenant aux Gardes-Françaises.
Reçu chevalier de l'ordre de Saint-Louis depuis 1715.
Mort des blessures qu'il reçut à la bataille d'Etlingen en 1743.

De BEAUCAIRANT,
Capitaine aux Gardes-Françaises.
Reçu chevalier de l'ordre de Saint-Louis depuis 1715.
Tué à la bataille d'Etlingen en 1743.

De la BRIFFE (*Gilles-Arnaud, chevalier*),
Capitaine aux Gardes-Françaises.
Reçu chevalier de l'ordre de Saint-Louis depuis 1715.
Tué à la bataille d'Etlingen en 1743.

DAVILA,
Lieutenant aux Gardes-Françaises.
Reçu chevalier de l'ordre de Saint-Louis depuis 1715.
Mort des blessures qu'il reçut à la bataille d'Etlingen en 1743.

DAVID de LASTOURS,
Major du régiment de Toulouse.
Reçu chevalier de l'ordre de Saint-Louis depuis 1715.
Tué à la bataille d'Etlingen en 1743.

CHAZAL de LESPINAS,
Maréchal-des-Logis de la première compagnie des Mousquetaires.
Mestre-de-camp de cavalerie.
Reçu chevalier de l'ordre de Saint-Louis depuis 1715.
Tué à la bataille d'Etlingen en 1743.

DUNELLE (*le chevalier*),
　Capitaine de grenadiers au régiment de Rohan.
　Reçu chevrlier de l'ordre de Saint-Louis depuis 1715.
　Tué à la bataille d'Etlingen en 1743.

De MASSANNES (*François*),
　Reçu chevalier de l'ordre de Saint-Louis depuis 1715.
　Lieutenant-colonel du régiment de Mailly, ci-devant Fimarcon-dragons, en 1731.
　Mort en 1744.

De GONTAUT-SAINT-GENIEZ (*Félix*),
　Capitaine de grenadiers au régiment de Forez.
　Reçu chevalier de l'ordre de Saint-Louis depuis 1715.
　Tué en 1744, à l'attaque des lignes de Wissenbourg.

De FAGES de la TERRISSE (*Jean-François*),
　Reçu chevalier de l'ordre de Saint-Louis depuis 1715.
　Capitaine de grenadiers au régiment de Bigorre en 1728.
　Mort des blessures qu'il reçut au siége de Fribourg en 1744.

De BOISSET de GAUTIER,
　Lieutenant-colonel du régiment de Picardie.
　Lieutenant-de-Roi de Schelestadt.
　Reçu chevalier de l'ordre de Saint-Louis depuis 1715.
　Mort des blessures qu'il reçut au siége de Fribourg en 1744.

De CARLES (*le comte*),
　Colonel-lieutenant du régiment de Conti.
　Reçu chevalier de l'ordre de Saint-Louis depuis 1715.
　Tué en 1744, à l'attaque de Pierrelongue.

De RENAUD (*François*), *chevalier* d'Alcin,
　Major du régiment de Flandre.
　Reçu chevalier de l'ordre de Saint-Louis depuis 1715.
　Tué à la bataille de Coni en 1744.

BLANCHARD de TALLANGOUET (*Philippe-Louis*),
　Capitaine appointé dans la compagnie des gendarmes de la Garde.

Reçu chevalier de l'ordre de Saint-Louis depuis 1715.
Mort en 1744, des blessures qu'il reçut à la bataille d'Etlingen.

De BIENCOURT (*Louis - Charles*), *seigneur* De Poutrincourt,
Grand-bailli d'Ardres et du comté de Guines.
Reçu chevalier de l'ordre de Saint-Louis depuis 1715.
Mort le 19 novembre 1744.

De PONTCHARNAUT,
Premier capitaine au régiment de Marsan.
Reçu chevalier de l'ordre de Saint-Louis depuis 1715.
Tué à la bataille d'Etlingen en 1743.

D'OUVILLE,
Sous-brigadier de la deuxième compagnie des Mousquetaires.
Reçu chevalier de l'ordre de Saint-Louis depuis 1715.
Tué à la bataille d'Etlingen en 1743.

Du LIGONDÈS (*le chevalier*),
Capitaine au régiment de Picardie.
Reçu chevalier de l'ordre de Saint-Louis depuis 1715.
Tué en 1743, à l'affaire de Dingelfingen.

De LISLE,
Brigadier des chevau-légers de la Garde.
Reçu chevalier de l'ordre de Saint-Louis depuis 1715.
Tué à la bataille d'Etlingen en 1743.

De LA RIVIÈRE (*le chevalier*),
Brigadier des Mousquetaires.
Reçu chevalier de l'ordre de Saint-Louis depuis 1715.
Tué à la bataille d'Etlingen en 1743.

De LAUBONNIÈRE,
Capitaine de grenadiers au régiment de Normandie.
Reçu chevalier de l'ordre de Saint-Louis depuis 1715.
Tué en Bavière le 28 mai 1743.

De la LONDE,
   Lieutenant aux Gardes-Françaises.
   Reçu chevalier de l'ordre de Saint-Louis depuis 1715.
   Mort des blessures qu'il reçut à la bataille d'Etlingen en 1743.

De PARDIEU (*Philippe*), marquis d'Avrèménil,
   Colonel d'un régiment d'infanterie.
   Reçu chevalier de l'ordre de Saint-Louis depuis 1715.
   Mort le 15 mars 1746.

De MOULINS de VILLOUET (*Pierre*),
   Capitaine au régiment de Rohan.
   Reçu chevalier de l'ordre de Saint-Louis depuis 1715.
   Tué à la bataille d'Etlingen en 1743.

GRIMALDI (*Honoré*), marquis de Cagnes,
   Lieutenant aux Gardes-Françaises.
   Colonel et chef de brigade des Carabiniers.
   Gouverneur de Saint-Paul.
   Reçu chevalier de l'ordre de Saint-Louis depuis 1715.
   Mort en 1743, après la bataille d'Etlingen.

De MONTLOUIS,
   Maréchal-des-logis de la première compagnie des Mousquetaires.
   Reçu chevalier de l'ordre de Saint-Louis depuis 1715.
   Tué à la bataille d'Etlingen en 1743.

De la HOUSSAYE,
   Lieutenant aux Gardes-Françaises.
   Reçu chevalier de l'ordre de Saint-Louis depuis 1715.
   Mort des blessures qu'il reçut à la bataille d'Etlingen en 1743.

De BOUILLAN *ou* de BOULLIANT,
   Sous-brigadier de la deuxième compagnie des Mousquetaires.
   Reçu chevalier de l'ordre de Saint-Louis depuis 1715.

Mort des blessures qu'il reçut à la bataille d'Etlingen en 1743.

De ROHAN (*le vicomte*),
Reçu chevalier de l'ordre de Saint-Louis depuis 1715.
Mestre-de-camp d'un régiment de son nom en 1735. Il le conserva jusqu'en 1743, qu'il mourut.

De RICHEBOURG,
Capitaine de grenadiers au régiment de Rohan.
Reçu chevalier de l'ordre de Saint-Louis depuis 1715.
Tué à la bataille d'Etlingen en 1743.

Du PONT de COMPIÉGNE (*Charles-François*),
Colonel d'infanterie.
Reçu chevalier de l'ordre de Saint-Louis depuis 1715.

COUET de LORRY,
Capitaine de grenadiers au régiment de Piémont.
Reçu chevalier de l'ordre de Saint-Louis depuis 1715.
Mort des suites des blessures qu'il reçut à la retraite de Prague en 1743.

De GOISSON,
Lieutenant-colonel du régiment de Normandie.
Reçu chevalier de l'ordre de Saint-Louis depuis 1715.
Mort en 1743, des suites des blessures qu'il reçut à la retraite de Bavière.

De GIZAUCOURT,
Sous-brigadier et sous-aide-major de la seconde compagnie des Mousquetaires.
Reçu chevalier de l'ordre de Saint-Louis depuis 1715.
Tué à la bataille d'Etlingen en 1743.

De CASTILLON de MOUCHAN (*François*),
Sous-brigadier de la première compagnie des Mousquetaires.
Reçu chevalier de l'ordre de Saint-Louis depuis 1715.
Mort des blessures qu'il reçut à la bataille d'Etlingen en 1743.

D'ANTIGNY,
>Lieutenant aux Gardes-Françaises.
>Reçu chevalier de l'ordre de Saint-Louis depuis 1715.
>Mort des blessures qu'il reçut à la bataille d'Etlingen en 1743.

De la VARDIÈRE,
>Porte-étendard des chevau-légers de la Garde.
>Reçu chevalier de l'ordre de Saint-Louis depuis 1715.
>Tué à la bataille d'Etlingen en 1743.

De SENNETERRE (*Henri-Charles*, *comte*),
>Reçu chevalier de l'ordre de Saint-Louis depuis 1715.
>Colonel du régiment de Senneterre-infanterie en 1734.

De JAMAIN,
>Reçu chevalier de l'ordre de Saint-Louis depuis 1715.
>Capitaine de vaisseaux du Roi en 1734.

PORTER,
>Reçu chevalier de l'ordre de Saint-Louis depuis 1715.
>Lieutenant de vaisseaux du Roi en 1733.

De SANZAY,
>Reçu chevalier de l'ordre de Saint-Louis depuis 1715.
>Capitaine de vaisseaux en 1748.

De VAREIX (*Joseph*),
>Cadet dans les fusiliers du Roi en 1691.
>Sous-lieutenant en 1692.
>Lieutenant en 1693.
>Capitaine dans le même régiment en 1705.
>Capitaine de canonniers en 1706.
>Reçu chevalier de l'ordre de Saint-Louis depuis 1715.
>Commissaire provincial de l'artillerie en 1720.
>Commandant, en 1740, d'un bataillon de Royal-artillerie, qui porta son nom.
>Brigadier des armées du Roi en 1744.
>Maréchal-de-camp en 1748.

Lieutenant-de-Roi du Quercy.
Commandant la ville et dépendances de Figeac.
Mort le 21 octobre 1757.

De SAQUI des TOURRES,
Reçu chevalier de l'ordre de Saint-Louis depuis 1715.
Capitaine de galères en 1740.

De MERVEILLEUX (*Charles-Frédéric*),
Reçu chevalier de l'ordre de Saint-Louis depuis 1715.
Colonel du régiment de Karrer-suisse dès 1740.

De SAINT-EUGÈNE de MARCILLANGES,
Reçu chevalier de l'ordre de Saint-Louis depuis 1715.
Capitaine de vaisseaux du Roi en 1738.

De MONCHY (*Henri, marquis*),
Cornette dans le régiment du comte de Vaudemont.
Capitaine au même régiment.
Capitaine des gardes du comte de Vaudemont, gouverneur du Milanais.
Mestre-de-camp-lieutenant audit régiment en 1707.
Reçu chevalier de l'ordre de Saint-Louis depuis 1715.
Mestre-de-camp en chef de son régiment, à la mort du comte de Vaudemont.
Ce régiment fut mis sous son nom en 1723.
Brigadier des armées du Roi, en 1734.
Maréchal-de-camp en 1738.
Mort le 1er juillet 1740.

MORPAIN,
Reçu chevalier de l'ordre de Saint-Louis depuis 1715.
Capitaine de flûtes en 1721.

De LISSALDE (*Joseph*), *dit* de MONDESSEIN,
Reçu chevalier de l'ordre de Saint-Louis depuis 1715.
Capitaine du régiment du Perche en 1725.

De SAINT-ANDRÉ de las BORDES,
Reçu chevalier de l'ordre de Saint-Louis depuis 1715.

(28)

Lieutenant-colonel du régiment des Landes-infanterie dès 1740.

De RIEUMAL,
Reçu chevalier de l'ordre de Saint-Louis depuis 1715.
Major de Bouchain dès 1740.

D'OUROY (*le marquis*),
Reçu chevalier de l'ordre de Saint-Louis depuis 1715.
Colonel du régiment d'Ouroy en 1727.

De LARNAGE (*le marquis*),
Reçu chevalier de l'ordre de Saint-Louis depuis 1715.
Capitaine de vaisseaux du roi en 1737.
Gouverneur-général des îles sous le Vent.

TESTU de la RICHARDIÈRE,
Reçu chevalier de l'ordre de Saint-Louis depuis 1715.
Capitaine de brûlots en 1737.
Capitaine de port à Québec.

De la POMELIE,
Reçu chevalier de l'ordre de Saint-Louis depuis 1715.
Lieutenant-de-Roi du fort de Bellegarde en Roussillon dès 1740.

De TAIRAND,
Reçu chevalier de l'ordre de Saint-Louis depuis 1715.
Lieutenant de vaisseaux et de port en 1729.

De LIVAUDAIS,
Reçu chevalier de l'ordre de Saint-Louis depuis 1715.
Capitaine de flûtes en 1738.
Capitaine de port à la Nouvelle-Orléans.

De la CROIX de CHEVRIÈRES (*François-Paul*), chevalier de Saint-Vallier, né le 18 avril 1689,
Capitaine dans le régiment d'infanterie de la Feuillade en 1704.
Capitaine dans le régiment de cavalerie du Bessay (depuis Noriou) en 1707.

Colonel d'un régiment d'infanterie de son nom, sur la démission de son frère en avril 1714.
Colonel-réformé à la suite du régiment de Leuville (depuis Richelieu), même année.
Reçu chevalier de l'ordre de Saint-Louis depuis 1715.
Colonel du régiment d'infanterie de Bretagne en 1720.
Brigadier des armées du Roi, février 1734.
Maréchal-de-camp, mars 1738.
Mort le 25 septembre 1742.

DE MARIOL,
Reçu chevalier de l'ordre de Saint-Louis depuis 1715.
Lieutenant de vaisseaux du Roi en 1738.

DE LESPINAY DE PENSY (*Jacques*),
Major du régiment du Luc-cavalerie.
Reçu chevalier de l'ordre de Saint-Louis depuis 1715.
Lieutenant-colonel du régiment de Puisieux en 1735.

OLIVIER DE VIEUXCHÂTEL,
Reçu chevalier de l'ordre de Saint-Louis depuis 1715.
Lieutenant de l'artillerie de la marine en 1728.

DE MONTAUT (*Roger, marquis*),
Reçu chevalier de l'ordre de Saint-Louis depuis 1715.
Capitaine de galères en 1732.

DE BIAUDOS (*Charles-Louis*), comte DE CASTEJA,
(Connu d'abord sous le nom de chevalier de Casteja).
Mousquetaire en 1699.
Capitaine de grenadiers au régiment d'infanterie de nouvelle levée de son frère aîné en 1702.
Major, février 1705.
Colonel du même régiment, sur la démission de son frère, mars suivant.
Guidon de la compagnie des gendarmes de Bretagne, février 1709.
Reçu chevalier de l'ordre de Saint-Louis depuis 1715.
Enseigne de la compagnie en 1716.

Gouverneur de Saint-Dizier, 1718.
Sous-lieutenant de la compagnie des chevau-légers d'Orléans en 1731.
Ambassadeur en Suède.
Brigadier des armées du Roi en 1734.
Maréchal-de-camp, mars 1738.
Gouverneur de Toul, à la mort de son frère aîné, en 1740.
Mort le 10 mai 1755.

DE MONTGRAND (*Dominique*),
Major du régiment de Boulonois.
Reçu chevalier de l'ordre de Saint-Louis depuis 1715.
Mort dans la guerre de Bavière en 1742.

CHABOT (*Charles-Annibal*), comte DE JARNAC,
Colonel d'infanterie.
Reçu chevalier de l'ordre de Saint-Louis depuis 1715.
Mort vers le mois de novembre 1742.

DE RIGAUD (*Philippe-Antoine*), baron DE VAUDREUIL,
Chevalier de Saint-Lazare.
Reçu chevalier de l'ordre de Saint-Louis depuis 1715.
Chef de bataillon au régiment du Roi, avec rang de colonel.
Tué le 5 septembre 1742.

CORNUAU DE LA GRANDIÈRE (*François*), comte DE MEURCÉ,
Page du Roi en 1699.
Mousquetaire en 1702.
Sous-lieutenant au régiment des Gardes-Françaises en janvier 1704.
Lieutenant en 1710.
Reçu chevalier de l'ordre de Saint-Louis depuis 1715.
Colonel du régiment de l'Ile-de-France en février 1716.
Brigadier des armées du Roi, février 1734.
Maréchal-de-camp, mars 1738.
Mort le 13 avril 1752.

De RICARD (*Édouard*), seigneur DE LA CHEVALLERAYE,
   Mestre-de-camp de cavalerie.
   Capitaine des chasses du prince de Conti.
   Gouverneur de Beaumont-sur-Oise et de l'Ille-Adam.
   Reçu chevalier de l'ordre de Saint-Louis depuis 1715.
   Mort à Paris, hôtel de Conti, le 28 janvier 1742.

De GINESTOUS DES GRAVIÈRES (*Charles*),
   Capitaine en 1713, puis lieutenant-colonel en 1734, du régiment Colonel-général, avec rang de mestre-de-camp de cavalerie.
   Reçu chevalier de l'ordre de Saint-Louis depuis 1715.
   Tué à l'affaire de Troyn en 1742.

De GINESTOUS (*François*), chevalier D'ARGENTIÈRE,
   Capitaine au régiment Colonel-général.
   Major d'Angoulême.
   Reçu chevalier de l'ordre de Saint-Louis depuis 1715.
   Mort à Egra, en Bohême, en 1742.

De GAUFRIDY (*Étienne-Alexandre*), chevalier DE TRILT,
   Lieutenant-colonel du régiment de Médoc.
   Lieutenant-de-Roi de la ville de Berghes.
   Reçu chevalier de l'ordre de Saint-Louis depuis 1715.
   Mort en 1742.

De MAUSSABRÉ (*René-Michel*), seigneur DE BUSSIÈRE, et de la ville de LOCHES en partie.
   Capitaine de Carabiniers.
   Reçu chevalier de l'ordre de Saint-Louis depuis 1715.
   Tué au siége de Prague en 1742.

D'IGOIN (*le chevalier*),
   Capitaine au régiment de Picardie.
   Reçu chevalier de l'ordre de Saint-Louis depuis 1715.
   Mort à Lyon en 1742.

De CHARSÉ,
   Capitaine de grenadiers au régiment de Rohan.

Reçu chevalier de l'ordre de Saint-Louis depuis 1715.
Tué à la baille d'Etlingen en 1743.

DE CLERMONT DE CHASTE (*François-Ferdinand*), comte DE MORGES,
Mousquetaire en 1710.
Enseigne de la colonelle du régiment Dauphin-infanterie en décembre 1711.
Capitaine au même régiment, mai 1714.
Reçu chevalier de l'ordre de Saint-Louis depuis 1715.
Colonel du régiment d'infanterie de Luxembourg en mars 1718.
Brigadier des armées du Roi, février 1734.
Colonel-lieutenant du régiment Dauphin, août suivant.
Maréchal-de-camp, octobre même année.
Lieutenant-de-Roi du Dauphiné.
Mort le 9 janvier 1751.

D'OSSEVILLE,
Reçu chevalier de l'ordre de Saint-Louis depuis 1715.
Lieutenant de vaisseaux du Roi en 1735.

DE BIENCOURT (*Jean-Séraphin*), seigneur DE FEUCHEROLLES,
Lieutenant-colonel de cavalerie.
Reçu chevalier de l'ordre de Saint-Louis depuis 1715.
Mort le 24 juin 1764.

ROUAULT (*Jean-Joachim*), marquis DE GAMACHES,
(Connu d'abord sous le nom de comte de Cayeux).
Entra aux mousquetaires en 1702.
Capitaine au régiment Royal-étranger en 1704.
Colonel d'un régiment de cavalerie de son nom en 1706.
Reçu chevalier de l'ordre de Saint-Louis depuis 1715.
Brigadier des armées du Roi en 1719.
Maréchal-de camp en 1734.
(Prit le titre de marquis de Gamaches à la mort de son père, en 1736.)
Mort le 4 janvier 1751.

LANDRE,
Reçu chevalier de l'ordre de Saint-Louis depuis 1715.
Lieutenant de vaisseaux du Roi en 1738.
Lieutenant de port à Rochefort.

De MIGNOT d'HOUDAN,
Capitaine de grenadiers au régiment de Rohan.
Reçu chevalier de l'ordre de Saint-Louis depuis 1715.
Tué à Lintz dans une sortie en 1742.

De TALARU (*Louis*), *marquis* de Chalmazel,
Reçu chevalier de l'ordre de Saint-Louis depuis 1715.
Colonel d'un régiment d'infanterie en 1719.
Chevalier des ordres du Roi en 1749.
Premier maître d'hôtel de la Reine.
Ministre plénipotentiaire à la cour de Saxe.
Gouverneur de Phalsbourg et de Sarrebourg.
Mort le 31 mars 1763.

Du PAC (*Jean-Baptiste*),
Lieutenant-de-Roi de Gravelines.
Reçu chevalier de l'ordre de Saint-Louis depuis 1715.
Mort en 1742.

De BERTENGLES,
Maréchal-des-logis des chevau-légers de la Garde.
Reçu chevalier de l'ordre de Saint-Louis depuis 1715.
Tué à la bataille d'Etlingen en 1743.

De BULLION (*Gabriel-Jérôme*), *comte* d'Esclimont,
(Connu d'abord sous le nom de chevalier de Bullion.)
Mousquetaire en 1713.
Capitaine au régiment de dragons de Bonnelles en août 1714.
Reçu chevalier de l'ordre de Saint-Louis depuis 1715.
Colonel du régiment d'infanterie de Provence, mars 1718.
Reçu au parlement en qualité de prévôt de la ville et vicomté de Paris le 13 janvier 1723.

Tom. II. 3

Installé le même jour, au Châtelet, dans les différens siéges de sa juridiction (c'est alors qu'il prit le titre de comte d'Esclimont.)

Brigadier des armées du Roi, février 1734.

Maréchal-de-camp, mars 1738.

Mort le 21 décembre 1752.

DE VION (*Jean-Philippe-François*), *marquis* DE GAILLON,
Exempt des Gardes-du-Corps.
Reçu chevalier de l'ordre de Saint-Louis depuis 1715.
Mestre-de-camp de cavalerie.
Lieutenant des maréchaux de France.
Mort le 2 novembre 1763.

DE SAINTE-FOIX,
Reçu chevalier de l'ordre de Saint-Louis depuis 1715.
Ingénieur en chef à Nantes dès 1740.

DE LA ROCHETTE,
Reçu chevalier de l'ordre de Saint-Louis depuis 1715.
Lieutenant-de-Roi de Montpellier dès 1740.

FERRON (*Pierre-Jacques-Louis-Auguste*), *marquis* DE LA FERRONNAIS,
Cornette au régiment de cavalerie de son père en 1711.
Lieutenant-réformé à la suite du même régiment en 1714.
Reçu chevalier de l'ordre de Saint-Louis depuis 1715.
Capitaine, juin 1718.
Mestre-de-camp de ce régiment sur la démission de son père en avril 1720.
Brigadier des armées du Roi, octobre 1734.
Maréchal-de-camp en 1743.
Mort le 19 mars 1753.

DE SADE (*Joseph-David*),
Page du Roi à la grande écurie.
Sous-lieutenant au régiment d'infanterie du Roi, mars 1710.
Lieutenant, mai 1713.

Reçu chevalier de l'ordre de Saint-Louis depuis 1715.
Capitaine en 1718.
Capitaine de grenadiers, avril 1735.
Obtint le rang de colonel d'infanterie en 1736.
Commandant de bataillon, avril 1741.
Brigadier des armées du Roi en 1745.
Commandant des ville et château d'Antibes, janvier 1746.
Maréchal-de-camp en 1747.
Mort le 29 janvier 1761.

RODULPHE,
Reçu chevalier de l'ordre de Saint-Louis depuis 1715.
Ingénieur en chef de la citadelle du Saint-Esprit dès 1740.

De SAINT-VINCENT,
Reçu chevalier de l'ordre de Saint-Louis depuis 1715.
Commandant au château de Saint-Omer dès 1740.

De BELINGANT (le chevalier),
Reçu chevalier de l'ordre de Saint-Louis depuis 1715.
Capitaine de vaisseaux du Roi en 1748.

De QUESSE de VALCOURT (Jean-François),
Servit en qualité de volontaire en 1685.
Cadet en 1687.
Cornette au régiment de cavalerie de Castries en janvier 1689.
Capitaine dans le même régiment à la mort de son père en 1690.
Capitaine dans la brigade de Pujols au régiment Royal des Carabiniers, août 1697.
Lieutenant de la Mestre-de-camp de la brigade de Rosel, décembre 1714.
Reçu chevalier de l'ordre de Saint-Louis depuis 1715.
Lieutenant-colonel de la brigade de Grieu en 1716.
Mestre-de-camp de cette brigade, octobre 1733.
Brigadier des armées du Roi, août 1734.
Maréchal-de-camp, janvier 1740.
Mort le 31 mai 1742.

3 *

De SAINT-GENAS,
    Reçu chevalier de l'ordre de Saint-Louis depuis 1715.
    Lieutenant-de-Roi de Valence en 1740.

De SAINT-ÉTIENNE,
    Reçu chevalier de l'ordre de Saint-Louis depuis 1715.
    Commandant au Pont de Beauvoisin en 1740.

De TIVAS (*le chevalier*),
    Reçu chevalier de l'ordre de Saint-Louis depuis 1715.
    Capitaine de vaisseaux du Roi en 1748.

De SAINT-QUINTIN, *comte* De Blet,
    Reçu chevalier de l'ordre de Saint-Louis depuis 1715.
    Capitaine-lieutenant des gendarmes anglais au mois d'avril 1740.

MERCIER,
    Reçu chevalier de l'ordre de Saint-Louis depuis 1715.
    Capitaine de vaisseaux du Roi en 1748.

D'ALARY De TANUS (*Jean-Pierre*),
    Sous-lieutenant au régiment de Champagne en 1701.
    Lieutenant en 1702.
    Capitaine en 1706.
    Reçu chevalier de l'ordre de Saint-Louis depuis 1715.
    Capitaine d'une compagnie de Grenadiers en 1733.
    Major en août 1737.
    Lieutenant-colonel du même régiment en octobre 1740.
    Brigadier des armées du Roi en 1744.
    Maréchal-de-camp en 1748.
    Mort le 13 avril 1752.

De SAINT-SEVERIN D'ARRAGON (*Alphonse-Marie-Louis, comte*),
    Colonel à la suite du régiment Royal-italien.
    Reçu chevalier de l'ordre de Saint-Louis depuis 1715.
    Chevalier des ordres du Roi en 1748.
    Ambassadeur en Suède et en Pologne.

De ROCHECHOUART (Roger, baron),
  Reçu chevalier de l'ordre de Saint-Louis depuis 1715.
  Capitaine de vaisseaux du Roi en 1746.

Du TOT (Jean-Alexandre), marquis DE VARNEVILLE,
  Cornette au régiment de cavalerie de Campferrant en 1704.
  Capitaine au même régiment en 1713.
  Reçu chevalier de l'ordre de Saint-Louis depuis 1715.
  Exempt de la compagnie de Villeroy des Gardes-du-Corps du Roi en novembre 1723.
  Obtint le rang de mestre-de-camp de cavalerie en janvier 172.
  Brigadier des armées du Roi en 1744.
  Deuxième enseigne de sa compagnie, septembre 1747.
  Maréchal-de-camp, janvier 1748.
  Premier enseigne en 1753.
  Mort le 15 juin 1755.

Du MESNIL-ROLLAND,
  Reçu chevalier de l'ordre de Saint-Louis depuis 1715.
  Capitaine de vaisseaux du Roi en 1746.

De KERUZORET-LE-BORGNE,
  Reçu chevalier de l'ordre de Saint-Louis depuis 1715.
  Capitaine de vaisseaux du Roi en 1748.

PAYEN DE NOYANT (Pierre-Jacques),
  Reçu chevalier de l'ordre de Saint-Louis depuis 1715.
  Lieutenant-de-Roi de la ville des Trois-Rivières.
  Commandant au fort Rontenac.
  Enfermé à la Bastille en 1762.

DE LA SERRE,
  Reçu chevalier de l'ordre de Saint-Louis depuis 1715.
  Commandant au fort de Socoa en 1740.

DE JOUENNE D'ÉGRIGNY,
  Reçu chevalier de l'ordre de Saint-Louis depuis 1715.
  Colonel du régiment de Forez en 1729.

MICHELIS, *chevalier* du Villars,
> Lieutenant-colonel du régiment de Nice-infanterie.
> Reçu chevalier de l'ordre de Saint-Louis depuis 1715.
> Brigadier des armées du Roi en 1761.

De SENNETERRE (*Jean-Charles, marquis*), né le 11 novembre 1685,
> Lieutenant au régiment de Senneterre-dragons le 30 mai 1703.
> Capitaine au régiment de Senneterre (depuis Apchon), septembre 1704.
> Colonel d'un régiment d'infanterie de son nom sur la démission du comte de Laval, qui passait au régiment de Bourbon, avril 1705.
> Son régiment réformé en novembre 1714, il fut placé colonel à la suite du régiment de Normandie en décembre suivant.
> Reçu chevalier de l'ordre de Saint-Louis depuis 1715.
> Brigadier des armées du Roi, février 1719.
> Colonel du régiment d'infanterie de la Marche, sur la démission du marquis de la Ferté, juillet 1731.
> Maréchal-de-camp, février 1734.
> Ambassadeur auprès du Roi de Sardaigne en avril suivant.
> Lieutenant-général des armées du Roi, octobre même année.
> Ambassadeur à la cour de Turin jusqu'en 1743.
> Chevalier des ordres du Roi le 2 février 1745.
> Commandant en Poitou, Saintonge et pays d'Aunis, novembre 1756.
> Maréchal de France le 24 février 1757.

De MONTAIGNE (*Ernest-Louis*), comte de Mortany,
> Volontaire au régiment Royal-allemand, juin 1706.
> Lieutenant-réformé, novembre 1708.
> Capitaine dans le même régiment, sur la démission d'un de ses frères, octobre 1712.
> Reçu chevalier de l'ordre de Saint-Louis depuis 1715.
> Capitaine en second, mai 1718.
> Remis capitaine en pied, octobre 1719.

Capitaine-réformé à la suite de Metz, août 1727.
Major du régiment Royal-allemand, octobre 1728.
Maréchal-général-des-logis de l'armée en 1741.
Brigadier des armées du Roi, octobre même année.
Il entra, avec le consentement du Roi, en 1742, au service de l'empereur Charles VII, qui le fit maréchal-de-camp dans ses troupes et lui donna un régiment de dragons.
Rentré au service de France à la mort de l'empereur, et après la paix de l'électeur, son fils, avec la Reine de Hongrie, il fut fait lieutenant-général des armées du Roi, mai 1745.
Il commanda au pays de Messin en l'absence du maréchal de Belleisle, après la mort du comte de Ségur en juillet 1751, et jusqu'à celle du maréchal de Belleisle, qui arriva en 1761.

DE LARNAGE-DE-BRUNIER (*Pierre*),
Lieutenant au régiment d'infanterie de Tessé, août 1695.
Capitaine au même régiment (alors Sansay), mars 1704.
Reçu chevalier de l'ordre de Saint-Louis depuis 1715.
Major de son régiment (alors d'Olonne), octobre 1725.
Lieutenant-colonel du même régiment (alors Montmorency et depuis Bauffremont et Fleury), octobre 1732.
Brigadier des armées du Roi, mars 1738.
Maréchal-de-camp, février 1743.
Lieutenant-général des armées du Roi, janvier 1748.
Mort le 23 mai 1757.

LE RAGOIS (*Bénigne*), marquis DE BRETONVILLIERS,
Entra aux Mousquetaires en octobre 1712.
Lieutenant-général au gouvernement de Paris à la mort de son oncle en décembre suivant.
Reçu chevalier de l'ordre de Saint-Louis depuis 1715.
Capitaine au régiment des Cravates, janvier 1716.
Brigadier des armées du Roi, février 1734.
Maréchal-de-camp, mars 1738.
Mort le 27 août 1760.

De CORMONTAINGNE,

Servit volontaire aux siéges de Landau et de Fribourg en 1713.

Ingénieur en 1715.

Reçu chevalier de l'ordre de Saint-Louis depuis 1715.

Lieutenant-réformé à la suite du régiment de Navarre, janvier 1728.

Capitaine-réformé, février 1729.

Ingénieur en chef en 1733.

Directeur des fortifications du pays Messin en 1744.

Lieutenant-colonel en août même année.

Colonel au mois de juillet suivant.

Brigadier des armées du Roi, mai 1745.

Maréchal-de-camp, mai 1748.

Mort à son département le 20 octobre 1752.

Le BRUN (*Etienne*),

Servit enseigne un an dans le régiment d'Argenson des milices du Dauphiné.

Enseigne au régiment de la couronne, février 1697.

Aide-major, février 1702.

Obtint le rang de capitaine en février 1705.

Capitaine, août 1714.

Reçu chevalier de l'ordre de Saint-Louis depuis 1715.

Major de son régiment, avril 1720.

Lieutenant-colonel, octobre 1722.

Brigadier des armées du Roi, février 1734.

Maréchal-de-camp, janvier 1740.

Nommé pour commander dans les Cévennes en février suivant.

Lieutenant-général des armées du Roi, mai 1748.

Commandant en Languedoc, juillet même année.

Mort le 30 avril 1751.

De JAUNAY (*François*),

Commissaire extraordinaire de l'artillerie dès 1690.

Commissaire ordinaire en 1694.

Commissaire provincial, octobre 1702.

Lieutenant de l'artillerie, juillet 1707.

Commandant de l'artillerie au département de Strasbourg, novembre 1711.

Reçu chevalier de l'ordre de Saint-Louis depuis 1715.

Brigadier des armées du Roi, février 1719.

Directeur de l'école d'artillerie de Strasbourg, et commandant de la première école des bombardiers en 1720.

Lieutenant-général d'artillerie au département du Dauphiné et de la Provence à la mort de M. de Sallières, septembre 1726.

Au département de Bretagne en se démettant de celui de Dauphiné, octobre 1730.

Maréchal-de-camp, janvier 1740.

Mort le 22 mai 1746.

DE LAMBERTYE (*Nicolas-François, marquis*),

Premier gentilhomme de la chambre du duc de Lorraine, Léopold II.

Envoyé de ce prince en Angleterre en 1714.

Reçu chevalier de l'ordre de Saint-Louis depuis 1715.

Il s'attacha au Roi Stanislas de Pologne, duc de Lorraine, en 1736.

Capitaine de ses Gardes-du-Corps en 1737.

Lieutenant-général des armées du Roi, janvier 1741.

Mort au mois de juin suivant.

DE CHAMBORANT (*Claude*), comte DE LA CLAVIÈRE, né le 19 juillet 1688,

Servit un an dans les Mousquetaires.

Capitaine dans le régiment d'infanterie d'Enghien, à sa création en février 1706.

Reçu chevalier de l'ordre de Saint-Louis depuis 1715.

Capitaine de grenadiers, avril 1719.

Lieutenant-colonel, août 1725.

Brigadier des armées du Roi, janvier 1740.

Maréchal-de-camp, mai 1745.

Lieutenant-général des armées du Roi, mai 1748.
Gouverneur de Montmédy, août suivant.
Gouverneur et premier gentilhomme de la chambre de M. le comte de la Marche.
Mort le 19 mai 1756.

DE REDING DE FRAWNFELDT (*Antoine, baron*),
Enseigne au régiment suisse de Greder (depuis Affry), avril 1714.
Sous-lieutenant, février 1715.
Reçu chevalier de l'ordre de Saint-Louis depuis 1715.
Capitaine d'une demi-compagnie au régiment de Castellas (depuis Monin), août 1719.
Obtint le rang de lieutenant-colonel en mars 1744, et celui de colonel en août 1747.
Lieutenant-colonel de son régiment en octobre suivant.
Brigadier des armées du Roi, mai 1748.
Colonel de son régiment, mars 1756.
Maréchal-de-camp, février 1761.

DE BETHUNE PENAIN (*Adrien-François, comte*),
Sous-lieutenant au régiment d'infanterie du Roi, juillet 1714.
Lieutenant-réformé, octobre suivant.
Lieutenant, mai 1715.
Reçu chevalier de l'ordre de Saint-Louis depuis 1715.
Capitaine, janvier 1721.
Capitaine d'une compagnie de grenadiers en 1742.
Commandant d'un bataillon, 20 juin 1744.
Obtint le rang de colonel d'infanterie le même jour.
Brigadier des armées du Roi, juillet 1746.
Lieutenant-colonel du régiment du Roi, décembre 1758.
Maréchal-de-camp, février 1759.

DE BEAUJEU (*Alexandre-Nicolas-Joseph, comte*),
Enseigne au régiment d'infanterie de Flandres en 1714.
Reçu chevalier de l'ordre de Saint-Louis depuis 1715.
Lieutenant en second en 1718.

Lieutenant en 1722.

Lieutenant de la Colonelle, avec rang de capitaine, juillet 1723.

Capitaine, juillet 1734.

Colonel-réformé à la suite du régiment de la Marck, juillet 1747.

Capitaine dans le régiment d'infanterie allemande de Madame la Dauphine en août suivant.

Colonel en juin 1758.

Brigadier des armées du Roi, février 1759.

Inspecteur-général et directeur des côtes maritimes du Poitou, Guienne, Languedoc et Provence.

Maréchal-de-camp en 1762.

DE ROCHEPIERRE (*le chevalier*),

Reçu chevalier de l'ordre de Saint-Louis depuis 1715.

Mestre-de-camp du régiment de Rochepierre-dragons en 1720.

Du TILLET,

Reçu chevalier de l'ordre de Saint-Louis depuis 1715.

Lieutenant de vaisseaux du Roi en 1731.

DE POULCONCE,

Reçu chevalier de l'ordre de Saint-Louis depuis 1715.

Lieutenant de vaisseaux du Roi en 1738.

BURKI (*Jean-Hyacinthe*),

Capitaine de grenadiers au régiment Diesbach-suisse.

Reçu chevalier de l'ordre de Saint-Louis depuis 1715.

Tué à la bataille de Laufeldt en 1747.

DE PONTEVÈS, *comte* DE TOURNON,

Reçu chevalier de l'ordre de Saint-Louis depuis 1715.

Capitaine de galères en 1735.

DE SELVE,

Reçu chevalier de l'ordre de Saint-Louis depuis 1715.

Lieutenant de vaisseaux du Roi en 1737.

De KERARO,
   Reçu chevalier de l'ordre de Saint-Louis depuis 1715.
   Capitaine de vaisseaux du Roi en 1738.

De JULIEN,
   Reçu chevalier de l'ordre de Saint-Louis depuis 1715.
   Capitaine de vaisseaux du Roi en 1738.
   Major de la marine à Toulon.

JOUMARD TIZON D'ARGENCE, *marquis* D'ARGENCE,
   Reçu chevalier de l'ordre de Saint-Louis depuis 1715.
   Mestre-de-camp-lieutenant du régiment de Condé-dragons en 1738, puis de celui de Marbeuf.

De PARDAILLAN,
   Reçu chevalier de l'ordre de Saint-Louis depuis 1715.
   Lieutenant de vaisseaux du Roi en 1738.

De SAINT-PRIX,
   Reçu chevalier de l'ordre de Saint-Louis depuis 1715.
   Capitaine de vaisseaux du Roi en 1738.

De ROZOY,
   Reçu chevalier de l'ordre de Saint-Louis depuis 1715.
   Lieutenant-de-Roi d'Aire en 1740.

De MICHON,
   Reçu chevalier de l'ordre de Saint-Louis depuis 1715.
   Commandant à Marienbourg en 1740.

De RUFFÉ,
   Reçu chevalier de l'ordre de Saint-Louis depuis 1715.
   Ingénieur en chef à Bouchain en 1740.

De PONTEVÉS, *marquis* DE TOURNON,
   Reçu chevalier de l'ordre de Saint-Louis depuis 1715.
   Chef d'escadre en 1761.
   Lieutenant-général des armées navales.

De BERRY (*Jean-Joseph*), né en novembre 1693,
   Cadet au régiment de Normandie en 1705.

Sous-lieutenant en 1707.
Lieutenant en 1711.
Capitaine en 1714.
Reçu chevalier de l'ordre de Saint-Louis depuis 1715.
Capitaine de grenadiers en 1734.
Commandant de bataillon en 1743, avec rang de lieutenant-colonel en 1744.
Lieutenant-colonel, mars 1748.
Brigadier des armées du Roi en mai suivant.
Mort le 4 novembre 1759.

DE MANNERY (*Arthur*),
Cadet dans le régiment de Dillon en 1707.
Sous-lieutenant en 1710.
Lieutenant en 1714.
Reçu chevalier de l'ordre de Saint-Louis depuis 1715.
Capitaine-réformé en 1723.
Capitaine en 1730.
Capitaine de grenadiers en 1744.
Lieutenant-colonel en 1745.
Brigadier des armées du Roi, mai 1748.
Mort à Gottingen le 24 août 1761.

LE BEUF (*Jean-Adam*),
Servit onze ans dans l'infanterie.
Ingénieur en 1714.
Reçu chevalier de l'ordre de Saint-Louis depuis 1715.
Capitaine-réformé à la suite du régiment de Beaujolois, même année.
Ingénieur en chef en 1734.
Lieutenant-colonel-réformé en 1745.
Colonel-réformé à la suite du même régiment en 1748.
Directeur des fortifications de la Flandre maritime en 1755.
Brigadier des armées du Roi en 1758.
Mort à Dunkerque le 29 mai 1765.

DE BLANCHETTON DE THOREY (*Jean-Baptiste*),
Cadet dans le régiment de Navarre en 1681.

Sous-lieutenant dans le même régiment, mars 1684.

Enseigne de la Colonelle au régiment de Tournaisis, août 1686.

Capitaine, mars 1688.

Major, février 1703.

Lieutenant-colonel, avril 1704.

Reçu chevalier de l'ordre de Saint-Louis depuis 1715.

Brigadier des armées du Roi, juin 1734.

Quitta le service l'année suivante.

Mort le 13 octobre 1751.

De VIGNEUX (*François-Régnier*), né le 20 avril 1696,

Enseigne au régiment de Touraine en 1710.

Lieutenant en 1711.

Reçu chevalier de l'ordre de Saint-Louis depuis 1715.

Capitaine en 1719.

Capitaine de grenadiers en 1741.

Commandant de bataillon en 1744.

Lieutenant-colonel en 1746.

Brigadier des armées du Roi en 1758, après la bataille de Crewelt, où le régiment de Touraine s'était distingué.

Quitta le service en 1759.

Mort en 1781.

De TRASICOURT, (*Louis-Toison*),

Garde-marine et Mousquetaire pendant huit ans.

Capitaine dans le régiment d'infanterie des Landes en 1714.

Reçu chevalier de l'ordre de Saint-Louis depuis 1715.

Capitaine de grenadiers en 1739.

Major en 1743, avec rang de lieutenant-colonel en 1744.

Lieutenant-colonel en 1747.

Brigadier des armées du Roi, mai 1748.

Son régiment incorporé dans celui de Hainaut, il fut attaché lieutenant-colonel à la suite des grenadiers de France en février 1749.

Mort le 9 avril 1761.

De L'EPINE MONTBRUN (*Antoine*), né en 1697,
 Sous-lieutenant au régiment d'infanterie d'Orléans en 1711.
 Enseigne, même année.
 Lieutenant en 1712.
 Capitaine en 1713.
 Reçu chevalier de l'ordre de Saint-Louis depuis 1715.
 Capitaine de grenadiers en 1734.
 Commandant de bataillon en 1738.
 Major en 1742.
 Lieutenant-colonel en 1743.
 Brigadier des armées du Roi en 1747.
 Mort en Allemagne au mois de mars 1758.

De CHAMBARDIERE (*André*),
 Cadet au régiment d'infanterie de Bourbon en 1703.
 Sous-lieutenant en 1704.
 Lieutenant en 1706.
 Capitaine en 1712.
 Reçu chevalier de l'ordre de Saint-Louis depuis 1715.
 Capitaine de grenadiers en 1733.
 Commandant le second bataillon en 1734.
 Obtint le rang de lieutenant-colonel en 1744.
 Lieutenant-colonel, même année.
 Brigadier des armées du Roi en 1747.
 Mort en 1761.

De GRAY de MALMÉDY (*Paul-Philippe*), né le 22 juin 1686,
 Volontaire au régiment Dauphin en 1701.
 Sous-lieutenant en 1702.
 Lieutenant en 1703.
 Capitaine en 1709.
 Reçu chevalier de l'ordre de Saint-Louis depuis 1715.
 Capitaine de grenadiers en 1734.
 Commandant de bataillon en 1738.
 Lieutenant-colonel en 1740.

Brigadier des armées du Roi en 1747.
Lieutenant-de-Roi de Salins en 1752.
Mort en 1757.

D<small>E</small> GUNDERODE, né à Luxembourg,
Cadet en 1693.
Sous-lieutenant au régiment d'Alsace en 1697.
Lieutenant, février 1699.
Capitaine-réformé en 1702.
Capitaine en 1713.
Reçu chevalier de l'ordre de Saint-Louis depuis 1715.
Passa, avec sa compagnie, dans le régiment Royal-Bavière.
Commandant le second bataillon en 1734.
Lieutenant-colonel en 1735.
Brigadier des armées du Roi en 1747.
Mort en 1760.

D<small>E</small> POLCHET (*Henri-Jacob*), né le 6 avril 1687, au Petit-Hombourg, près Sarre-Louis,
Cadet au régiment d'infanterie de Luxembourg en 1702.
Sous-lieutenant en 1703.
Lieutenant en 1707.
Capitaine, octobre 1710.
Reçu chevalier de l'ordre de Saint-Louis depuis 1715.
Major de son régiment, juillet 1726.
Lieutenant-colonel, avril 1740.
Lieutenant-colonel à la suite des grenadiers de France en 1749.
Brigadier des armées du Roi, juillet 1750.
Lieutenant-de-Roi au Quesnoy, novembre 1755.

CHAPELLE, *comte* D<small>E</small> J<small>UMILHAC</small>,
Reçu chevalier de l'ordre de Saint-Louis depuis 1715.
Gouverneur de la Bastille en 1762.
Chevalier de l'ordre du Lion Palatin.

De VENEL (*François-Gaspard*),
   Reçu chevalier de l'ordre de Saint-Louis depuis 1715.
   Capitaine de vaisseaux du Roi en 1754.

LAMY de CHATEL,
   Reçu chevalier de l'ordre de Saint-Louis depuis 1715.
   Directeur d'artillerie à Auxonne en 1760.

FORESTIER,
   Reçu chevalier de l'ordre de Saint-Louis depuis 1715.
   Sous-directeur d'artillerie à Phalsbourg en 1760.

De RONTY de RICHECOUR,
   Reçu chevalier de l'ordre de Saint-Louis depuis 1715.
   Directeur d'artillerie à Givet en 1760.

De TRASEGNIES (*Adrien, comte*),
   Reçu chevalier de l'ordre de Saint-Louis depuis 1715.
   Major du régiment Royal-étranger-cavalerie.
   Mestre-de-camp de celui de Trasegnies en 1758.
   Maréchal-de-camp en 1767.

De MONESTAY (*le marquis*),
   Reçu chevalier de l'ordre de Saint-Louis depuis 1715.
   Exempt des Gardes-du-Corps avec brevet d'enseigne.
   Maréchal-de-camp en 1767.

LARCHER,
   Reçu chevalier de l'ordre de Saint-Louis depuis 1715.
   Directeur du génie.
   Maréchal-de-camp en 1767.

ROUSSEAU,
   Reçu chevalier de l'ordre de Saint-Louis depuis 1715.
   Ingénieur en chef à Péronne dès 1740.

De BONNEFOY (*Isaac*), chevalier de Bretauville,
   Reçu chevalier de l'ordre de Saint-Louis depuis 1715.
   Capitaine de vaisseaux du Roi en 1743.

De VILLARS de la BROSSE,
　Reçu chevalier de l'ordre de Saint-Louis depuis 1715.
　Capitaine de vaisseaux du Roi en 1746.

De VILLEMANDY,
　Reçu chevalier de l'ordre de Saint-Louis depuis 1715.
　Major du fort Saint-Jean de Marseille dès 1740.

MOREAU,
　Reçu chevalier de l'ordre de Saint-Louis depuis 1715.
　Capitaine-aide-major au régiment des Cuirassiers dès 1740.

De LA GARDE (*Scipion-Louis-Joseph*), *marquis* de Chambonne,
　Reçu chevalier de l'ordre de Saint-Louis depuis 1715.
　Enseigne des gendarmes de la Garde en 1726.
　Lieutenant-de-Roi de la province de Languedoc.

De GINESTE,
　Reçu chevalier de l'ordre de Saint-Louis depuis 1715.
　Capitaine d'artillerie de la marine en 1727.

De MARCILLAC-CHAMBON,
　Reçu chevalier de l'ordre de Saint-Louis depuis 1715.
　Lieutenant de vaisseaux du Roi en 1727.

Des FOSSÉS,
　Reçu chevalier de l'ordre de Saint-Louis depuis 1715.
　Lieutenant d'artillerie de la marine en 1725.

De CHAMBORANT, *marquis* de Puylaurent,
　Ecuyer de main de la Reine.
　Reçu chevalier de l'ordre de Saint-Louis depuis 1715.
　Lieutenant de vaisseaux du Roi en 1728.

De GLANDEVÈS,
　Reçu chevalier de l'ordre de Saint-Louis depuis 1715.
　Lieutenant de vaisseaux du Roi en 1729.
　Lieutenant des gardes du Pavillon à Toulon.

De FORBIN de GARDANNE,
 Reçu chevalier de l'ordre de Saint-Louis depuis 1715.
 Capitaine de galères en 1730.

CARPERGN,
 Reçu chevalier de l'ordre de Saint-Louis depuis 1715.
 Lieutenant de vaisseaux du Roi en 1731.
 Lieutenant de port au Port-Louis.

De FORANT,
 Reçu chevalier de l'ordre de Saint-Louis depuis 1715.
 Capitaine de vaisseaux du Roi en 1731.
 Gouverneur de l'île Royale.

De LA CHAISE de BEAUPOIRIER,
 Reçu chevalier de l'ordre de Saint-Louis depuis 1715.
 Capitaine de vaisseaux du Roi en 1731.

De NERVAL,
 Reçu chevalier de l'ordre de Saint-Louis depuis 1715.
 Brigadier des Gardes-du-Corps dès 1740.

De FRAIGNES,
 Reçu chevalier de l'ordre de Saint-Louis depuis 1715.
 Lieutenant de vaisseaux du Roi en 1731.

PEPIN de MAISONNEUVE,
 Reçu chevalier de l'ordre de Saint-Louis depuis 1715.
 Lieutenant de vaisseaux du Roi en 1731.

De PENANDREFF de KERSAUSON,
 Reçu chevalier de l'ordre de Saint-Louis depuis 1715.
 Lieutenant de vaisseaux du Roi en 1731.

HUBERT,
 Reçu chevalier de l'ordre de Saint-Louis depuis 1715.
 Lieutenant de vaisseaux du Roi en 1731.

BOSCAL de REAL,
 Reçu chevalier de l'ordre de Saint-Louis depuis 1715.
 Lieutenant de vaisseaux du Roi en 1731.

HUON DE KERMADEC,
  Reçu chevalier de l'ordre de Saint-Louis depuis 1715.
  Capitaine de vaisseaux du Roi en 1731.

DE TRETZ,
  Reçu chevalier de l'ordre de Saint-Louis depuis 1715.
  Major de Nantes dès 1740.

DE TREMIGON,
  Reçu chevalier de l'ordre de Saint-Louis depuis 1715.
  Capitaine de vaisseaux du Roi en 1748.

DE SAINT-ANDRÉ (*le marquis*),
  Reçu chevalier de l'ordre de Saint-Louis depuis 1715.
  Sous-lieutenant aux Chevau-Légers-Dauphin.
  Brigadier des armées du Roi en 1740.

D'OURCHES (*Charles, comte*),
  Reçu chevalier de l'ordre de Saint-Louis depuis 1715.
  Mestre-de-camp-lieutenant du régiment Colonel-général-infanterie en 1748.

NADAU,
  Reçu chevalier de l'ordre de Saint-Louis depuis 1715.
  Lieutenant-de-Roi du cul-de-sac Maria en Amérique dès 1740.

DE THIEFFRIE,
  Reçu chevalier de l'ordre de Saint-Louis depuis 1715.
  Ingénieur en chef à Rouen et au Pont de l'Arche dès 1740.

DE MONTEILLIER,
  Reçu chevalier de l'ordre de Saint-Louis depuis 1715.
  Aide-major et capitaine des portes de Montpellier dès 1740.

DE CHARRY, *comte* DES GOUTTES,
  Reçu chevalier de l'ordre de Saint-Louis depuis 1715.
  Commandant les gardes de la marine à Rochefort en 1729.
  Capitaine de vaisseaux en 1731.

De MONTBOISSIER,
  Reçu chevalier de l'ordre de Saint-Louis depuis 1715.
  Colonel du régiment de Montboissier-infanterie en 1745.

De VILLENEUVE (*Christophe*), *baron* de Bargemon *et* de Vaucluse,
  Reçu chevalier de l'ordre de Saint-Louis depuis 1715.
  Capitaine de galères en 1728.

BAUDOUIN (*Fidelle-Séraphin*), *seigneur* de Soupire,
  Reçu chevalier de l'ordre de Saint-Louis depuis 1715.
  Capitaine aux Gardes-Françaises.
  Chevalier d'honneur au présidial de Laon en 1716.

D'AMBLY (*Gaspard-Hardouin-François*), *marquis* d'Essaivello,
  Mousquetaire du Roi en 1714.
  Reçu chevalier de l'ordre de Saint-Louis depuis 1715.
  Capitaine au régiment d'Orléans-dragons en 1719.

Du GARD (*Jean*), *seigneur* de la Blasserurie,
  Mousquetaire du Roi de la première compagnie en 1698.
  Reçu chevalier de l'ordre de Saint-Louis depuis 1715.

De MAUPEOU (*René-Théophile*), *marquis* de Sablonnières,
  Capitaine au régiment Dauphin-étranger.
  Reçu chevalier de l'ordre de Saint-Louis depuis 1715.
  Colonel du régiment de Bigorre en 1749.
  Lieutenant-général des armées du Roi.

De LISLE (*Joseph-Ignace*), *seigneur* de Callian,
  Reçu chevalier de l'ordre de Saint-Louis depuis 1715.
  Capitaine de vaisseaux du Roi en 1757.
  Chef d'escadre des armées navales.

De LISLE (*Louis-Auguste*), *seigneur* de Tauiane,
  Reçu chevalier de l'ordre de Saint-Louis depuis 1715.
  Capitaine de vaisseaux en 1757.
  Chef d'escadre des armées navales.

De NAS (*Jean-Baptiste*), *seigneur* de Tourris,
    Reçu chevalier de l'ordre de Saint-Louis depuis 1715.
    Capitaine de vaisseaux du Roi en 1754.

Du THIL,
    Reçu chevalier de l'ordre de Saint-Louis depuis 1715.
    Premier aide-major du fort Louis du Rhin dès 1740.

De RICHAUD,
    Reçu chevalier de l'ordre de Saint-Louis depuis 1715.
    Aide-major de la citadelle de Valencienne dès 1740.

De RICHON,
    Reçu chevalier de l'ordre de Saint-Louis depuis 1715.
    Maréchal-des-logis des gendarmes de Berri dès 1740.

De MORET,
    Reçu chevalier de l'ordre de Saint-Louis depuis 1715.
    Capitaine-aide-major au régiment des gardes lorraines dès 1740.

De la FONTAINE (*Jacques-Hubert*), baron de Chauvirey,
    Capitaine au régiment Royal-infanterie en 1712.
    Reçu chevalier de l'ordre de Saint-Louis depuis 1715.
    Sous-lieutenant des grenadiers à cheval en 1751.

De la GUICHE (*Louis-Nicolas, chevalier*),
    Enseigne de vaisseaux du Roi en 1712.
    Reçu chevalier de l'ordre de Saint-Louis depuis 1715.

De VILLENEUVE,
    Reçu chevalier de l'ordre de Saint-Louis depuis 1715.
    Lieutenant-de-Roi de Mont-Dauphin dès 1740.

De la PLUGÈRE,
    Reçu chevalier de l'ordre de Saint-Louis depuis 1715.
    Aide-major et capitaine des portes de Gravelines dès 1740.

De PLOSSOL,
    Reçu chevalier de l'ordre de Saint-Louis depuis 1715.
    Lieutenant-colonel du régiment de Tournaisis dès 1740.

De BONGARD (*Gilles*), *seigneur* de Potrel et de Saint-Manvieux,
Reçu chevalier de l'ordre de Saint-Louis depuis 1715.
Mestre-de-camp du régiment de Bongard-cavalerie en 1721.

De SAINT-JULIEN,
Reçu chevalier de l'ordre de Saint-Louis depuis 1715.
Lieutenant-colonel du régiment de Bresse dès 1740.

De SAINT-HILAIRE,
Reçu chevalier de l'ordre de Saint-Louis depuis 1715.
Aide-major de Mont-Louis dès 1740.

De SAINT-JULIEN,
Reçu chevalier de l'ordre de Saint-Louis depuis 1715.
Lieutenant-colonel du régiment de Vexin dès 1740.

MORLET,
Reçu chevalier de l'ordre de Saint-Louis depuis 1715.
Ingénieur en chef à Auxonne dès 1740.

De MORLAIX,
Reçu chevalier de l'ordre de Saint-Louis depuis 1715.
Gouverneur de Rochefort dès 1740.

De VILLENEUVE-CASTILLON,
Reçu chevalier de l'ordre de Saint-Louis depuis 1715.
Capitaine de galères en 1740.

De SICARD,
Reçu chevalier de l'ordre de Saint-Louis depuis 1715.
Commandant au fort Saint-Elme en Roussillon dès 1740.

De la MARTHE (*le comte*),
Reçu chevalier de l'ordre de Saint-Louis depuis 1715.
Sous-lieutenant des Gendarmes anglais, avec rang de mestre-de-camp de cavalerie dès 1740.

De VIENNES (*le chevalier*),
Reçu chevalier de l'ordre de Saint-Louis depuis 1715.
Ingénieur en chef à Ardres dès 1740.

De MAUMUSSON,
  Reçu chevalier de l'ordre de Saint-Louis depuis 1715.
  Commandant au fort Saint-Martin-de-Ré et au fort de la Prée dès 1740.

De SIBILLE,
  Reçu chevalier de l'ordre de Saint-Louis depuis 1715.
  Aide-major du château de Joux et de Pontarlier dès 1740.

SHORTALL,
  Reçu chevalier de l'ordre de Saint-Louis depuis 1715.
  Major du régiment de Clare-irlandais dès 1740.

De VILLENEUVE,
  Reçu chevalier de l'ordre de Saint-Louis depuis 1715.
  Commandant de bataillon au régiment d'Eu dès 1740.

De VILLENEUVE,
  Reçu chevalier de l'ordre de Saint-Louis depuis 1715.
  Maréchal-des-logis des chevau-légers de la Reine dès 1740.

De VILLENEUVE,
  Reçu chevalier de l'ordre de Saint-Louis depuis 1715.
  Commandant de bataillon au régiment de Piémont dès 1740.

Du VIVIER,
  Reçu chevalier de l'ordre de Saint-Louis depuis 1715.
  Ingénieur, et directeur des fortifications de la Franche-Comté dès 1740.

De SOMMAIRE,
  Reçu chevalier de l'ordre de Saint-Louis depuis 1715.
  Lieutenant-de-Roi à Dijon dès 1740, puis à Châlons-sur-Saône.

De SQUIDY,
  Reçu chevalier de l'ordre de Saint-Louis depuis 1715.
  Lieutenant-de-Roi de Saint-Tropez dès 1740.

STOURM,
   Reçu chevalier de l'ordre de Saint-Louis depuis 1715.
   Ingénieur en chef à Blamont dès 1740.

PINSART,
   Reçu chevalier de l'ordre de Saint-Louis depuis 1715.
   Ancien ingénieur en chef à Toul en 1740.

De FINSUN,
   Reçu chevalier de l'ordre de Saint-Louis depuis 1715.
   Lieutenant-de-Roi de la citadelle de Bayonne dès 1740.

De PUJET,
   Reçu chevalier de l'ordre de Saint-Louis depuis 1715.
   Commandant de la citadelle de Marseille dès 1740.

D'ULIN de MENNEVILLE,
   Reçu chevalier de l'ordre de Saint-Louis depuis 1715.
   Ingénieur en chef à Saint-Venant dès 1740.

De BOISPINEAU,
   Reçu chevalier de l'ordre de Saint-Louis depuis 1715.
   Lieutenant d'artillerie de la marine en 1733.

Du PIN de BELLUJARD,
   Reçu chevalier de l'ordre de Saint-Louis depuis 1715.
   Capitaine de vaisseaux du Roi en 1733.

Du QUESNEL,
   Reçu chevalier de l'ordre de Saint-Louis depuis 1715.
   Capitaine de vaisseaux du Roi en 1732, et gouverneur de l'île Royale.

D'AVALOS,
   Reçu chevalier de l'ordre de Saint-Louis depuis 1715.
   Lieutenant de vaisseaux du Roi en 1731.

Des BOIS,
   Reçu chevalier de l'ordre de Saint-Louis depuis 1715.
   Lieutenant de vaisseaux du Roi en 1731.

De SILLY de LOUVIGNY,
  Reçu chevalier de l'ordre de Saint-Louis depuis 1715.
  Lieutenant de vaisseaux du Roi en 1731.

De MAUCLERC du PERÈS,
  Reçu chevalier de l'ordre de Saint-Louis depuis 1715.
  Capitaine de vaisseaux du Roi en 1731.

De MARTONNE,
  Reçu chevalier de l'ordre de Saint-Louis depuis 1715.
  Lieutenant de vaisseaux du Roi en 1731.

De VILLEVIEILLE,
  Reçu chevalier de l'ordre de Saint-Louis depuis 1715.
  Capitaine de vaisseaux du Roi en 1731, et major de la marine à Brest.

De BOISSIEUX (*le marquis*),
  Reçu chevalier de l'ordre de Saint-Louis depuis 1715.
  Colonel du régiment de la Sarre en 1730.

De BOUDEVILLE de SAINT-PERRIER,
  Reçu chevalier de l'ordre de Saint-Louis depuis 1715.
  Capitaine de vaisseaux du Roi en 1727.

BOYER-DE-SORGUES,
  Reçu chevalier de l'ordre de Saint-Louis depuis 1715.
  Capitaine de vaisseaux du Roi en 1727.

Du HOULBÉC,
  Reçu chevalier de l'ordre de Saint-Louis depuis 1715.
  Lieutenant de vaisseaux du Roi en 1731.

CONRARD de SURMONT,
  Reçu chevalier de l'ordre de Saint-Louis depuis 1715.
  Lieutenant de vaisseaux du Roi en 1731.

De la MAISONFORT de BOISDESCOURT,
  Reçu chevalier de l'ordre de Saint-Louis depuis 1715.
  Capitaine de vaisseaux du Roi en 1731.

De VASSAN,
  Reçu chevalier de l'ordre de Saint-Louis depuis 1715.
  Lieutenant de vaisseaux du Roi en 1731.

D'HERVAUX,
  Reçu chevalier de l'ordre de Saint-Louis depuis 1715.
  Lieutenant de vaisseaux du Roi en 1731.

Le NORMAND de BEAUMONT,
  Reçu chevalier de l'ordre de Saint-Louis depuis 1715.
  Lieutenant de vaisseaux du Roi en 1731.

EUZENOU de KERSALAIN,
  Reçu chevalier de l'ordre de Saint-Louis depuis 1715.
  Lieutenant de vaisseaux du Roi en 1731.

De RAVENEL (*Paul*),
  Reçu chevalier de l'ordre de Saint-Louis depuis 1715.
  Capitaine de vaisseaux du Roi en 1731.

De FABRE (*Louis*), seigneur de Ponfrac et de Mazan (dit de Mazan de Sabran),
  Reçu chevalier de l'ordre de Saint-Louis depuis 1715.
  Capitaine de galères en 1732.

Des MONTIS,
  Reçu chevalier de l'ordre de Saint-Louis depuis 1715.
  Lieutenant de vaisseaux du Roi en 1732.

De GRAVIER (*Pierre-Toussaint*),
  Reçu chevalier de l'ordre de Saint-Louis depuis 1715.
  Capitaine de vaisseaux du Roi en 1732.

De LA CROPTE (*François-Isaac*), marquis de Bourzac,
  Reçu chevalier de l'ordre de Saint-Louis depuis 1715.
  Mestre-de-camp-lieutenant du régiment de Conti-cavalerie en 1733.
  Premier gentilhomme de la chambre du prince de Conti.

MACNEMARA,
  Reçu chevalier de l'ordre de Saint-Louis depuis 1715.

Capitaine de vaisseaux du Roi en 1734.
Lieutenant-général des armées navales.
Commandant la marine à Rochefort.

D<small>ES</small> COURS,
Reçu chevalier de l'ordre de Saint-Louis depuis 1715
Capitaine de vaisseaux du Roi en 1733.

CATELIN <small>DE</small> L<small>A</small> GARDE,
Reçu chevalier de l'ordre de Saint-Louis depuis 1715.
Lieutenant de vaisseaux du Roi en 1734.

D<small>E</small> CRUSSOL, *comte* <small>D'</small>U<small>ZÈS</small>,
Reçu chevalier de l'ordre de Saint-Louis depuis 1715.
Capitaine de vaisseaux du Roi en 1734.

D<small>E</small> FRÊNAY,
Reçu chevalier de l'ordre de Saint-Louis depuis 1715.
Lieutenant de vaisseaux du Roi en 1734.

D<small>U</small> GUERMEUR,
Reçu chevalier de l'ordre de Saint-Louis depuis 1715.
Lieutenant de vaisseaux du Roi en 1734.

HOUEL (*Charles-François*),
Reçu chevalier de l'ordre de Saint-Louis depuis 1715.
Capitaine aux Gardes-Françaises en 1734.

D<small>E LA</small> FILLIÈRE,
Reçu chevalier de l'ordre de Saint-Louis depuis 1715.
Capitaine de vaisseaux du Roi en 1734.

D<small>E</small> BOURNONVILLE,
Reçu chevalier de l'ordre de Saint-Louis depuis 1715.
Lieutenant de vaisseaux du Roi en 1735.

D<small>E</small> GALLIEN (*François*), *seigneur* <small>DE LA</small> C<small>HAUX</small>,
Reçu chevalier de l'ordre de Saint-Louis depuis 1715.
Capitaine au régiment de Genzac en 1734.
Major de milice.

De la MOTTE GUERIN (*Joseph*),
   Enseigne au régiment des Gardes-Françaises en 1711.
   Sous-lieutenant en 1714.
   Reçu chevalier de l'ordre de Saint-Louis depuis 1715.
   Lieutenant en 1717.
   Capitaine au même régiment en 1726.
   Brigadier des armées du Roi, janvier 1740.
   Commandant du quatrième bataillon de son régiment en 1741.
   Maréchal-de-camp en 1744.
   Gouverneur de Philippeville en 1746.
   Mort le 22 juin 1759.

D'ANJONI de FOIX (*Claude, marquis*),
   Page du Roi, juillet 1681.
   Mousquetaire en 1684.
   Cornette au régiment de cavalerie de Melac en 1689.
   Lieutenant dans le régiment royal des Carabiniers en 1694.
   Capitaine au régiment de cavalerie du Maine en 1704.
   Exempt de la compagnie des Gardes-du-Corps (depuis Beauvau.)
   Reçu chevalier de l'ordre de Saint-Louis depuis 1715.
   Brigadier des armées du Roi en 1734.
   Enseigne de sa compagnie en 1737.
   Maréchal-de-camp en 1740.
   Mort le 18 juin 1760, âgé de quatre-vingt-quatorze ans.

MARTEL (*Charles*), *comte* de Fontaine-Martel,
   Page de Monseigneur le duc d'Orléans en 1703.
   Enseigne au régiment de Bourbonnais en 1705.
   Capitaine au même régiment en 1708.
   Premier cornette de la compagnie des chevau-légers d'Orléans en 1714.
   Reçu chevalier de l'ordre de Saint-Louis depuis 1715.
   Sous-lieutenant de la compagnie des chevau-légers de Bourgogne en 1734.

Brigadier des armées du Roi en la même année.
Maréchal-de-camp, janvier 1740.
Mort le 17 juillet 1760.

DE BRAGELONGNE (*Charles-François*),
Enseigne de la colonelle du régiment de la Marche, juillet 1714.
Reçu chevalier de l'ordre de Saint-Louis depuis 1715.
Lieutenant de la Colonelle, janvier 1718.
Enseigne au régiment des Gardes-Françaises, mai 1720.
Lieutenant des grenadiers, novembre 1743.
Capitaine, mars 1744.
Capitaine de grenadiers, février 1747.
Brigadier des armées du Roi, mai 1748.
Mort le 5 juin 1762.

DE BOURBON (*Louis-Auguste*), *prince* DE DOMBES, né le 4 mars 1700,
Colonel-général des Suisses et Grisons en survivance de M. le duc du Maine, son père, mai 1710.
Gouverneur-général du Languedoc, aussi en survivance de M. le duc du Maine en 1712.
Reçu chevalier de l'ordre de Saint-Louis depuis 1715.
Chevalier des ordres du Roi en 1728.
Maréchal-de-camp en 1734.
Lieutenant-général des armées du Roi en 1735.
Colonel du régiment royal des Carabiniers, sur la démission de M. le duc du Maine en 1736.
Colonel-général des Suisses, capitaine de la compagnie générale et gouverneur du Languedoc, à la mort de M. le duc du Maine, même année.
Mort le 1er octobre 1755.

ANDREY (*Louis-Charles-Claude*), *chevalier* DE FONTENAY,
Aide du parc de l'artillerie en 1712.
Officier pointeur en 1713.
Reçu chevalier de l'ordre de Saint-Louis depuis 1715.

Commissaire extraordinaire d'artillerie en 1716.
Commissaire ordinaire en 1721.
Commissaire provincial en 1732.
Lieutenant d'artillerie en 1742.
Brigadier des armées du Roi en 1744.
Maréchal-de-camp en 1748.
Lieutenant-général de l'artillerie, avec le département général de Bretagne en 1750.
Inspecteur-général du corps royal en 1759.
Lieutenant-général des armées du Roi, même année.
Mort le 17 janvier 1774.

D'AILLY D'AMMERY (*Philippe*), chevalier D'AILLY,
Sous-lieutenant au régiment du Roi en 1704.
Cornette dans le régiment royal de Carabiniers en 1706.
Capitaine au régiment royal Roussillon-cavalerie, même année.
Capitaine-réformé à la suite du même régiment.
Reçu chevalier de l'ordre de Saint-Louis depuis 1715.
Lieutenant-colonel de son régiment en 1728.
Brigadier des armées du Roi en 1744.
Maréchal-de-camp en 1748.
Lieutenant-général des armées du Roi en 1759. Il n'a point servi en cette qualité.
Mort en 1766.

DE MONTESQUIOU (*Pierre, comte*),
(Connu d'abord sous le nom de chevalier Dartagnan.)
Capitaine au régiment d'infanterie du comte Dartagnan son frère aîné en 1707.
Major du même régiment en 1708.
Aide-major du régiment de Normandie, mars 1714.
Obtint, dans le même mois, le rang de capitaine.
Reçu chevalier de l'ordre de Saint-Louis depuis 1715.
Maréchal-des-logis et aide-major de la première compagnie des Mousquetaires en 1722.
Obtint le rang de mestre-de-camp de cavalerie le même jour.

Second cornette de la même compagnie en 1726.
Premier cornette en 1727.
Deuxième enseigne, février 1729.
Premier enseigne de sa compagnie, même année.
Deuxième sous-lieutenant, mai 1738.
Brigadier des armées du Roi en 1740.
Maréchal-de-camp en 1744.
Lieutenant-général des armées du Roi, mai 1748.
Premier sous-lieutenant de sa compagnie en 1751.
Mort le 18 juillet 1754.

DE RELINGUE (*Charles-Antoine*, comte),
Mousquetaire.
Reçu chevalier de l'ordre de Saint-Louis depuis 1715.
Enseigne de la compagnie des gendarmes anglais en 1718.
Obtint le rang de lieutenant-colonel de cavalerie en 1719.
Mestre-de-camp de cavalerie en 1721.
Brigadier des armées du Roi, janvier 1740.
Sous-lieutenant de la compagnie des gendarmes de la Reine, septembre 1741.
Maréchal-de-camp en 1744.
Lieutenant-général des armées du Roi en 1748.
Mort en 1774.

DE GRIMOARD DE BEAUVOIR DE MONTLAUR (*Louis-Claude-Scipion*), comte DU ROURE, né le 19 septembre 1690,
Mousquetaire en 1707.
Capitaine au régiment de cavalerie de Vaudrey en 1709.
Reçu chevalier de l'ordre de Saint-Louis depuis 1715.
Obtint le rang de mestre-de-camp de cavalerie en 1721.
Deuxième cornette de la première compagnie des mousquetaires en 1722.
Premier cornette en 1726.
Second enseigne en 1727.
Premier ensigne en 1729.
Brigadier des armées du Roi en 1734.

Second sous-lieutenant de sa compagnie en 1737.
Premier sous-lieutenant en 1738.
Maréchal-de-camp en 1743.
Gouverneur du fort Louis en 1746.
Lieutenant-général des armées du Roi en 1748.
Gouverneur des ville et citadelle du St.-Esprit, avril 1751.
Il se démit, au mois de décembre suivant, de la sous-lieutenance des mousquetaires, et au mois de juillet 1752, peu de jours avant sa mort, du gouvernement du Saint-Esprit en faveur de son fils.
Mort le 16 juillet 1752.

DES COMBES,
Reçu chevalier de l'ordre de Saint-Louis depuis 1715.
Capitaine de vaisseaux du Roi en 1734.

D'ARROS D'ARGELAS (*Jean-Armand, comte*),
Lieutenant au régiment d'infanterie de Languedoc en 1706.
Capitaine au même régiment en 1707.
Colonel d'un régiment d'infanterie de son nom en 1710.
Colonel du régiment de Languedoc sur la démission du baron d'Argelas, son oncle, en 1712.
Reçu chevalier de l'ordre de Saint-Louis depuis 1715.
Brigadier des armées du Roi en 1734.
Maréchal-de-camp en 1738.
Lieutenant-général des armées du Roi en 1748.
Mort en 1772.

D'APCHIER (*Claude-Annet*), *chevalier*, puis *comte* DE CHATEAUNEUF, né le 14 juin 1693,
Sous-lieutenant au régiment Dauphin-infanterie en 1707.
Cornette au régiment du Mestre-de-camp-général des dragons, même année.
Il rentra, en 1708, en qualité de lieutenant au régiment Dauphin, qui fut licencié en 1713.
Capitaine au régiment de dragons de Belleisle, même année.

TOM. 5

(66)

Capitaine-réformé à la suite du régiment Mestre-de-camp-général des dragons en 1714.

Reçu chevalier de l'ordre de Saint-Louis depuis 1715.

Capitaine en second dans le régiment d'Orléans-dragons en 1718.

Troisième enseigne de la compagnie des gendarmes de la garde en 1719, avec rang de mestre-de-camp de cavalerie, même année.

Deuxième enseigne, mai 1725.

Deuxième sous-lieutenant en 1726.

Premier sous-lieutenant en 1732.

Brigadier des armées du Roi en 1734.

Maréchal-de-camp en 1738.

Lieutenant-général des armées du Roi en 1744.

Chevalier des ordres du Roi, janvier 1746.

Mort le 12 février 1753.

CROZAT (*Louis-François*), *marquis* DU CHATEL,

Mousquetaire.

Reçu chevalier de l'ordre de Saint-Louis depuis 1715.

Cornette de la deuxième compagnie des Mousquetaires en 1717.

Mestre-de-camp du régiment de dragons de Languedoc en 1718.

Brigadier des armées du Roi, février 1734.

Maréchal-de-camp en 1738.

Lieutenant-général des armées du Roi en 1744.

Mort le 31 janvier 1750.

DE BERENGER DU GUA (*Pierre, comte*),

(Connu d'abord sous le nom de marquis du Gua).

Enseigne au régiment de Leuville en 1703.

Obtint la compagnie de son frère dans le même régiment, mars 1704.

Colonel du régiment d'infanterie de Bugey, qu'avait son frère, en 1710.

Colonel-réformé à la suite du régiment de Champagne en 1714.

Reçu chevalier de l'ordre de Saint-Louis depuis 1715.
Colonel du régiment d'infanterie de Vivarais en 1731.
Brigadier des armées du Roi en 1734.
Maréchal-de-camp, mars 1738.
Lieutenant-général des armées du Roi en 1744.
Chevalier des ordres du Roi en 1746.
Mort le 24 juillet 1751.

DE COUCY DE BERCY (*Philippe*), né à Poisecourt près Reims le 22 décembre 1682,
Cadet en 1694.
Sous-lieutenant au régiment de Picardie en 1696.
Lieutenant-réformé dans le régiment de Grancey en 1698.
Enseigne au même régiment en 1699.
Lieutenant au mois de novembre 1702.
Capitaine le 23 août 1705.
Reçu chevalier de l'ordre de Saint-Louis depuis 1715.
Capitaine de grenadiers dans le même régiment (alors Souvré), mars 1733.
Commandant du second bataillon, août 1734.
Lieutenant-colonel, décembre même année.
Brigadier des armées du Roi, mars 1747.
Il quitta le service la même année.
Mort le 10 novembre 1762.

LE DOULCET (*Jacques*), seigneur DE PONTÉCOULANT,
Premier capitaine au régiment de Piémont-cavalerie.
Reçu chevalier de l'ordre de Saint-Louis depuis 1715.
Mort à Parme le 25 septembre 1734, des blessures qu'il avait reçues à la bataille de Guastalla.

MAGON (*Auguste-Nicolas*), *marquis* DE LA GERVAISAIS,
Mousquetaire en 1698.
Enseigne au régiment des Gardes-Françaises en 1699.
Sous-lieutenant en juin 1702.
Colonel du régiment d'infanterie de Berri en 1704.
Colonel du régiment (alors Vaubecourt) en 1713.
Reçu chevalier de l'ordre de Saint-Louis depuis 1715.

5*

Brigadier des armées du Roi, février 1719.
Maréchal-de-camp en 1734.
Lieutenant-général des armées du Roi en 1743.

DE BUDES (*Jean-Baptiste*), *comte* DE GUEBRIANT,
Capitaine au régiment du Roi-infanterie.
Colonel de celui de Luxembourg.
Reçu chevalier de l'ordre de Saint-Louis depuis 1715.
Tué à la bataille de Guastalla en 1734.

DU PRÉ-D'ANEAU (*Étienne*),
Capitaine de grenadiers au régiment de Médoc.
Reçu chevalier de l'ordre de Saint-Louis depuis 1715.
Tué à la bataille de Parme en 1734.

DE BRIÇONNET D'OISONVILLE,
Capitaine au régiment du Roi.
Colonel de celui de Blaisois.
Reçu chevalier de l'ordre de Saint-Louis depuis 1715.
Tué à la bataille de Parme en 1734.

DE LA RIVIÈRE (*Antoine*), *seigneur* DE CHAMBON en Berri,
Servit d'abord Volontaire.
Entra dans la compagnie des cadets de Metz en 1682.
Sous-lieutenant au régiment de Soissons (depuis Perche) en 1688.
Lieutenant au mois de novembre 1690.
Capitaine en 1693.
Lieutenant-colonel de son régiment, septembre 1705.
Reçu chevalier de l'ordre de Saint-Louis depuis 1715.
Brigadier des armées du Roi, avril 1721.
Lieutenant-de-Roi de la Rochelle, mars 1730.
Mort à la Rochelle le 29 décembre 1738.

FOUQUET (*Louis-Charles-Armand*), *chevalier*, puis *comte* DE BELLEISLE, né à Agde le 19 septembre 1693,
Mousquetaire en 1707.
Capitaine dans le régiment de dragons de son frère (depuis Bonnelles) en 1708.

Mestre-de-camp d'un régiment de dragons de son nom en 1712.

Reçu chevalier de l'ordre de Saint-Louis depuis 1715.

Mestre-de-camp-réformé à la suite du régiment du Mestre-de-camp-général des dragons en 1734.

Brigadier des armées du Roi, même année.

Maréchal-de-camp en 1738.

Lieutenant-général au gouvernement du pays Messin, sur la démission de M. de Châteaubrehain en 1739. Le comte de Belleisle son frère ayant été créé maréchal de France, le chevalier de Belleisle l'accompagna à son ambassade de Francfort.

Lieutenant-général des armées du Roi en 1742.

Gouverneur de Givet et Charlemont, janvier 1743.

Tué à Exiles le 19 juillet 1747.

DE SÉGUR (*Henri-François, comte*), né le 1er juin 1689,
Mousquetaire, janvier 1705.

Capitaine dans le régiment d'infanterie de son père en 1706.

Colonel de ce régiment sur la démission de son père, même année.

Guidon de la compagnie des gendarmes anglais en 1709.

Obtint le rang de Mestre-de-camp de cavalerie, même année.

Reçu chevalier de l'ordre de Saint-Louis depuis 1715.

Gouverneur et lieutenant-général des pays, ville et château de Foix, septembre 1718.

Lieutenant-général au gouvernement de Champagne pour le département de Brie, en survivance de son père, même mois.

Brigadier des armées du Roi, février 1719.

Mestre-de-camp-lieutenant du régiment de cavalerie d'Orléans, mars même année.

Maître de la garde-robe de M. le duc d'Orléans, juillet suivant.

Maréchal-général-des-logis de cavalerie de l'armée d'Italie en 1733.

Maréchal-de-camp en 1734.

Inspecteur-général de la cavalerie et des dragons en 1736.

Lieutenant-général des armées du Roi, mars 1738.

Chevalier des ordres du Roi, février 1748.

Mort le 18 juin 1751.

DE PRAT (*Antoine*),

Capitaine au régiment du Maine.

Reçu chevalier de l'ordre de Saint-Louis depuis 1715.

Mort à Cremone, des blessures qu'il avait reçues à la bataille de Guastalla en 1734.

DE VIRY (*Claude-François, chevalier*),

Lieutenant-colonel du régiment de Nice.

Reçu chevalier de l'ordre de Saint-Louis depuis 1715.

Mort à Bourbonne en 1734.

DE LANGLADE (*Nicolas-Joseph-Balthazar*), vicomte DU CHAYLA, né le 6 avril 1686,

Mousquetaire en 1704.

Troisième cornette de la compagnie des chevau-légers de la Garde en 1705.

Obtint le rang de mestre-de-camp de cavalerie en 1706.

Reçu chevalier de l'ordre de Saint-Louis depuis 1715.

Brigadier des armées du Roi, février 1719.

Mestre-de-camp-réformé à la suite du régiment de cavalerie de Conti, même année.

Mestre-de-camp-lieutenant du même régiment, mai 1722.

Mestre-de-camp en chef à la mort de M. le prince de Conti en 1727.

Brigadier des armées du Roi en 1733.

Maréchal-de-camp, février 1734.

Inspecteur-général de la cavalerie, même année.

Lieutenant-général des armées du Roi en 1738.

Gouverneur des ville et château de Villefranche en 1743.

Directeur-général de la cavalerie en 1745.

Chevalier des ordres du Roi, janvier 1746.

Mort le 16 décembre 1754.

De BULKELEY (*François, comte*), né à Londres en 1686,
Passa en France en 1700.
Aide-de-camp du duc de Berwick en 1702.
Lieutenant au régiment de Berwick en 1703.
Capitaine-réformé audit régiment en 1705.
Colonel-réformé à la suite du même régiment en 1706.
Colonel d'un régiment d'infanterie de son nom, vacant par la démission du chevalier de Tessé, en 1707.
Reçu chevalier de l'ordre de Saint-Louis depuis 1715.
Brigadier des armées du Roi, février 1719.
Colonel d'un régiment d'infanterie irlandais de son nom en 1733.
Maréchal-de-camp, février 1734.
Lieutenant-général des armées du Roi en 1738.
Chevalier des ordres du Roi en 1748.
Gouverneur de Saint-Jean-Pied-de-Port en 1751.
Mort le 14 janvier 1756.

De CHATILLON (*Alexis-Madeleine-Rosalie*), chevalier, puis *comte* et *duc*, né le 24 septembre 1690,
(Connu d'abord sous le nom de chevalier de Châtillon).
Mousquetaire en 1703.
Colonel de dragons de son nom, à la mort de son frère aîné, même année.
Brigadier des armées du Roi en 1712.
Obtint le grand-bailliage et la préfecture royale d'Haguenau, érigé en fief masculin pour lui et ses enfans mâles, en survivance du duc de Mazarin, en 1713.
Colonel d'un régiment de dragons (alors Châteaubriant), même année.
Inspecteur-général de la cavalerie et des dragons en 1714.
Commissaire-général de la cavalerie, même année.
Reçu chevalier de l'ordre de Saint-Louis depuis 1715.
Mestre-de-camp-général de la cavalerie en 1716.
Maréchal-de-camp, février 1719.
Chevalier des ordres du Roi en 1731.

Lieutenant-général des armées du Roi en 1734.

Gouverneur de M. le Dauphin, premier gentilhomme de sa chambre et grand-maître de sa garde-robe en 1735.

Créé duc et pair de France en 1736. Il prit le nom de duc de Châtillon.

Lieutenant-général au gouvernement de Bretagne à la mort du comte de Châteauregnault en 1739.

Mort à Paris le 15 février 1754.

De BILIOTTI (*Joachim-Blaise*), *chevalier* de Lause,

Nommé chevalier de l'ordre de S.-Louis depuis 1715.

Capitaine au régiment de Talaru en 1734.

Mort au camp de la Trinité dans le comté de Nice.

D'AUBONNE (*Bonaventure, chevalier*),

Cornette au régiment de cavalerie de Noriou, septembre 1713.

Lieutenant-réformé au même régiment, octobre 1714.

Reçu chevalier de l'ordre de Saint-Louis depuis 1715.

Enseigne au régiment des Gardes-Françaises en 1720.

Sous-lieutenant en 1724.

Sous-lieutenant de grenadiers en 1731.

Lieutenant en 1742.

Lieutenant de grenadiers en 1744.

Capitaine au même régiment en 1745.

Brigadier des armées du Roi en 1758.

Il quitta le service en 1761.

De GALARD de BÉARN,

Reçu chevalier de l'ordre de Saint-Louis depuis 1715.

Lieutenant de vaisseaux du Roi en 1735.

De CAMBIS (*Louis-Dominique*), *comte* de Velleron,

Baptisé le 10 août 1669,

(Connu d'abord sous le nom de chevalier de Velleron).

Cornette au régiment de cavalerie de Jeoffreville, mars 1689.

Lieutenant au même régiment en 1691.

Capitaine en 1692.

Exempt de la compagnie de Lorges (depuis Luxembourg) en 1697.

Obtint rang de mestre-de-camp de cavalerie en 1703.

Gouverneur des ville, viguerie et citadelle de Sisteron en 1709.

Deuxième enseigne de la compagnie des Gardes-du-Corps, même année.

Brigadier des armées du Roi, mars 1710.

Reçu chevalier de l'ordre de Saint-Louis depuis 1715.

Premier enseigne de sa compagnie en 1716.

Maréchal-de-camp en 1719.

Troisième lieutenant de la même compagnie en 1720.

Ambassadeur en Savoie en 1724.

Deuxième lieutenant en 1729.

Premier lieutenant en 1730.

On lui donna l'expectative d'une place de grand'croix de l'ordre de Saint-Louis avec la permission d'en porter les marques.

Grand'croix de l'ordre de Saint-Louis en 1734.

Lieutenant-général des armées du Roi, même année.

Ambassadeur en Angleterre, novembre 1736.

Chevalier des ordres du Roi en 1739.

Mort à Londres en 1740.

COURTOIS,
Reçu chevalier de l'ordre de Saint-Louis depuis 1715.
Lieutenant de vaisseaux du Roi en 1735.

GUINOT (*Etienne-Louis-Antoine*), *marquis* DE MONTCONSEIL,
Page du Roi en 1707.
Mousquetaire en 1713.
Reçu chevalier de l'ordre de Saint-Louis depuis 1715.
Enseigne au régiment des Gardes-Françaises en 1717.
Lieutenant au même régiment, même année.
Colonel d'un régiment d'infanterie de son nom (depuis Lastic) en 1723.

Brigadier des armées du Roi en 1734.
Inspecteur-général de l'infanterie, janvier 1735.
Maréchal-de-camp en 1743.
Lieutenant-général des armées du Roi, janvier 1748.
Mort le 14 octobre 1782.

DE MAUROY (*François-Denis, comte*), né le 9 octobre 1698,
Cornette au régiment de cavalerie de Marteville en 1714.
Lieutenant-réformé au régiment Royal-étranger, même année.
Reçu chevalier de l'ordre de Saint-Louis depuis 1715.
Capitaine au régiment de cavalerie de M. le Dauphin en 1718.
Obtint le rang de mestre-de-camp, mai 1719.
Gouverneur de Tarascon sur la démission de son père en 1720.
Mestre-de-camp-réformé à la suite du régiment Dauphin-cavalerie en 1722.
Capitaine au même régiment en 1727.
Brigadier des armées du Roi en 1734.
Maréchal-de-camp, février 1743.
Lieutenant-général des armées du Roi, janvier 1748.
Mort en 1786.

DE GRAMMONT (*Louis-Antoine, duc*), né le 30 mai 1689, (Connu d'abord sous le nom de comte de l'Esparre).
Mousquetaire en 1704.
Enseigne au régiment des Gardes-Françaises en 1705.
Colonel d'un régiment de dragons de son nom, mai 1706.
Colonel du régiment de Bourbonnais en 1709.
Gouverneur de Ham en survivance de M. Perignan en 1715.
Reçu chevalier de l'ordre de Saint-Louis depuis 1715.
Brigadier des armées du Roi, février 1719.
Il prit le nom de comte de Grammont en se mariant, le 11 mars 1720.

Chevalier des ordres du Roi en 1728.
Colonel du régiment de Vermandois en 1733.
Maréchal-de-camp en 1734.
Directeur-général de l'infanterie en 1735.
Lieutenant-général des armées du Roi en 1738.
Duc de Grammont, pair de France à la mort de son frère en 1741.
Colonel du régiment des Gardes-Françaises, même année.
Gouverneur et lieutenant-général de Navarre et du Béarn.
Lieutenant-général et gouverneur des villes de Bayonne et Pau, même année 1741.
Tué à la bataille de Fontenoy le 11 mai 1745.

LE GENDRE (*Pierre-Hyacinthe*), *marquis* DE BERVILLE,
Mousquetaire.
Reçu chevalier de l'ordre de Saint-Louis depuis 1715.
Capitaine dans le régiment de cavalerie d'Ancesune en 1731.
Colonel du régiment d'infanterie de Rouvergne en 1735.
Brigadier des armées du Roi, mai 1744.
Maréchal-de-camp en 1748.
Commandeur de l'ordre de Saint-Louis, septembre 1753.
Maréchal-de-camp en 1758.
Lieutenant-général des armées du Roi, même année.
Mort à Rouen le 27 février 1762.

OLLIM (*Paul-François*), *comte* DE TORCY, né le 1er juillet 1692.
Page de M. le duc d'Orléans en 1705.
Lieutenant des gardes wallonnes.
Reçu chevalier de l'ordre de Saint-Louis depuis 1715.
Aide-major-général de l'infanterie de l'armée du Roi d'Espagne en 1717.
Colonel-réformé à la suite du régiment d'infanterie de Chartres en 1720.
Aide-maréchal-général-des-logis de l'armée de la Moselle en 1744.
Brigadier des armées du Roi, mai même année.

Maréchal-de-camp, janvier 1748.
Lieutenant-général des armées du Roi, mai 1758.
Mort le 24 avril 1761.

De BRIOIS,
Capitaine au régiment de Bourbon-infanterie.
Reçu chevalier de l'ordre de Saint-Louis depuis 1715.
Mort à Perpignan en 1734.

BERBIER du METZ (*Jacques*), *vicomte* de Perman,
Page du Roi, avril 1697.
Mousquetaire en 1701.
Enseigne au régiment des Gardes-Françaises, février 1702.
Colonel du régiment d'infanterie de Vexin, janvier 1703.
Reçu chevalier de l'ordre de Saint-Louis depuis 1715.
Brigadier des armées du Roi, février 1719.
Mort le 19 octobre 1730.

De SAVARY de LANCOME,
Capitaine de grenadiers au régiment de Richelieu.
Reçu chevalier de l'ordre de Saint-Louis depuis 1715.
Tué au siége de Philisbourg en 1734.

De GRIMBERT de HUGUEVILLE,
Lieutenant aux Gardes-Françaises.
Reçu chevalier de l'ordre de Saint-Louis depuis 1715.
Mort des blessures qu'il reçut au siége de Philisbourg en 1734.

De BAILLY (*Georges*),
Lieutenant au régiment d'infanterie de Navarre.
Officier-pointeur de l'artillerie en 1706.
Commissaire extraordinaire, mars 1707.
Commissaire ordinaire en 1710.
Reçu chevalier de l'ordre de Saint-Louis depuis 1715.
Commissaire provincial en 1721.
Lieutenant d'artillerie, janvier 1734.
Brigadier des armées du Roi en 1743.
Maréchal-de-camp, mai 1755.

Lieutenant-général de l'artillerie, juillet 1746.
Lieutenant-général des armées du Roi, mai 1748.
Mort le 22 mars 1759.

DE FELIX (*Joseph-Gabriel-Tancrède*), marquis DU MUY, Mousquetaire.
Reçu chevalier de l'ordre de Saint-Louis depuis 1715.
Sous-lieutenant de la compagnie des Gendarmes bourguignons en 1723, avec rang de mestre-de-camp.
Capitaine-lieutenant de la compagnie des Gendarmes de Berri en 1733.
Capitaine-lieutenant de la compagnie des chevau-légers de M. le Dauphin, avril 1738.
Brigadier des armées du Roi en 1740.
Maréchal-de-camp en 1744.
Premier maître-d'hôtel de madame la première Dauphine en 1747.
Lieutenant-général des armées du Roi, mai 1748.

DE SAULX (*Henri-Charles*), comte DE TAVANNES, né au mois de décembre 1687,
Mousquetaire en 1703.
Guidon de la compagnie des gendarmes de Berri.
Lieutenant-général au gouvernement de Bourgogne pour le département d'Auxois, de l'Autunois, de Lauxerrois, à la mort de son frère aîné, en 1705.
Sous-lieutenant de la compagnie des chevau-légers Dauphin, janvier 1708.
Obtint le rang de mestre-de-camp de cavalerie, même année.
Capitaine-lieutenant de la compagnie des chevau-légers d'Anjou en 1711.
Reçu chevalier de l'ordre de Saint-Louis depuis 1715.
Capitaine-lieutenant de la compagnie des gendarmes de Flandre en 1716.
Commandant en chef en Bourgogne en 1722.
Capitaine et gouverneur de Tallant, même année.

Lieutenant-général aux bailliages de Dijon, Auxonne, Châtillon-sur-Seine et Bar-sur-Seine, même année 1722.

Maréchal-de-camp, août 1734.

Lieutenant-général au comté de Charolois, sur la démission du duc de Châtillon.

Chevalier des ordres du Roi, janvier 1745.

Lieutenant-général des armées du Roi en 1748.

Mort le 30 août 1761.

De JOSSAUD,

Major du régiment de Navarre.

Reçu chevalier de l'ordre de Saint-Louis depuis 1715.

Mort en 1734.

Le ROYER (*Charles-Henri*), baron de Montclos,

Cadet en 1684.

Enseigne dans le régiment de Greder-allemand (depuis Sparre et Saxe), octobre 1688.

Lieutenant en janvier 1690.

Capitaine en 1696.

Reçu chevalier de l'ordre de Saint-Louis depuis 1715.

Lieutenant-colonel de son régiment (alors Saxe), octobre 1723.

Brigadier des armées du Roi en 1734.

Maréchal-de-camp, février 1743.

Mort le 24 avril même année.

De la GREZE,

Lieutenant-colonel du régiment de Beauvoisis.

Reçu chevalier de l'ordre de Saint-Louis depuis 1715.

Tué à la bataille de Berghen en 1759.

THIERIET (*Jean-Baptiste*),

Capitaine au régiment de Provence.

Reçu chevalier de l'ordre de Saint-Louis depuis 1715.

Mort en 1745, des blessures qu'il avoit reçues à l'attaque de Mont-Dauphin en 1744.

D'ORLÉANS (*Alexandre*), *marquis* DE ROTHELIN, né le 17 mars 1688,
(Connu d'abord sous le nom de chevalier de Rothelin).
Enseigne de la colonelle du régiment d'Artois en 1701.
Capitaine dans le même régiment en 1702.
Guidon de la compagnie des gendarmes Écossais en 1706.
Sous-lieutenant de la compagnie des chevau-légers de Berri, avril 1707.
Obtint le rang de mestre-de-camp de cavalerie, même année.
Mestre-de-camp-réformé à la suite du régiment Dauphin-étranger en 1711.
Reçu chevalier de l'ordre de Saint-Louis depuis 1715.
Brigadier des armées du Roi, février 1719.
Gouverneur du Port-Louis, de Blavet, d'Hennebon et de Quimperlay, novembre 1731.
Maréchal-de-camp en 1734.
Lieutenant-général des armées du Roi en 1748.
Mort le 15 mai 1764.

DE L'HOPITAL (*Paul-François*), *marquis* DE CHATEAUNEUF-SUR-CHER, né le 13 janvier 1697,
Chevalier de Saint-Lazare en 1711.
Cornette au régiment Royal-étrangers en 1712.
Reçu chevalier de l'ordre de Saint-Louis depuis 1715.
Enseigne au régiment des Gardes-Françaises en 1716.
Enseigne d'une compagnie de grenadiers en 1718.
Troisième enseigne de la compagnie des gendarmes de la Garde du Roi, avec rang de mestre-de-camp de cavalerie en 1719.
Deuxième enseigne en décembre suivant.
Mestre-de-camp d'un régiment de dragons de son nom en 1725.
Brigadier des armées du Roi en 1734.
Inspecteur-général de la cavalerie et des dragons en 1738.
Maréchal-de-camp en 1740.

Ambassadeur à Naples, même année.

Lieutenant-général des armées du Roi en 1745.

Chevalier de l'ordre de Saint-Janvier en 1746.

Premier écuyer de Mesdames Henriette et Adélaïde de France, septembre 1750.

Chevalier des ordres du Roi en 1753.

Ambassadeur en Russie en 1756.

Mort en 1776.

DE LA COUR (*Jacques-Claude-Augustin*), marquis DE BALLEROY,

Mousquetaire en 1712.

Cornette dans le régiment de Bonnelles-dragons, mars 1714.

Colonel d'un régiment de dragons de son nom en mai suivant.

Reçu chevalier de l'ordre de Saint-Louis depuis 1715.

Mestre-de-camp-réformé à la suite du régiment d'Orléans-dragons en 1718.

Troisième enseigne de la compagnie de Noailles des gardes-du-corps du Roi en 1728.

Obtint le rang de mestre-de-camp de cavalerie, même année.

Deuxième enseigne, aussi même année.

Premier enseigne en 1729.

Troisième lieutenant en 1733.

Brigadier des armées du Roi, février 1734.

Deuxième lieutenant en 1735.

Gouverneur de M. le duc d'Orléans, alors duc de Chartres.

Maréchal-de-camp en 1738.

Lieutenant-général des armées du Roi, mai 1744.

Mort à son château de Balleroy le 21 février 1773.

DE VERDUM,

Reçu chevalier de l'ordre de Saint-Louis depuis 1715.

Commandant à Marsal-Vic et Moyenvic en 1740.

D'ESPARBÉS DE LUSSAN (*Jean-Jacques-Pierre, comte*),
Reçu chevalier de l'ordre de Saint-Louis depuis 1715.
Colonel du régiment de Piémont en 1748.
Commandant en second en Guienne.
Mort en 1761.

DE NOUZIÈRES,
Capitaine au régiment de Richelieu.
Reçu chevalier de l'ordre de Saint-Louis depuis 1715.
Mort des blessures qu'il reçut au siége de Philisbourg en 1734.

DE LA MYRE DE LA MOTHE (*François-Gaspard*),
Capitaine de grenadiers au régiment du Roi.
Reçu chevalier de l'ordre de Saint-Louis depuis 1715.
Tué à la bataille de Parme en 1734.

DE KARUEL (*Charles-Michel*), marquis DE MEREY,
Mousquetaire en 1690.
Capitaine au régiment Dauphin-dragons, août 1695.
Guidon de la compagnie des gendarmes Bourguignons, septembre 1704.
Mestre-de-camp de cavalerie, août 1706.
Reçu chevalier de l'ordre de Saint-Louis depuis 1715.
Brigadier des armées du Roi, février 1719.
Sous-lieutenant de la compagnie des gendarmes Anglais, février 1720.
Maréchal-de-camp, février 1734.
Mort au mois d'avril 1737.

DU PONT,
Ingénieur en chef à Mézières.
Reçu chevalier de l'ordre de Saint-Louis depuis 1715.
Maréchal-de-camp en 1748.

DE GRASSIN (*Simon-Claude*), seigneur DE GLATIGNY,
Sous-lieutenant dans le régiment de Picardie en 1712.
Enseigne de la Colonelle du même régiment en 1713.
Lieutenant en 1714.

TOM. II.   6

Reçu chevalier de l'ordre de Saint-Louis depuis 1715.
Capitaine au même régiment en 1717.
Capitaine en second au dédoublement des compagnies en 1718.
Capitaine en pied en 1722.
Capitaine de grenadiers en 1739.
Obtint le rang de lieutenant-colonel en 1743.
Colonel d'un régiment de troupes légères à pied et à cheval en 1744.
Brigadier des armées du Roi, en 1745.
Maréchal-de-camp en 1748.
Mort en 1776.

De FLOBERT,
Ancien officier au service d'Espagne.
Reçu chevalier de l'ordre de Saint-Louis depuis 1715.
Brigadier des armées du Roi en 1759.
Mort en Espagne en 1763.

THIBAULT (*Jacques-François-Marie*), *marquis* DE LA CARTE,
Reçu chevalier de l'ordre de Saint-Louis depuis 1715.
Sous-lieutenant des gendarmes d'Orléans en 1735.
Mestre-de-camp de cavalerie.

De MONTBLANC,
Enseigne de vaisseaux du Roi en 1711.
Reçu chevalier de l'ordre de Saint-Louis depuis 1715.

De BOUTHILIER (*Claude-Louis*), *comte* DE PONT-SUR-SEINE et DE CHAVIGNY,
Servit d'abord dans les Mousquetaires.
Reçu chevalier de l'ordre de Saint-Louis depuis 1715.
Colonel du régiment de Carabiniers en mai 1732.
Brigadier des armées du Roi en 1743.
Gouverneur de Beaune.

De VERDILAC,
Reçu chevalier de l'ordre de Saint-Louis depuis 1715.
Major d'Avène en 1740.

De GRAMMONT (*Marie-Philippe*), *duc* de Caderousse; *marquis* de Vacheres,

Reçu chevalier de l'ordre de Saint-Louis depuis 1715.
Mousquetaire du Roi.
Aide-de-camp du Maréchal de Maillebois en Corse, en 1739.
Capitaine au régiment Colonel-général-cavalerie en 1742.
Gouverneur de Crest.

D'ANCAUSSE,

Capitaine de grenadiers au régiment de Richelieu.
Reçu chevalier de l'ordre de Saint-Louis depuis 1715.
Mort des blessures qu'il reçut au siége de Philisbourg en 1734.

De MONTESSON (*Charles, comte*), né le 20 novembre 1688,

Mousquetaire en 1705.
Colonel d'un régiment d'infanterie de son nom, sur la démission de son frère, en 1706.
Colonel-réformé à la suite du régiment de Navarre en 1714.
Reçu chevalier de l'ordre de Saint-Louis depuis 1715.
Troisième enseigne de la compagnie des gardes-du-corps de Villeroi, avec rang de mestre-de-camp de cavalerie en 1717.
Brigadier des armées du Roi, février 1719.
Deuxième enseigne en 1721.
Premier enseigne en 1727.
Troisième lieutenant en 1729.
Gouverneur du fort de Brescou et des ville et fort d'Agde en 1731.
Second lieutenant, même année.
Maréchal-de-camp, août 1734.
Lieutenant-général des armées du Roi, mars 1738.
Premier lieutenant de sa compagnie en 1744.
Mort le 26 juin 1758.

De GASQUES,
Capitaine de grenadiers au régiment de Richelieu.
Reçu chevalier de l'ordre de Saint-Louis depuis 1715.
Mort des blessures qu'il reçut au siége de Philisbourg en 1734.

De la CONDAMINE,
Chef de bataillon au régiment de Piémont.
Reçu chevalier de l'ordre de Saint-Louis depuis 1715.
Mort en 1734.

De VAUBOREL,
Reçu chevalier de l'ordre de Saint-Louis depuis 1715.
Lieutenant-de-Roi et major au château de Saint-Malo en 1740.

De MONESTAY (*Charles-François*), *marquis* De Chazeron, né le 12 novembre 1697,
Mousquetaire en 1712.
Capitaine dans un régiment de cavalerie de la Tour en 1713.
Reçu chevalier de l'ordre de Saint-Louis depuis 1715.
Deuxième cornette de la première compagnie des Mousquetaires en 1716.
Premier cornette, juin même année.
Obtint le rang de mestre-de-camp de cavalerie en 1718.
Deuxième enseigne de sa compagnie en 1719.
Il fut fait troisième enseigne de la compagnie des gardes-du-corps du Roi (depuis Beauvau), en décembre même année.
Gouverneur des ville et château de Brest en 1720.
Deuxième enseigne de sa compagnie, même année.
Premier enseigne en 1727.
Troisième lieutenant en 1731.
Deuxième lieutenant en 1732.
Brigadier des armées du Roi en 1734.
Maréchal-de-camp en 1738.

Lieutenant-général des armées du Roi en 1744.
Gouverneur des ville et château de Verdun en 1754.
Mort à Brest en 1776.

De VEDRILLES,
Reçu chevalier de l'ordre de Saint-Louis depuis 1715.
Commandant des deux rives du Rhône depuis le Pont-St.-Esprit jusqu'à Villeneuve en 1740.

De la FALUERE,
Reçu chevalier de l'ordre de Saint-Louis depuis 1715.
Lieutenant de vaisseaux du Roi en 1738.

De la SERRE,
Capitaine de grenadiers au régiment de Richelieu.
Reçu chevalier de l'ordre de Saint-Louis depuis 1715.
Tué au siége de Kell en 1733.

Le VICOMTE (*Toussaint-Sébastien*), *comte* du Rumain,
Premier cornette des chevau-légers d'Anjou.
Mestre-de-camp de cavalerie.
Reçu chevalier de l'ordre de Saint-Louis depuis 1715.
Mort le 23 décembre 1733.

De VERSEIL,
Reçu chevalier de l'ordre de Saint-Louis depuis 1715.
Commandant au fort Saint-André de Salins en 1740.

De CAYLUS (*Henri-Joseph, comte*),
Garde-marine en 1699.
Cornette au régiment de Languedoc-dragons en 1703.
Lieutenant de la Mestre-de-camp, avec rang de capitaine, juin 1704.
Capitaine, juillet suivant.
Major de son régiment en 1709.
Colonel d'un régiment d'infanterie de son nom en 1712.
Colonel-réformé à la suite du régiment de Normandie en 1715.
Reçu chevalier de l'ordre de Saint-Louis depuis 1715.

Commandant d'un bataillon de milice de Languedoc en 1734.

Brigadier des armées du Roi, même année.

Colonel d'un régiment de milice de la généralité de Soissons vacant par la promotion du comte le Danois au grade de maréchal-de-camp, en 1736.

Mort le 2 septembre 1741.

VAVASSEUR,
Reçu chevalier de l'ordre de Saint-Louis depuis 1715.
Aide-major du régiment de Conti-infanterie en 1740.

Du PERON,
Reçu chevalier de l'ordre de Saint-Louis depuis 1715.
Porte-étendard des gardes-du-corps en 1740.

Du PLESSIS-NIZON,
Reçu chevalier de l'ordre de Saint-Louis depuis 1715.
Lieutenant d'artillerie de la Marine en 1738.

De la VERRIERE,
Reçu chevalier de l'ordre de Saint-Louis depuis 1715.
Major du régiment de la Fère-infanterie en 1740.

VERNIER,
Reçu chevalier de l'ordre de Saint-Louis depuis 1715.
Major du fort des Bains en Roussillon en 1740.

VERNIER,
Reçu chevalier de l'ordre de Saint-Louis depuis 1715.
Premier capitaine au régiment de Cambresis en 1740.

De MAILLARD,
Reçu chevalier de l'ordre de Saint-Louis depuis 1715.
Sous-brigadier des Gardes-du-Corps en 1740.

De VERNEUIL,
Reçu chevalier de l'ordre de Saint-Louis depuis 1715.
Sous-brigadier de la seconde compagnie des Mousquetaires en 1740.

Des MAILLARDIÈRES,
  Reçu chevalier de l'ordre de Saint-Louis depuis 1715.
  Major du régiment de Beaujolois en 1740.

Du PAS DE BAUDOIN (*Louis-Auguste*),
  Officier d'artillerie.
  Reçu chevalier de l'ordre de Saint-Louis depuis 1715.
  Commissaire ordinaire, août 1721.
  Commissaire provincial, avril 1728.
  Lieutenant d'artillerie en 1734.
  Brigadier des armées du Roi en 1744.
  Maréchal-de-camp le 1er janvier 1748.
  Lieutenant-général d'artillerie en 1754, il n'a point servi depuis.

De VAUDRÉ,
  Reçu chevalier de l'ordre de Saint-Louis depuis 1715.
  Capitaine au régiment de Bretagne-cavalerie en 1740.

De NOÉ (*Marc-Roger, marquis*), né le 1er février 1673.
  Page du Roi en 1688.
  Mousquetaire en 1691.
  Enseigne au régiment des Gardes-Françaises en 1693.
  Sénéchal et gouverneur des Quatre-Vallées.
  Capitaine des châteaux de Tramesaigues, Cadour, la Barthe de Nestez, Magnoac et dépendances en 1699.
  Colonel d'un régiment d'infanterie de son nom en 1706.
  Colonel-réformé à la suite du régiment de la Marine en 1715.
  Reçu chevalier de l'ordre de Saint-Louis depuis 1715.
  Brigadier des armées du Roi en 1719.
  Comme baron de l'Ile en Armagnac, il était chanoine honoraire de l'église métropolitaine d'Auch et conseiller au sénéchal d'Auch et de Lectoure.
  Mort le 13 octobre 1733.

De GIEY, *baron* DE VILLARS,
  Capitaine d'infanterie.

Reçu chevalier de l'ordre de Saint-Louis depuis 1715.
Mort en 1759.

De PERMANGLE,
Reçu chevalier de l'ordre de Saint-Louis depuis 1715.
Major du régiment de Gondrin-infanterie en 1740.

Du HAGET (*Jean-Jacques*),
Sous-lieutenant au régiment du Maine en 1682.
Lieutenant en 1684.
Capitaine, décembre 1689.
Capitaine de grenadiers en 1703.
Commandant du deuxième bataillon du même régiment, août 1705.
Major en 1707.
Lieutenant-colonel en 1711.
Reçu chevalier de l'ordre de Saint-Louis depuis 1715.
Brigadier des armées du Roi, avril 1721.
Mort au mois de juin 1728.

De VALORY (*Jules-Hippolyte, chevalier*),
Reçu chevalier de l'ordre de Saint-Louis depuis 1715.
Capitaine de grenadiers au régiment de la Marine en 1740.

VANDE,
Reçu chevalier de l'ordre de Saint-Louis depuis 1715.
Ingénieur en chef à Barre-de-Bayonne en 1740.

De VARENNES (*le comte*),
Reçu chevalier de l'ordre de Saint-Louis depuis 1715.
Lieutenant-de-Roi et commandant à Béthune en 1740.

D'HAUSSY d'ISARN de VILLEFORT (*Etienne-Joseph, marquis*),
Enseigne au régiment de Gondrin en 1707.
Capitaine en 1709.
Colonel-réformé à la suite du même régiment, mars 1711.
Colonel du régiment d'infanterie de Forès en 1712.
Reçu chevalier de l'ordre de Saint-Louis depuis 1715.

Gentilhomme de la manche du Roi en 1716.
Colonel-réformé à la suite du régiment de Forès en 1718.
Gouverneur de Guerrande et du Croisic en 1721.
Commandant d'un bataillon de milice du duché de Bourgogne en 1734.
Brigadier des armées du Roi, février même année.
Colonel d'un régiment de son nom en 1736.
Mort le 6 octobre 1753.

VENIER,
Reçu chevalier de l'ordre de Saint-Louis depuis 1715.
Major de Navarreins en 1740.

DE PEYNAUTIER,
Reçu chevalier de l'ordre de Saint-Louis depuis 1715.
Brigadier des Gardes-du-Corps en 1740.

DE LA PEYRE,
Reçu chevalier de l'ordre de Saint-Louis depuis 1715.
Aide-major du régiment de Beaucaire-cavalerie en 1740.

DE PECH,
Reçu chevalier de l'ordre de Saint-Louis depuis 1715.
Major du château neuf de Bayonne en 1740.

VALOSIO,
Reçu chevalier de l'ordre de Saint-Louis depuis 1715.
Capitaine de grenadiers au régiment de Royal-italien en 1740.

DE LA MARCK (*François-Marie, chevalier*),
(Connu d'abord sous le nom de la Morade).
Il entra sous-lieutenant dans le régiment de la Marck en 1710.
Lieutenant de la colonelle en 1712.
Reçu chevalier de l'ordre de Saint-Louis depuis 1715.
Capitaine en 1729.
Commandant de bataillon en 1743.
Obtint le rang de colonel d'infanterie en 1744.

Lieutenant-colonel de son régiment en 1746.
Brigadier des armées du Roi en 1747.
Maréchal-de-camp en 1759.

DE VESNE,
Reçu chevalier de l'ordre de Saint-Louis depuis 1715.
Major du régiment du Roi, avec rang de colonel, en 1740.

PELARD,
Reçu chevalier de l'ordre de Saint-Louis depuis 1715.
Capitaine des portes de Lauterbourg en 1740.

PICQUET (*Antoine*), chevalier DE DOURIER DE CAMBRON, né au mois de juillet 1687,
Cadet dans le régiment de Navarre en 1703.
Sous-lieutenant, avril 1704.
Lieutenant, janvier 1707.
Capitaine en 1711.
Reçu chevalier de l'ordre de Saint-Louis depuis 1715.
Capitaine de grenadiers en 1733.
Major en 1735.
Lieutenant-colonel en 1744.
Brigadier des armées du Roi en 1747.

DE CAEN,
Reçu chevalier de l'ordre de Saint-Louis depuis 1715.
Lieutenant de vaisseaux du Roi en 1735.

DE LA BOUVERNELLE,
Reçu chevalier de l'ordre de Saint-Louis depuis 1715.
Capitaine de galères en 1737.

GAIN DE LA ROCHE (*Jacques*), né en septembre 1683,
Lieutenant dans un régiment d'infanterie (depuis Beauce) en 1701.
Lieutenant de grenadiers, octobre 1703.
Capitaine en 1705.
Reçu chevalier de l'ordre de Saint-Louis depuis 1715.
Major, mai 1729.

Lieutenant-colonel, mars 1738.
Brigadier des armés du Roi en 1745.
Il quitta le service en 1753.

Du VERGIER DE LA ROCHE-JAQUELIN,
Reçu chevalier de l'ordre de Saint-Louis depuis 1715.
Lieutenant de vaisseaux du Roi en 1738.

DE MONTQUAIN,
Reçu chevalier de l'ordre de Saint-Louis depuis 1715.
Capitaine de grenadiers au régiment de Vivarais en 1738.

DE CHAMBON D'ARBOUVILLE (*Nicolas*),
Lieutenant au régiment de Bourbonnais en 1705.
Capitaine en 1710.
Enseigne au régiment des Gardes-Françaises en 1713.
Sous-lieutenant en 1714.
Reçu chevalier de l'ordre de Saint-Louis depuis 1715.
Lieutenant en 1720.
Lieutenant de grenadiers en 1730.
Obtint le rang de colonel en 1732.
Capitaine au même régiment en 1743.
Brigadier des armées du Roi en 1744.
Capitaine de grenadiers en 1746.
Mort le 3 mars 1747.

DE BOULAINVILLIERS (*César*),
Reçu chevalier de l'ordre de Saint-Louis depuis 1715.
Capitaine de vaisseaux du Roi en 1738.
Chef d'escadre des armées navales.

HUCHET DE LA BÉDOYÈRE,
Reçu chevalier de l'ordre de Saint-Louis depuis 1715.
Capitaine de vaisseaux du Roi en 1738.

DE TENARRE (*Henri-François*), marquis DE MONTMAIN,
Mousquetaire en 1683.
Capitaine dans le régiment Dauphin-étranger avant 1688.
Major de ce régiment en 1692.

Lieutenant-colonel du même régiment en 1695.

Mestre-de-camp d'un régiment de cavalerie de son nom (depuis Chabrillant), février 1702.

Brigadier des armées du Roi, avril 1703.

Troisième enseigne de la compagnie de Harcourt (depuis Luxembourg), juin 1706.

Maréchal-de-camp, mars 1709.

Premier enseigne de sa compagnie, septembre suivant.

Reçu chevalier de l'ordre de Saint-Louis depuis 1715.

Troisième lieutenant d'une compagnie des Gardes-du-corps en 1716.

Lieutenant-général des armées du Roi, mars 1718.

Second lieutenant, août 1720.

Gouverneur de Seissel, février 1723.

Mort le 5 janvier 1738.

HUBERT DE LAUBERDIÈRE,

Reçu chevalier de l'ordre de Saint-Louis depuis 1715.

Lieutenant de vaisseaux du Roi en 1738.

DE CHAILLOU (*le marquis*),

Reçu chevalier de l'ordre de Saint-Louis depuis 1715.

Colonel du régiment de Chaillou en 1739.

DE VIC,

Reçu chevalier de l'ordre de Saint-Louis depuis 1715.

Ingénieur en chef à Amiens en 1740.

DE SAREFIELD (*Guy-Claude, comte*),

Lieutenant aux Gardes-Françaises.

Reçu chevalier de l'ordre de Saint-Louis depuis 1715.

Colonel du régiment de Provence en 1748.

D'ERVILLE D'ESTOURMEL,

Reçu chevalier de l'ordre de Saint-Louis depuis 1715.

Capitaine de vaisseaux du Roi en 1738.

DE GALOCHEAU,

Reçu chevalier de l'ordre de Saint-Louis depuis 1715.

Capitaine de brûlots en 1735.

De FONTAINÈS (*Jean-Charles*, *marquis*),
　Capitaine au régiment Royal-Piémont.
　Reçu chevalier de l'ordre de Saint-Louis depuis 1715.
　Mort à Agen le 10 novembre 1737.

De SÉGUIN de BORNE, *seigneur et baron* de Prades,
　Capitaine au régiment de Bretoncelles-dragons en 1707.
　Reçu chevalier de l'ordre de Saint-Louis depuis 1715.
　Exempt des Gardes-du-Corps.
　Mestre-de-camp de cavalerie.
　Mort au mois de février 1737.

De ROUX (*Jean-François*),
　Capitaine de vaisseaux du Roi.
　Reçu chevalier de l'ordre de Saint-Louis depuis 1715.
　Mort à Marseille le 23 avril 1738.

De la BARTHE,
　Chef de bataillon au régiment de Picardie.
　Reçu chevalier de l'ordre de Saint-Louis depuis 1715.
　Tué à la bataille de Guastalla en 1734.

Le CLERC (*Samuel-Jacques*), *marquis* de Juigné,
　Reçu chevalier de l'ordre de Saint-Louis depuis 1715.
　Colonel-lieutenant au régiment d'Orléans en 1722.
　Tué à la bataille de Guastalla en 1734.

De CHAMBON (*Joseph*), *seigneur* de Beaumont,
　Major et commandant à la Fère.
　Reçu chevalier de l'ordre de Saint-Louis depuis 1715.
　Mort en 1744.

VERRIER,
　Reçu chevalier de l'ordre de Saint-Louis depuis 1715.
　Ingénieur en chef à l'île Royale et au Canada en 1740.

De VARASTRE,
　Reçu chevalier de l'ordre de Saint-Louis depuis 1715.
　Lieutenant aux Gardes-Françaises, avec rang de lieutenant-colonel en 1740.

DE CORBERON,
   Capitaine de grenadiers au régiment de Navarre.
   Reçu chevalier de l'ordre de Saint-Louis depuis 1715.
   Tué en 1735 à l'affaire de Clausen.

DU BLAISEL (*Antoine, baron*),
   Lieutenant-colonel du régiment de Picardie.
   Reçu chevalier de l'ordre de Saint-Louis depuis 1715.
   Gouverneur du château d'Ardelot.
   Tué à la bataille de Guastalla en 1734.

DE CLERMONT D'AMBOISE (*Georges-Jacques, comte*),
      marquis DE GALLERANDE,
   Reçu chevalier de l'ordre de Saint-Louis depuis 1715.
   Colonel du régiment d'Auvergne.
   Inspecteur-général d'infanterie.
   Mort le 6 juin 1734, des blessures qu'il reçut à l'attaque de Colorno.

SOUILLARD,
   Lieutenant-colonel du régiment de Picardie.
   Reçu chevalier de l'ordre de Saint-Louis depuis 1715.
   Mort des blessures qu'il reçut à l'attaque de Colorno en 1734.

DE BRÉHAN (*Louis-Robert-Hippolyte*), *comte* DE PLELO,
   Reçu chevalier de l'ordre de Saint-Louis depuis 1715.
   Officier supérieur de gendarmerie.
   Mestre-de-camp d'un régiment de son nom.
   Ambassadeur en Danemarck.
   Tué devant Dantzick le 27 mai 1734.

DE GILBERT DE SALIÈRES (*Alexandre*), *seigneur* DE MONT-
      LAUR,
   Lieutenant d'artillerie.
   Reçu chevalier de l'ordre de Saint-Louis depuis 1715.
   Tué en 1734, à l'attaque de Colorno.

Du VASTE,
  Reçu chevalier de l'ordre de Saint-Louis depuis 1715.
  Major de Philippeville en 1740.

DE VASSAN (*le comte*),
  Reçu chevalier de l'ordre de Saint-Louis depuis 1715.
  Gouverneur du fort de l'Ecluse en 1740.

DE SAINTE-COLOMBE (*François*),
  Capitaine de grenadiers au régiment d'Anjou.
  Reçu chevalier de l'ordre de Saint-Louis depuis 1715.
  Tué en 1733, à l'affaire de Pizzighitone.

DE FORBOIS,
  Major du régiment de Navarre.
  Reçu chevalier de l'ordre de Saint-Louis depuis 1715.
  Mort en 1731.

BIGNON (*Louis*),
  Capitaine aux Gardes-Françaises.
  Major-général de l'armée.
  Reçu chevalier de l'ordre de Saint-Louis depuis 1715.
  Mort le 11 septembre 1730.

DE SAILLY,
  Capitaine au régiment de Navarre.
  Reçu chevalier de l'ordre de Saint-Louis depuis 1715.
  Mort vers 1730.

DE RIVIÈRE (*Joseph-Hercule*), seigneur DE BRUIS,
  Capitaine commandant le régiment de l'Yonne.
  Reçu chevalier de l'ordre de Saint-Louis depuis 1715.
  Mort le 29 août 1729.

GUILLIER (*Philibert*), seigneur DE LA MOTTE,
  Lieutenant-colonel du régiment de Cavanne-infanterie.
  Reçu chevalier de l'ordre de Saint-Louis depuis 1715.
  Mort le 30 mars 1725.

DE SAINT-MARTIN,
  Capitaine au régiment de Picardie.

Reçu chevalier de l'ordre de Saint-Louis depuis 1715.
Mort à Strasbourg.

De CHARMAIL,
Reçu chevalier de l'ordre de Saint-Louis depuis 1715.
Lieutenant de vaisseaux du Roi en 1738.

De BEAUSSIER,
Reçu chevalier de l'ordre de Saint-Louis depuis 1715.
Capitaine de vaisseaux en 1746.

De REY,
Reçu chevalier de l'ordre de Saint-Louis depuis 1715.
Porte-étendard des Gardes-du-Corps en 1740.

De la RENAUDIÈRE,
Reçu chevalier de l'ordre de Saint-Louis depuis 1715.
Commandant au Courgain de Calais en 1740.

De RAUSIER,
Reçu chevalier de l'ordre de Saint-Louis depuis 1715.
Aide-major et capitaine des portes de la Rochelle en 1740.

De CANIVET,
Reçu chevalier de l'ordre de Saint-Louis depuis 1715.
Lieutenant de vaisseaux et de port à Brest en 1735.

De FROMONT de VILLENEUVE,
Reçu chevalier de l'ordre de Saint-Louis depuis 1715.
Capitaine de vaisseaux du Roi en 1738.

De la BORIE, né à Lille,
Cadet en 1686.
Sous-lieutenant dans Royal-artillerie en 1687.
Lieutenant, même année.
Capitaine en novembre 1695.
Reçu chevalier de l'ordre de Saint-Louis depuis 1715.
Lieutenant-colonel commandant un bataillon d'artillerie de son nom en 1731.
Brigadier des armées du Roi en 1738.
Mort en janvier 1743.

De FAUVEAU (*François-Jacques*),
   Lieutenant-colonel du régiment de Champagne.
   Reçu chevalier de l'ordre de Saint-Louis depuis 1715.
   Lieutenant-de-Roi du château de Bouillon en 1762.

FREY (*Jean-Rodolphe*),
   Cadet en mars 1680.
   Enseigne au régiment de Stuppa (depuis Brendlé) en 1685.
   Sous-lieutenant, mars 1686.
   Lieutenant, janvier 1688.
   Capitaine-lieutenant en 1691.
   Capitaine d'une demi-compagnie, janvier 1701.
   Reçu chevalier de l'ordre de Saint-Louis depuis 1715.
   Lieutenant-colonel du même régiment en 1734.
   Brigadier des armées du Roi en 1738.
   Mort le 2 février 1753.

De RIGAL (*Jean-Baptiste*), né le 6 décembre 1686,
   Sous-lieutenant dans le régiment de la Couronne en 1706.
   Lieutenant, juin 1707.
   Capitaine en 1712.
   Reçu chevalier de l'ordre de Saint-Louis depuis 1715.
   Capitaine de grenadiers en 1735.
   Commandant de bataillon, novembre 1740.
   Lieutenant-colonel de son régiment, juillet 1744.
   Brigadier des armées du Roi, mars 1747.
   Maréchal-de-camp en 1758.

De PERRIER aîné,
   Reçu chevalier de l'ordre de Saint-Louis depuis 1715.
   Capitaine de vaisseaux du Roi en 1738.

De BOURBON (*Louis-Alexandre-Joseph-Stanislas*), prince
   de Lamballe,
   Reçu chevalier de l'ordre de Saint-Louis depuis 1715.
   Chevalier des ordres du Roi en 1763.
   Mort en 178.

Tom. II. 7

BAILLIF, *chevalier* de Ménager,
    Reçu chevalier de l'ordre de Saint-Louis depuis 1715.
    Brigadier des armées du Roi en 1762.
    Gouverneur de l'île de Gorée en 1764.
    Mort en 1789.

De MONTBOISSIER BEAUFORT (*Pierre-Charles*), marquis de Canillac, né au mois de septembre 1694,
    Volontaire au régiment de cavalerie de Bouzols (depui d'Espinchal) en 1708.
    Cornette au même régiment, mai 1709.
    Capitaine en 1710.
    Reçu chevalier de l'ordre de Saint-Louis depuis 1715.
    Deuxième cornette de la seconde compagnie des Mousquetaires, avec rang de mestre-de-camp de cavalerie en 1728.
    Premier cornette, avril 1729.
    Second enseigne, même année.
    Premier enseigne en 1734.
    Brigadier des armées du Roi, janvier 1740.
    Maréchal-de-camp, mai 1744.
    Lieutenant-général des armées du Roi, mai 1748.

De BRANCAS (*Marie-Joseph*), *marquis* d'Oyse,
    Colonel du régiment d'Orléanais en 1711.
    Capitaine-lieutenant des gendarmes d'Orléans en 1715.
    Reçu chevalier de l'ordre de Saint-Louis depuis 1715.
    Maréchal-de-camp en 1734.
    Inspecteur-général de la cavalerie.
    Mort en 1783.

De JOHANNE de la CARRE (*Alexandre*), *chevalier* de Saumery,
    Servait en qualité de garde-marine depuis 1704.
    Cornette au régiment royal Roussillon-cavalerie en 1711.
    Capitaine dans le même régiment, mai 1715.
    Reçu chevalier de l'ordre de Saint-Louis depuis 1715.
    Exempt de la compagnie de Villeroi des gardes-du-corps

du Roi en 1717, eut le rang de Mestre-de-camp de cavalerie en 1719.

Gouverneur de Mézières, septembre 1738.

Brigadier des armées du Roi, janvier 1740.

Premier enseigne de sa compagnie, avril 1743.

Maréchal-de-camp, mai 1744.

Troisième lieutenant de sa compagnie, même année.

Mort d'une blessure qu'il avait reçue à la bataille de Fontenoy.

DE BRUNES DE MONTLOUET (*François-Jean-Raphaël*),

Capitaine aux grenadiers de France.

Reçu chevalier de l'ordre de Saint-Louis depuis 1715.

Quitta le service en 1769.

Mort aux Bains en 178..

D'ANCEZUNE D'ORNAISON DE CADEROUSSE (*Joseph-André, marquis*),

Mousquetaire en 1715.

Reçu chevalier de l'ordre de Saint-Louis depuis 1715.

Capitaine au régiment des cuirassiers du Roi en 1716.

Eut rang de mestre-de-camp de cavalerie en 1720.

Mestre-de-camp d'un régiment de cavalerie de son nom, mars 1734.

Brigadier des armées du Roi, août même année.

Maréchal-de-camp en 1740.

DE PARIS DE MAINVILLIERS (*François-Philippe*),

Capitaine d'artillerie.

Reçu chevalier de l'ordre de Saint-Louis depuis 1715.

Mort à Chartres en 178..

ANDRAULT DE MAULEVRIER (*Louis-Théodose*), comte DE LANGERON,

Mousquetaire en 1710.

Lieutenant-de-Roi des évêchés de Léon, Saint-Brieux, Cornouailles et Tréguier, à la mort de son père, en juillet 1711.

7*

Cornette au régiment Royal-cavalerie, février 1712.
Capitaine dans le régiment de cavalerie du Maine, même année.
Deuxième cornette de la compagnie des chevau-légers d'Anjou en 1713.
Sous-lieutenant de la compagnie des gendarmes de Berri, avril 1714.
Mestre-de-camp de cavalerie, même année.
Reçu chevalier de l'ordre de Saint-Louis depuis 1715.
Brigadier des armées du Roi en 1734.
Maréchal-de-camp, janvier 1739.
Lieutenant-général des armées du Roi, mai 1744.
Commandant en Poitou en 1757.
Commandant en Guienne en novembre suivant.

DE LA BOULAYE,
Lieutenant aux Gardes-Françaises.
Reçu chevalier de l'ordre de Saint-Louis depuis 1715.
Tué au siége de Philisbourg en 1734.

DE SENTOUT,
Chef de bataillon au régiment de Navarre, avec rang de lieutenant-colonel.
Reçu chevalier de l'ordre de Saint-Louis depuis 1715.
Mort à Bordeaux en 1748.

DE LONGUEVAL D'HARANCOURT,
Capitaine de vaisseaux du Roi.
Reçu chevalier de l'ordre de Saint-Louis depuis 1715.
Tué dans le célèbre combat de M. de l'Étenduère contre les Anglais le 27 octobre 1747.

D'ANDLAU (*Léonard, comte*),
Reçu chevalier de l'ordre de Saint-Louis depuis 1715.
Lieutenant-réformé dans le régiment de cavalerie de Rosen.
Capitaine-réformé au même régiment, décembre 1726.
Capitaine au régiment Royal-Pologne en 1730.
Mestre-de-camp d'un régiment de cavalerie de son nom en 1738.

Brigadier des armées du Roi en 1743.
Maréchal-de-camp en 1745.
Lieutenant-général des armées du Roi en 1748.

DE GAUDECHART D'HENNEVILLÉ (*Louis-Antoine*), né le 1ᵉʳ janvier 1688,
Sous-lieutenant au régiment Royal-artillerie, février 1705.
Lieutenant en 1706.
Capitaine, même année.
Commissaire provincial de l'artillerie.
Reçu chevalier de l'ordre de Saint-Louis depuis 1715.
Lieutenant-colonel commandant un bataillon d'artillerie de son nom, juin 1744.
Brigadier des armées du Roi, mars 1747.
Mort le 26 décembre 1751.

CADOT (*Toussaint-François*), *chevalier* DE SEBBEVILLE,
Mousquetaire en 1699.
Cornette au régiment de cavalerie de Choiseul en 1701.
Capitaine dans le régiment de cavalerie de Toulouse, décembre 1704.
Colonel d'un régiment d'infanterie de son nom, mars 1708.
Colonel-réformé à la suite du régiment de Touraine en 1714.
Reçu chevalier de l'ordre de Saint-Louis depuis 1715.
Commandant d'un bataillon de milice de la généralité de Caen, auquel on joignit le bataillon de Chemault pour former un régiment qui porta son nom, août 1734.
Brigadier des armées du Roi, même année.
Mort en 1762.

DE MALARTIC (*Jean*),
Lieutenant-colonel du régiment de Vogué-cavalerie.
Reçu chevalier de l'ordre de Saint-Louis depuis 1715.
Mort au port Sainte-Marie-sur-Garonne le 22 juin 1744.

QUENAULT (*Armand-François*), *seigneur* DE CLERMONT,
Cadet au régiment des bombardiers en 1691.

Officier pointeur en 1693.
Ingénieur en 1699.
Reçu chevalier de l'ordre de Saint-Louis depuis 1715.
Brigadier des armées du Roi en 1734.
Maréchal-de-camp en 1740.
Mort le 26 août 1744.

HUE DE MIROMÉNIL (*François*),
Colonel du régiment de Miroménil.
Reçu chevalier de l'ordre de Saint-Louis depuis 1715.
Tué à Orna le 3 juin 1733.

DE RAIGECOURT (*Louis-Antoine, marquis*),
Il était page du duc de Lorraine lorsque le Roi lui accorda une compagnie dans le régiment de son oncle en 1705.
Mestre-de-camp d'un régiment de son nom, vacant par la mort de son cousin.
Reçu chevalier de l'ordre de Saint-Louis depuis 1715.
Brigadier des armées du Roi, février 1734.
Maréchal-de-camp en 1738.
Il avait accepté, en 1731, avec l'agrément du Roi, une charge de chambellan du duc de Lorraine, qu'il continua d'exercer sous le Roi de Pologne.
Mort le 30 janvier 1754.

DE BYE (*le chevalier*),
Reçu chevalier de l'ordre de Saint-Louis depuis 1715.
Brigadier des armées du Roi en 1748.
Commandant à Nieuport.
Mort en 1781.

DE MONTGUYOT (*Jacques*), né en 1698,
Cadet au régiment de Mortemart (depuis Laval et Cambis) en 1710.
Lieutenant en second, même année.
Lieutenant, août 1713.
Reçu chevalier de l'ordre de Saint-Louis depuis 1715.
Capitaine en 1732.

Aide-major en 1734.
Major en 1736.
Lieutenant-colonel en 1745.
Brigadier des armées du Roi en 1748.
Il quitta le service en 1755.

Du PAS (*Gabriel-Baptiste*), *seigneur* DE BADENS,
Chevalier de Saint-Lazare.
Reçu chevalier de l'ordre de Saint-Louis depuis 1715.
Capitaine, puis major du régiment de Normandie.
Mort le 5 février 1752.

Du CHATELET DE CLÉMONT (*François-Bernardin*), *comte*
DE THONS,
Mousquetaire en 1702.
Capitaine dans le régiment Royal-Cravates, octobre 1703.
Capitaine dans le régiment de cavalerie de Bourgogne, mars 1704.
Mestre-de-camp d'un régiment de son nom en 1705.
Capitaine au régiment de cavalerie de Germinon (depuis Lorges) en 1713.
Reçu chevalier de l'ordre de Saint-Louis depuis 1715.
Brigadier des armées du Roi, février 1719.
Capitaine des chasses et gouverneur du château de Vincennes à la mort de son père, septembre 1720.
Colonel d'un régiment de cavalerie de son nom en 1734.
Maréchal-de-camp, février même année.
Mort le 3 septembre 1754.

D'AUQUOY DE VAILLANT (*Pierre-Jean*), né à Vaillant, dans le comté de Bourgogne,
Cadet en 1683.
Sous-lieutenant au régiment de Lyonnais, juillet 1687.
Lieutenant au régiment de Poitiers en 1690.
Capitaine en 1691.
Aide-major, en conservant son rang de capitaine, en 1701.
Major de son régiment, mai 1714.

Reçu chevalier de l'ordre de Saint-Louis depuis 1715.
Lieutenant-colonel en 1725.
Brigadier des armées du Roi en 1735.
Lieutenant-de-Roi de Colioure en 1736.
Mort en février 1749.

D'ORLÉANS (*Louis, duc*), fils du petit-fils de France, régent du Royaume,
Pair de France.
Premier Prince du sang.
Reçu chevalier de l'ordre de Saint-Louis depuis 1715.
Chevalier des ordres du Roi en 1722.
Mort le 4 janvier 1752.

DE GRIVEL (*Paul*), *comte* D'OUROUER,
Mestre-de-camp du régiment d'Anjou-cavalerie.
Reçu chevalier de l'ordre de Saint-Louis depuis 1715.
Mort le 2 novembre 1752.

HENNESY,
Lieutenant-colonel du régiment de Bulkely-irlandais.
Reçu chevalier de l'ordre de Saint-Louis depuis 1715.
Brigadier des armées du Roi en 1740.

DES PREZ DE GRANDMAISON,
Reçu chevalier de l'ordre de Saint-Louis depuis 1715.
Major d'Aire en 1740.

PICQUET DE DOURIER DE CAMBRON (*Pierre*), né en juillet 1687,
Entra cadet dans le régiment de Navarre en 1703.
Sous-lieutenant en 1704.
Lieutenant en 1707.
Capitaine, mars 1711.
Reçu chevalier de l'ordre de Saint-Louis depuis 1715.
Capitaine de grenadiers, novembre 1733.
Major, décembre 1735.
Lieutenant-colonel, juillet 1744.
Brigadier des armées du Roi, mars 1747.

DES NŒUX,
Reçu chevalier de l'ordre de Saint-Louis depuis 1715.
Porte-étendard des Gardes-du-Corps en 1740.

DE MAJEAN (*le chevalier*),
Reçu chevalier de l'ordre de Saint-Louis depuis 1715.
Commandant à la Petite-Pierre en Alsace en 1740.

TOUSTAIN DE FRONTEBOSC (*François-Georges*),
Premier capitaine au régiment de Champagne.
Reçu chevalier de l'ordre de Saint-Louis depuis 1715.
Servit trente-quatre ans, et ne se retira qu'après la bataille de Guastalla.
Mort en 1739.

DE VATTEVILLE DU FOSSÉ DE LA MOTTE (*François*),
Mousquetaire en 1702.
Capitaine dans le régiment d'infanterie de Béarn en 1705.
Reçu chevalier de l'ordre de Saint-Louis depuis 1715.
Major de son régiment, mars 1730.
Lieutenant-colonel du même régiment en 1740.
Quitta le service en 1755.
Mort le 31 juillet 1768, âgé de quatre-vingts ans.

GUÉRIN DE BRUSLARD (*Louis*), né le 5 décembre 1692,
Aide-major du régiment d'infanterie de Bruslard en 1706.
Capitaine dans le régiment de Lyonnais en 1711.
Reçu chevalier de l'ordre de Saint-Louis depuis 1715.
Capitaine de grenadiers en 1738.
Lieutenant-colonel de son régiment en 1744.
Brigadier des armées du Roi en 1747.

DE LA PLECHE,
Reçu chevalier de l'ordre de Saint-Louis depuis 1715.
Capitaine des portes de Toulon en 1740.

DE BEAUVAU (*Pierre-Madeleine, comte*), né le 2 mai 1663,
Gendarme dans la compagnie des gendarmes anglais, dont son frère aîné était enseigne en 1678.
Guidon de la même compagnie, avril 1680.

Enseigne, septembre 1687.
Il obtint le rang de mestre-de-camp de cavalerie en 1693.
Sous-lieutenant des gendarmes de Flandre en novembre suivant.
Brigadier des armées du Roi, décembre 1702.
Inspecteur-général de la cavalerie, janvier 1705.
Capitaine-lieutenant de la compagnie des chevau-légers de Bourgogne, janvier 1706.
Maréchal-de-camp, mars 1709.
Reçu chevalier de l'ordre de Saint-Louis depuis 1715.
Lieutenant-général des armées du Roi, mars 1718.
Directeur-général de l'artillerie, juillet 1719.
Chevalier des ordres du Roi, juin 1724.
Gouverneur de Douai, mars 1732.
Mort le 30 mai 1734.

DE MONTIGNY,
Lieutenant-réformé dans le régiment d'Alsace en 1709.
Second lieutenant en 1713.
Premier lieutenant de la Colonelle en 1715.
Reçu chevalier de l'ordre de Saint-Louis depuis 1715.
Lieutenant de la Colonelle, avec rang de capitaine-réformé, en 1723.
Capitaine en pied en 1733.
Commandant de bataillon en 1742.
Obtint le rang de lieutenant-colonel de son régiment en 1748.
Brigadier des armées du Roi en la même année.
Mort en 1762.

DE VAULCHIER DU DESCHAUX (*Marie-François-César*), né le 20 septembre 1692,
Page de la chambre du Roi en 1709.
Enseigne au régiment de Champagne en 1710.
Capitaine, juin 1711.
Reçu chevalier de l'ordre de Saint-Louis depuis 1715.
Capitaine de grenadiers en février 1736.

Commandant de bataillon en 1740.

Il eut rang de lieutenant-colonel en 1744.

Lieutenant-colonel en 1748.

Brigadier des armées du Roi, même année.

D'ARRAS, *seigneur* D'HAUDRECY, né le 25 février 1696,
Lieutenant au régiment d'infanterie de Montreau en 1706.
Capitaine en 1709.
Capitaine-réformé au régiment de Condé en 1714.
Reçu chevalier de l'ordre de Saint-Louis depuis 1715.
Capitaine de grenadiers au même régiment en 1737.
Major, juillet 1742.
Lieutenant-colonel de son régiment en 1743.
Brigadier des armées du Roi en 1748.

DE GUERIN DE BRUSLARD (*Gaspard-Robert*),
Enseigne au régiment de Picardie en 1711.
Sous-lieutenant en 1712.
Lieutenant, même année.
Reçu chevalier de l'ordre de Saint-Louis depuis 1715.
Aide-major de son régiment en 1716.
Obtint le rang de capitaine, même année.
Major de son régiment en 1734.
Obtint le rang de colonel d'infanterie en 1743.
Commandant de bataillon de son régiment en 1747.
Lieutenant-colonel, même année.
Brigadier des armées du Roi en 1748.
Commandant d'un bataillon de grenadiers royaux en 1755.
Maréchal-de-camp en 1759.
Mort le 12 janvier 1762.

DE LA SERRE (*Anne-François*), né en 1685,
Sous-lieutenant au régiment Royal-la-marine, octobre 1707.
Lieutenant dans le même mois.
Capitaine, août 1713.
Reçu chevalier de l'ordre de Saint-Louis depuis 1715.
Capitaine de grenadiers au même régiment, avril 1742.
Major de son régiment, septembre 1743.

Lieutenant-colonel, février 1744.
Brigadier des armées du Roi, mars 1747.
Maréchal-de-camp, juillet 1756.

Du MAURIAC,
Capitaine dans le régiment de Champigny en 1706.
Aide-major du régiment de Vendôme (depuis Hainault), en 1707.
Reçu chevalier de l'ordre de Saint-Louis depuis 1715.
Major du même régiment (alors d'Ouroy), décembre 1730.
Lieutenant-colonel de son régiment, janvier 1736.
Brigadier des armées du Roi en 1743.
Maréchal-de-camp, mai 1745.
Commandant à Toulon en décembre 1747.

De VERSEI,
Reçu chevalier de l'ordre de Saint-Louis depuis 1715.
Gouverneur de Dôle en Franche-Comté en 1740.

De GALLIFFET (*Nicolas*), *seigneur* du Tholonnet,
Reçu chevalier de l'ordre de Saint-Louis depuis 1715.
Chef d'escadre des armées navales en 1744.
Mort à Aix en 1745.

De BASTARD (*Antoine, chevalier*),
Capitaine au régiment de Pons.
Reçu chevalier de l'ordre de Saint-Louis depuis 1715.
Mort à Paris en 1745.

GRYETTAN de GASTEBOIS des FORGES (*Antoine*),
Capitaine au régiment de Piémont.
Reçu chevalier de l'ordre de Saint-Louis depuis 1715.
Mort à la suite des blessures qu'il reçut en Flandres en 1745.

De VIALIS (*Michel*),
Lieutenant au régiment d'Hainaut en 1702.
Capitaine en 1704.
Ingénieur en 1709.

Reçu chevalier de l'ordre de Saint-Louis depuis 1715.
Lieutenant-colonel-réformé à la suite du régiment de Picardie en 1746.
Colonel-réformé à la suite du même régiment en 1747.
ENNOBLI par lettres de noblesse données à Versailles le 1er janvier 1748, et enregistrées à la chambre des comptes d'Aix le 17 mars 1749.
Brigadier des armées du Roi, même année.
Mort en 1763.

CONSTANTIN,
Capitaine de grenadiers au régiment de Piémont.
Reçu chevalier de l'ordre de Saint-Louis depuis 1715.
Tué au siége de Tournay en 1745.

De BRUNEL,
Capitaine au régiment de Navarre.
Reçu chevalier de l'ordre de Saint-Louis depuis 1715.
Tué au passage du Rhin en 1745.

De FAUDRAN (*Jean-Baptiste*),
Capitaine au régiment de Noailles-cavalerie.
Reçu chevalier de l'ordre de Saint-Louis depuis 1715.
Tué à la bataille de Fontenoy.

De la BORDE,
Capitaine de grenadiers au régiment de Normandie.
Reçu chevalier de l'ordre de Saint-Louis depuis 1715.
Tué à la bataille de Fontenoy.

COCHU,
Capitaine de grenadiers au régiment de Crillon.
Reçu chevalier de l'ordre de Saint-Louis depuis 1715.
Tué en 1745, à l'affaire de Mêle.

De HANON (*Michel*), *seigneur* de Jouy et de la Mivoye, né à Saisy près Soissons,
Cadet en 1683.
Sous-lieutenant au régiment de Poitou en 1687.

Lieutenant en décembre 1688.
Capitaine en 1691.
Capitaine de grenadiers, mars 1710.
Commandant d'un bataillon en 1713.
Reçu chevalier de l'ordre de Saint-Louis depuis 1715.
Major du même régiment en 1719.
Lieutenant-colonel de son régiment, mai 1730.
Brigadier des armées du Roi en 1734.
Mort le 1er août 1741.

CHABOT DE VILLENEUVE,
Reçu chevalier de l'ordre de Saint-Louis depuis 1715.
Capitaine de vaisseaux du Roi en 1746.

D'ESPAGNE,
Capitaine au régiment de Picardie.
Reçu chevalier de l'ordre de Saint-Louis depuis 1715.
Mort en 1738.

DE BETHUNE (*François-Joseph*), *duc* D'ANCENIS,
Capitaine des gardes-du-corps.
Reçu chevalier de l'ordre de Saint-Louis depuis 1715.
Mort à Fontainebleau le 20 octobre 1739.

DE BRACH,
Capitaine de frégates.
Reçu chevalier de l'ordre de Saint-Louis depuis 1715.
Mort au mois de septembre 1739.

DU BOUCHET (*Jean*),
Capitaine de grenadiers au régiment de Quercy.
Reçu chevalier de l'ordre de Saint-Louis depuis 1715.
Mort en 1739.

DE PIAC DE GAULEJAC (*Valentin*), né le 14 février 1691,
Lieutenant au régiment de Nupées en mars 1707.
Sous-lieutenant dans celui de Berri, août 1710.
Lieutenant en 1711.
Capitaine en 1712.

Reçu chevalier de l'ordre de Saint-Louis depuis 1715.
Major en 1735.
Lieutenant-colonel de son régiment, même année.
Brigadier des armées du Roi en 1747.
Quitta le service en 1758.
Mort le 22 juin 1761.

De LOLMIE,
Cadet en 1683.
Sous-lieutenant au régiment de Bourbonnais, avril 1684.
Lieutenant, avril 1689.
Capitaine, août 1692.
Capitaine d'une compagnie de grenadiers, avril 1706.
Commandant le second bataillon, 1711.
Reçu chevalier de l'ordre de Saint-Louis depuis 1715.
Lieutenant-colonel de son régiment, juin 1724.
Brigadier des armées du Roi, août 1734.
Lieutenant-de-Roi de la citadelle de Strasbourg, même année.
Mort le 29 août 1747.

De GAUVILLE (*Jacques*), marquis d'Argent,
Lieutenant aux Gardes-Françaises.
Colonel d'infanterie.
Reçu chevalier de l'ordre de Saint-Louis depuis 1715.
Mort à Paris le 15 août 1729.

De RIVERSON (*Charles*),
Servit d'abord dans l'infanterie en 1709.
Ingénieur en 1713.
Reçu chevalier de l'ordre de Saint-Louis depuis 1715.
Lieutenant-réformé à la suite du régiment de Navarre en 1720.
Capitaine-réformé à la suite du même régiment.
Ingénieur en chef à Landau en 1734.
Lieutenant-colonel-réformé en 1744.
Colonel-réformé à la suite du régiment de Navarre en 1747.

Brigadier des armées du Roi, janvier 1748.
Commandant du réduit de Landau en 1751.
Maréchal-de-camp, mai 1758.
Directeur-général des fortifications d'Alsace, même année.

DE GALLIFFET (*Philippe*), *seigneur* DE GRANZAY,
Lieutenant de vaisseaux du Roi.
Lieutenant des maréchaux de France à la Rochelle.
Reçu chevalier de l'ordre de Saint-Louis depuis 1715.
Mort le 26 mars 1740.

ALEXANDRE (*Jean-Baptiste*), *seigneur* DE LA BOISSIÈRE,
Reçu chevalier de l'ordre de Saint-Louis depuis 1715.
Lieutenant-de-Roi au fort Médoc.
Il y mourut en 1740.

DE GAR,
Aide-major de Brouage.
Reçu chevalier de l'ordre de Saint-Louis depuis 1715.
Mort le 12 avril 1740.

DE GODERNEAUX (*Ernest-Dieudonné*),
Capitaine de dragons.
Reçu chevalier de l'ordre de Saint-Louis depuis 1715.
Mort à Givet en 1740.

D'AILLY (*Pierre-Louis, comte*),
Capitaine de grenadiers au régiment du Roi.
Reçu chevalier de l'ordre de Saint-Louis depuis 1715.
Mort le 7 août 1741.

DE LASCARIS (*Blaise*), *baron* DE PUYCHERIE en Languedoc
Capitaine au régiment de Bourbonnais.
Reçu chevalier de l'ordre de Saint-Louis depuis 1715.
Mort le 6 septembre 1741.

DE BERGOÉ ou DE BERGOUÉ,
Capitaine au régiment de Navarre.
Reçu chevalier de l'ordre de Saint-Louis depuis 1715.
Mort à Lintz en Autriche en septembre 1741.

Du PORTAL (*Antoine*),
    Ingénieur.
    Commandant d'une brigade en 1703.
    Reçu chevalier de l'ordre de Saint-Louis depuis 1715.
    Brigadier des armées du Roi en 1721.
    Directeur-général des fortifications d'Alsace en 1733.
    Maréchal-de-camp en 1734.
    Mort le 10 octobre 1750.

LE COIGNEUX (*Gabriel*), *baron* DE LA ROCHE-TURPIN,
    Mestre-de-camp d'un régiment de dragons.
    Reçu chevalier de l'ordre de Saint-Louis depuis 1715.
    Mort en 1741 à son château de la Roche-Turpin.

Du GUESCLIN (*Bertrand-César, marquis*),
    Capitaine au régiment du Roi-infanterie.
    Reçu chevalier de l'ordre de Saint-Louis depuis 1715.
    Mestre-de-camp de cavalerie.
    Premier gentilhomme de la chambre du duc d'Orléans.
    Mort à Paris le 26 décembre 1741.

DE FOURON (*Jacques-Antoine*), *seigneur* D'ARTIGALOUVE en Béarn,
    Colonel d'infanterie.
    Reçu chevalier de l'ordre de Saint-Louis depuis 1715.
    Commandant au château neuf de Bayonne.
    Mort le 6 janvier 1741.

DE SAINT-MARTIN D'AGLIE (*Charles-Amédée*), *marquis* DE RIVAROLLES,
    Mousquetaire en 1695.
    Cornette au régiment Mestre-de-camp-général-dragons en 1696.
    Capitaine dans le régiment de Verue-dragons, août 1697.
    Capitaine-réformé à la suite du Mestre-de-camp-général-dragons en 1698.
    Mestre-de-camp d'un régiment de dragons de son nom en 1714.

TOM. II.   8

Reçu chevalier de l'ordre de Saint-Louis depuis 1715.
Brigadier des armées du Roi en 1734.
Maréchal-de-camp, mars 1738.
Mort le 13 février 1753.

DE STUART DE CHEMINADE (*Martial*), né le 30 juin 1687,
Lieutenant au régiment de Normandie, août 1702.
Capitaine au régiment de Noé en 1706.
Reçu chevalier de l'ordre de Saint-Louis depuis 1715.
Major du régiment d'Anjou en 1740.
Commandant de bataillon en 1744.
Lieutenant-colonel en janvier 1746.
Brigadier des armées du Roi en 1748.
Il quitta le service en 1756.

D'HEBERT (*Louis-Bernard*), né le 20 août 1688,
Sous-lieutenant dans le régiment de Poitou en 1704.
Lieutenant en 1705.
Capitaine en 1712.
Reçu chevalier de l'ordre de Saint-Louis depuis 1715.
Capitaine de grenadiers en 1735.
Commandant de bataillon en 1738.
Major en 1741, avec rang de lieutenant-colonel.
Lieutenant-colonel en 1747.
Brigadier des armées du Roi en 1748.
Il quitta le service en 1751.
Mort le 25 novembre 1760.

DE MORETON (*François-César*), *marquis* DE CHABRILLANT,
Servit d'abord dans les mousquetaires.
Reçu chevalier de l'ordre de Saint-Louis depuis 1715.
Capitaine-réformé à la suite du régiment du Roi-cavalerie en 1719.
Capitaine au régiment de cavalerie de Grammont en 1722.
Lieutenant-de-Roi du château de Saint-André de Ville-neuve-les-Avignon en 1727.
Mestre-de-camp d'un régiment de cavalerie de son nom en 1738.

Brigadier des armées du Roi en 1745.
Maréchal-de-camp en 1748.

CHEVALIER,
Ingénieur en 1713.
Reçu chevalier de l'ordre de Saint-Louis depuis 1715.
Lieutenant-réformé à la suite du régiment de Navarre en 1724.
Capitaine-réformé en 1730.
Ingénieur en chef en 1732.
Lieutenant-colonel-réformé en 1745.
Commandant du fort Saint-François-d'Aire en 1746.
Colonel-réformé à la suite du régiment de Navarre en 1748.
Directeur des fortifications des places de l'Artois en 1753.
Brigadier des armées du Roi en 1759.
Il quitta le service en 1763.

DE FAUCON DE BOUCHET (*Etienne*), né à Aix,
Sous-lieutenant au régiment de Coëtquen (depuis Tourville, Meuse, Choiseul et Montmorin) en 1705.
Lieutenant en 1708.
Capitaine en 1709.
Reçu chevalier de l'ordre de Saint-Louis depuis 1715.
Capitaine en second des grenadiers en 1718.
Capitaine de fusiliers, octobre 1720.
Capitaine de grenadiers en 1734.
Lieutenant-colonel en 1740.
Brigadier des armées du Roi en 1747.

DE COMINGES (*Jean*), *seigneur* D'ESCOUBES,
Capitaine de grenadiers au régiment de Touraine.
Reçu chevalier de l'ordre de Saint-Louis depuis 1715.
Tué au service le 9 janvier 1742.

D'ARMAND,
Major du régiment d'Auvergne.
Reçu chevalier de l'ordre de Saint-Louis depuis 1715.
Tué au siége de Prague en 1742.

De QUESSE de VALCOURT, *seigneur* de Marsilly,
   Major de brigade des Carabiniers.
   Reçu chevalier de l'ordre de Saint-Louis depuis 1715.
   Maréchal-général de l'armée de Broglie.
   Mort en Bohême au mois d'avril 1742.

De GEORGES d'OLIÈRES de KUMINY (*Jean-François*),
   Mestre-de-camp de cavalerie.
   Reçu chevalier de l'ordre de Saint-Louis depuis 1715.
   Tué au siége de Prague en 1742.

De MAQUEREL (*Louis-Alexandre-Joseph*), marquis de Quemy,
   Premier capitaine au régiment de Fleury-cavalerie.
   Reçu chevalier de l'ordre de Saint-Louis depuis 1715.
   Lieutenant-de-Roi de Boulogne.
   Tué au siége de Prague en 1742.

De PERILLE,
   Lieutenant-colonel du régiment de Royal-vaisseaux.
   Reçu chevalier de l'ordre de Saint-Louis depuis 1715.
   Tué à Galinkirk en Autriche en 1742.

De GRILLE (*Jean-Augustin*),
   Capitaine aux Gardes-Françaises.
   Reçu chevalier de l'ordre de Saint-Louis depuis 1715.
   Mort en 1742.

D'ACHÉ (*le marquis*),
   Chef de bataillon au régiment de Royal-vaisseaux.
   Reçu chevalier de l'ordre de Saint-Louis depuis 1715.
   Tué à la défense de Lintz en 1742.

D'HAIZE,
   Capitaine au régiment de Champagne.
   Reçu chevalier de l'ordre de Saint-Louis depuis 1715.
   Mort en 1742.

GRONDEME de FLOBERT (*Antoine*),
   Commissaire ordonnateur des armées du Roi.

Reçu chevalier de l'ordre de Saint-Louis depuis 1715.
Mort à Paris le 16 mai 1742.

Du BOSCHET,
Capitaine de grenadiers au régiment de Rohan.
Reçu chevalier de l'ordre de Saint-Louis depuis 1715.
Tué à Lintz, dans une sortie, en 1742.

De PEJOUX,
Capitaine au régiment de Piémont.
Reçu chevalier de l'ordre de Saint-Louis depuis 1715.
Tué au siége de Prague en 1742.

Le PELLETIER (*Michel*),
Lieutenant de grenadiers au régiment des Gardes-Françaises.
Reçu chevalier de l'ordre de Saint-Louis depuis 1715.
Mort le 14 mai 1737.

GARNIER,
Capitaine au régiment de Picardie.
Reçu chevalier de l'ordre de Saint-Louis depuis 1715.
Mort à Montélimar en 1737.

BETAULT (*Louis*), *marquis* de CHÉMAULT,
Reçu chevalier de l'ordre de Saint-Louis depuis 1715.
Lieutenant-colonel du régiment d'Orléanais.
Colonel d'infanterie.
Mort à Dijon le 26 février 1737.

Du BOIS (*André-Antoine-Joseph*), *seigneur* de BERGUENEUZE,
Reçu chevalier de l'ordre de Saint-Louis depuis 1715.
Capitaine au régiment de la Reine-infanterie.
Tué en 1746 à la bataille de Plaisance.

De REVIERS, *chevalier* de MAUNY,
Capitaine de grenadiers au régiment de Navarre.
Reçu chevalier de l'ordre de Saint-Louis depuis 1715.
Mort le 9 décembre 1746, d'une blessure qu'il avait reçue à la bataille de Rancoux.

De MONCEAUX (*Joseph*), *marquis* d'Auxy,
 Capitaine aux Gardes-Françaises.
 Reçu chevalier de l'ordre de Saint-Louis depuis 1715.
 Colonel-lieutenant du régiment royal Combois.
 Chevalier des ordres du Roi en 1739.
 Mort le 2 mai 1745.

De la CAZE (*Louis-Joseph*),
 Cadet en 1689.
 Sous-lieutenant au régiment d'infanterie de Foix, même année.
 Lieutenant en 1692.
 Capitaine en 1693.
 Capitaine de grenadiers en 1709.
 Major de son régiment en 1712.
 Reçu chevalier de l'ordre de Saint-Louis depuis 1715.
 Lieutenant-colonel en 1724.
 Brigadier des armées du Roi en 1734.
 Mort le 11 mai 1742.

Des MAZIS (*Henri*), *seigneur* de Boinville,
 Ingénieur en chef de Béthune.
 Reçu chevalier de l'ordre de Saint-Louis depuis 1715.
 Tué au siége de Tournai en 1745.

De HALLENCOURT (*Emmanuel-Joseph*), *marquis* de Droménil,
 Capitaine-lieutenant des chevau-légers-Dauphin.
 Reçu chevalier de l'ordre de Saint-Louis depuis 1715.
 Mort en son château de Morfontaine le 12 mai 1745.

De CASTELBAJAC (*Bernard, marquis*),
 Capitaine de grenadiers au régiment d'Eu.
 Reçu chevalier de l'ordre de Saint-Louis depuis 1715.
 Tué au siége d'Ostende en 1745.

De la GIRONARDIÈRE,
 Reçu chevalier de l'ordre de Saint-Louis depuis 1715.
 Capitaine de vaisseaux du Roi en 1746.

MACNEMARA (*le chevalier*),
Reçu chevalier de l'ordre de Saint-Louis depuis 1715.
Capitaine de vaisseaux du Roi en 1746.

De MAHUET (*Marc-César*), comte de Lupcourt,
Reçu chevalier de l'ordre de Saint-Louis depuis 1715.
Mestre-de-camp-lieutenant du régiment d'Anjou-cavalerie en 1746, puis de celui d'Aquitaine.

Le MAITRE de BEAUMONT (*François*),
Reçu chevalier de l'ordre de Saint-Louis depuis 1715.
Capitaine de vaisseaux du Roi en 1746.

Du DRESNAY (*Jean-Gabriel-Cécile*), comte des Roches,
Reçu chevalier de l'ordre de Saint-Louis depuis 1715.
Capitaine de vaisseaux du Roi en 1747.
Major de la marine à Brest.

De DURFORT COIRAC (*Jacques, marquis*),
Reçu chevalier de l'ordre de Saint-Louis depuis 1715.
Colonel-lieutenant du régiment Royal-vaisseaux en 1747.
Ambassadeur à Naples, puis à Vienne.

De BEAUDOURIN (*le chevalier*),
Reçu chevalier de l'ordre de Saint-Louis depuis 1715.
Capitaine de vaisseaux du Roi en 1757.

De FLOTTE SEILLANS,
Reçu chevalier de l'ordre de Saint-Louis depuis 1715.
Capitaine de vaisseaux du Roi en 1757.

De GOTHO (*Jacques-Antoine*),
Reçu chevalier de l'ordre de Saint-Louis depuis 1715.
Capitaine de vaisseaux du Roi en 1754.

MAINARD,
Reçu chevalier de l'ordre de Saint-Louis depuis 1715.
Capitaine-aide-major au régiment de Condé-infanterie en 1740.

De GAUTHIER (*François*),
   Capitaine et major du régiment de Saint-Simon.
   Reçu chevalier de l'ordre de Saint-Louis depuis 1715.
   Lieutenant-de-Roi de Blaye en 1723.

De BORDENAVE (*Antoine*), né le 27 mai 1691,
   Sous-lieutenant au régiment d'infanterie de Bourbonnais, mars 1713.
   Lieutenant, août suivant.
   Capitaine en octobre même année.
   Reçu chevalier de l'ordre de Saint-Louis depuis 1715.
   Capitaine de grenadiers en 1734.
   Lieutenant-colonel de son régiment, août 1746.
   Brigadier des armées du Roi, mai 1748.
   Maréchal-de-camp, février 1761.

De LORME (*Simon*),
   Servit d'abord dans l'artillerie.
   Deuxième lieutenant de la compagnie des mineurs de Vallière, avril 1705.
   Capitaine de mineurs en 1712.
   Commissaire provincial, août 1715.
   Reçu chevalier de l'ordre de Saint-Louis depuis 1715.
   Brigadier des armées du Roi, janvier 1740.
   Maréchal-de-camp, mai 1744.
   Tué au siége de Berg-op-Zoom le 16 août 1747.

De BIAUDOS (*Jean-François*), *marquis* de Casteja,
   Mousquetaire dès 1694.
   Capitaine au régiment Royal-cavalerie, avril 1696.
   Colonel d'un régiment d'infanterie de son nom, septembre 1702.
   Colonel du régiment de Tournaisis, mars 1705.
   Reçu chevalier de l'ordre de Saint-Louis depuis 1715.
   Gouverneur de Toul, à la mort de son père, le 13 février 1718; il eut, le 21, le gouvernement de Saint-Dizier, dont il se démit en faveur de son frère en mars suivant.

Brigadier des armées du Roi en 1719.
Maréchal-de-camp, février 1734.
Mort le 27 mai 1740.

Le MAIRE (*Louis*),
Ingénieur dès 1680.
Capitaine-réformé à la suite du régiment de Navarre en 1707.
Reçu chevalier de l'ordre de Saint-Louis depuis 1715.
Brigadier des armées du Roi en 1734.
Maréchal-de-camp en 1744.
Ingénieur en chef à Valenciennes.
Directeur-général des fortifications des places d'une partie de la Flandre et du Hainaut.
Mort le 11 décembre 1754.

De LANNION (*Anne-Bretagne, marquis*),
Mousquetaire en 1701.
Lieutenant-réformé au régiment du Roi, mars 1702.
Colonel d'un régiment de son nom, juillet suivant.
Colonel du régiment de Saintonge en 1705.
Brigadier des armées du Roi, mars 1710.
Reçu chevalier de l'ordre de Saint-Louis depuis 1715.
Gouverneur des villes de Vannes et d'Auray en 1717.
Maréchal-de-camp, février 1719.
Lieutenant-général des armées du Roi, août 1734.
Mort le 28 décembre suivant, d'une blessure qu'il reçut à la bataille de Guastalla.

De SAMSON de PAYANT (*Louis*),
Lieutenant au régiment de Damas (depuis Valouze) en 1702.
Capitaine, juin 1707.
Reçu chevalier de l'ordre de Saint-Louis depuis 1715.
Aide-major du même régiment en 1724, avec rang de capitaine.
Major en 1730.

Lieutenant-colonel de son régiment en 1739.
Brigadier des armées du Roi en 1745.
Mort le 28 février 1760.

De POULPRY (*François-Gabriel, marquis*),
Mousquetaire en 1692.
Aide-de-camp de M. de Maupertuis en 1693 et 1694.
Quatrième cornette de la compagnie des chevau-légers de la garde du Roi, avril 1695.
Troisième cornette, avril 1697.
Obtint le rang de mestre-de-camp de cavalerie le 22 mai 1701.
Deuxième cornette, janvier 1702.
Premier cornette, novembre 1704.
Brigadier des armées du Roi, janvier 1709.
Reçu chevalier de l'ordre de Saint-Louis depuis 1715.
Maréchal-de-camp, février 1719.
Deuxième sous-lieutenant de sa compagnie en septembre suivant.
Chevalier d'honneur de Madame la duchesse de Berri en février 1720.
Mort en 1726.

BERTHELOT de REBOURSEAU (*Michel-François*), né le 2 avril 1675,
Mousquetaire en 1690.
Capitaine au régiment royal-étranger, février 1693.
Colonel d'un régiment d'infanterie de son nom, novembre 1702.
Colonel de celui de Bretagne, décembre 1704.
Brigadier des armées du Roi, mars 1710.
Reçu chevalier de l'ordre de Saint-Louis depuis 1715.
Maréchal-de-camp, février 1719.
Gouverneur de Thionville, juin 1733.
Mort le 28 février 1734.

CORNUAU DE LA GRANDIÈRE, comte DE MEURCÉ,
    Page du Roi en 1699.
    Mousquetaire en 1702.
    Sous-lieutenant au régiment des Gardes-Françaises en 1704.
    Lieutenant, décembre 1710.
    Reçu chevalier de l'ordre de Saint-Louis depuis 1715.
    Colonel du régiment de l'Isle-de-France en 1716.
    Brigadier des armées du Roi, février 1734.
    Maréchal-de-camp, mars 1738.
    Mort le 13 avril 1752.

LE TARIEL (Jean-Louis), chevalier DE FORGES,
    Mousquetaire du Roi, avec rang de capitaine de cavalerie.
    Écuyer de main de Sa Majesté.
    Reçu chevalier de l'ordre de Saint-Louis depuis 1715. *né en 1780*
    Chambellan du Roi Stanislas.
    Nommé chevalier de l'ordre des Saints Maurice et Lazare
        de Savoie, mais non reçu.
    Mort en 178..

DE BOUHYER (Benigne),
    Mousquetaire en 1705.
    Capitaine au régiment d'infanterie d'Enghien à sa création,
        en 1706.
    Colonel d'un régiment d'infanterie de son nom en 1709.
    Colonel-réformé à la suite du régiment Dauphin en 1714.
    Reçu chevalier de l'ordre de Saint-Louis depuis 1715.
    Brigadier des armées du Roi en 1754.
    Mort le 9 juin 1760.

DE MOTHEUX,
    Reçu chevalier de l'ordre de Saint-Louis depuis 1715.
    Capitaine de vaisseaux du Roi en 1748.

GROUT DE PRINCÉ (Joseph-Mathurin),
    Page du Roi en 1701.
    Capitaine au régiment du Roi-cavalerie en 1703.
    Lieutenant au régiment des Gardes-Françaises en 1707.

Capitaine en 1715.
Reçu chevalier de l'ordre de Saint-Louis depuis 1715.
Brigadier des armées du Roi en 1734.
Gouverneur de l'île de Ré en 1736.
Mort en 1759.

Du MESNILDOT RIDEAUVILLE,
Reçu chevalier de l'ordre de Saint-Louis depuis 1715.
Lieutenant de vaisseaux du Roi en 1761.

BRUNET DE RANCY (*Joseph*),
Mousquetaire en 1703.
Enseigne au régiment des Gardes-Françaises en 1704.
Sous-lieutenant en 1705.
Lieutenant en 1707.
Capitaine-lieutenant de la compagnie Colonelle en 1711.
Reçu chevalier de l'ordre de Saint-Louis depuis 1715.
Brigadier des armées du Roi, février 1734.
Mort le 3 décembre 1754.

DE LAUNAY (*Jacques*),
Cadet à Valenciennes en 1682.
Sous-lieutenant au régiment de Grancey (depuis Soissonnais) en 1687.
Lieutenant en 1688.
Aide-major en 1689.
Capitaine en 1691.
Major en 1702.
Lieutenant-colonel de son régiment en 1706.
Reçu chevalier de l'ordre de Saint-Louis depuis 1715.
Commandant de la vallée de Barcelonette en 1719.
Brigadier des armées du Roi, avril 1721.
Mort à Barcelonette le 12 mars 1740.

DE BETHUNE (*Paul-François*), duc DE CHAROST, né le 9 août 1682,
(Connu d'abord sous le nom de marquis d'Ancenis).
Mousquetaire en 1689.

Capitaine au régiment de cavalerie de Bourgogne en 1701.
Mestre-de-camp-lieutenant du même régiment en 1704.
Gouverneur de Doullens, sur la démission de son père, en 1709.
Brigadier des armées du Roi, mars 1710.
Capitaine de la compagnie des Gardes-du-Corps (depuis Beauvau) en 1715.
Reçu chevalier de l'ordre de Saint-Louis depuis 1715.
Gouverneur des ville et citadelle de Calais et du fort Nieulay en 1718.
Lieutenant-général en Picardie, Boulonnais et pays reconquis, en survivance de son père, en la même année.
Son père s'étant démis de son duché en sa faveur, il prit alors le nom de duc de Béthune et prêta serment au parlement en cette qualité le 19 mars 1725.
Chevalier des ordres du Roi en 1728.
Lieutenant-général des armées du Roi en 1734.
Le Roi ayant donné au comte de Tessé, à la mort de son père, en 1742, la charge de premier écuyer de la Reine, le duc de Béthune, son grand-père, a exercé cette charge pendant son bas-âge jusqu'au 8 mars 1753.
Chef du conseil des finances en 1745.
Mort le 11 février 1759.

DE BEAUVERGER DE CORDEBEUF (*Philippe-Gilbert*), comte DE MONTGON,
Sous-lieutenant au régiment des Gardes-Françaises en 1686.
Sous-aide-major en 1689.
Eut rang de lieutenant en 1692.
Aide-major en 1693.
Capitaine de grenadiers en 1710.
Brigadier des armées du Roi, même année.
Reçu chevalier de l'ordre de Saint-Louis depuis 1715.
Maréchal-de-camp en 1719.
Gouverneur de l'île d'Oléron en 1720.
Mort le 13 octobre 1724.

De MONSTIERS (*François-Louis*), marquis de Merinville, Cornette en 1684.

Capitaine au régiment de cavalerie de M. le Dauphin en 1691.

Capitaine des carabiniers de son régiment en 1692.

Mestre-de-camp d'un régiment de cavalerie de son nom en 1701.

Sous-lieutenant de la compagnie des gendarmes de Bretagne en 1704.

Brigadier des armées du Roi en 1709.

Capitaine-lieutenant de la compagnie des gendarmes de la Reine, même année.

Reçu chevalier de l'ordre de Saint-Louis depuis 1715.

Maréchal-de-camp en 1719.

Il se démit de sa compagnie, qu'on accorda à son fils, et ne servit plus.

Mort en Poitou en 1765.

De LORRAINE (*Charles-Louis*), prince de Pons, comte de Marsan, né le 19 novembre 1696,

Mousquetaire en 1714.

Reçu chevalier de l'ordre de Saint-Louis depuis 1715.

Colonel d'un régiment d'infanterie de son nom (depuis Chatelus) en 1718.

Chevalier des ordres du Roi, juin 1724.

Brigadier des armées du Roi en 1734.

Maréchal-de-camp en 1738.

Lieutenant-général des armées du Roi en 1744.

Mort le 1er novembre 1755.

De MOMMEREL (*Antoine-Hyacinthe*), comte de Mainville, né le 18 octobre 1675,

Page de la chambre du Roi en 1691.

Cadet en 1692.

Cornette au régiment de cavalerie de Villepion (depuis Châtillon), même année.

Capitaine dans le même régiment au mois de novembre de ladite année 1692.

Capitaine-réformé à la suite du régiment d'Imécourt en 1701.

Sous-lieutenant de la compagnie des gendarmes d'Orléans en 1706, avec rang de mestre-de-camp de cavalerie.

Reçu chevalier de l'ordre de Saint-Louis depuis 1715.

Brigadier des armées du Roi en 1719.

Capitaine-lieutenant de la compagnie des Chevau-Légers d'Orléans en 1725.

Maréchal-de-camp, février 1734.

DE POILVILAIN DE MONTAIGUT (*Sébastien*), *marquis* DE CRENAY,

Page du Roi en 1702.

Mousquetaire en 1705.

Capitaine au régiment de cavalerie de Toulouse en 1709.

Reçu chevalier de l'ordre de Saint-Louis depuis 1715.

Mestre-de-camp-lieutenant du régiment de cavalerie de Toulouse (depuis Penthièvre) en 1736.

Maréchal-général-des-logis de la cavalerie de l'armée du Rhin en 1743.

Brigadier des armées du Roi en 1744.

Maréchal-de-camp en 1748.

Mort en 1767.

TESTART (*Pierre, chevalier*), *comte* DE LA GUETTE, *seigneur* DE MONTBLAIN, né le 13 mars 1687,

Officier-pointeur de l'artillerie en 1702.

Lieutenant de la compagnie de Ferrant d'Ecossois, même année.

Commissaire extraordinaire en 1705.

Commissaire ordinaire en 1711.

Reçu chevalier de l'ordre de Saint-Louis depuis 1715.

Commissaire provincial en 1721.

Lieutenant d'artillerie en 1734.

Lieutenant au département de Landau en 1736.

Brigadier des armées du Roi en 1745.
Maréchal-de-camp en 1748.
Mort le 21 mars 1773.

MESNAGER de **COURBUISSON** (*Nicolas-François*), né le 31 mai 1689,
Sous-lieutenant au régiment d'infanterie du Maine (depuis Eu) en 1706.
Lieutenant, mars 1708.
Aide-major de son régiment en 1712.
Capitaine, même année.
Reçu chevalier de l'ordre de Saint-Louis depuis 1715.
Commandant à Novellara en 1735.
Capitaine de grenadiers en 1739.
Obtint le rang de lieutenant-colonel d'infanterie en 1744.
Lieutenant-colonel en 1746.
Brigadier des armées du Roi en 1747.
Maréchal-de-camp en 1759.
Mort en 1766.

VIDARD (*André-Claude-Amable*), *marquis* de Saint-Clair,
Cornette de la Mestre-de-camp du régiment de cavalerie d'Orléans en 1709.
Mousquetaire en 1713.
Enseigne au régiment des Gardes-Françaises en 1715.
Reçu chevalier de l'ordre de Saint-Louis depuis 1715.
Capitaine dans le régiment Royal-Piémont en 1719.
Exempt de la compagnie des Gardes-du-Corps (depuis Beauvau) en 1720.
Obtint le rang de mestre-de-camp de cavalerie en 1734.
Aide-major de sa compagnie en 1740.
Obtint le rang d'enseigne en 1743.
Brigadier des armées du Roi en 1744.
Maréchal-de-camp en 1748.
Lieutenant-de-Roi en Brie.
Mort le 21 janvier 1751.

DE LA BRUNIE (*Bernard*),
- Cadet en 1694.
- Lieutenant au régiment de Poitou, même année.
- Capitaine en 1696.
- Capitaine de grenadiers en 1713.
- Reçu chevalier de l'ordre de Saint-Louis depuis 1715.
- Lieutenant-colonel de son régiment en 1728.
- Brigadier des armées du Roi en 1734.
- Maréchal-de-camp en 1744.
- Mort en 1748.

DE GRANGES DE SURGÈRES (*Charles-François*), marquis DE PUIGUYON,
- Mousquetaire en 1718.
- Reçu chevalier de l'ordre de Saint-Louis depuis 1715.
- Capitaine-réformé à la suite du régiment de cavalerie de Bretagne en 1719.
- Capitaine au régiment de cavalerie de Cossé en 1730.
- Colonel d'un régiment d'infanterie de son nom en 1734.
- Gentilhomme de la manche de M. le Dauphin.
- Mestre-de-camp-lieutenant du régiment Dauphin-dragons en 1742.
- Brigadier des armées du Roi en 1743.
- Menin de M. le Dauphin en 1745.
- Maréchal-de-camp, même année.
- Mort le 6 octobre 1746.

PELLETIER D'ESCROTS (*Jean-Charles*), baron D'ESTRÉES,
- Sous-lieutenant au régiment du Roi en 1705.
- Lieutenant en 1706.
- Capitaine en 1710.
- Reçu chevalier de l'ordre de Saint-Louis depuis 1715.
- Commandant d'un bataillon le 19 avril 1735, avec rang de colonel d'infanterie le même jour.
- Brigadier des armées du Roi en 1740.
- Lieutenant-colonel du régiment du Roi en 1741.
- Maréchal-de-camp en 1744.

TOM. II. 9

Gouverneur de Furnes, même année.
Mort le 1er février 1757.

De HEERE (*Claude-Henri, comte*), né le 15 juillet 1700.
Cornette dans la compagnie franche de Heere en 1711.
Cornette au régiment Royal-Roussillon-cavalerie en 1713.
Reçu chevalier de l'ordre de Saint-Louis depuis 1715.
Capitaine au même régiment en 1717.
Major de son régiment en 1737.
Obtint le rang de lieutenant-colonel en 1745.
Lieutenant-colonel de son régiment en 1748.
Brigadier des armées du Roi, même année.
Maréchal-de-camp en 1761.
Mort en 1769.

Du PONT (*Charles*), marquis de Compiégne,
Lieutenant au régiment de dragons d'Epinay en 1705.
Lieutenant au régiment du Roi en 1711.
Capitaine en 1714.
Reçu chevalier de l'ordre de Saint-Louis depuis 1715.
Capitaine de grenadiers en 1734.
Commandant du troisième bataillon, avec rang de colonel, en 1736.
Brigadier des armées du Roi en 1744.
Gouverneur de Bar-sur-Aube en 1748.
Capitaine en chef du vol de la chambre du Roi.
Mort le 22 novembre 1757.

De REDING BIBEREGG (*François-Antoine, baron*),
Capitaine au régiment allemand de Reding en 1705.
Capitaine de grenadiers en 1709.
Reçu chevalier de l'ordre de Saint-Louis depuis 1715.
A la réforme du régiment de Reding, en février 1715, sa compagnie incorporée dans le régiment Royal-Bavière, il passa, avec cette compagnie, en Bavière, où l'Electeur le fit lieutenant-colonel du régiment de Lerehenfeld en 1716.

A sa rentrée en France, colonel-réformé à la suite de Valenciennes en 1719.
Brigadier des armées du Roi en 1740.
Mort en 1760.

DROHIN DE VALENCEAU (*Bernard*), né à Avalon,
Cadet et sous-lieutenant dans Royal-infanterie en 1687.
Lieutenant dans Royal-artillerie en 1693.
Capitaine en 1697.
Reçu chevalier de l'ordre de Saint-Louis depuis 1715.
Lieutenant-colonel commandant un bataillon de Royal-artillerie, février 1733.
Brigadier des armées du Roi en 1740.
Mort le 4 mars 1758, âgé de quatre-vingt-dix ans deux mois.

PINON (*Bernard-Louis*),
Garde-marine en 1703.
Enseigne de vaisseaux en 1706.
Reçu chevalier de l'ordre de Saint-Louis depuis 1715.
Lieutenant dans le régiment des Gardes-Françaises en 1718.
Capitaine dans le même régiment en 1727.
Brigadier des armées du Roi en 1740.
Capitaine de grenadiers en 1743.
Tué à la bataille de D'Ettingen le 27 juin 1743.

D'ESTAMPES (*Roger*), *marquis* DE MAUNY,
Capitaine-lieutenant des gendarmes d'Orléans.
Reçu chevalier de l'ordre de Saint-Louis depuis 1715.
Mort à Paris le 27 décembre 1718.

DU BROCARD (*Henri*),
Commandant du corps royal d'artillerie.
Reçu chevalier de l'ordre de Saint-Louis depuis 1715.
Tué à la bataille de Fontenoy en 1745.

DE MADAILLAN DE L'ESPARRE (*Roger-Constant*), *comte* DE MANICAMP,
Mestre-de-camp du régiment royal-Piémont.

Brigadier des armées du Roi.
Reçu chevalier de l'ordre de Saint-Louis depuis 1715.
Mort au mois de septembre 1723.

FREDY (*Jean-François*), *seigneur* du Moulinet,
Lieutenant de vaisseaux du Roi en 1705.
Reçu chevalier de l'ordre de Saint-Louis depuis 1715.
Mort au Hâvre en 1738.

De LONGUEVAL, *marquis* de Manicamp,
Mestre-de-camp-lieutenant du régiment Royal-Piémont-cavalerie.
Reçu chevalier de l'ordre de Saint-Louis depuis 1715.
Mort en 1724.

AUBERT (*Charles*), *seigneur* de Courserac,
Capitaine de vaisseaux du Roi.
Reçu chevalier de l'ordre de Saint-Louis depuis 1715.
Mort le 30 juillet 1724.

COMERFORD (*Lucke*),
Major du régiment de Lee.
Reçu chevalier de l'ordre de Saint-Louis depuis 1715.
Mort à Douay en 1728.

De CHOISEUL BEAUPRÉ (*Antoine, marquis*),
Colonel d'un régiment d'infanterie.
Brigadier des armées du Roi.
Reçu chevalier de l'ordre de Saint-Louis depuis 1715.
Mort en 1728.

D'ALBOIS de MONTROZIER (*François-Claude*), né à Montrozier en Rouergue,
Cadet en 1693.
Sous-lieutenant au régiment depuis Vexin en 1694.
Lieutenant en 1695.
Capitaine en 1702.
Reçu chevalier de l'ordre de Saint-Louis depuis 1715.
Capitaine de grenadiers en 1724.

Major en 1727.
Brigadier des armées du Roi en 1734.
Lieutenant-colonel en 1738.
Lieutenant-de-Roi à la Rochelle en 1739.
Mort le 26 avril 1754.

De TERMES du SAULX (*Jean*),
  Cadet en 1684.
  Lieutenant dans le régiment de l'Isle-de-France, août 1688.
  Capitaine dans le même régiment, avril 1695.
  Capitaine de grenadiers, octobre 1708.
  Reçu chevalier de l'ordre de Saint-Louis depuis 1715.
  Major de son régiment, juin 1720.
  Lieutenant-colonel du même régiment, août 1729.
  Brigadier des armées du Roi, janvier 1740.
  Mort le 19 septembre 1741.

De MONTAIGUT (*Pierre-François, comte*),
  (Connu d'abord sous le nom de Boisdavid).
  Lieutenant au régiment Royal-infanterie en 1706.
  Capitaine en 1708.
  Enseigne au régiment des Gardes-Françaises en 1714.
  Reçu chevalier de l'ordre de Saint-Louis depuis 1715.
  Sous-lieutenant, octobre 1719.
  Lieutenant, février 1720.
  Capitaine, mars 1727.
  Brigadier des armées du Roi, janvier 1740.
  Capitaine de grenadiers en 1741.
  Quitta le service en 1743, et fut nommé ambassadeur à Venise.
  Mort le 25 novembre 1764.

De GAUFRIDY (*Alexandre*), *chevalier* de Trets,
  Garde-marine en 1694.
  Sous-lieutenant au régiment de Médoc, janvier 1696.
  Lieutenant en septembre suivant.
  Capitaine au même régiment, novembre 1701.

Reçu chevalier de l'ordre de Saint-Louis depuis 1715.
Capitaine de grenadiers, août 1727.
Major, mai 1728.
Lieutenant-colonel, septembre 1731.
Major du château de Nantes, même année.
Brigadier des armées du Roi, octobre 1734.
Lieutenant-de-Roi de Bergues, février 1741.
Mort le 5 juin 1742.

LAURENCIN de CHANZÉ (*Hugues*), né en 1688,
Lieutenant en second dans le régiment depuis Vexin en 1703.
Lieutenant en 1704.
Capitaine en 1712.
Reçu chevalier de l'ordre de Saint-Louis depuis 1715.
Capitaine de grenadiers en 1739.
Lieutenant-colonel en 1743.
Brigadier des armées du Roi en 1748.
Mort le 17 avril 1758.

De CHATEAUNEUF de MOLEGES (*François*),
Sous-lieutenant dans le régiment de Courville en 1696.
Sous-lieutenant dans le régiment d'infanterie d'Orléans en 1703.
Lieutenant en 1705.
Capitaine en 1707.
Reçu chevalier de l'ordre de Saint-Louis depuis 1715.
Capitaine de grenadiers en 1719.
Commandant du deuxième bataillon en 1720.
Major en 1721.
Lieutenant-colonel en 1722.
Brigadier des armées du Roi en 1734.
Maréchal-de-camp en 1738.
Mort en 1748.

CHABRIÉ (*Raymond*), né le 15 septembre 1692,
Volontaire dans le régiment des bombardiers en 1707
Sous-lieutenant, même année.

Lieutenant en 1711.
Reçu chevalier de l'ordre de Saint-Louis depuis 1715.
Lieutenant dans le régiment Royal-artillerie en 1720.
Capitaine en second en 1729.
Major du bataillon de la Borie en 1738, avec rang de lieutenant-colonel en 1744.
Commandant d'un bataillon en 1753.
Obtint le rang de colonel en 1755.
Brigadier des armées du Roi en 1758.
Tué à Bergen le 13 avril 1759.

DE CHOUMOUROUX DE SEIGNARD (*Jean-Amé*), né en février 1689,
Sous-lieutenant au régiment d'Auvergne, avril 1706.
Lieutenant, février 1707.
Capitaine, mars 1712.
Reçu chevalier de l'ordre de Saint-Louis depuis 1715.
Capitaine de grenadiers, juillet 1738.
Major, mai 1743.
Lieutenant-colonel, janvier 1744.
Brigadier des armées du Roi, janvier 1748.
Mort le 2 janvier 1762.

PARRON (*Nicolas*), né à Vienne en Dauphiné,
Enseigne en mars 1700.
Enseigne de la Colonelle, février 1703.
Capitaine, juin 1705.
Reçu chevalier de l'ordre de Saint-Louis depuis 1715.
Capitaine de grenadiers, mai 1732.
Lieutenant-colonel du régiment de Trainel, juin 1734.
Brigadier des armées du Roi, mai 1745.
Lieutenant-de-Roi de Colioure, février 1749.
Mort le 1er novembre 1761.

DE RIENCOURT (*Alphonse-Théodore*), marquis D'ORIVAL,
Sous-lieutenant au régiment des Gardes-Françaises en 1705.

Lieutenant, mars 1708.
Reçu chevalier de l'ordre de Saint-Louis depuis 1715.
Lieutenant d'une compagnie de grenadiers, avril 1718.
Obtint le rang de colonel d'infanterie en mai 1728.
Capitaine, mars 1729.
Brigadier des armées du Roi, janvier 1740.
Capitaine de grenadiers, juillet 1743.
Commandant d'un bataillon, janvier 1744.

Du BELLAY de la COURBE (*Guillaume, marquis*),
Lieutenant au régiment d'infanterie de Conti, décembre 1713.
Reçu chevalier de l'ordre de Saint-Louis depuis 1715.
Capitaine, octobre 1717.
Aide-major, mai 1718.
Colonel-réformé à la suite du même régiment, juin 1719.
Colonel-lieutenant du régiment d'infanterie du comte de la Marche, juin 1726.
Colonel en chef de ce régiment, qui reprit le nom de Brie, juin 1727.
Brigadier des armées du Roi, août 1734.
Mort le 13 novembre 1752.

De PINSUN (*Jean-Pierre*),
Il servit pendant six ans en qualité de lieutenant et de capitaine d'infanterie.
Capitaine-réformé dans le régiment de Flandre en 1709.
Ingénieur en 1712.
Reçu chevalier de l'ordre de Saint-Louis depuis 1715.
Ingénieur en chef en 1725.
Lieutenant-colonel-réformé à la suite du régiment de Flandre, janvier 1745.
Colonel-réformé à la suite du régiment de Béarn en 1747.
Brigadier des armées du Roi, janvier 1748.

De BOMBELLES (*Jacques-François*), né à Paris,
Garde-de-l'étendard sur les galères en 1694.
Capitaine dans le régiment de Champagne, avril 1702.

Reçu chevalier de l'ordre de Saint-Louis depuis 1715.
Capitaine de grenadiers, janvier 1731.
Lieutenant-colonel en 1737.
Brigadier des armées du Roi, mai 1745.
Mort le 18 mars 1757.

De SEVERAC de JUSSEC (*Alexandre*), né le 4 décembre 1685,
Lieutenant en second dans le régiment d'infanterie de la Marche (depuis Reforme) en 1702.
Lieutenant en 1703.
Capitaine, décembre 1707.
Reçu chevalier de l'ordre de Saint-Louis depuis 1715.
Major en 1741.
Lieutenant-colonel en 1744.
Brigadier des armées du Roi, juillet 1747.
Il quitta le service au mois de juillet 1754.

VIDAUD de SAINT-QUENTIN du DOGNON (*Étienne*),
Soldat au régiment de Navarre en 1691.
Lieutenant dans le même régiment en 1693.
Capitaine dans le régiment de la Fère en 1705.
Reçu chevalier de l'ordre de Saint-Louis depuis 1715.
Capitaine de grenadiers, janvier 1726.
Lieutenant-colonel de son régiment en 1729.
Brigadier des armées du Roi en 1743.
Lieutenant-de-Roi à Bergues, octobre 1745.

De MAULÉON de BEAUPRÉ (*Alexandre*),
Mousquetaire en 1701.
Lieutenant au régiment du Roi-infanterie, avril 1703.
Capitaine en 1706.
Reçu chevalier de l'ordre de Saint-Louis depuis 1715.
Major du régiment du Roi, avec rang de colonel d'infanterie, mars 1729.
Lieutenant-colonel en 1735.
Brigadier des armées du Roi, même année.
Mort le 25 août 1743.

D'ARMAND DE FOREST (*Charles*), *seigneur* DE BLACONS,
    Capitaine au régiment d'infanterie de son père en 1702.
    Colonel du même régiment sur la démission de son père, mai 1705.
    Colonel-réformé à la suite du régiment d'Auvergne en 1714.
    Reçu chevalier de l'ordre de Saint-Louis depuis 1715.
    Commandant d'un bataillon de milice du Dauphiné en 1734.
    Brigadier des armées du Roi, même année.
    Mort en 1753.

LE BRUN (*Etienne*),
    Enseigne dans le régiment d'Argenson des milices du Dauphiné.
    Enseigne au régiment de la Couronne en 1697.
    Aide-major, février 1702.
    Obtint le rang de capitaine, février 1705.
    Crpitaine en 1714.
    Capitaine de grenadiers, septembre même année.
    Reçu chevalier de l'ordre de Saint-Louis depuis 1715.
    Major de son régiment, avril 1720.
    Lieutenant-colonel, octobre 1727.
    Brigadier des armées du Roi, février 1734.
    Maréchal-de-camp, janvier 1740.
    Commandant dans les Cévennes, février même année.
    Lieutenant-général des armées du Roi, mai 1748.
    Mort le 30 avril 1751.

DANIEL (*Claude*), *seigneur* DE BOISDENNEMETS,
    Successivement volontaire et cornette au régiment du Mestre-de-camp-général des dragons.
    Reçu chevalier de l'ordre de Saint-Louis depuis 1715.
    Capitaine au même régiment, novembre 1733.
    Exempt de la compagnie des gardes-du-corps du Roi depuis Beauvau, septembre 1737.
    Il eut le rang de mestre-de-camp de cavalerie en mai 1742.

Brigadier des armées du Roi, mai 1748.

Aide-major de sa compagnie, avec rang d'enseigne, janvier 1752.

Maréchal-de-camp, février 1761.

Mort en 1791.

D'ASPREMONT (*Jacques-Philippe*), *comte* D'ORTHÈS,

Enseigne de la colonelle du régiment de Louvigny, mars 1708.

Capitaine dans le même régiment en 1709.

Enseigne au régiment des Gardes-Françaises, novembre 1710.

Enseigne de la colonelle du même régiment en 1711.

Enseigne d'une compagnie de grenadiers en 1713.

Reçu chevalier de l'ordre de Saint-Louis depuis 1715.

Sous-lieutenant, mai 1717.

Sous-aide-major, avril 1720.

Lieutenant en 1723.

Capitaine, janvier 1730.

Commandant du sixième bataillon des Gardes-Françaises en 1744.

Brigadier des armées du Roi, même année.

Maréchal-de-camp, janvier 1748.

Lieutenant-général des armées du Roi, mai 1758.

PASCAL (*Joseph*), né le 6 mars 1686,

Sous-lieutenant au régiment de Limosin en 1707.

Lieutenant en 1709.

Lieutenant de la colonelle en 1713.

Capitaine, même année.

Reçu chevalier de l'ordre de Saint-Louis depuis 1715.

Capitaine de grenadiers en 1738.

Major en 1741.

Commandant du second bataillon, même année.

Lieutenant-colonel en 1742.

Brigadier des armées du Roi en 1745.

Mort le 9 juin 1762.

DAVID (*Alexandre*), comte DE BEAUREGARD, né à Castres;
  Cadet au régiment de Champagne en 1700.
  Lieutenant-réformé dans le même régiment en 1701.
  Capitaine au régiment de Marcilly en 1703.
  Reçu chevalier de l'ordre de Saint-Louis depuis 1715.
  Il passa, avec cette compagnie, dans le régiment de Croy (depuis Boufflers, la Vallière et Guise).
  Lieutenant-colonel de ce régiment en 1729.
  Brigadier des armées du Roi en 1747.
  Tué à l'affaire de l'Assiette.

DE LA SALLE DEYA (*François*),
  Sous-lieutenant au régiment de Picardie en 1704.
  Mousquetaire en 1706.
  Reçu chevalier de l'ordre de Saint-Louis depuis 1715.
  Sous-brigadier en 1722.
  Brigadier et aide-major, décembre 1733.
  Maréchal-des-logis de sa compagnie, avec rang de mestre-de-camp de cavalerie, février 1735.
  Maréchal-de-camp, janvier 1748.
  Mort le 29 novembre 1762.

DE CHAMBONAS DE LA GARDE (*Scipion-Louis-Joseph, marquis*),
  Servit d'abord dans les mousquetaires.
  Reçu chevalier de l'ordre de Saint-Louis depuis 1715.
  Capitaine-réformé à la suite du régiment de Bongard en 1720.
  Il passa dans le régiment de Turenne en 1724.
  Enseigne de la compagnie des gendarmes de la garde en 1726, avec rang de mestre-de-camp de cavalerie, même année.
  Lieutenant-de-Roi du Languedoc, à la mort de son père, en 1729.
  Colonel-lieutenant du régiment d'infanterie du Maine (depuis Eu) en juillet 1734.
  Brigadier des armées du Roi en 1744.
  Mort le 27 février 1765.

ROBERT (*Joseph-Charles*), *marquis* DE LIGNERAC,
   Lieutenant au régiment du Roi, février 1689.
   Sous-aide-major du même régiment, janvier 1690.
   Colonel du régiment du Perche, décembre même année.
   Brigadier des armées du Roi, janvier 1702.
   Lieutenant-général de la Haute-Auvergne, juillet 1714.
   Reçu chevalier de l'ordre de Saint-Louis depuis 1715.
   Mort le 11 mai 1733.

DE CONIGAN (*Guy-Louis*),
   Cadet en 1689.
   Sous-lieutenant au régiment Dauphin-infanterie, même année.
   Lieutenant en 1691.
   Lieutenant de grenadiers en 1692.
   Capitaine en 1693.
   Capitaine de grenadiers en 1707.
   Reçu chevalier de l'ordre de Saint-Louis depuis 1715.
   Major de son régiment en 1721.
   Lieutenant-colonel en 1729.
   Le Roi lui donna le régiment d'infanterie de Flandre en 1734.
   Brigadier des armés du Roi en 1735.
   Mort le 1er juillet 1746.

DE LA BADIE (*Louis-Augustin*), né le 24 avril 1696,
   Sous-lieutenant au régiment de Picardie, novembre 1708.
   Enseigne dans le régiment de la Badie en 1712.
   Reçu chevalier de l'ordre de Saint-Louis depuis 1715.
   Lieutenant au régiment d'infanterie d'Anjou, janvier 1716.
   Capitaine-réformé à la suite du régiment Royal-dragons, mars 1723.
   Capitaine au même régiment en 1726.
   Lieutenant-colonel de son régiment, mai 1746.
   Brigadier des armées du Roi, février 1759.
   Maréchal-de-camp, juillet 1762.

D'AUMONT (*Louis*, *duc*),
 Pair de France.
 Chevalier des ordres du Roi en 1712.
 Premier gentilhomme de la chambre.
 Gouverneur de Boulogne et du Boulonais.
 Reçu chevalier de l'ordre de Saint-Louis depuis 1715.
 Ambassadeur en Angleterre.
 Mort le 6 avril 1723.

D'AUMONT (*Louis-Marie*, *duc*),
 Pair de France.
 Premier gentilhomme de la chambre du Roi.
 Gouverneur des ville et citadelle de Boulogne.
 Reçu chevalier de l'ordre de Saint-Louis depuis 1715.
 Mort le 5 novembre 1723.

DE CAUMONT (*Antoine-Nompas*), duc DE LAUZUN, *marquis* DE PUIGUILHEM,
 Chevalier de l'ordre de la Jarretière.
 Colonel-général des dragons.
 Reçu chevalier de l'ordre de Saint-Louis depuis 1715.
 Capitaine des gardes-du-corps.
 Gouverneur du Berri.
 Mort le 19 novembre 1723.

D'ESPINAY SAINT-LUC (*François*), *marquis* DE LIGNORIS,
 Exempt des gardes-du-corps.
 Mestre-de-camp de cavalerie.
 Reçu chevalier de l'ordre de Saint-Louis depuis 1715.
 Mort le 17 février 1729.

DE LA MOTTE-ROGIER DE LA BLINIÈRE (*Pierre*), né le 7 juillet 1683,
 Volontaire au régiment Royal-infanterie en 1702.
 Sous-lieutenant, février 1703.
 Lieutenant, novembre même année.
 Capitaine, décembre 1706.

Reçu chevalier de l'ordre de Saint-Louis depuis 1715.
Capitaine de la compagnie de grenadiers, novembre 1732.
Commandant d'un bataillon, mai 1738.
Lieutenant-colonel du régiment Royal, mai 1745.
Brigadier des armées du Roi, mars 1747.
Maréchal-de-camp, juillet 1756.

De CHATILLON (*François*),
Lieutenant-colonel du régiment de Champagne.
Brigadier des armées du Roi.
Reçu chevalier de l'ordre de Saint-Louis depuis 1715.
Mort à Montmédy en 1732.

De BEZIADE D'AVARAY *Jean-Théophile*),
Colonel du régiment de Nivernois.
Brigadier des armées du Roi.
Reçu chevalier de l'ordre de Saint-Louis depuis 1715.
Mort d'une blessure qu'il reçut, en 1743, à la bataille de Guastalla.

De FAOUCQ (*Guy-Étienne-Alexandre*), marquis de Garactot,
Officier supérieur de gendarmerie.
Mestre-de-camp de cavalerie.
Reçu chevalier de l'ordre de Saint-Louis depuis 1715.
Mort le 16 mai 1734.

VINCENT de TOURNON (*Joseph-Nicolas*), baron de Saint-Dizier et de Digons,
Commandant de bataillon au régiment d'Orléans.
Reçu chevalier de l'ordre de Saint-Louis depuis 1715.
Mort le 7 mars 1736, de la suite de ses blessures.

D'ESTAVAYÉ (*Jean-François*),
Capitaine au régiment de la vieille marine.
Major de Revere et d'Ostiglia en Lombardie.
Reçu chevalier de l'ordre de Saint-Louis depuis 1715.
Mort en 1738.

De POILVILAIN de CRENAY (*Henri*),
Commandant à Cayenne.
Reçu chevalier de l'ordre de Saint-Louis depuis 1715.
Mort en 1738.

De BEAUDEAN (*Henri*), *marquis* de PARABERE,
Reçu chevalier de l'ordre de Saint-Louis depuis 1715.
Brigadier des armées du Roi en 1734.
Chef de brigade des Carabiniers.
Mort le 28 juillet 1741.

Le BRETON du PLESSIS,
Capitaine de grenadiers au régiment de Piémont.
Reçu chevalier de l'ordre de Saint-Louis depuis 1715.
Tué au siége de Prague en 1742.

De MONTSAULNIN (*Louis*), *seigneur* de MENNETRUEUX,
Filleul de Louis XIV.
Mestre-de-camp de cavalerie à la suite du régiment de Clermont-Prince.
Reçu chevalier de l'ordre de Saint-Louis depuis 1715.
Brigadier des armées du Roi en 1743.
Mort à Paris le 14 décembre de la même année.

D'ESTRADES (*Charles-Jean, comte*),
Reçu chevalier de l'ordre de Saint-Louis depuis 1715.
Lieutenant aux Gardes-Françaises.
Mort des blessures qu'il reçut à la bataille d'Etlingen en 1743.

De BUCHELAY de SAINT-PAER,
Lieutenant aux Gardes-Françaises.
Lieutenant-colonel d'infanterie.
Reçu chevalier de l'ordre de Saint-Louis depuis 1715.
Mort des blessures qu'il reçut à la bataille d'Etlingen en 1743.

Le VAILLANT de BOUSBECQUES (*Ferdinand*),
Chevalier de Saint-Lazare.

Lieutenant-colonel de dragons.
Reçu chevalier de l'ordre de Saint-Louis depuis 1715.
Mort en 1745.

DE LA ROCHEFOUCAUD DE ROYE (*Jean-Baptiste-Louis-Frédéric*), *duc* D'ENVILLE,
Lieutenant-général des armées navales.
Reçu chevalier de l'ordre de Saint-Louis depuis 1715.
Mort le 28 septembre 1746.

LE CORNU (*Nicolas*), *seigneur* DE BOISANDRÉ et DE BALIVIÈRE,
Capitaine au régiment de Beauvoisis.
Reçu chevalier de l'ordre de Saint-Louis depuis 1715.
Mort en 1758.

DUMAS (*François*), *comte* DE PEYRAC,
Colonel du régiment de Peyrac en 1709.
Colonel à la suite de celui de Dauphin en 1714.
Reçu chevalier de l'ordre de Saint-Louis depuis 1715.
Brigadier des armées du Roi en 1734.
Mort le 1er septembre 1741.

HARDOUIN,
Lieutenant de vaisseaux du Roi.
Reçu chevalier de l'ordre de Saint-Louis depuis 1715.
Tué dans un combat du comte d'Arché aux Indes, en 1758.

DE SAVONNIÈRES (*Jean, chevalier*),
Capitaine de cavalerie.
Reçu chevalier de l'ordre de Saint-Louis depuis 1715.
Mort au château de Meaulne en 1758.

DE LANQUETOT (*le marquis*),
Reçu chevalier de l'ordre de Saint-Louis depuis 1715.
Chef d'escadre des armées navales en 1734.

DE ROCHECHOUART MONTPIPEAU (*Jean-Léonor, comte*),
Reçu chevalier de l'ordre de Saint-Louis depuis 1715.
Capitaine de vaisseaux du Roi en 1727.

De GROUCHY (*Nicolas*), *seigneur* de la Marre Gouvis,
  Reçu chevalier de l'ordre de Saint-Louis depuis 1715.
  Capitaine de vaisseaux du Roi en 1728.
  Capitaine-général des gardes-côtes à Dieppe.

De la FERRIERE de VINCELLES,
  Reçu chevalier de l'ordre de Saint-Louis depuis 1715.
  Capitaine de vaisseaux en 1727.
  Commandant au Port-Louis.

De MARQUEZE de la GARDE (*le comte*),
  Reçu chevalier de l'ordre de Saint-Louis depuis 1715.
  Capitaine de vaisseaux du Roi en 1727.

De MEREZ (*Gaspard*),
  Capitaine au régiment de Médoc, où il servit trente-cinq ans.
  Reçu chevalier de l'ordre de Saint-Louis depuis 1715.
  Major de Rocroy en 1727.

D'AVAUGOUR,
  Reçu chevalier de l'ordre de Saint-Louis depuis 1715.
  Capitaine de vaisseaux du Roi en 1727.
  Commandant la compagnie des gardes de la marine à Brest.

De NEUFVY-DUCHON (*le comte*),
  Reçu chevalier de l'ordre de Saint-Louis depuis 1715.
  Capitaine de galères en 1725.

De GERMINON,
  Mestre-de-camp du régiment de Germinon.
  Reçu chevalier de l'ordre de Saint-Louis depuis 1715.
  Mestre-de-camp du régiment royal Piémont-cavalerie en 1723.

BINOT de BLAINCOURT, *seigneur* de Blaincourt,
  Capitaine au régiment de Bourgogne.
  Reçu chevalier de l'ordre de Saint-Louis depuis 1715.
  Mort à Navarreins le 12 septembre 1722.

D'ANTIGNAC (*Philibert*),
    Capitaine au régiment royal étranger-cavalerie.
    Reçu chevalier de l'ordre de Saint-Louis depuis 1715.
    ENNOBLI en 1721, pour services militaires.

De BUTTET (*Marin*),
    Reçu chevalier de l'ordre de Saint-Louis depuis 1715.
    Lieutenant de vaisseaux du Roi en 1718.
    Lieutenant-de-Roi au Petit-Goave, île Saint-Domingue.

BEGON (*le chevalier*),
    Lieutenant de vaisseaux du Roi en 1714.
    Reçu chevalier de l'ordre de Saint-Louis depuis 1715.
    Lieutenant-de-Roi à Montréal en Canada.

De RUNEGOF de ROSMAR,
    Enseigne de vaisseaux du Roi en 1712.
    Reçu chevalier de l'ordre de Saint-Louis depuis 1715.

De LA BAUME, *comte* DE SAINT-AMOUR,
    Mestre-de-camp du régiment de Languedoc-dragons en 1709.
    Reçu chevalier de l'ordre de Saint-Louis depuis 1715.
    Se démit de son régiment en 1718.

De BRIQUEVILLE, *comte* DE LA LUZERNE BEUZEVILLE,
    Mestre-de-camp-lieutenant du régiment royal des cuirassiers en 1711.
    Reçu chevalier de l'ordre de Saint-Louis depuis 1715.

De GLÉON de DURBAN (*Jean-François*),
    Colonel d'un régiment d'infanterie de son nom en 1700.
    Reçu chevalier de l'ordre de Saint-Louis depuis 1715.
    Mestre-de-camp de cavalerie.
    Guidon des gendarmes Dauphin en 1720.

PASQUET du BOUSQUET (*Henri*),
    Lieutenant-colonel d'infanterie.
    Reçu chevalier de l'ordre de Saint-Louis depuis 1715.
    Mort en 1750.

De MARTINEAU (*Gilles*), *chevalier* de Fromentières,
Reçu chevalier de l'ordre de Saint-Louis depuis 1715.
Capitaine de vaisseaux du Roi en 1737.
Mort le 23 octobre 1747, des blessures qu'il reçut au combat de M. de l'Étenduère contre les Anglais, où il eut une jambe emportée d'un boulet de canon.

De QUAY,
Commandant au fort Chapus en Saintonge.
Reçu chevalier de l'ordre de Saint-Louis depuis 1715.
Mort le 16 octobre 1740.

Du QUÊNE (*Jacob, comte*),
Capitaine de vaisseaux.
Reçu chevalier de l'ordre de Saint-Louis depuis 1715.
Mort à Saint-Domingue en 1740.

De BARLES,
Capitaine au régiment de Piémont.
Reçu chevalier de l'ordre de Saint-Louis depuis 1715.
Mort en Bohême en 1742.

BOISSEAU,
Capitaine aux Gardes-Françaises.
Reçu chevalier de l'ordre de Saint-Louis depuis 1715.
Tué à la bataille d'Etlingen en 1743.

Du BREUIL,
Lieutenant-colonel du régiment royal Vaisseaux.
Reçu chevalier de l'ordre de Saint-Louis depuis 1715.
Mort des blessures qu'il reçut à la bataille de Fontenoy.

Du PINAY,
Capitaine d'artillerie.
Reçu chevalier de l'ordre de Saint-Louis depuis 1715.
Tué au siége du fort Saint-Philippe en 1756.

De PONTUAL de JOUVANTE (*Jean-Baptiste*),
Reçu chevalier de l'ordre de Saint-Louis depuis 1715.
Mort le 10 mars 1741.

D'O (*Simon-Gabriel*), *marquis* DE FRANCONVILLE,
   Reçu chevalier de l'ordre de Saint-Louis depuis 1715.
   Lieutenant au régiment d'infanterie de Toulouse en 1716.
   Colonel-lieutenant du même régiment en 1718.
   Brigadier des armées du Roi, mars 1734.
   Mort le 27 octobre de la même année.

DE MOREL, *chevalier* D'AUBIGNY,
   Reçu chevalier de l'ordre de Saint-Louis depuis 1715.
   Depuis commandeur et grand'croix.
   Chef d'escadre des armées navales en 1757.
   Lieutenant-colonel et commandant la marine à Rochefort.

D'ESTAVAYÉ (*Louis*), *seigneur* DE MOLINON,
   Reçu chevalier de l'ordre de Saint-Louis depuis 1715.
   Brigadier des gardes-du-corps.
   Mort le 10 juin 1743.

CASTEL DE SAINT-PIERRE (*Louis-Hyacinthe*), *marquis*
   DE CREVECŒUR et DE KERFILIS,
   Capitaine de vaisseaux du Roi.
   Premier écuyer de la duchesse d'Orléans.
   Reçu chevalier de l'ordre de Saint-Louis depuis 1715.
   Mort à Paris le 21 avril 1748.

DE TRESTONDANT (*Claude-Marie, comte*), *seigneur* DE
   SUAUCOURT et DE PISSELOUP,
   Lieutenant-général d'infanterie.
   Reçu chevalier de l'ordre de Saint-Louis depuis 1715.
   Mort le 25 octobre 1746.

DILLON (*Charles, vicomte*),
   Capitaine-réformé au régiment de son père dès l'âge de quatre ans, en 1705.
   Reçu chevalier de l'ordre de Saint-Louis depuis 1715.
   Capitaine, novembre 1718.
   Colonel du même régiment, sur la démission de son père, mai 1730.

Brigadier des armées du Roi, janvier 1740.
Mort le 5 novembre 1741.

Du FAUR (*Tristan*), marquis DE CARDAILLAC, comte DE BIOULLE, baron DE SAINT-JOREY,
Lieutenant des gardes-du-corps du Régent.
Reçu chevalier de l'ordre de Saint-Louis depuis 1715.
Colonel-lieutenant de la Colonelle-générale en 1717.

DE LEVIS DE LOMAGNE (*Charles-Pierre-Gaston*), duc DE MIREPOIX, né le 2 décembre 1699,
(Connu d'abord sous le nom de marquis de Mirepoix).
Reçu chevalier de l'ordre de Saint-Louis depuis 1715.
Mousquetaire le 22 juin 1718.
Colonel du régiment d'infanterie de Saintonge, sur la démission du marquis de Lannion, fait maréchal-de-camp, mars 1719.
Obtint le régiment de la Marine, sur la démission du comte de Middelbourg, fait maréchal-de-camp, mars 1734.
Brigadier des armées du Roi, août même année.
Ambassadeur à Vienne, octobre 1735.
Maréchal-de-camp, mars 1738.
Il signa le traité de paix en qualité de ministre plénipotentiaire du Roi le 18 novembre même année.
Chevalier des ordres du Roi le 2 février 1741.
Lieutenant-général des armées du Roi, mai 1744.
Gouverneur de Brouage, à la mort du vicomte de Beaune, en 1747.
Le Roi le nomma ambassadeur en Angleterre le 1er janvier 1749.
Créé duc de Mirepoix le 13 septembre 1751.
Lieutenant-général en Languedoc, sur la démission du maréchal de Richelieu, décembre 1755.
Capitaine de la compagnie des gardes-du-corps (depuis Beauvau), sur la démission du duc de Béthune, mai 1756.
Maréchal de France le 24 février 1757.

Commandant en chef sur les côtes de la Méditerranée, juillet même année.

Mort à Montpellier le 25 septembre de ladite année 1757.

HOSDIER DE LA VARENNE (*Jacques-Jérôme*),
Lieutenant au régiment de Bourbonnais en 1706.
Capitaine dans le même régiment en 1709.
Sous-lieutenant au régiment des Gardes-Françaises en 1711.
Reçu chevalier de l'ordre de Saint-Louis depuis 1715.
Lieutenant en 1718.
Capitaine en 1726.
Brigadier des armées du Roi, janvier 1740.

CORNUAU DE MEURCÉ DE LA GRANDIÈRE (*François, comte*),
Page du Roi en 1699.
Mousquetaire en 1702.
Sous-lieutenant au régiment des Gardes-Françaises en 1704.
Lieutenant en 1710.
Reçu chevalier de l'ordre de Saint-Louis depuis 1715.
Colonel d'un régiment de l'Isle-de-France, février 1716.
Brigadier des armées du Roi, février 1734.
Maréchal-de-camp, mars 1738.
Mort le 13 avril 1752.

DE BIRAN D'ARMAGNAC (*Louis*), comte DE GOHAS,
Colonel du régiment de Berri, puis de celui de Bourbonnais.
Brigadier des armées du Roi.
Reçu chevalier de l'ordre de Saint-Louis depuis 1715.
Tué en 1747, à l'affaire de l'Assiette.

D'AUMONT DE JONCY (*Louis*), légitimé,
Major du régiment de Beringhen-cavalerie.
Gouverneur des pages de la petite écurie du Roi.
Reçu chevalier de l'ordre de Saint-Louis depuis 1715.
Mort le 9 mai 1747.

D'HUNOLSTEIN (*François-Hermann, comte*),
   Mestre-de-camp du régiment de Rosen-allemand.
   Chambellan du duc Léopold.
   Premier écuyer, conseiller d'État et maréchal de Lorraine et Barrois.
   Reçu chevalier de l'ordre de Saint-Louis depuis 1715.
   Mort à Nancy le 20 juin 1748.

SUERE (*Henri*),
   Major du régiment de la Sarre.
   Reçu chevalier de l'ordre de Saint-Louis depuis 1715.
   Tué à Goito, près de Mantoue, à la défense du pont de Colorno.

De la TOUR,
   Mestre-de-camp du régiment de la Tour-cavalerie en 1711.
   Reçu chevalier de l'ordre de Saint-Louis depuis 1715.
   Maréchal-de-camp en 1738.
   Mort en 1757.

De ROSMADEC de SAINT-ALLOUARN,
   Capitaine de vaisseaux du Roi.
   Reçu chevalier de l'ordre de Saint-Louis depuis 1715.
   Tué le 20 novembre 1759, sur le vaisseau le *Juste*, qu'il commandait dans le combat du maréchal de Conflans, à la hauteur de Belleisle.

De RANCHIN (*Jean-Philippe, chevalier*),
   Capitaine au régiment de Béarn.
   Reçu chevalier de l'ordre de Saint-Louis depuis 1715.
   Mort le 12 octobre 1762, des blessures qu'il reçut à la bataille de Johansberg.

De CAIRE (*Joseph*),
   Capitaine au régiment royal vaisseaux en 1710.
   Reçu chevalier de l'ordre de Saint-Louis depuis 1715.
   Major de Sisteron, et depuis d'Antibes, où il mourut le 5 août 1764.

De LIGNY (*Charles-Adrien*, comte),
  Mestre-de-camp de cavalerie.
  Reçu chevalier de l'ordre de Saint-Louis depuis 1715.
  Mort le 19 février 1766.

De RIGAUD (*Joseph-Hyacinthe*), marquis de Vaudreuil,
  Capitaine de vaisseaux du Roi.
  Gouverneur et commandant-général à Saint-Domingue.
  Reçu chevalier de l'ordre de Saint-Louis depuis 1715.
  Mort le 30 octobre 1764.

D'ASSIGNIES (*Charles-Joseph-Ignace*), comte d'Oizy,
  Reçu chevalier de l'ordre de Saint-Louis depuis 1715.
  Colonel du régiment d'Auxerrois en 1723.
  Commandeur de l'ordre de Saint-Lazare.
  Mort aux eaux d'Aix-la-Chapelle le 19 juillet 1764.

Du MESNIE (*Antoine-Nicolas*), marquis de Sommery,
  Mestre-de-camp du régiment de Sommery-dragons.
  Reçu chevalier de l'ordre de Saint-Louis depuis 1715.
  Mort en son château de Sommery en Normandie le 6 novembre 1764.

De BOULLENC (*François-Frédéric*), baron de Saint-Remy-sur-Avre,
  Exempt des gardes-du-corps.
  Mestre-de-camp de cavalerie.
  Reçu chevalier de l'ordre de Saint-Louis depuis 1715.
  Mort à Soissons le 27 février 1764.

De ROSILY de MEROS (*François-Joseph*, comte),
  Maréchal-de-camp.
  Chef d'escadre des armées navales.
  Reçu chevalier de l'ordre de Saint-Louis depuis 1715.
  Mort en 1771.

AYMER (*Henri*), chevalier de la Chevallerie,
  Capitaine-aide-major au régiment de Piémont.
  Nommé chevalier de l'ordre de Saint-Louis.

Mort en 1757, avant d'être reçu, de trois coups de sabre qu'il reçut à la bataille de Rosback, faisant les fonctions de major.

De TOURTOULON (*François*), *seigneur* DE LA ROUVIERE,
Capitaine de cuirassiers.
Reçu chevalier de l'ordre de Saint-Louis depuis 1715.
Mort en 1757.

De BRANCAS (*Louis-Antoine*), *duc* DE VILLARS,
Pair de France.
Reçu chevalier de l'ordre de Saint-Louis depuis 1715.
Chevalier des ordres du Roi en 1724.
Chevalier de Saint-Janvier.
Colonel d'infanterie.
Commandant en Provence.
Mort le 29 février 1760.

De MAILLY (*Victor-Alexandre, marquis*),
Reçu chevalier de l'ordre de Saint-Louis depuis 1715.
Colonel d'un régiment d'infanterie en 1717.
Brigadier des armées du Roi en 1734.
Il quitta le service en 1735.
Mort le 22 février 1754.

DEXMIER D'ARCHIAC (*Louis-Alexandre*), *marquis* DE SAINT-SIMON,
Reçu chevalier de l'ordre de Saint-Louis depuis 1715.
Mestre-de-camp du régiment d'Archiac en 1734.
Brigadier des armées du Roi.
Mort le 18 octobre 1753.

De SAINT-SIMON (*Jacques-Etienne-Antoine*), *vicomte* DE COURTOMER,
Reçu chevalier de l'ordre de Saint-Louis depuis 1715.
Brigadier des armées du Roi.
Mort le 18 juillet 1754.

MAILLARD (*Claude-François*), *marquis* DE LANDREVILLE $
Volontaire au régiment de Chépy en 1708.

Cornette au même régiment en 1709.
Capitaine au régiment de cavalerie de Lenoncourt, mars 1711.
Reçu chevalier de l'ordre de Saint-Louis depuis 1715.
Capitaine en second dans le même régiment de Lenoncourt, mai 1718.
Major, avril 1722.
Capitaine, septembre même année.
Exempt de la compagnie des gardes-du-corps (depuis Luxembourg), avril 1729.
Obtint le rang de mestre-de-camp de cavalerie au mois de décembre 1731.
Aide-major de sa compagnie, août 1743.
Brigadier des armées du Roi, mai 1744.
Obtint le rang d'enseigne dans sa compagnie en décembre suivant.
Second enseigne, janvier 1747.
Maréchal-de-camp, janvier 1748.
Premier enseigne de sa compagnie, mars même année.
Troisième lieutenant, juin 1750.
Lieutenant-général des armées du Roi, mai 1758.
Deuxième lieutenant, avril 1760.
Premier gentilhomme de la chambre du Roi Stanislas.
Mort le 11 juin 1768.

D'AFFRY (*François*),
Entré au service en 1683.
Major du régiment de Surbeck (depuis Darbonnier), septembre 1693.
Lieutenant-colonel du régiment de Brendlé (depuis Boccard), février 1701.
Obtint le rang de colonel en mai 1702.
Capitaine d'une demi-compagnie au régiment des Gardes-Suisses, juin suivant.
Aide-de-camp de M. le duc de Bourgogne en 1708.
Brigadier des armées du Roi, juin 1709.

Colonel d'un régiment suisse de son nom (depuis Waldner), décembre 1714.

Reçu chevalier de l'ordre de Saint-Louis depuis 1715.

Maréchal-de-camp, février 1719.

Lieutenant-général des armées du Roi, août 1734.

Tué à la bataille de Guastalla en la même année.

De COUET (*Paul*), *comte* de Marignane,

Enseigne au régiment des Gardes-Françaises en février 1684.

Sous-lieutenant, octobre 1689.

Sous-aide-major, septembre 1693.

Colonel d'un régiment d'infanterie de son nom, formé du bataillon de Cabasson du régiment d'Anjou, décembre 1695.

Colonel du régiment d'Albigeois.

Son régiment réformé en novembre 1698, il servit comme colonel-réformé à la suite du régiment de Champagne.

Brigadier des armées du Roi, octobre 1704.

Il fit les fonctions de maréchal-général-des-logis de l'armée du Dauphiné en 1707.

Maréchal-de-camp, mars 1710.

Reçu chevalier de l'ordre de Saint-Louis depuis 1715.

Lieutenant-général des armées du Roi, mars 1720.

Mort le 1er novembre 1738.

De BROGLIE (*François-Raymond-Félix*), *comte* de Revel,

(Connu d'abord sous le nom de chevalier de Broglie).

Mousquetaire en 1672.

Capitaine au régiment royal des cuirassiers, novembre 1674.

Lieutenant-colonel, mai 1693.

Mestre-de-camp d'un régiment de cavalerie de son nom, février 1694.

Brigadier des armées du Roi, octobre 1702.

Maréchal-de-camp, octobre 1704.

(Il prit le nom de comte de Revel à la mort de son frère, en octobre 1707).

Reçu chevalier de l'ordre de Saint-Louis depuis 1715.
Lieutenant-général des armées du Roi, mars 1718.
Commandeur, puis Grand'croix de l'ordre de Saint-Louis à la mort de M. de Chamlay, le 3 juillet 1719.
Mort le 14 août 1720.

DE MONTESQUIOU (*Louis, comte*),
(Connu d'abord sous le nom de chevalier d'Artagnan.)
Mousquetaire en 1691.
Garde-marine en 1692.
Enseigne de vaisseau, en 1695.
Lieutenant en 1703.
Major d'un régiment des troupes de la marine en 1707.
Colonel d'un régiment d'infanterie de son nom en décembre 1709.
(Il prit, le 13 février 1713, en se mariant, le titre de comte de Montesquiou).
Colonel à la suite du régiment de Leuville, à la réforme du sien, en 1714.
Reçu chevalier de l'ordre de Saint-Louis depuis 1715.
Brigadier des armées du Roi, février 1719.
Deuxième cornette de la première compagnie des Mousquetaires, décembre suivant.
Premier cornette, septembre 1722.
Deuxième enseigne, janvier 1726.
Premier enseigne, novembre 1727.
Deuxième sous-lieutenant, février 1729.
Maréchal-de-camp, août 1734.
Mort le 21 janvier 1737, étant encore sous-lieutenant de sa compagnie.

DE REDING DE BIBEREGG (*Dominique*), baron DE REDING,
Après avoir servi plusieurs années en qualité de subalterne, il fut fait major du régiment allemand de Reding (depuis Lumague), lors de sa levée, en mars 1705.
Colonel de ce régiment, à la mort de Lumague, en février 1707.
Reçu chevalier de l'ordre de Saint-Louis depuis 1715.

Brigadier des armées du Roi, février 1719.

Colonel-réformé à la suite du régiment royal Bavière, mai suivant.

Maréchal-de-camp, mars 1739.

Mort le 18 octobre 1740.

D'ESTOURMEL DE FRÉTOY (*Louis, marquis*),

Cornette au régiment des cuirassiers du Roi en 1704.

Capitaine au régiment de cavalerie de Toulouse en mars 1706.

Mestre-de-camp-lieutenant de ce régiment, mars 1714.

Reçu chevalier de l'ordre de Saint-Louis depuis 1715.

Brigadier des armées du Roi, février 1734.

Maréchal-de-camp, octobre suivant.

Mort à Neuts le 25 septembre 1741.

DE LA BAUME (*Melchior-Esprit*), comte DE MONTREVEL,

Mousquetaire en 1695.

Sous-lieutenant au régiment du Roi en 1696.

Lieutenant en 1697.

Capitaine au régiment de dragons de Sainte-Hermine en février 1701.

Obtint une compagnie dans le régiment royal Piémont, avril 1703.

Mestre-de-camp d'un régiment de cavalerie de son nom, sur la démission du chevalier de Montrevel son oncle, juin 1704.

Reçu chevalier de l'ordre de Saint-Louis depuis 1715.

Brigadier des armées du Roi, février 1719.

Mestre-de-camp d'un régiment de cavalerie de son nom, à la promotion de M. de Marcillac au grade de maréchal-de-camp, en mars même année.

Maréchal-de-camp, février 1734.

Mort le le 13 janvier 1740.

DE MAUPEOU (*René-Théophile, marquis*), né le 9 juillet 1697,

Mousquetaire en 1714.

Lieutenant au régiment d'infanterie de Toulouse en 1715.
Reçu chevalier de l'ordre de Saint-Louis depuis 1715.
Capitaine au même régiment en 1716.
Capitaine en second, lors du doublement des compagnies, en 1718.
Colonel du régiment d'infanterie de Bigorre en 1719.
Inspecteur-général de l'infanterie en 1723.
Brigadier des armées du Roi, août même année.
Maréchal-de-camp en 1740.
Lieutenant-général des armées du Roi en 1744.
Mort à Srtasbourg le 14 mai 1746.

DE BOURBON (*Louis-Charles*), *comte* D'EU, né le 15 octobre 1701,
Grand-maître et capitaine-général, en survivance de son père, M. le duc du Maine, en 1710.
Gouverneur-général de Guienne, à la mort du duc de Luynes, en 1712.
Reçu chevalier de l'ordre de Saint-Louis depuis 1715.
Chevalier des ordres du Roi en 1728.
Maréchal-de-camp en 1734.
Lieutenant-général des armées du Roi en 1735.
Grand-maître de l'artillerie, à la mort du duc du Maine, le 14 mai 1736.
Colonel-lieutenant du régiment royal-artillerie.
Colonel d'un régiment d'infanterie de son nom, même année.
Gouverneur-général du Languedoc, à la mort du prince de Dombes, son frère, en 1755.
Il fut fait colonel-général des Suisses et Grisons, et obtint, le 1er novembre de la même année, la compagnie générale des Suisses.
Le 8 du même mois le Roi, par une ordonnance, réunit en un seul corps l'artillerie, le régiment royal artillerie et les ingénieurs, sous la dénomination de corps royal d'artillerie.
Mort en 1775.

D'ARMAND DE CHATEAUVIEUX (*Joseph*), *co-seigneur* DE LA GARDE-PARÉOL,

Gentilhomme du duc d'Orléans.

Major du régiment d'infanterie de ce prince.

Reçu chevalier de l'ordre de Saint-Louis depuis 1715.

Mort à Paris le 19 décembre 1736.

DE LOWENDAL (*Woldemar*), *comte* de la maison de HOLSTEIN et de la branche royale de DANEMARCK, né le 6 avril 1700.

Il fit en Pologne sa première campagne en qualité de simple soldat en 1713.

Bas-officier, enseigne, aide-major.

Capitaine au régiment de Guide-Staremberg en 1714.

Reçu chevalier de l'ordre de Saint-Louis depuis 1715.

Capitaine de grenadiers en 1717.

Il retourna en Pologne en 1721, et le Roi Auguste lui donna le commandement de ses chevaliers-gardes, et un régiment d'infanterie.

Maréchal-de-camp et inspecteur-général de l'infanterie Saxonne en 1728.

La Czarine l'attira à son service en 1736, et lui confia la lieutenance générale de son artillerie.

Général des armées de Russie en 1739.

Gouverneur-général du duché d'Estonie et de Revel, même année.

Comte de l'empire pour lui et ses descendans mâles, par diplome de l'Empereur, du 8 février 1741.

Il rentra au service de France et y leva un régiment d'infanterie allemande en 1743.

Lieutenant-général des armées du Roi, même année.

Chevalier des ordres du Roi le 2 février 1746.

Maréchal de France en 1748.

Mort le 27 mai 1755.

D'AUBEUF (*Louis-Henri*),

Capitaine de cavalerie.

Reçu chevalier de l'ordre de Saint-Louis depuis 1715.
Mort à Paris le 19 mars 1736.

TOUSTAIN (*Claude*), *seigneur* DES MURS,
Capitaine au régiment d'Artois.
Reçu chevalier de l'ordre de Saint-Louis depuis 1715.
Mort en 1736.

PANTIN (*Hardi-François*), *baron* DE LANDEMONT et DE VAUX, *marquis* DE LIGNIERES,
Brigadier de la deuxième compagnie des Mousquetaires.
Reçu chevalier de l'ordre de Saint-Louis depuis 1715.
Mort le 5 août 1736.

DE BERNAGE DE CHAUMONT (*Louis-Antoine, comte*),
Mousquetaire.
Premier cornette de la compagnie des chevau-légers de Berri en février 1718.
Obtint rang de lieutenant-colonel de cavalerie en janvier 1719.
Mestre-de-camp de cavalerie, juin 1721.
Sous-lieutenant de la compagnie des gendarmes d'Anjou (depuis Aquitaine), juillet 1725.
Capitaine-lieutenant de la compagnie des chevau-légers de Berri en 1734.
Brigadier des armées du Roi, janvier 1740.
Maréchal-de-camp, mai 1744.
Lieutenant-général des armées du Roi, mai 1748.
Mort le 10 mai 1761.

DE MALORTIE (*Jean-François*), *comte* DE BOUTTEVILLE,
Reçu chevalier de l'ordre de Saint-Louis depuis 1715.
Colonel du régiment de Forez en 1734.
Maréchal-de-camp en 1745.
Mort en 1747.

D'EPERIESS (*Antoine*), comte polonais,
Reçu chevalier de l'ordre de Saint-Louis depuis 1715.
Après avoir servi trente-cinq ans sous Charles XII ou en

Pologne, il fut fait lieutenant-général des armées du Roi le 3 décembre 1737, en considération des services qu'il avait rendus au Roi de Pologne, soit pour son élection, soit pendant le siége de Dantzig.

De LOYAC de MIEGEMONT,
Capitaine d'artillerie.
Reçu chevalier de l'ordre de Saint-Louis depuis 1715.
Tué à la bataille de Guastalla en 1734.

De SAINT-SIMON (*Antoine-Jean-François*), vicomte de Courtomer,
Enseigne au régiment du Roi en 1713.
Reçu chevalier de l'ordre de Saint-Louis depuis 1715.
Capitaine-réformé au régiment du colonel-général des dragons, octobre 1718.
Capitaine en second au régiment de dragons de Languedoc, janvier 1720.
Capitaine au régiment de dragons de Condé, avril 1724.
Premier enseigne au régiment des Gardes-Françaises, janvier 1728.
Sous-lieutenant en 1729.
Lieutenant, même année.
Capitaine au même régiment en 1741.
Capitaine de grenadiers en 1745.
Brigadier des armées du Roi en 1747.
Mort le 5 octobre 1755.

De la BLOTTIÈRE (*François*),
Ingénieur depuis 1690.
Reçu chevalier de l'ordre de Saint-Louis depuis 1715.
Directeur-général des fortifications et ouvrages publics du Languedoc vers 1730.
Commandant en chef les ingénieurs à la mort de M. de Salmon, au mois de décembre 1733.
Brigadier des armées du Roi dans le même mois.
Maréchal-de-camp, mars 1738.
Mort à Montpellier en 1739.

DE COSSÉ (*Louis-Joseph-Thimoléon, duc*),
  Colonel des grenadiers de France.
  Reçu chevalier de l'ordre de Saint-Louis depuis 1715.
  Colonel du régiment de Brissac en 1749.
  Mort en 1759, des blessures qu'il avait reçues à la bataille de Rosback en 1757.

DE FONTAINES (*Pierre-Claude*), *seigneur* DE NÉLETTE,
  Servit dans la maison du Roi.
  Reçu chevalier de l'ordre de Saint-Louis depuis 1715.
  Brigadier des armées du Roi en 1734.
  Mort le 29 octobre 1750, âgé de quatre-vingt-cinq ans, en ayant servi plus de soixante.

DE STEINFLICHT, polonais,
  Reçu chevalier de l'ordre de Saint-Louis depuis 1715.
  Lieutenant-général des armées du Roi le 1er mars 1738, en considération des services qu'il avait rendus au Roi Stanislas de Pologne pendant le siége de Dantzig.
  Il n'a point servi en France en cette qualité.

D'ARGOUGES (*Henri-Louis*), *marquis* DE FLEURY, né le 20 septembre 1689,
  Mousquetaire en 1708.
  Guidon de la compagnie des gendarmes de la Reine en 1709.
  Premier cornette de la compagnie des chevau-légers de Berri, même année.
  Sous-lieutenant de la compagnie des gendarmes Bourguignons, avec rang de mestre-de-camp de cavalerie en 1710.
  Reçu chevalier de l'ordre de Saint-Louis depuis 1715.
  Capitaine-lieutenant de la compagnie des chevau-légers de Berri en 1723.
  Capitaine-lieutenant de la compagnie des chevau-légers Dauphin en 1727.
  Brigadier des armées du Roi en 1734.
  Maréchal-de-camp, mars 1738.

Lieutenant-général des armées du Roi en 1744.
Gouverneur d'Avesne en 1750.
Mort en 1770.

DE CADOLLE (*Charles-Louis-François, marquis*), coseigneur, avec le Roi, de la ville de Lunel,
Reçu chevalier de l'ordre de Saint-Louis depuis 1715.
Capitaine au régiment de Mauconseil en 1732.

DE FABRY DE MONCAULT (*Henri*), comte D'AUTREY,
Colonel du régiment de la Sarre en 1709.
Reçu chevalier de l'ordre de Saint-Louis depuis 1715.
Brigadier des armées du Roi.
Mort à Versailles le 1er septembre 1730.

DE GROULT DE BEAUFORT (*Louis-Hardouin-Jacques-François*), seigneur DE BRETONVILLE,
Mousquetaire du Roi de la première compagnie.
Capitaine au régiment de Briouze en 1702.
Reçu chevalier de l'ordre de Saint-Louis depuis 1715.
Obtint sa retraite en 1721.
Mort au mois de juillet 1755, en son château de Harié en Basse-Normandie.

DU PLEIX (*Joseph-François, marquis*),
Reçu chevalier de l'ordre de Saint-Louis depuis 1715.
Chevalier de l'ordre de Saint-Michel.
Commandant-général de tous les établissemens français dans les Indes orientales.
Président au conseil supérieur.
Gouverneur de Pondichéry.
Commandeur honoraire de l'ordre de Saint-Louis.
Mort en 1763.

DE LA CHÂTRE (*Louis-Charles, marquis*), comte DE NANÇAY,
Reçu chevalier de l'ordre de Saint-Louis depuis 1715.
Colonel du régiment de Béarn en 1717.
Lieutenant-général des armées du Roi.

Gouverneur du fort de Peccais.
Tué à la bataille de Parme en 1734.

DE BODIN GALEMBERT (*Joseph*), *chevalier* DE BOISRENAUD, né le 22 avril 1698,
Lieutenant en second dans le régiment de Mailly (depuis Guienne), décembre 1710.
Sous-lieutenant, février 1712.
Capitaine, octobre 1713.
Reçu chevalier de l'ordre de Saint-Louis depuis 1715.
Aide-major, juin 1726.
Capitaine de grenadiers, novembre 1739.
Major en juin 1741, avec rang de lieutenant-colonel en décembre 1744.
Lieutenant-colonel, avril 1748.
Brigadier des armées du Roi, mai suivant.

TRUDAINE DE ROBERVAL (*Joseph*), *seigneur* D'AUSSY ou D'OISSY et DE RIANCOURT,
Capitaine-lieutenant des gendarmes de Bretagne.
Inspecteur-général de la gendarmerie.
Brigadier des armées du Roi.
Reçu chevalier de l'ordre de Saint-Louis depuis 1715.
Il fut fait commandeur peu de temps avant de mourir.
Mort au mois d'octobre 1730.

DE VIGNEROD DU PLESSIS-RICHELIEU (*Louis-François-Armand*), *duc* DE RICHELIEU, né le 13 mars 1696,
(Connu d'abord sous le nom de duc de Fronsac).
Mousquetaire en 1712.
Capitaine dans le régiment Royal-cavalerie en 1713.
Capitaine-réformé à la suite du régiment Royal, avril 1715.
Reçu chevalier de l'ordre de Saint-Louis depuis 1715.
Colonel d'un régiment d'infanterie de son nom (depuis La Tour-du-Pin), mars 1718.
Reçu à l'académie française le 12 octobre 1720.

Reçu au parlement comme pair de France, en sa qualité de duc de Richelieu, le 2 mars 1721.

Gouverneur de Coignac, sur la démission du comte de Rions, septembre 1722.

Reçu de nouveau au parlement comme pair de France, en sa qualité de duc de Fronsac, le 15 avril 1723.

Ambassadeur extraordinaire à Vienne en 1724.

Chevalier des ordres du Roi le 1er janvier 1728.

Reçu membre honoraire de l'académie des sciences en 1731.

Brigadier des armées du Roi, février 1734.

Se démit du gouvernement de Coignac en faveur du comte de Rions en mai 1735.

Maréchal-de-camp, mars 1738.

Lieutenant-général du Languedoc, au département du Vivarais et du Velay, sur la démission du marquis de la Fare dans le même mois.

Commandant en cette province dans le même temps.

Premier gentilhomme de la chambre du Roi, à la mort du duc de Rochechouart, février 1744.

Aide-de-camp du Roi, mai suivant.

Lieutenant-général de ses armées dans le même mois.

Ambassadeur en Saxe, décembre 1746.

Maréchal de France en octobre 1748.

Déclaré, lui et ses descendans, noble Génois, par la république, dans le même mois.

Gouverneur-général de Guienne, sur la démission du comte d'Eu, décembre 1755.

Commandant-général des côtes de la Méditerranée, même mois.

Commandant en Guienne en 1758.

Mort au mois d'août 1788.

DE BAUFFREMONT (*Louis-Benigne*), *marquis* DE LISTENOIS,
Mousquetaire en 1701.

Capitaine au régiment de Listenois-dragons en mai 1703.

Enseigne de la compagnie des gendarmes de Bourgogne,

avec rang de mestre-de-camp de cavalerie, février 1706.

Sous-lieutenant de sa compagnie en avril suivant.

Mestre-de-camp d'un régiment de dragons qui prit son nom, à la mort du marquis de Listenois son frère aîné, en 1710.

Grand-bailli d'Aval en la même année.

Chevalier de la Toison-d'Or, février 1711.

Reçu chevalier de l'ordre de Saint-Louis depuis 1715.

Brigadier des armées du Roi, février 1719.

Il se démit de son régiment en faveur de son fils en décembre 1730.

Maréchal-de-camp, février 1734.

Lieutenant-général des armées du Roi, mars 1738.

Mort le 18 juillet 1755.

DE REFUGE (*Henri-Pomponne, marquis*),

Mousquetaire en 1706.

Guidon de la compagnie des gendarmes écossais, avril 1707.

Enseigne, février 1709.

Obtint le rang de mestre-de-camp de cavalerie en mars 1710.

Reçu chevalier de l'ordre de Saint-Louis depuis 1715.

Sous-lieutenant de la compagnie des chevau-légers-Dauphin en juillet 1733.

Brigadier des armées du Roi, février 1734.

Capitaine-lieutenant de la compagnie des chevau-légers d'Orléans, mars suivant.

Maréchal-de-camp, mars 1738.

Commandant à Stenay en août, et à Wessembourg en novembre 1743.

Lieutenant-général des armées du Roi, mai 1744.

Commandant à Lauterbourg en 1745.

Mort le 11 novembre 1766.

D'AUMALE (*Charles, comte*), seigneur DE MAREUIL, né le 28 octobre 1668,

Chevalier de l'ordre de Saint-Lazare en décembre 1706.

Reçu ingénieur en 1707.

Commandeur de Doudeville de l'ordre de Saint-Lazare en 1710.

Lieutenant-réformé dans le régiment de Champagne en la même année.

Capitaine-réformé à la suite de celui de Navarre, aussi en la même année.

Reçu chevalier de l'ordre de Saint-Louis depuis 1715.

Commandant en chef les ingénieurs à l'armée de Bavière, au mois de mars 1742, puis à l'armée du Rhin, sous le maréchal de Noailles, en 1743.

Lieutenant-colonel-réformé à la suite du régiment de Navarre en mars 1744.

Brigadier des armées du Roi le 2 mai suivant.

Colonel-réformé à la suite du même régiment le 13 du même mois.

Commandant en chef les ingénieurs à l'armée du Roi.

Commandeur de l'ordre de Saint-Louis le 28 juin de ladite année 1744.

Maréchal-de-camp, mai 1745.

Directeur-général des fortifications d'Artois en 1747.

Lieutenant-général des armées du Roi, janvier 1748.

Mort à Arras le 10 juillet 1750.

Du CHAMBON DE MONCEAUX (*Gaspard*),

Gendarme de la garde du Roi en 1691.

Maréchal-des-logis de sa compagnie, février 1709.

Reçu chevalier de l'ordre de Saint-Louis depuis 1715.

Aide-major, avec rang de mestre-de-camp de cavalerie, juillet 1718.

Brigadier des armées du Roi, août 1734.

Maréchal-de-camp, mai 1744.

Lieutenant-général des armées du Roi, mai 1748, en quittant le service.

Mort le 1er décembre 1754, à son château de Pierrefitte, près Moulins.

De RAZILLY (*Amand-Gabriel, comte*), né en octobre 1690,
Mousquetaire en 1703.
Enseigne aux Gardes-Françaises en février 1705.
Sous-lieutenant, juillet 1707.
Lieutenant, février 1708.
Reçu chevalier de l'ordre de Saint-Louis depuis 1715.
Lieutenant de grenadiers en mai 1717.
Obtint le rang de capitaine dans son régiment en 1721.
Capitaine en septembre 1727.
Brigadier des armées du Roi, janvier 1740.
Commandant du cinquième bataillon de son régiment à la création de ces charges, au mois de juillet 1741.
Maréchal-de-camp, mai 1744.
Commandant du quatrième bataillon des gardes, juin 1745.
Commandant du troisième en avril 1746.
Lieutenant-général des armées du Roi, mai 1748.
Commandant du second bataillon de son régiment, septembre 1753.
Commandeur de l'ordre de Saint-Louis le 7 mai 1756.
Gouverneur de l'île de Ré en septembre 1759.
Mort à Paris le 30 avril 1766.

De la FARE (*Philippe-Charles*), *marquis*), né le 15 février 1687,
Mousquetaire en 1701.
Sous-lieutenant au régiment du Roi en 1703.
Enseigne de la colonelle, janvier 1704.
Colonel du régiment d'infanterie de Gâtinais, sur la démission du vicomte de Poudens, au mois de juin de la même année.
Capitaine des gardes de M. le duc d'Orléans, mai 1712.
Reçu chevalier de l'ordre de Saint-Louis depuis 1715.
Brigadier des armées du Roi, janvier 1716.
Colonel du régiment de Normandie, à la mort du comte d'Angennes, novembre 1717.
Lieutenant-général au gouvernement de Languedoc pour le

département du Vivarais et du Vélay, sur la démission du comte du Roure, septembre 1718.

Maréchal-de-camp, avril 1720.

Gouverneur du château d'Alais et des Cévennes, janvier 1721.

Chevalier de la Toison-d'Or, janvier 1722.

Chevalier des ordres du Roi, mai 1731.

Lieutenant-général des armées du Roi, octobre 1734.

Lieutenant-général du comté de Nantes, sur la démission du maréchal d'Estrée, mars 1738; se démit de la lieutenance-générale du Languedoc.

Chevalier d'honneur de madame la Dauphine, décembre 1744.

Maréchal de France le 19 octobre 1746.

Gouverneur de Gravelines en décembre 1751.

Mort le 4 septembre 1752.

DE RIEUX (*Louis-Auguste, chevalier,* puis *marquis*), né le 27 juillet 1691,

Reçu chevalier de l'ordre de Saint-Louis depuis 1715.

Guidon de la compagnie des gendarmes de Bretagne (depuis Bourgogne) en 1716.

Colonel du régiment d'infanterie du Perche en 1718.

Brigadier des armées du Roi en 1734.

Maréchal-de-camp, mars 1738.

Lieutenant-général des armées du Roi en 1744.

Mort le 1er mars 1767.

DE RIQUET (*Victor-Pierre-François*), marquis DE CARAMAN,

Cadet dans les gardes-du-corps en 1715.

Reçu chevalier de l'ordre de Saint-Louis depuis 1715.

Cornette de la compagnie des chevau-légers Dauphin en 1717.

Mestre-de-camp-lieutenant du régiment de cavalerie de Berri, mars 1718.

Brigadier des armées du Roi en 1734.

Maréchal-de-camp, mars 1738.
Lieutenant-général des armées du Roi en 1744.
Mort le 22 avril 1760.

ESMONIN (*Antoine*), né le 3 février 1684,
Servait dans l'artillerie.
Reçu chevalier de l'ordre de Saint-Louis depuis 1715.
Commissaire ordinaire de l'artillerie en 1716.
Commissaire provincial en 1732.
Lieutenant en 1741.
Brigadier des armées du Roi en 1745.
Maréchal-de-camp en 1748.
Quitta le service en septembre 1751.
Mort le 28 avril 1758.

D'AVAUGOUR (*le marquis*),
Officier supérieur de gendarmerie.
Reçu chevalier de l'ordre de Saint-Louis depuis 1715.
Brigadier des armées du Roi en 1719.

DE ROCHECHOUART MONTPIPEAU (*le marquis*),
Mestre-de-camp du régiment de Condé-cavalerie.
Reçu chevalier de l'ordre de Saint-Louis depuis 1715.
Brigadier des armées du Roi en 1723.

DE LA ROCHEFOUCAUD (*Alexandre*), duc DE LA ROCHE-GUYON,
Pair de France.
Mestre-de-camp du régiment de la Rocheguyon en 1712.
Reçu chevalier de l'ordre de Saint-Louis depuis 1715.
Brigadier des armées du Roi en 1719.
Chevalier de ses ordres en 1728, et grand-maître de sa garde-robe.

DE MAUSSABRÉ (*Jacques-Charles*),
Capitaine d'artillerie.
Reçu chevalier de l'ordre de Saint-Louis depuis 1715.
Mort au Port-au-Prince en 1763.

De MALEZIEU (*Pierre*), *seigneur* DE CHASTENAY et DES TOURNELLES,

Servit d'abord dans la marine.

Entra au service de terre en 1706, et fut fait lieutenant provincial d'artillerie au département de Mézière.

Reçu chevalier de l'ordre de Saint-Louis depuis 1715.

Lieutenant-général d'artillerie, sans département, mai 1716.

Lieutenant-général privilégié en septembre suivant.

Brigadier des armées du Roi, avril 1721.

Secrétaire-général des Suisses et Grisons, à la mort de son père, mars 1727.

Lieutenant-général de l'artillerie au département de l'Alsace, à la mort du chevalier de Jaucourt, avril 1729.

Maréchal-de-camp, août 1734.

Lieutenant-général des armées du Roi, février 1743.

Commanda l'artillerie sous le maréchal de Coigny à l'armée du Rhin en avril 1744.

Commandeur de l'ordre de Saint-Louis le 1er mars 1750.

Mort le 21 mars 1756.

De VASSÉ (*Emmanuel-Armand, marquis*),

Reçu chevalier de l'ordre de Saint-Louis depuis 1715.

Mestre-de-camp-lieutenant du régiment Dauphin-dragons en 1727.

Brigadier des armées du Roi en 1734.

D'ASPREMONT LYNDEN (*Claude-Charles-Gobert, comte*),

Enseigne au régiment d'infanterie allemande de la Marck en 1715.

Lieutenant, même année.

Reçu chevalier de l'ordre de Saint-Louis depuis 1715.

Capitaine-réformé en 1719.

Capitaine en pied en 1727.

Commandant du troisième bataillon de son régiment en 1734.

Obtint le rang de colonel d'infanterie en 1738.

Colonel d'un régiment de hussards de son nom en 1742.

Brigadier des armées du Roi en 1745.
Maréchal-de-camp en 1748.
Mort en 1760.

De ROCALTE de SORBS,
Reçu chevalier de l'ordre de Saint-Louis depuis 1715.
Lieutenant-de-Roi d'Aigues-Mortes en 1740.

De SORBS de MONMOUTON,
Reçu chevalier de l'ordre de Saint-Louis depuis 1715.
Lieutenant-de-Roi du Pont-Saint-Esprit en 1740.

De SORBS (*le chevalier*),
Reçu chevalier de l'ordre de Saint-Louis depuis 1715.
Lieutenant-de-Roi du Pont-Saint-Esprit en l'absence du sieur de Monmouton.

De SORBS,
Reçu chevalier de l'ordre de Saint-Louis depuis 1715.
Commandant au fort Saint-Jean de Marseille en 1740.

De SEVE de la PEYRUSSE,
Reçu chevalier de l'ordre de Saint-Louis depuis 1715.
Lieutenant-colonel du régiment de la Sarre en 1740.

De VILLEBOIS,
Reçu chevalier de l'ordre de Saint-Louis depuis 1715.
Capitaine de grenadiers au régiment de Champagne en 1740, et depuis commandant du fort Sainte-Croix à Bordeaux.

De PONTAUT,
Reçu chevalier de l'ordre de Saint-Louis depuis 1715.
Chef de bataillon au régiment de Montmorin en 1740.

De MONY,
Reçu chevalier de l'ordre de Saint-Louis depuis 1715.
Aide-major du Cap-Français en 1740.

De MIREMONT,
Reçu chevalier de l'ordre de Saint-Louis depuis 1715.
Major de Béthune en 1740.

De la TETAULADE,
Reçu chevalier de l'ordre de Saint-Louis depuis 1715.
Capitaine de grenadiers au régiment de Navarre en 1740.

De THENESOLY,
Reçu chevalier de l'ordre de Saint-Louis depuis 1715.
Lieutenant-colonel commandant une brigade d'officiers réformés du régiment de Royal-italien en 1740.

Du LESCOET,
Reçu chevalier de l'ordre de Saint-Louis depuis 1715.
Capitaine de vaisseaux du Roi en 1742.

Du LESCOET,
Reçu chevalier de l'ordre de Saint-Louis depuis 1715.
Capitaine de vaisseaux du Roi en 1747.

De la ROCHE,
Reçu chevalier de l'ordre de Saint-Louis depuis 1715.
Major de Montmédy en 1740.

ROCHE,
Reçu chevalier de l'ordre de Saint-Louis depuis 1715.
Maréchal-des-logis des chevau-légers d'Orléans en 1740.

De SAINT-NIZIER,
Reçu chevalier de l'ordre de Saint-Louis depuis 1715.
Aide-major et capitaine des portes du fort de Bellegarde en Roussillon en 1740.

Du BREUIL,
Reçu chevalier de l'ordre de Saint-Louis depuis 1715.
Lieutenant de vaisseaux du Roi en 1735.
Capitaine d'une compagnie franche de la marine.

De SALLEMONT,
Reçu chevalier de l'ordre de Saint-Louis depuis 1715.
Ingénieur en chef au fort Saint-Louis du Rhin en 1740.

De ROSSI,
Reçu chevalier de l'ordre de Saint-Louis depuis 1715.
Lieutenant-colonel du régiment Royal-italien en 1740.

BÉRAUD DE COURVILLE (*Charles-François*),
Reçu chevalier de l'ordre de Saint-Louis depuis 1715.
Capitaine de grenadiers au régiment de Champagne en 1735.

DE VITRY,
Reçu chevalier de l'ordre de Saint-Louis depuis 1715.
Lieutenant de vaisseaux du Roi en 1734.
Aide-major de la marine à Calais.

DE LA ROQUETTE,
Reçu chevalier de l'ordre de Saint-Louis depuis 1715.
Maréchal-des-logis des gendarmes de Bretagne en 1740.

DE SEVERAC,
Reçu chevalier de l'ordre de Saint-Louis depuis 1715.
Aide-major et capitaine des portes de Belleisle en 1740.

DE TORNIER SAINT-VICTORET,
Reçu chevalier de l'ordre de Saint-Louis depuis 1715.
Capitaine et major des galères en 1740.

DE SAINT-PAUL,
Reçu chevalier de l'ordre de Saint-Louis depuis 1715.
Maréchal-des-logis des gendarmes Bourguignons en 1740.

DU MAULGNY,
Reçu chevalier de l'ordre de Saint-Louis depuis 1715.
Major d'Auxonne en novembre 1734.

DE LA VACHERIE,
Reçu chevalier de l'ordre de Saint-Louis depuis 1715.
Gouverneur de la citadelle d'Arras en 1740.

DES SALLES (*Louis-Antoine-Gustave*, comte),
Reçu chevalier de l'ordre de Saint-Louis depuis 1715.
Mestre-de-camp du régiment des Salles (depuis Royal-Lorraine) en 1748.
Maréchal-de-camp en 1762.

DE LA SUZE,
Reçu chevalier de l'ordre de Saint-Louis depuis 1715.

Aide-major de Boulogne.
Major de la capitainerie garde-côte de Verbon en Picardie en 1740.

Des OBRY,
Reçu chevalier de l'ordre de Saint-Louis depuis 1715.
Aide-major et capitaine des portes de Schelestadt en 1740.

De SAINT-MARTIN (*le vicomte*),
Reçu chevalier de l'ordre de Saint-Louis depuis 1715.
Commandant à Pau en 1740.

De SAINT-MARTIN,
Reçu chevalier de l'ordre de Saint-Louis depuis 1715.
Major du Château-Trompette à Bordeaux en 1740.

De SAINT-MAURICE,
Reçu chevalier de l'ordre de Saint-Louis depuis 1715.
Lieutenant-de-Roi de Valenciennes en 1740.

De VILLARS,
Reçu chevalier de l'ordre de Saint-Louis depuis 1715.
Aide-major et capitaine des portes de Mont-Louis en 1740.

De TARNEAU,
Reçu chevalier de l'ordre de Saint-Louis depuis 1715.
Lieutenant-colonel du régiment de Chabrillan-cavalerie, avec rang de mestre-de-camp en 1740.

SUBLET, *comte* De Lenoncourt,
Reçu chevalier de l'ordre de Saint-Louis depuis 1715.
Mestre-de-camp du régiment de Lenoncourt-cavalerie en 1748.

De la VALLÉE, *marquis* De Pimodan,
Reçu chevalier de l'ordre de Saint-Louis depuis 1715.
Lieutenant-de-Roi de Toul en 1740.

De TAILLEVAST,
Reçu chevalier de l'ordre de Saint-Louis depuis 1715.
Sous-brigadier des Gardes-du-Corps en 1740.

(177)

De ROMILLÉ,
Reçu chevalier de l'ordre de Saint-Louis depuis 1715.
Capitaine de grenadiers au régiment de Souvré en 1740.

De TARTARIN d'ARGENVILLE,
Reçu chevalier de l'ordre de Saint-Louis depuis 1715.
Capitaine de grenadiers au régiment de Picardie en 1740.

De SAINT-LÉGER,
Reçu chevalier de l'ordre de Saint-Louis depuis 1715.
Aide-major et commandant à Philippeville en 1740.

De VARENNES,
Reçu chevalier de l'ordre de Saint-Louis depuis 1715.
Major de l'hôtel des Invalides en 1740.

De SANSERRE,
Reçu chevalier de l'ordre de Saint-Louis depuis 1715.
Capitaine de grenadiers au régiment de Bassigny en 1740.

De la RIVIÈRE,
Reçu chevalier de l'ordre de Saint-Louis depuis 1715.
Lieutenant-colonel du régiment de Bassigny en 1740.

De VILLAUNEUF,
Reçu chevalier de l'ordre de Saint-Louis depuis 1715.
Major du fort du Mortier de Brisack en 1740.

De la VILLE-SUR-ILON (*le comte*),
Reçu chevalier de l'ordre de Saint-Louis depuis 1715.
Major de Lauterbourg en 1740.

De SAQUI de TOURRES,
Reçu chevalier de l'ordre de Saint-Louis depuis 1715.
Capitaine de vaisseaux du Roi en 1756.

De VAIXIÈRE,
Reçu chevalier de l'ordre de Saint-Louis depuis 1715.
Aide-major et commandant à Montpellier en 1740.

De TARDIF d'ARMOUVILLE,
Reçu chevalier de l'ordre de Saint-Louis depuis 1715.
Ingénieur en chef à Toul en 1740.

Tom. II.   12

TAPYS,
Reçu chevalier de l'ordre de Saint-Louis depuis 1715.
Brigadier des gardes-du-corps en 1740.

De SAINT-LAURENT de SARTRES,
Reçu chevalier de l'ordre de Saint-Louis depuis 1715.
Capitaine de vaisseaux du Roi en 1754.

De TONDUT,
Reçu chevalier de l'ordre de Saint-Louis depuis 1715.
Capitaine de grenadiers au régiment de Lorraine en 1740.

De TASSIGNY,
Reçu chevalier de l'ordre de Saint-Louis depuis 1715.
Capitaine de grenadiers au régiment d'Alsace en 1740.

De la TOUR FRAGUIER,
Reçu chevalier de l'ordre de Saint-Louis depuis 1715.
Lieutenant-de-Roi de Besançon en 1740.

De la VACHERIE,
Reçu chevalier de l'ordre de Saint-Louis depuis 1715.
Lieutenant de vaisseaux du Roi en 1738.

De SAINT-SURIN de MONTAGNE,
Reçu chevalier de l'ordre de Saint-Louis depuis 1715.
Lieutenant de vaisseaux du Roi en 1733.

Du TERME,
Reçu chevalier de l'ordre de Saint-Louis depuis 1715.
Aide-major du fort Saint-François de Bergues en 1740.

Du TEIL,
Reçu chevalier de l'ordre de Saint-Louis depuis 1715.
Capitaine de grenadiers au régiment de Bourbon en 1740.

Du TEIL,
Reçu chevalier de l'ordre de Saint-Louis depuis 1715.
Lieutenant-colonel du régiment de Berri-infanterie en 1740.

De RIVAIS,
Reçu chevalier de l'ordre de Saint-Louis depuis 1715.
Premier aide-major et commandant à Arras en 1740.

De TAVIGNON,
Reçu chevalier de l'ordre de Saint-Louis depuis 1715.
Commandant au réduit de la porte à Strasbourg en 1740.

Des LAURENTS (*Joseph-Louis*), comte d'Ampus,
Capitaine au régiment colonel-général-cavalerie.
Reçu chevalier de l'ordre de Saint-Louis depuis 1715.
Lieutenant-de-Roi de Saint-Domingue en 1742.

De ROUSSE,
Reçu chevalier de l'ordre de Saint-Louis depuis 1715.
Major du régiment de Bretagne-cavalerie en 1740.

Le TELLIER de MONTMORT,
Reçu chevalier de l'ordre de Saint-Louis depuis 1715.
Gouverneur d'Ardres en 1740.

De TOURTAT,
Reçu chevalier de l'ordre de Saint-Louis depuis 1715.
Aide-major et capitaine des portes de Salins en 1740.

De TERRANEAU,
Reçu chevalier de l'ordre de Saint-Louis depuis 1715.
Lieutenant provincial d'artillerie, avec rang de colonel, en 1740.

De la VAISSIÈRE,
Reçu chevalier de l'ordre de Saint-Louis depuis 1715.
Major de Bergues en 1740.

Du TENOT,
Reçu chevalier de l'ordre de Saint-Louis depuis 1715.
Aide-major et commandant à Douai en 1740.

De TAMANAN,
Reçu chevalier de l'ordre de Saint-Louis depuis 1715.
Capitaine de grenadiers au régiment de Santerre en 1740.

De TOURNIER,
Reçu chevalier de l'ordre de Saint-Louis depuis 1715.
Aide-major de la citadelle de Strasbourg en 1740.

De VILLEMONTÉS,
> Reçu chevalier de l'ordre de Saint-Louis depuis 1715.
> Aide-major et capitaine des portes de la citadelle de Metz en 1740.

De ROUCHES,
> Reçu chevalier de l'ordre de Saint-Louis depuis 1715.
> Maréchal-des-logis des chevau-légers d'Anjou en 1740.

De VILLEMUR,
> Reçu chevalier de l'ordre de Saint-Louis depuis 1715.
> Lieutenant provincial d'artillerie, avec rang de colonel, en 1740.

De TRULET (*Jacques*),
> Reçu chevalier de l'ordre de Saint-Louis depuis 1715.
> Lieutenant de vaisseaux du Roi en 1734.

De RIVES,
> Reçu chevalier de l'ordre de Saint-Louis depuis 1715.
> Lieutenant-de-Roi de Cette en 1740.

De la TACHE,
> Reçu chevalier de l'ordre de Saint-Louis depuis 1715.
> Aide-major de Bouillon en 1740.

De TOURNIER,
> Reçu chevalier de l'ordre de Saint-Louis depuis 1715.
> Major du régiment de Royal-vaisseaux, avec rang de colonel, en 1740.

THIERIET (*Claude-Nicolas*),
> Capitaine au régiment de Provence.
> Reçu chevalier de l'ordre de Saint-Louis depuis 1715.
> Il quitta le service en 1740, en raison de ses blessures.

De VIGOUROUS,
> Reçu chevalier de l'ordre de Saint-Louis depuis 1715.
> Lieutenant-colonel du régiment de Bourbon-cavalerie en 1740.

De VILLEMONT,
Reçu chevalier de l'ordre de Saint-Louis depuis 1715.
Major de Marsal, de Vic et de Moyenvic en 1740.

TORTILLIÈRE,
Reçu chevalier de l'ordre de Saint-Louis depuis 1715.
Capitaine des portes d'Amiens en 1740.

De BAUDIAN,
Reçu chevalier de l'ordre de Saint-Louis depuis 1715.
Commandant le régiment des recrues de Montauban en 1740.

De la ROQUE,
Reçu chevalier de l'ordre de Saint-Louis depuis 1715.
Lieutenant-de-Roi d'Arras en 1740.

Du TOSCHET,
Reçu chevalier de l'ordre de Saint-Louis depuis 1715.
Capitaine de grenadiers au régiment de Rohan en 1740.

D'ORCIZE,
Reçu chevalier de l'ordre de Saint-Louis depuis 1715.
Lieutenant de vaisseaux du Roi en 1738.

De TORCY,
Reçu chevalier de l'ordre de Saint-Louis depuis 1715.
Major de Schelestadt en 1740.

Des VIEUX de SAINTE-CROIX,
Reçu chevalier de l'ordre de Saint-Louis depuis 1715.
Aide-major du fort de Bellegarde en Roussillon en 1740.

De NOUAILLES,
Reçu chevalier de l'ordre de Saint-Louis depuis 1715.
Capitaine de vaisseaux du Roi en 1738.

De VIGNERON,
Reçu chevalier de l'ordre de Saint-Louis depuis 1715.
Aide-Major et capitaine des portes de Verdun en 1740.

DE POLIGNAC (*Louis-Hercule-Melchior-Armand, vicomte*),
Reçu chevalier de l'ordre de Saint-Louis depuis 1715.
Mestre-de-camp du régiment Dauphin-étranger-cavalerie en 1738.
Commandant dans le Vélay.
Gouverneur du Puy.

TACHARD,
Reçu chevalier de l'ordre de Saint-Louis depuis 1715.
Capitaine des portes de Cambrai en 1740.

DE VIDAL,
Reçu chevalier de l'ordre de Saint-Louis depuis 1715.
Major d'Aigues-Mortes et de la Tour-Carbonnière en 1740.

DE MOŸ,
Reçu chevalier de l'ordre de Saint-Louis depuis 1715.
Capitaine de vaisseaux du Roi en 1757.

DE SAINT-LAZARE,
Reçu chevalier de l'ordre de Saint-Louis depuis 1715.
Capitaine de vaisseaux du Roi en 1754.

DE SAINT-MESMY,
Reçu chevalier de l'ordre de Saint-Louis depuis 1715.
Capitaine de vaisseaux du Roi en 1756.

DE TREDERN DU DRESAC,
Reçu chevalier de l'ordre de Saint-Louis depuis 1715.
Capitaine de vaisseaux du Roi en 1754.

DE LA SALLE,
Reçu chevalier de l'ordre de Saint-Louis depuis 1715.
Lieutenant-de-Roi de la citadelle de Lille en 1740.

DE LA SALLE LEZARDIÈRE,
Reçu chevalier de l'ordre de Saint-Louis depuis 1715.
Commandant au château de la Chaume en Poitou en 1740.

TRUGUET,
Reçu chevalier de l'ordre de Saint-Louis depuis 1715.

Capitaine de vaisseaux du Roi en 1756.
Commandant la marine à Marseille.

Des VALLONS,
Reçu chevalier de l'ordre de Saint-Louis depuis 1715.
Ingénieur en chef à Cambrai en 1740.

De THOSSE,
Lieutenant-colonel du régiment Colonel-général-dragons dès 1704.
Reçu chevalier de l'ordre de Saint-Louis depuis 1715.

BOCHART DE CHAMPIGNY (*Jean*), *marquis* DE SAINTE-MARIE en Normandie,
Reçu chevalier de l'ordre de Saint-Louis depuis 1715.
Colonel d'infanterie en 1747.

De VILLENEUVE,
Reçu chevalier de l'ordre de Saint-Louis depuis 1715.
Commandant le bataillon de milice de Valence en 1740.

De ROSTAING,
Reçu chevalier de l'ordre de Saint-Louis depuis 1715.
Premier capitaine factionnaire du régiment du Roi en 1740.

De SIGNY,
Reçu chevalier de l'ordre de Saint-Louis depuis 1715.
Premier capitaine au régiment d'Orléans-cavalerie en 1740.

SHEE,
Reçu chevalier de l'ordre de Saint-Louis depuis 1715.
Aide-major du régiment de Fitz-James-cavalerie en 1740.

Du SOULIER,
Reçu chevalier de l'ordre de Saint-Louis depuis 1715.
Major, et depuis commandant du second bataillon du régiment d'Artois en 1759.

De SONVAL,
Reçu chevalier de l'ordre de Saint-Louis depuis 1715.
Lieutenant-colonel du régiment de Pons-cavalerie en 1740

De la SOUCHE,
Reçu chevalier de l'ordre de Saint-Louis depuis 1715.
Sous-brigadier de la seconde compagnie des mousquetaires en 1740.

De SIRTY,
Reçu chevalier de l'ordre de Saint-Louis depuis 1715.
Lieutenant-colonel du régiment de la Ferronnays-cavalerie en 1740.

SOULET de SAINT-GERMAIN,
Reçu chevalier de l'ordre de Saint-Louis depuis 1715.
Major du régiment de Condé-cavalerie en 1740.

SPARRE (*le baron*),
Reçu chevalier de l'ordre de Saint-Louis depuis 1715.
Lieutenant-colonel du régiment d'Appelgrehen-allemand en 1740.

De STREIFF,
Reçu chevalier de l'ordre de Saint-Louis depuis 1715.
Lieutenant-colonel du régiment Royal-allemand-cavalerie en 1740.

STOCKER,
Reçu chevalier de l'ordre de Saint-Louis depuis 1715.
Capitaine-aide-major au régiment de Royal-Bavière en 1740.

STAPELTON,
Reçu chevalier de l'ordre de Saint-Louis depuis 1715.
Major du régiment de Berwick en 1740.

De STALE,
Reçu chevalier de l'ordre de Saint-Louis depuis 1715.
Aide-major du régiment de Rooth-Irlandais en 1740.

De PIERREVILLE,
Reçu chevalier de l'ordre de Saint-Louis depuis 1715.
Premier capitaine-factionnaire du régiment de Quercy en 1740.

De PROUVILLE,
  Reçu chevalier de l'ordre de Saint-Louis depuis 1715.
  Premier capitaine au régiment de Beaucaire-cavalerie en 1740.

PIETRE,
  Reçu chevalier de l'ordre de Saint-Louis depuis 1715.
  Aide-major de Givet en 1740.

De PUECH,
  Reçu chevalier de l'ordre de Saint-Louis depuis 1715.
  Capitaine de grenadiers au régiment d'Eu en 1740.

Du PUGET (le chevalier),
  Reçu chevalier de l'ordre de Saint-Louis depuis 1715.
  Major du régiment d'Harcourt-dragons en 1740.

De VOISINS,
  Reçu chevalier de l'ordre de Saint-Louis depuis 1715.
  Capitaine-aide-major du régiment de Blaisois en 1740.

De VOISINS,
  Reçu chevalier de l'ordre de Saint-Louis depuis 1715.
  Capitaine-aide-major du régiment de Monaco en 1740.

Du QUEIROU,
  Reçu chevalier de l'ordre de Saint-Louis depuis 1715.
  Premier capitaine-factionnaire au régiment de Périgord en 1740.

De VIVENS (le chevalier),
  Reçu chevalier de l'ordre de Saint-Louis depuis 1715.
  Lieutenant-colonel du régiment de Languedoc en 1740.

De VITALIS (Jacques),
  Reçu chevalier de l'ordre de Saint-Louis depuis 1715.
  Capitaine-aide-major en 1740.
  Chef de bataillon au régiment de Provence.
  Lieutenant-de-Roi de Bouchain.

De VITRAC,
　Reçu chevalier de l'ordre de Saint-Louis depuis 1715.
　Lieutenant-colonel du régiment d'Orléans-infanterie en 1740.

De VISSEC de la TUDE,
　Reçu chevalier de l'ordre de Saint-Louis depuis 1715.
　Major du régiment de Cambresis en 1740.

De VISSEC de la TUDE,
　Reçu chevalier de l'ordre de Saint-Louis depuis 1715.
　Major d'Agde et du fort de Brescou en 1740.

De VILLIERS (*le chevalier*),
　Reçu chevalier de l'ordre de Saint-Louis depuis 1715.
　Commandant le bataillon de Milice de Caen en 1740.

De CUSSACK (*Richard*),
　Cadet au régiment d'infanterie irlandaise de Dorington en 1702.
　Lieutenant-réformé en 1704.
　Capitaine-réformé en mai 1709.
　Reçu chevalier de l'ordre de Saint-Louis depuis 1715.
　Aide-major du même régiment (alors Rooth) en août 1720.
　Eut rang de capitaine en second en juin 1721, et de capitaine en pied en juin 1729.
　Capitaine, janvier 1731.
　Capitaine de grenadiers, janvier 1743.
　Lieutenant-colonel, avril même année.
　Brigadier des armées du Roi, mars 1747.
　Gouverneur de Guérande et du Croisic, octobre 1758.
　Maréchal-de-camp, février 1759.
　Chevalier de l'ordre de Saint-Jacques ou de l'Épée-Rouge d'Espagne, et commandeur de Mancietes du même ordre.
　Mort en 1770.

De VILLERS,
　Reçu chevalier de l'ordre de Saint-Louis depuis 1715.
　Lieutenant-colonel du régiment de Brissac-cavalerie en 1740.

De VILLOGNON,
    Reçu chevalier de l'ordre de Saint-Louis depuis 1715.
    Premier capitaine au régiment de Vexin en 1740.

De ROUVROY,
    Reçu chevalier de l'ordre de Saint-Louis depuis 1715.
    Aide-major du régiment d'Agenois en 1740.

Du ROUX,
    Reçu chevalier de l'ordre de Saint-Louis depuis 1715.
    Premier capitaine-factionnaire du premier bataillon du régiment d'Enghien en 1740.

De ROUVRAY (*le chevalier*),
    Reçu chevalier de l'ordre de Saint-Louis depuis 1715.
    Premier capitaine-factionnaire au régiment de Royal-la-marine en 1740.

THOMAS de CHÂTEAUNEUF,
    Reçu chevalier de l'ordre de Saint-Louis depuis 1715.
    Capitaine de vaisseaux du Roi en 1756.

De SAINT-JULIEN,
    Reçu chevalier de l'ordre de Saint-Louis depuis 1715.
    Capitaine de vaisseaux du Roi en 1757.

THOMAS,
    Reçu chevalier de l'ordre de Saint-Louis depuis 1715.
    Capitaine de grenadiers au régiment de Montmorin en 1740.

De SAINT-JEAN,
    Reçu chevalier de l'ordre de Saint-Louis depuis 1715.
    Aide-major de Betfort en 1740.

Des VIGNERIES,
    Reçu chevalier de l'ordre de Saint-Louis depuis 1715.
    Brigadier des gendarmes de la garde en 1740.

Du VIGNAULT,
    Reçu chevalier de l'ordre de Saint-Louis depuis 1715.
    Capitaine de grenadiers au régiment de Hainault en 1740.

De ROUGEMONT,
 Reçu chevalier de l'ordre de Saint-Louis depuis 1715.
 Capitaine de grenadiers au régiment de Bourgogne en 1740.

ROUSSEAU,
 Reçu chevalier de l'ordre de Saint-Louis depuis 1715.
 Aide-major de la citadelle d'Amiens en 1740.

Le ROUX,
 Reçu chevalier de l'ordre de Saint-Louis depuis 1715.
 Capitaine de grenadiers au régiment de Chartres en 1740.

De ROUVROY,
 Reçu chevalier de l'ordre de Saint-Louis depuis 1715.
 Capitaine de grenadiers au régiment de Foix en 1740.

De VILLERS,
 Reçu chevalier de l'ordre de Saint-Louis depuis 1715.
 Major d'artillerie en 1740.

De VILLENEUVE,
 Reçu chevalier de l'ordre de Saint-Louis depuis 1715.
 Capitaine de galères en 1740.

VINCENT,
 Reçu chevalier de l'ordre de Saint-Louis depuis 1715.
 Major du fort Saint-Louis, île Saint-Domingue, en 1740.

VIOLART,
 Reçu chevalier de l'ordre de Saint-Louis depuis 1715.
 Maréchal-des-logis des chevau-légers de Berri en 1740.

Du VIVIER,
 Reçu chevalier de l'ordre de Saint-Louis depuis 1715.
 Major et commandant à Haguenau en 1740.

Du VIVIER,
 Reçu chevalier de l'ordre de Saint-Louis depuis 1715.
 Commandant de bataillon au régiment de Normandie en 1740.

D'ORTAFFA de VILLEPLANA (*Bonaventure*),
   Lieutenant au régiment royal-Roussillon-infanterie en 1689.
   Capitaine-réformé en mars 1692.
   Colonel d'un régiment de milice de la province de Roussillon, novembre 1705.
   Reçu chevalier de l'ordre de Saint-Louis depuis 1715.
   Commandant et inspecteur des arquebusiers du Roussillon en février 1719.
   Capitaine d'une compagnie de trente dragons-arquebusiers montés.
   Brigadier des armées du Roi, mai 1723.
   Commandant de quatre bataillons d'arquebusiers en 1734.
   Maréchal-de-camp en mars 1738.
   Mort le 17 mars 1748.

Le VOIRIER,
   Reçu chevalier de l'ordre de Saint-Louis depuis 1715.
   Maréchal-des-logis des gendarmes Ecossais en 1740.

QUEROULT ou QUERAULT,
   Reçu chevalier de l'ordre de Saint-Louis depuis 1715.
   Maréchal-des-logis des gendarmes d'Anjou en 1740.

De RABAS,
   Reçu chevalier de l'ordre de Saint-Louis depuis 1715.
   Maréchal-des-logis des chevau-légers-Dauphin en 1740.

Du PUIS,
   Reçu chevalier de l'ordre de Saint-Louis depuis 1715.
   Capitaine des portes de Saint-Omer en 1740.

Du PUIS,
   Reçu chevalier de l'ordre de Saint-Louis depuis 1715.
   Brigadier des gardes-du-corps en 1740.

De la PLACE,
   Reçu chevalier de l'ordre de Saint-Louis depuis 1715.
   Aide-major d'Hesdin en 1740.

De PINQUIER,
　Reçu chevalier de l'ordre de Saint-Louis depuis 1715.
　Major de la citadelle de Strasbourg en 1740.

D'AREMBERG (*Pierre*),
　Lieutenant au régiment de Navarre en 1688.
　Capitaine en 1692.
　Lieutenant-colonel en 1695, du régiment de hussards de Mortaigne, qui fut réformé en décembre 1697.
　Incorporé dans le régiment de Royal-allemand, et promu au grade de second lieutenant-colonel en novembre 1701.
　Il eut rang de mestre-de-camp de cavalerie en avril 1704.
　Reçu chevalier de l'ordre de Saint-Louis depuis 1715.
　Brigadier des armées du Roi, février 1719.
　Maréchal-de-camp, février 1734.
　Il n'a pas servi depuis.
　Mort le 2 août 1748.

De ROUVRAY,
　Reçu chevalier de l'ordre de Saint-Louis depuis 1715.
　Capitaine de grenadiers au régiment d'Agenois en 1740.

PINEL,
　Reçu chevalier de l'ordre de Saint-Louis depuis 1715.
　Aide-major de la citadelle de Perpignan en 1740.

De PILLES,
　Reçu chevalier de l'ordre de Saint-Louis depuis 1715.
　Aide-major et capitaine des portes du fort Griffon en Franche-Comté en 1740.

De STIENNE,
　Reçu chevalier de l'ordre de Saint-Louis depuis 1715.
　Aide-major de Maubeuge en 1740.

De SOUVEIRAN,
　Reçu chevalier de l'ordre de Saint-Louis depuis 1715.
　Capitaine des portes d'Hesdin en 1740.

De SOURDEVAL (*le chevalier*),
   Reçu chevalier de l'ordre de Saint-Louis depuis 1715.
   Capitaine de grenadiers au régiment de Rochechouart en 1740.

De VILLIERS,
   Reçu chevalier de l'ordre de Saint-Louis depuis 1715.
   Capitaine de grenadiers au régiment de Languedoc en 1740.

De VIDAL,
   Reçu chevalier de l'ordre de Saint-Louis depuis 1715.
   Lieutenant-colonel commandant le bataillon de milice de Castelnaudary en 1740.

De la VIEUVILLE,
   Reçu chevalier de l'ordre de Saint-Louis depuis 1715.
   Commandant le bataillon de milice de Rouen en 1740.

De SILHAC,
   Reçu chevalier de l'ordre de Saint-Louis depuis 1715.
   Premier capitaine au régiment de Beauce en 1740.

De SAINT-LÉGER,
   Reçu chevalier de l'ordre de Saint-Louis depuis 1715.
   Premier capitaine-factionnaire du régiment de Tournaisis en 1740.

MOREAU,
   Reçu chevalier de l'ordre de Saint-Louis depuis 1715.
   Capitaine-aide-major au régiment de Clermont-Tonnerre-cavalerie en 1740.

De SAINT-HILAIRE (*Sylvestre*),
   Reçu chevalier de l'ordre de Saint-Louis depuis 1715.
   Capitaine-aide-major en 1740, puis premier capitaine au régiment de Périgord.

De SAINT-JULIEN,
   Reçu chevalier de l'ordre de Saint-Louis depuis 1715.
   Capitaine-aide-major au régiment d'Artois-infanterie en 1740.

DE SAINT-MARC,
   Reçu chevalier de l'ordre de Saint-Louis depuis 1715.
   Capitaine-aide-major au régiment de la Marche-infanterie en 1740.

DE TILLY,
   Maréchal-général-des-logis des camps et armées du Roi.
   Reçu chevalier de l'ordre de Saint-Louis depuis 1715.
   Brigadier des armées du Roi en 1740.

DE MARIVAUX (*le marquis*),
   Capitaine-lieutenant des gendarmes de Bretagne.
   Reçu chevalier de l'ordre de Saint-Louis depuis 1715.
   Brigadier des armées du Roi en 1740.

DE GOURDON (*Pierre-Paul*), *seigneur* DE SAINT-PIERRE, en Provence,
   Capitaine au régiment colonel-général-cavalerie en 1714.
   Reçu chevalier de l'ordre de Saint-Louis depuis 1715.

DE SAINT-SIMON DE COURTOMER (*Jacques-Martin, marquis*),
   Reçu chevalier de l'ordre de Saint-Louis depuis 1715.
   Colonel du régiment de Soissonnais en 1716.
   Mort le 19 juin 1724.

NEYRET (*Louis*), *marquis* DE LA RAVOYE, né le 27 mars 1697,
   Mousquetaire en 1712.
   Capitaine au régiment du mestre-de-camp-général des dragons en mars 1714.
   Colonel du régiment d'infanterie de Ponthieu, décembre 1715.
   Reçu chevalier de l'ordre de Saint-Louis depuis 1715.
   Brigadier des armées du Roi, février 1734.
   Maréchal-de-camp, mars 1738.
   Lieutenant-général des armées du Roi, mai 1744.
   Commandant à Huningue en 1745.

Gouverneur de Mézières et de Charleville en novembre 1753.
Mort à Paris en 1787.

De CHOISEUL (*Henri-Louis*), *marquis* de Meuze, *comte* de Sorcy, né le 22 juillet 1689,
Mousquetaire en 1704.
Colonel du régiment d'infanterie d'Agenois, mars 1705.
Colonel d'un régiment d'infanterie de son nom (depuis Montmorin), juillet 1712.
Reçu chevalier de l'ordre de Saint-Louis depuis 1715.
Brigadier des armées du Roi, février 1719.
Gouverneur de Ribbemont, décembre 1723.
Maréchal-de-camp, février 1734.
Il se démit alors de son régiment en faveur de son fils.
Lieutenant-général des armées du Roi, mars 1738.
Gouverneur du Fort-Louis en septembre 1741, et de celui de Saint-Malo en mai 1743.
Aide-de-camp du Roi, mai 1744.
Chevalier de ses ordres, février 1745.
Mort le 11 avril 1754.

De BAVIÈRE (*Maximilien-Emmanuel-François-Joseph*, *comte*), fils naturel de l'électeur de Bavière, né le 28 mai 1695, et légitimé le 20 novembre suivant,
Colonel du régiment royal-Bavière d'infanterie allemande, à son entrée au service du Roi de France, au mois de janvier 1709.
Reçu chevalier de l'ordre de Saint-Louis depuis 1715.
Brigadier des armées du Roi, février 1719.
Grand d'Espagne de première classe, par décret du 14 mars 1723.
Naturalisé en France au mois de mai 1725.
Maréchal-de-camp, février 1734.
Lieutenant-général des armées du Roi, mars 1738.
Chargé d'affaires du Roi auprès de l'électeur de Bavière en juillet 1741.

Tom. II.

Gouverneur de Prague pour ce prince en 1742.

Ambassadeur auprès de l'Empereur en février 1744.

Lieutenant-général de Picardie au département du pays de Santerre, et gouverneur de Péronne, Montdidier et Roye en 1745.

Tué à la bataille de Lawfeld le 2 juillet 1747.

DE FRESTAT (*Louis*), *comte* DE BOISSIEUX,

Aide-de-camp du maréchal de Villars, son oncle, en 1704.

Capitaine au régiment d'infanterie de Lorraine, octobre 1705.

Colonel d'un régiment d'infanterie de son nom, février 1707.

Colonel à la suite du régiment de Normandie, à la réforme du sien, en 1714.

Reçu chevalier de l'ordre de Saint-Louis depuis 1715.

Celonel du régiment d'infanterie des Landes en août 1716.

Brigadier des armées du Roi, février 1719.

Colonel du régiment de la Sarre, septembre 1730.

Maréchal-de-camp, février 1734.

Inspecteur-général de l'infanterie, juillet même année.

Commandant des troupes envoyées en Corse par le Roi en 1737.

Lieutenant-général des armées du Roi, mars 1738.

Mort à la Bastie en Corse le 1er février 1739.

DE BANDEVILLE DE SAINT-PERRIER (*César-Joachim, marquis*),

Entra dans l'artillerie et servit plusieurs années dans les grades subalternes.

Commissaire ordinaire de l'artillerie en mars 1695.

Commissaire provincial en 1697.

Lieutenant d'artillerie, avril 1703.

Commandant en second de l'artillerie de l'armée d'Italie, janvier 1705.

Commandant en chef, à la mort de M. d'Houville, en 1706.

Commandant de l'artillerie au département de Strasbourg, janvier 1710.

Brigadier des armées du Roi, mars suivant.
Commandant en chef de l'artillerie de l'armée du Rhin au mois de mai de la même année.
Commandant de l'artillerie au département général de l'Alsace et des duché et comté de Bourgogne, à la mort du marquis de la Frézelière, en novembre 1711.
Reçu chevalier de l'ordre de Saint-Louis depuis 1715.
Lieutenant-général de l'artillerie, après l'édit du Roi du mois de janvier 1716, qui en supprimait les charges.
Lieutenant-général privilégié, octobre même année.
Maréchal-de-camp, février 1719.
Lieutenant-général de l'artillerie au département de Flandre, Hainaut, Picardie et Artois, sur la démission du marquis de Saint-Hilaire, qui passait au gouvernement de Belleisle, mai 1726.
Lieutenant-général des armées du Roi, février 1734.
Commandeur de l'ordre de Saint-Louis le 26 mars 1744.
Mort le 8 septembre 1749.

POTIER DE GESVRES (*Léon-Louis*), DUC DE TRÊMES, né le 28 juillet 1695,
(Connu d'abord sous le nom de marquis de Gandelus).
Garde-marine en 1713.
Enseigne de vaisseaux en septembre 1714.
Reçu chevalier de l'ordre de Saint-Louis depuis 1715.
Lieutenant de vaisseaux en janvier 1716.
Colonel-réformé à la suite du régiment de Champagne, juillet 1720.
Mestre-de-camp à la suite du régiment de Gesvres-cavalerie, mars 1725.
Mestre-de-camp d'un régiment (depuis Noé), sur la démission du duc de Gesvres son frère, en septembre 1726.
(Prit le nom de comte de Trêmes en se mariant, le 27 avril 1727).
Brigadier des armées du Roi en août 1734.
Maréchal-de-camp, janvier 1740.

Lieutenant-de-Roi du bailliage de Rouen et du pays de Caux, et gouverneur de Pont-Audemer, avril 1741.

Lieutenant-général des armées du Roi, mai 1745.

(Duc de Trêmes, pair de France, à la mort de son frère, le duc de Gesvres, le 19 septembre 1757).

Gouverneur-général de l'Isle-de-France, grand-bailli du Valois, gouverneur de Monceaux, capitaine des chasses dépendantes de Monceaux.

Reçu au parlement, comme pair de France, le 28 juin 1758.

Mort le 28 décembre 1774.

THOMASSIN (*Étienne-Jean*), né le 29 novembre 1702,
Volontaire en 1710.

Aide du parc de l'artillerie en mars 1711.

Lieutenant de la compagnie d'ouvriers de son père, novembre 1712.

Reçu chevalier de l'ordre de Saint-Louis depuis 1715.

Capitaine d'une compagnie d'ouvriers créée en 1726 pour le service de l'artillerie sur la Moselle.

Capitaine d'une compagnie d'ouvriers en février 1731.

Commissaire provincial de l'artillerie, avril 1734.

Lieutenant d'artillerie, septembre 1746.

Brigadier des armées du Roi, mai 1748.

Maréchal-de-camp en juillet 1762.

Mort en 1777.

DE HARCOURT (*François, duc*), né le 6 novembre 1689,
(Connu d'abord sous le nom de marquis de Harcourt).

Colonel d'un régiment de cavalerie de son nom, qu'il leva étant encore au collége, en 1705.

Servit dans les mousquetaires.

Il prit, en 1708 seulement, le commandement de son régiment.

Colonel d'un régiment de cavalerie, sur la démission du marquis de Lessart en 1710.

Colonel du régiment Dauphin-cavalerie en avril 1712.

Lieutenant-général au gouvernement de la Franche-Comté, sur la démission du maréchal de Harcourt, son père, en juillet même année.

Reçu chevalier de l'ordre de Saint-Louis depuis 1715.

Capitaine de la troisième compagnie française des gardes-du-corps (depuis Luxembourg), aussi sur la démission de son père, juin 1718.

Brigadier des armées du Roi en octobre suivant.

(Prit le nom de duc de Harcourt, à la mort de son père, le 19 du même mois, et fut reçu au parlement le 19 janvier 1719).

Maréchal-de-camp en avril 1727.

Chevalier des ordres du Roi, mai 1728.

Lieutenant-général de ses armées, août 1734.

Gouverneur-général de la principauté de Sédan et de ses dépendances, sur la démission du maréchal de Coigny, qui passait au gouvernement d'Alsace, janvier 1739.

Maréchal de France en octobre 1746.

Mort le 11 juillet 1750.

DE CANOUVILLE, *marquis* DE RAFFETOT,
Colonel du régiment de Brie de 1709 à 1719.
Reçu chevalier de l'ordre de Saint-Louis depuis 1715.

DE LA LUZERNE (*César-Antoine*), *comte* DE BOUZEVILLE,
Mestre-de-camp du régiment des cuirassiers.
Reçu chevalier de l'ordre de Saint-Louis depuis 1715.
Maréchal-de-camp en 1734.

LE TELLIER DE LOUVOIS (*François-Michel*), *marquis* DE COURTENVAUX et DE MONTMIREL, *comte* DE TONNERRE,
Reçu chevalier de l'ordre de Saint-Louis depuis 1715.
Colonel des Cent-Suisses de la garde en 1721.
Colonel-lieutenant du régiment Royal-infanterie en 1740.
Mort le 14 décembre 1764.

DE GOURDON (*Pierre-Paul*), *seigneur* DE SAINT-PIERRE en Provence;
Capitaine au régiment colonel-général-cavalerie en 1714.

Reçu chevalier de l'ordre de Saint-Louis depuis 1715.
Mort avant 1785.

De FARET (*Henri*), *comte* de Fournez,
Reçu chevalier de l'ordre de Saint-Louis depuis 1715.
Mestre-de-camp-lieutenant du régiment du Roi-cavalerie en 1734.
Brigadier des armées du Roi en 1743.

De SABRAN (*Gaspard, marquis*),
Mestre-de-camp du régiment de Sabran-cavalerie.
Reçu chevalier de l'ordre de Saint-Louis depuis 1715.
Brigadier des armées du Roi en 1738.

De SERRE, *chevalier* de Gros de Preignie,
Lieutenant-colonel du régiment Royal-cavalerie.
Reçu chevalier de l'ordre de Saint-Louis depuis 1715.
Brigadier des armées du Roi en 1738.

De VIRIEU de BEAUVOIR (*Nicolas*),
Lieutenant au régiment d'infanterie de Bourbon en 1683.
Capitaine, août 1688.
Major en 1697.
Lieutenant-colonel du régiment d'infanterie d'Enghien, à sa création, en février 1706.
Reçu chevalier de l'ordre de Saint-Louis depuis 1715.
Brigadier des armées du Roi, février 1719.
Lieutenant-de-Roi du Hâvre-de-Grâce, juillet 1725.
Mort le 20 avril 1752.

De CHATELLARD (*Alexis-Antoine*), *marquis* de Sallières, né à Salins le 2 juin 1687,
Lieutenant de la colonelle au régiment d'infanterie du Perche en 1705, avec rang de capitaine en octobre suivant.
Reçu chevalier de l'ordre de Saint-Louis depuis 1715.
Capitaine, sur la démission de son père, avec rang de colonel d'infanterie, en décembre 1718.

Aide-major-général de l'infanterie à l'armée du Rhin, septembre 1733.
Brigadier des armées du Roi, février 1734.
Maréchal-général-des-logis de l'armée, mai 1735.
Inspecteur-général de l'infanterie, janvier 1736.
Maréchal-de-camp, mars 1738.
Gouverneur d'Ardres, juillet 1741.
Commandeur de l'ordre de Saint-Louis le 1er août 1743.
Lieutenant-général des armées du Roi, mai 1744.
Gouverneur de Dieppe, novembre 1750.
Grand'croix de l'ordre de Saint-Louis le 1er mai 1751.
Gouverneur de l'École militaire en 1752.
Mort le 29 février 1756.

De CLERMONT GALLERANDE (*Pierre-Gaspard, marquis*),
né le 4 février 1682,
(Connu d'abord sous le nom de comte de Clermont d'Amboise).
Mousquetaire en 1697.
Sous-lieutenant au régiment du Roi en 1699.
Lieutenant-réformé le 5 avril 1702.
Lieutenant le 23 du même mois.
Capitaine, janvier 1704.
Mestre-de-camp-réformé à la suite du régiment Royal-dragons, février 1706.
Aide-de-camp de M. le duc de Bourgogne, mai 1708.
Capitaine des gardes de M. le duc de Berri, janvier 1711.
Colonel d'un régiment de dragons de son nom, septembre même année.
(Il prit le nom de marquis de Clermont-Gallerande, à la mort de son père, le 17 avril 1715).
Reçu chevalier de l'ordre de Saint-Louis depuis 1715.
Brigadier des armées du Roi en février 1719.
Capitaine des gardes de M. le duc d'Orléans en mars suivant.
Grand-bailli de Dôle.

Premier écuyer du duc d'Orléans en 1724.

Chevalier des ordres du Roi en la même année.

Mestre-de-camp-lieutenant du régiment d'Orléans-dragons, juillet 1726.

Maréchal-de-camp, février 1734.

Lieutenant-général des armées du Roi, mars 1738.

Gouverneur de Neuf-Brisach, mars 1743.

Commandant en Alsace, sous le maréchal de Coigny, en 1747.

Commandant en Aunis et en Saintonge en novembre 1751, et en Poitou en 1755.

Mort le 27 octobre 1756.

DE POILVILAIN DE MONTAIGUT (*Sébastien*), *marquis* DE CRENAY,

Page du Roi en 1702.

Mousquetaire en 1705.

Capitaine au régiment de cavalerie de Toulouse en 1709.

Reçu chevalier de l'ordre de Saint-Louis depuis 1715.

Mestre-de-camp-lieutenant du régiment de cavalerie de Toulouse (depuis Penthièvre) en 1736.

Maréchal-général-des-logis de la cavalerie de l'armée du Rhin en 1743.

Brigadier des armées du Roi en 1744.

Maréchal-de-camp en 1748.

Mort en 1767.

TESTART (*Pierre, chevalier*), *comte* DE LA GUETTE, *seigneur* DE MONTBLAIN, né le 13 mars 1687,

Officier pointeur de l'artillerie en 1702.

Lieutenant de la compagnie de Ferrant-écossais, même année.

Commissaire extraordinaire en 1705.

Commissaire ordinaire en 1711.

Reçu chevalier de l'ordre de Saint-Louis depuis 1715.

Commissaire provincial en 1721.

Lieutenant d'artillerie en 1734.

Lieutenant au département de Landau en 1736.
Brigadier des armées du Roi, en 1745.
Maréchal-de-camp en 1748.
Mort le 21 mars 1773.

MESNAGER DE COURBUISSON (*Nicolas-François*), né le 31 mai 1689,
Sous-lieutenant au régiment d'infanterie du Maine (depuis Eu) en 1706.
Lieutenant, mars 1708.
Aide-major de son régiment en 1712.
Capitaine, même année.
Reçu chevalier de l'ordre de Saint-Louis depuis 1715.
Commandant à Novellara en 1735.
Capitaine de grenadiers en 1739.
Obtint le rang de lieutenant-colonel d'infanterie en 1744.
Lieutenant-colonel en 1746.
Brigadier des armées du Roi en 1747.
Maréchal-de-camp en 1759.
Mort en 1766.

DE BRUNET (*Jean-Baptiste*),
Reçu chevalier de l'ordre de Saint-Louis depuis 1715.
Capitaine au régiment de Languedoc-dragons.
Gouverneur de Manosque en 1722.

VIDARD (*André-Claude-Amable*), marquis DE SAINT-CLAIR,
Cornette de la mestre-de-camp du régiment de cavalerie d'Orléans en 1709.
Mousquetaire en 1713.
Enseigne au régiment des Gardes-Françaises en 1715.
Reçu chevalier de l'ordre de Saint-Louis depuis 1715.
Capitaine dans le régiment Royal-Piémont en 1719.
Exempt de la compagnie des gardes-du-corps (depuis Beauvau) en 1720.
Obtint le rang de mestre-de-camp de cavalerie en 1722.
Aide-major de sa compagnie en 1740.

Obtint le rang d'enseigne en 1743.
Brigadier des armées du Roi en 1744.
Maréchal-de-camp en 1748.
Lieutenant-de-Roi en Brie.
Mort le 21 janvier 1751.

DE LA TOUR GOUVERNET,
Capitaine au régiment de royal-Vaisseaux.
Reçu chevalier de l'ordre de Saint-Louis depuis 1715.
Eut une jambe emportée à l'affaire de Dendermonde en 1745.

FYOT DE LA MARTHE (*Philippe-Claude*),
Reçu chevalier de l'ordre de Saint-Louis depuis 1715.
Officier supérieur de gendarmerie.
Lieutenant-général des armées du Roi.
Mort en 1750.

DE BLOIS,
Reçu chevalier de l'ordre de Saint-Louis depuis 1715.
Lieutenant de vaisseaux du Roi.
Mort à son retour en France, des blessures qu'il avait reçues au combat de M. de l'Etenduere contre les Anglais le 27 octobre 1747.

GAGNE DE PERIGNY,
Reçu chevalier de l'ordre de Saint-Louis depuis 1715.
Lieutenant aux Gardes-Françaises.
Tué à la bataille de Fontenoy.

DU BOURG,
Reçu chevalier de l'ordre de Saint-Louis depuis 1715.
Chef de bataillon au régiment de Picardie.
Tué à la bataille de Guastalla en 1734.

LE SENESCHAL DE CARCADO (*René-Alexis*), marquis DE MOLAC,
Reçu chevalier de l'ordre de Saint-Louis depuis 1715.
Colonel du régiment de Berri en 1735.

Gouverneur de Quimper.
Tué au siége de Prague en 1742.

De GREGOIRE (*Hiacynthe-Philémon*), chevalier DE SAINT-SAUVEUR,
Reçu chevalier de l'ordre de Saint-Louis depuis 1715.
Mestre-de-camp à la suite du régiment Colonel-général en 1745.
Lieutenant des gardes-du-corps.
Lieutenant-général des armées du Roi.
Mort en 1784.

ANDRIEUX,
Reçu chevalier de l'ordre de Saint-Louis depuis 1715.
Lieutenant de vaisseaux et de port à Rochefort en 1727.

D'ASTOUR,
Reçu chevalier de l'ordre de Saint-Louis depuis 1715.
Capitaine de vaisseaux du Roi en 1738.

De TOUVANT,
Reçu chevalier de l'ordre de Saint-Louis depuis 1715.
Major du régiment de Picardie en 1734.

BAZIN (*Jacques-Gabriel*), marquis DE BEZONS,
Reçu chevalier de l'ordre de Saint-Louis depuis 1715.
Colonel du régiment de Beaujolais en 1742.
Colonel du régiment de Bezons-cavalerie en 1749.
Lieutenant-général des armées du Roi en 1762.
Mort en 1782.

De REGNARD DES ANGLES,
Lieutenant-colonel du régiment d'Apchon-dragons.
Reçu chevalier de l'ordre de Saint-Louis depuis 1715.
Brigadier des armées du Roi en 1740.
Lieutenant-de-Roi de Calais.
Mort en 1789.

Du SAULT,
Lieutenant de vaisseaux du Roi.

Reçu chevalier de l'ordre de Saint-Louis depuis 1715.
Il quitta le service en 1739.

DE MELET (*Pierre*), *seigneur* DE LA SALLE DE CASTELVIEIL,
Brigadier des gendarmes de la garde.
Reçu chevalier de l'ordre de Saint-Louis depuis 1715.
Il quitta le service en 1736.

DU WICQUET DE L'ENCLOS,
Reçu chevalier de l'ordre de Saint-Louis depuis 1715.
Sous-brigadier des gardes-du-corps en 1740.

DE VILLARET,
Reçu chevalier de l'ordre de Saint-Louis depuis 1715.
Ingénieur ordinaire du Roi en 1740.
Lieutenant-réformé au régiment de la marine.

DU VILLAIN,
Reçu chevalier de l'ordre de Saint-Louis depuis 1715.
Commandant dans les Cévennes en 1740.

D'URVILLE DE SAINT-MAURICE,
Reçu chevalier de l'ordre de Saint-Louis depuis 1715.
Major du régiment Royal-Étranger-cavalerie en 1740.

D'URSON,
Reçu chevalier de l'ordre de Saint-Louis depuis 1715.
Major de Verdun en 1740.

WALLE,
Reçu chevalier de l'ordre de Saint-Louis depuis 1715.
Gouverneur de Ham en 1740.

DE WAUBERT,
Reçu chevalier de l'ordre de Saint-Louis depuis 1715.
Premier capitaine au régiment colonel-général-cavalerie en 1740.

D'YSSEL,
Reçu chevalier de l'ordre de Saint-Louis depuis 1715.
Major d'Agde en 1740.

Du PIQUET,
Reçu chevalier de l'ordre de Saint-Louis depuis 1715.
Aide-major de Toulon en 1740.

De WALBRUN,
Reçu chevalier de l'ordre de Saint-Louis depuis 1715.
Capitaine commandant une brigade d'officiers-réformés du régiment d'Alsace en 1740.

De VOREIL,
Reçu chevalier de l'ordre de Saint-Louis depuis 1715.
Exempt des gardes-du-corps.
Mestre-de-camp de cavalerie en 1740.

De VOYRE,
Reçu chevalier de l'ordre de Saint-Louis depuis 1715.
Commandant à Entrevaux en 1740.

De GAND,
Reçu chevalier de l'ordre de Saint-Louis depuis 1715.
Capitaine de vaisseaux du Roi en 1727.

De WOLBOCK,
Reçu chevalier de l'ordre de Saint-Louis depuis 1715.
Lieutenant-de-Roi d'Avênes en 1740.

De BETHUNE, *marquis* de CHAROST,
Reçu chevalier de l'ordre de Saint-Louis depuis 1715.
Colonel-lieutenant du régiment de la Couronne en 1734.

De BIDAUD de SALNOVE,
Reçu chevalier de l'ordre de Saint-Louis depuis 1715.
Capitaine de vaisseaux du Roi en 1731.

DELCAMPE,
Reçu chevalier de l'ordre de Saint-Louis depuis 1715.
Lieutenant de vaisseaux du Roi en 1738.
Capitaine d'une compagnie franche de la marine.

D'URRE (*le chevalier*),
Reçu chevalier de l'ordre de Saint-Louis depuis 1715.

Capitaine-aide-major du régiment de Monaco en 1740, et depuis capitaine de grenadiers dans celui de Flandres.

DE GAILHAC DE CAUMONT,
Reçu chevalier de l'ordre de Saint-Louis depuis 1715.
Capitaine de galères en 1736.

DE TRESSOS,
Reçu chevalier de l'ordre de Saint-Louis depuis 1715.
Brigadier des gardes-du-corps en 1740.

DE VOLAVILLE,
Reçu chevalier de l'ordre de Saint-Louis depuis 1715.
Lieutenant-de-Roi de Honfleur en 1740.

DE VRAYVILLE,
Reçu chevalier de l'ordre de Saint-Louis depuis 1715.
Capitaine-aide-major du régiment de Lyonnais en 1740.

DE VILLENEUVE (*le chevalier*),
Reçu chevalier de l'ordre de Saint-Louis depuis 1715.
Lieutenant-colonel du régiment d'Eu en 1740.

DE SOUIN D'ESTOURNELLES ou DE TOURNELLES,
Lieutenant-colonel à la suite du régiment Royal-infanterie.
Maréchal-de-camp en 1700.
Reçu chevalier de l'ordre de Saint-Louis depuis 1715.

DE GUYMONT DU COUDRAY,
Capitaine de vaisseaux du Roi en 1707.
Reçu chevalier de l'ordre de Saint-Louis depuis 1715.

DE KERGORLAY,
Lieutenant de vaisseaux du Roi.
Reçu chevalier de l'ordre de Saint-Louis depuis 1715.
Il quitta le service en 1739.

DE JOUENNE D'EGRIGNY (*Jean*),
Capitaine au régiment de Forez.
Reçu chevalier de l'ordre de Saint-Louis depuis 1715.
Il quitta le service en 1734, à cause de ses blessures.

De SAINT-CRICQ DASPIS,
Lieutenant de vaisseaux du Roi.
Reçu chevalier de l'ordre de Saint-Louis depuis 1715.
Il quitta le service en 1739.

De MONTAUBAN MATTRADOR,
Reçu chevalier de l'ordre de Saint-Louis depuis 1715.
Aide-major du régiment d'Orléans en 1740.

D'HERICOURT (*le marquis*),
Premier lieutenant-colonel du régiment du Roi.
Maréchal-de-camp.
Reçu chevalier de l'ordre de Saint-Louis depuis 1715.
Commandeur le 1er août 1766.
Mort en 1786.

De CHABANNES (*Thomas*),
Capitaine au régiment de Navarre.
Reçu chevalier de l'ordre de Saint-Louis depuis 1715.
Mestre-de-camp en 1735.
Commandant à Kirkeim au-delà du Rhin.

De BRANCAS (*Bazile-Hyacinthe-Toussaint*), comte DE CE-
    RESTE,
Chevalier de Saint-Lazare.
Mestre-de-camp à la suite du régiment Royal-allemand.
Reçu chevalier de l'ordre de Saint-Louis depuis 1715.
Ministre plénipotentiaire en Suède en 1727, et depuis au
    congrès de Soissons.
Capitaine-lieutenant des chevau-légers d'Anjou en 1729.
Conseiller-d'état d'épée.
Mort à Paris le 25 avril 1754.

De CHAUMEJAN (*Blaise*), marquis DE FOURILLES,
Lieutenant au régiment des Gardes-Françaises.
Reçu chevalier de l'ordre de Saint-Louis depuis 1715.
Mort des blessures qu'il reçut au siége de Philisbourg en
    1734.

AYMER DE LA CHEVALLERIE,
    Capitaine de grenadiers au régiment du Roi.
    Reçu chevalier de l'ordre de Saint-Louis depuis 1715.
    Tué à la bataille de Guastalla en 1734.

DE LA ROCHEFOUCAUD (*Louis-Armand-François*), duc
    D'ESTISSAC,
    Colonel-lieutenant du régiment de Conti en 1713.
    Reçu chevalier de l'ordre de Saint-Louis depuis 1715.
    Brigadier des armées du Roi, mars 1734.
    Chevalier de ses ordres.
    Grand-maître de la garderobe.
    Gouverneur de Bapaume.
    Mort en 1783.

DE THIBOUTOT (*Louis-François, marquis*),
    Reçu chevalier de l'ordre de Saint-Louis depuis 1715.
    Lieutenant-général de l'artillerie à l'Isle-de-France et à
        l'Arsenal en mai 1716.
    Sa terre fut érigée en marquisat par lettres du mois de juin
        1720.
    Lieutenant-général au département de l'Isle-de-France en
        décembre 1722.
    Brigadier des armées du Roi, janvier 1740.
    Maréchal-de-camp, janvier 1748.
    Mort en 1750.

DE VIGIER DE STEINBROUGG (*François-Joseph-Guillaume*),
    Enseigne aux gardes dans la compagnie de son père en juin
        1703.
    Sous-lieutenant dans la compagnie de son frère, août 1708.
    Capitaine de la demi-compagnie aux gardes, dont il était
        sous-lieutenant, sur la démission de son frère, mai 1712.
    Reçu chevalier de l'ordre de Saint-Louis depuis 1715.
    Brigadier des armées du Roi, janvier 1740.
    Colonel d'un régiment suisse de son nom (depuis Castellas),
        mai suivant.

Maréchal-de-camp, mai 1744.

Commandant en Provence sous le marquis de Mirepoix, et en chef, après le départ de ce lieutenant-général, jusqu'au mois de janvier 1745.

Lieutenant-général des armées du Roi en mai 1748.

Mort au mois de février 1756.

De CHAMBON (*Pierre*), *marquis* d'Arbouville,

Mousquetaire en 1695.

Enseigne au régiment d'infanterie d'Artagnan en janvier 1697.

A la réforme de ce régiment, il entra enseigne dans celui des Gardes-Françaises en 1699.

Lieutenant, sans avoir été sous-lieutenant, en décembre 1703.

Aide-major en juin 1706, avec rang de colonel d'infanterie en mars 1711.

Reçu chevalier de l'ordre de Saint-Louis depuis 1715.

Capitaine en avril 1716.

Capitaine de grenadiers, mars 1730.

Brigadier des armées du Roi, février 1734.

Maréchal-de-camp, mars 1738.

Gouverneur de Schelestadt, mai suivant.

(Il était déjà lieutenant-de-Roi de l'Orléanais).

Mort le 13 octobre 1753.

De FONTAINES (*Claude-Alexandre*), *seigneur* de Vron,

Lieutenant-colonel du régiment de Conti.

Reçu chevalier de l'ordre de Saint-Louis depuis 1715.

De CHEYLUS (*Alexandre*),

Reçu chevalier de l'ordre de Saint-Louis depuis 1715.

Capitaine de vaisseaux du Roi en 1731.

Major de la marine à Toulon.

Mort chef d'escadre des armées navales à Toulon, le 1er novembre 1744.

De FELIX (*Louis-Nicolas-Victor*), comte DU MAY,
   Menin de Monseigneur le Dauphin.
   Capitaine au régiment Royal des vaisseaux.
   Reçu chevalier de l'ordre de Saint-Louis depuis 1715.
   Maréchal de France.
   Chevalier des ordres du Roi en 1764.
   Ministre et secrétaire d'état de la guerre.

BERNON DE LISLEAU (*Alexandre*), né au château de Lisleau le 9 mai 1651,
   Garde de la marine en décembre 1666.
   Lieutenant de vaisseaux en mars 1672.
   Capitaine de vaisseaux, janvier 1712.
   Reçu chevalier de l'ordre de Saint-Louis depuis 1715.
   Mort à Rochefort le 26 février 1726.

De BODIN (*Louis*), seigneur DE BOIRENARD,
   Capitaine au régiment de Pons.
   Quitta le service en 1710.
   Reçu chevalier de l'ordre de Saint-Louis depuis 1715.

D'ESTAVAYÉ DE MOLONDIN (*François-Pierre-Louis*),
   Capitaine aux Gardes-Suisses.
   Reçu chevalier de l'ordre de Saint-Louis en mai 1716.
   Mort à Soleure au mois de janvier 1736.

PFIFFER DE WYHER (*Jost-François*),
   Capitaine aux Gardes-Suisses.
   Brigadier des armées du Roi.
   Reçu chevalier de l'ordre de Saint-Louis le 8 juin 1716.
   Mort à Paris le 2 janvier 1727.

De STAAL (*Jean-Jacques*),
   Cadet aux Gardes-Suisses, novembre 1696.
   Enseigne, mai 1697.
   Sous-lieutenant, février 1701.

Reçu chevalier de l'ordre de Saint-Louis le 8 juin 1716.

Second lieutenant de la compagnie de Stuppa (depuis Molondin) en octobre 1720.

Obtint le rang de capitaine en novembre 1734.

Capitaine d'une demi-compagnie qu'il commandait déjà, février 1736.

Commanda le troisième bataillon du régiment des Gardes-Suisses pendant la campagne de 1743.

Brigadier des armées du Roi, mai 1744.

Maréchal-de-camp, janvier 1748.

Mort en 1762.

D'ESTAVAYÉ DE LULLY-MOLONDIN (*Laurent*),

Cadet dans la compagnie de son père au régiment des Gardes-Suisses en 1698.

Enseigne de la même compagnie, janvier 1702.

Sous-lieutenant, mai 1704.

Premier lieutenant, décembre suivant.

Capitaine de la demi-compagnie vacante par la mort de son père, octobre 1705.

Reçu chevalier de l'ordre de Saint-Louis le 8 juillet 1716.

Brigadier des armées du Roi, février 1734.

Maréchal-de-camp, mars 1738.

Mort le 5 octobre 1743.

DE LA TOUR CHATILLON (*Béat-François-Claude*), baron DE ZURLAUBEN, né le 15 juin 1687,

Lieutenant au régiment suisse de Pfiffer en septembre 1702.

Eut le commandement de la compagnie de son père au même régiment en 1703.

Son oncle ayant été tué à la bataille de Ramillies, on lui donna la demi-compagnie aux gardes qu'il commandait en juillet 1706.

Reçu chevalier de l'ordre de Saint-Louis le 20 septembre 1716.

Capitaine d'une demi-compagnie au régiment de Brendlé en février 1720.

Capitaine d'une autre demi-compagnie au régiment suisse d'Affry, mars 1732.

(Ces deux demi-compagnies avaient été levées par son père en 1689.)

Brigadier des armées du Roi, août 1734.

Maréchal-de-camp, janvier 1740.

Lieutenant-colonel des Gardes-Suisses, décembre même année.

Colonel du même régiment, mars 1743.

Obtint une seconde demi-compagnie aux Gardes-Suisses en novembre 1744.

Lieutenant-général des armées du Roi, mai 1745.

Commandeur de l'ordre de Saint-Louis le 19 juin de la même année.

Grand'croix le 30 janvier 1760, en ayant déjà obtenu les honneurs en 1755.

Mort à Paris le 13 octobre 1770.

DE SURBECK (*Eugène-Pierre*), seigneur DE GARLANDE,

Cadet au régiment des Gardes-Suisses en juin 1695.

Enseigne de la Colonelle du régiment de Surbeck, février 1696.

Aide-de-camp de son père.

Enseigne de la Générale en octobre suivant.

Sous-lieutenant de la compagnie Générale, mars 1699.

Major du régiment de son père, juin 1702.

Major de brigade en 1703.

Obtint une commission pour tenir rang de colonel le 8 mai 1714.

Capitaine de la demi-compagnie qui vaquait dans le même régiment, par la mort de son père, le 15 du même mois.

Reçu chevalier de l'ordre de Saint-Louis en mars 1717.

Commandant de la compagnie générale des Gardes-Suisses le 18 octobre 1718.

Capitaine de la demi-compagnie d'Altermadt au régiment de Castellas le même jour.

Brigadier des armées du Roi, mars 1738.

Elu honoraire étranger de l'académie royale des inscriptions et belles-lettres en 1741.

Mort le 1ᵉʳ septembre même année.

DE CLERMONT-TONNERRE (*Gaspard*), *marquis* DE VAUVILLARS, premier baron du Dauphiné, né le 10 août 1688,

Cornette au régiment de cavalerie du Châtelet (depuis la Billarderie et Braque) en 1703.

Capitaine au même régiment, à la mort de son frère, mars 1704.

Mestre-de-camp d'un régiment de cavalerie de son nom, avril 1709.

Brigadier des armées du Roi, janvier 1716.

Commissaire-général de la cavalerie, février même année.

Reçu chevalier de l'ordre de Saint-Louis en 1717.

Commandeur le 1ᵉʳ janvier 1720.

Chevalier des ordres du Roi en juin 1724.

Maréchal-de-camp en 1731.

Gouverneur de Mont Dauphin en 1734.

Lieutenant-général des armées du Roi, août même année.

Mestre-de-camp-général de la cavalerie, mars 1736.

Gouverneur de Béfort, janvier 1739.

Maréchal de France en septembre 1747.

Mort le 16 mars 1781.

PREUX (*Jean-Antoine*),

Lieutenant-colonel du régiment de Courten.

Reçu chevalier de l'ordre de Saint-Louis le 4 février 1717.

Mort au mois d'avril 1730.

DE COURTEN (*Pierre, comte*),

Cadet au régiment de Courten en 1705.

Lieutenant en novembre même année.

Obtint le rang de capitaine et commanda la compagnie colonelle de son régiment en décembre 1707.

Reçu chevalier de l'ordre de Saint-Louis au mois de février 1718.

Il eut une commission pour tenir rang de colonel d'infanterie en juillet 1721.

Lieutenant-colonel de son régiment, mars 1723.

Colonel du même régiment, sur la démission de son père, février 1724.

Brigadier des armées du Roi, août 1734.

Charles VII les créa, lui et son frère, le chevalier de Courten, comtes du Saint-Empire, par diplome du mois de mai 1742.

Maréchal-de-camp, février 1743.

Commandant à Ottmersheim.

Mort au Gros-Kemps le 18 février 1744.

DE SEIGLIÈRES DE BOISFRANC (*Joachim-Adolphe*), *comte* DE TILLOLOY, *marquis* DE SOYECOURT, né le 28 octobre 1686,

Mousquetaire au mois de mars 1702.

Capitaine au régiment Dauphin-étranger, février 1703.

Colonel du régiment d'infanterie de Bourgogne, novembre 1704.

Nommé chevalier de l'ordre de Saint-Louis en avril 1718.

Brigadier des armées du Roi, février 1719.

Quitta le service au mois d'avril 1724.

Mort le 25 mars 1738.

DE SAULX (*Charles-Henri-Gaspard*), *vicomte* DE TAVANNES, né le 25 août 1683,

Mousquetaire en 1701.

Capitaine d'infanterie d'un régiment de son nom, mai 1702.

Colonel-réformé à la suite du régiment de la Gervaisais, janvier 1714.

Colonel-réformé à la suite du régiment de Condé, février 1717.

Nommé chevalier de l'ordre de Saint-Louis le 10 mai 1718.

Il fut reçu par le duc de Bourbon.

Brigadier des armées du Roi, février 1719.

Lieutenant-général du gouvernement de Bourgogne, octobre suivant.

Lieutenant-général du département du Charolois, mai 1720.

Lieutenant-général du département de l'Auxois, de l'Auxerrois et de l'Autunois, novembre 1722.

Colonel du régiment de Quercy, juillet 1723.

Chevalier des ordres du Roi, juin 1724.

Mort le 4 novembre 1753.

DE BOCCARD (*Pierre-Thadée*),
Capitaine aux Gardes-Suisses.
Reçu chevalier de l'ordre de Saint-Louis au mois de mai 1718.
Mort à Argenteuil.

GREMION (*Balthazar*),
Lieutenant aux Gardes-Suisses, avec rang de colonel.
Reçu chevalier de l'ordre de Saint-Louis au mois de mai 1718.
Mort au mois de novembre 1748.

DE CHAMPAGNÉ (*Antoine*), *seigneur* DE COURLEON DÉ LIGE, frère du seigneur de la Pommeraye, commandant de l'artillerie, reçu en 1709.
Lieutenant de galères en 1713.
Reçu chevalier de l'ordre de Saint-Louis le 28 juin 1718.

DE POUSSEMOTHE (*Pierre-Alexandre*), *seigneur* DE THIERSANVILLE,
Capitaine de vaisseaux du Roi.
Reçu chevalier de l'ordre de Saint-Louis le 28 juin 1718.

DE LA PLANCHE DE MORTIERES (*Pierre*),
Capitaine au régiment d'Artois.
Reçu chevalier de l'ordre de Saint-Louis le 6 juillet 1718.

DE BEAUHARNOIS (*Claude*), *seigneur* DE BEAUMONT,
Capitaine de vaisseaux du Roi.

Nommé chevalier de l'ordre de Saint-Louis le 20 juin, et reçu par le Roi le 10 juillet 1718.
Mort au mois de janvier 1738.

CHAPPUIS (*Claude*), seigneur DE RILLY,
Capitaine au régiment d'Auvergne.
Reçu chevalier de l'ordre de Saint-Louis au mois de septembre 1718.

DE REDON DE SAINT-JEAN (*Jean*),
Chevalier de Saint-Lazare.
Lieutenant-colonel du régiment de Noailles-infanterie.
Lieutenant-de-Roi de Perpignan.
Reçu chevalier de l'ordre de Saint-Louis le 1er octobre 1718.

D'AUMALE (*Jacques-Antoine*), seigneur DE MURTIN,
Sous-lieutenant aux Gardes-Françaises.
Colonel à la suite du régiment de Poitou.
Reçu chevalier de l'ordre de Saint-Louis en 1718.

TABOUR DE SAINT-ÉTIENNE MOTET,
Lieutenant au régiment de Germinon-cavalerie.
Reçu chevalier de l'ordre de Saint-Louis en 1718.

DE MATHAN (*Bernardin, marquis*),
Capitaine, et depuis major au régiment Dauphin-infanterie en 1712.
Lieutenant-de-Roi de Caen.
Reçu chevalier de l'ordre de Saint-Louis en 1718.
Mort en son château de Beaumay, au pays de Caux, le 5 juillet 1769.

DE CALOUIN (*Jean*), seigneur DE LA CALOUINIÈRE,
Lieutenant-de-Roi de Villefranche.
Commandant dans le Conflans et la Cerdagne.
Reçu chevalier de l'ordre de Saint-Louis le 14 janvier 1719.

DE BACHMANN (*Charles-Léonce*),
Enseigne au régiment de Hessy en décembre 1701.
Sous-lieutenant, août 1703.

Lieutenant, décembre 1706.
Capitaine-lieutenant de sa compagnie, juillet 1707.
Capitaine-commandant, mars 1711.
Capitaine d'une demi-compagnie au régiment de Brendlé, juillet 1712.
Major de son régiment, janvier 1717.
Reçu chevalier de l'ordre de Saint-Louis le 8 février 1719.
Lieutenant de la colonelle du régiment des Gardes-Suisses.
Obtint le rang de capitaine dans le même régiment, pour commander la compagnie de Besenval en 1725.
Capitaine d'une demi-compagnie aux Gardes (précédemment Burky), et d'une compagnie (précédemment Hessy) au régiment de Burky en novembre 1729.
Brigadier des armées du Roi, février 1743.
Lieutenant-colonel du régiment des Gardes-Suisses, mars même année.
Maréchal-de-camp, mai 1745.
Mort le 15 octobre 1749.

FROTIER (*Charles*),
Capitaine de galères en 1713.
Chevalier de Malte.
Reçu chevalier de l'ordre de Saint-Louis au mois de juin 1719.
Mort en 1727.

BERTIN DE MORANCEY (*Vincent-François*),
Lieutenant aux Gardes-Françaises.
Reçu chevalier de l'ordre de Saint-Louis le 14 décembre 1719.
Mort à Paris le 15 août 1726.

GOUFFIER (*François-Louis*), marquis DE THOIS,
Mestre-de-camp de cavalerie.
Reçu chevalier de l'ordre de Saint-Louis en 1719.
Quitta le service au mois d'avril 1733.
Mort à Thois en Picardie le 29 mai 1753.

Le QUIEN de la NEUFVILLE (*Jacques*),
  Lieutenant-colonel du régiment Dauphin étranger-cavalerie.
  Brigadier des armées du Roi.
  Reçu chevalier de l'ordre de Saint-Louis en 1719.
  Mort en 1759.

De SCEPEAUX (*Joseph, marquis*),
  Brigadier des armées du Roi et de celles du Roi d'Espagne.
  Colonel d'un régiment wallon.
  Gentilhomme de la chambre portant la clef d'or.
  Reçu chevalier de l'ordre de Saint-Louis en 1719.
  Mort en 1723.

De BONNECHOSE (*Charles*),
  Maréchal-des-logis des chevau-légers de Bretagne, avec rang de lieutenant-colonel.
  Mort le 19 novembre 1739.

VAILLANT (*Philippe*), *seigneur* de Hodencq,
  Capitaine au régiment de Saint-Vallier en 1707.
  Capitaine dans celui de Richelieu en 1718.
  Reçu chevalier de l'ordre de Saint-Louis le 12 février 1720.
  Mort à Abbeville le 27 février 1748.

De REDING de BIBEREGG (*Wolefgang*),
  Lieutenant-colonel du régiment de Tschudi.
  Reçu chevalier de l'ordre de Saint-Louis au mois d'avril 1720.

De BERCHÉNY (*Ladislas-Ignace, comte*), né à Eperies en Hongrie le 3 août 1689,
  Servit d'abord en Hongrie dans la compagnie des gentilshommes du prince Ragotzy en 1708.
  Passa en France après l'accommodement des Hongrois avec l'Empereur, et entra aux mousquetaires le 1er septembre 1712.

Lieutenant-colonel-réformé à la suite du régiment de hussards de Ratsky, décembre suivant.

Mestre-de-camp-réformé à la suite du même régiment en décembre 1718, avec rang du 1er août précédent.

Reçu chevalier de l'ordre de Saint-Louis en mai 1720.

Mestre-de-camp d'un régiment de cavalerie hongroise de son nom, juin même année. 1720

Premier chambellan du Roi de Pologne, Stanislas, en juin 1725.

Brigadier des armées du Roi, février 1734.

Maréchal-de-camp, mars 1738.

Créé grand écuyer de Lorraine par le Roi Stanislas, duc de Lorraine et de Bar, même mois; et, en cette qualité, il siégea conseiller et chevalier d'honneur à la cour souveraine de Lorraine et Barrois à Nancy.

Commandeur de l'ordre de Saint-Louis le 16 mars 1743.

Inspecteur-général des hussards, décembre suivant.

Lieutenant-général des armées du Roi, mai 1744.

Nommé par le Roi de Pologne gouverneur des ville et château royal de Commercy.

Capitaine des chasses de la principauté en mars 1748.

Bailli d'épée de Commercy, août 1751.

Grand'croix de l'ordre de Saint-Louis le 25 août 1753.

Maréchal de France, mars 1758.

Se démit du gouvernement de Commercy en faveur de son fils en novembre 1759.

Mort en janvier 1778.

CADOUCHE (*Pierre-Louis*),

Lieutenant aux Gardes-Suisses.

Colonel d'infanterie.

Reçu chevalier de l'ordre de Saint-Louis le 24 août 1720.

Mort à Courbevoie-lès-Paris le 30 avril 1750.

De CASTELLAS (*Etienne*),

Cadet au régiment des Gardes-Suisses en 1702.

Enseigne, avril 1705.

Reçu chevalier de l'ordre de Saint-Louis le 25 août 1720.
Sous-lieutenant en juillet 1723.
Second lieutenant en novembre suivant.
Premier lieutenant, juillet 1737.
Il obtint une commission pour tenir rang de colonel en novembre 1745.
Brigadier des armées du Roi, février 1759.
Mort le 14 novembre 1764.

FÉGELIN DE SEEDORFF (*Jean-Balthazard*),
Enseigne aux Gardes-Suisses dès 1699.
Capitaine au régiment suisse de Pfiffer en 1702.
Commandait un bataillon de ce régiment lorsqu'il fut réformé en février 1715.
Reçu chevalier de l'ordre de Saint-Louis en août 1720.
Colonel-réformé à la suite du régiment d'infanterie allemande de Saxe (depuis Anhalt), novembre 1721.
Capitaine d'une demi-compagnie au régiment suisse d'Hémel, et second major de celui des Gardes-Suisses, août 1726.
Major de ce régiment, à la suppression de la charge de second major, juin 1729.
Colonel d'un régiment suisse de son nom (depuis Boccard), avril 1738.
Capitaine d'une seconde demi-compagnie au régiment alors Brendlé, avril 1739.
Brigadier des armées du Roi, janvier 1740.
Maréchal-de-camp, mai 1744.
Lieutenant-général des armées du Roi, mai 1748.
Mort à Paris, le 25 décembre 1751.

DE VENIARD DE BOURGMONT (*Étienne*),
Commandant sur la rivière du Missouri dans la Louisiane.
Reçu chevalier de l'ordre de Saint-Louis au mois d'août 1720.

DE TREILLE (*François*),
Capitaine-réformé à la suite du régiment de Monteil-cavalerie.

Reçu chevalier de l'ordre de Saint-Louis au mois d'août 1720.

De REYNOLD du GAYET (*Jean*),
Capitaine au régiment des Gardes-Suisses.
Reçu chevalier de l'ordre de Saint-Louis au mois d'août 1720.

MEIER (*Béat-Jacques*),
Premier lieutenant aux Gardes-Suisses, avec rang de colonel.
Reçu chevalier de l'ordre de Saint-Louis au mois d'août 1720.
Mort au mois d'avril 1748.

De BREDA (*Pantaléon*),
Lieutenant-de-Roi de l'île de la Tortue et côtes de Saint-Domingue.
Reçu chevalier de l'ordre de Saint-Louis au mois d'août 1720.
Mort au cap Français le 25 décembre 1738.

De JOUARD (*Elie*), *seigneur* du Maignou,
Capitaine au régiment de Nettancourt en 1697.
Capitaine-réformé dans celui de Piémont.
Capitaine de grenadiers dans celui de Charolois.
Capitaine-réformé à la suite de celui de Lyonnais en 1715.
Major de Toul le 15 mai 1718.
Reçu chevalier de l'ordre de Saint-Louis le 12 novembre 1720.
Mort à Toul le 24 avril 1757.

De COURTARVEL (*Hubert*), marquis de Pezé, né en 1680,
Aide-de-camp du comte de Tessé en 1700;
Aide-major du régiment de Bozelli-dragons en 1702.
Capitaine en 1703.
Capitaine au régiment Colonel-général des dragons en 1705.
Enseigne au régiment des Gardes-Françaises, février 1707.

Sous-aide-major et capitaine en 1708.
Gentilhomme de la manche du Roi en 1716.
Gouverneur du château de la Muette, août 1719.
Colonel et inspecteur du régiment du Roi-infanterie, décembre suivant.
Brigadier des armées du Roi, juin 1720.
Reçu chevalier de l'ordre de Saint-Louis même année.
Gouverneur de Rennes en Bretagne et du château de Madrid en 1722.
Maréchal-de-camp, août 1727.
Maréchal général-des-logis de l'armée d'Italie en 1733.
Lieutenant-général des armées du Roi, août 1734.
Nommé chevalier de ses ordres, octobre même année.
Mort des blessures qu'il reçut à la bataille de Guastalla.

DE GODERNEAUX (*Nicolas*),
Capitaine de dragons.
Reçu chevalier de l'ordre de Saint-Louis en 1720.

ZBONSKY DE PASSABON (*Henri*),
Capitaine au régiment de la marine.
Capitaine dans celui d'Egrigny.
Ingénieur en chef des places du département de Marseille.
Reçu chevalier de l'ordre de Saint-Louis en 1720.

DE RIGAUD (*Jean*), vicomte DE VAUDREUIL,
Mousquetaire en mai 1710.
Enseigne au régiment des Gardes-Françaises, janvier 1712.
Sous-lieutenant, juillet 1715.
Reçu chevalier de l'ordre de Saint-Louis en 1720.
Sous-lieutenant de grenadiers au même régiment, janvier même année.
Obtint le rang de lieutenant en mai 1728.
Lieutenant, mars 1730.
Aide-major, juin suivant.
Eut une commission pour tenir rang de colonel d'infanterie le 30 mars 1735.

Capitaine en mai 1738.

Remplit les fonctions de major général de l'infanterie de l'armée du Rhin en l'absence du comte de Chabannes en 1743.

Major du régiment des Gardes-Françaises, à la place du comte de Chabannes en mai 1744.

Brigadier des armées du Roi, même mois.

Commandeur de l'ordre de Saint-Louis le 16 janvier 1745.

Maréchal-de-camp en mai suivant.

Lieutenant-général des armées du Roi, mai 1748.

Grand'croix de l'ordre de Saint-Louis le 26 août 1751.

Gouverneur de Gravelines, novembre 1755.

Mort en 1780.

De BOCHART (*Jean-Paul*), comte DE CHAMPIGNY,

Lieutenant au régiment du Roi en 1706.

Enseigne au régiment des Gardes-Françaises, octobre 1709.

Sous-lieutenant, janvier 1710.

Lieutenant, décembre 1712.

Reçu chevalier de l'ordre de Saint-Louis en 1720.

Capitaine en avril même année.

Brigadier des armées du Roi, août 1734.

Capitaine de grenadiers, mai 1738.

Maréchal-de-camp, janvier 1740.

Major-général de l'infanterie de l'armée envoyée en Bohème, juillet 1741.

Mort le 20 mars 1743.

VIART (*Henri*), seigneur DES FRANS,

Reçu chevalier de l'ordre de Saint-Louis le 1er mars 1721.

Commissaire provincial d'artillerie en 1725.

Obtint sa retraite en 1729.

Mort le 15 mars 1760.

De DIESBACH (*François-Philippe, comte*),

Cadet au régiment des Gardes-Suisses en 1700.

Sous-lieutenant au régiment de Brendlé en 1701.
Aide-major, même année.
Capitaine-lieutenant d'une compagnie, février 1702.
Capitaine d'une demi-compagnie au régiment suisse de Pfiffer, même année.
Commandant du second bataillon de ce régiment en 1708.
Lieutenant-colonel en second du régiment de Buisson en 1715.
Lieutenant-colonel en pied, mai de la même année.
Charles VI le créa, ainsi que son frère, comte du Saint-Empire en avril 1718.
Colonel du régiment de Buisson, janvier 1721.
Reçu chevalier de l'ordre de Saint-Louis, avril même année.
Brigadier des armées du Roi, février 1734.
Maréchal-de-camp, mars 1738.
Commandeur de l'ordre de Saint-Louis en mars 1743.

DE TSCHUDI DE WASSERSTELZ (*Pierre, baron*),
Colonel du régiment de Burky.
Reçu chevalier de l'ordre de Saint-Louis au mois d'avril 1721.
Mort à Paris le 14 avril 1740.

FRANÇOIS (*Jean-Dominique*),
Lieutenant-colonel du régiment de Wittmer.
Reçu chevalier de l'ordre de Saint-Louis au mois d'avril 1721.
Mort à Maubeuge le 12 février 1737.

CAPPY (*François*), seigneur D'ATHIS,
Major au régiment de Cappy-cavalerie.
Reçu chevalier de l'ordre de Saint-Louis le 16 octobre 1721.

BEAU DE MASCARON (*Pierre*),
Garde-du-corps du Roi.
Aide-major de la Rochelle.
Reçu chevalier de l'ordre de Saint-Louis le 21 octobre 1721.
Mort en 1747.

De MAUSSAC (*Antoine*),
Enseigne de vaisseaux.
Reçu chevalier de l'ordre de Saint-Louis le 10 décembre 1721.
Mort à Brest le 30 juillet 1728.

De CHANCEL (*Louis*), *chevalier* de la Grange,
Chevalier et commandeur de l'ordre de Saint-Lazare.
Lieutenant de vaisseaux du Roi.
Capitaine-général garde-côte dans l'étendue de la capitainerie d'Entre-deux-Mers de Dordogne.
Reçu chevalier de l'ordre de Saint-Louis le 23 décembre 1721.
Mort le 25 novembre 1747.

De MESCHIN (*Jérôme* ou *Jérémie*),
Reçu chevalier de l'ordre de Saint-Louis le 23 décembre 1721.
Capitaine de vaisseaux du Roi en 1738.
Mort à Rochefort en 1757.

De COURTEN (*Maurice, comte*),
Cadet au régiment suisse de Courten en avril 1706.
Capitaine-lieutenant de la compagnie de son père, décembre 1707.
Capitaine d'une demi-compagnie, sur la démission de son père, en 1721.
Reçu chevalier de l'ordre de Saint-Louis en décembre même année.
Lieutenant-colonel du régiment de Courten, juin 1724.
Brigadier des armées du Roi, mars 1738.
Créé comte de l'empire et chambellan de l'empereur Charles VII en mai 1742.
Maréchal-de-camp en 1743.
Colonel d'un régiment suisse de son nom, mars 1744.
Commandeur de l'ordre de Saint-Louis, octobre même année.
Le maréchal de Belleisle, nommé par le Roi pour se rendre

auprès de l'Empereur, et de là à Berlin auprès du Roi de Prusse pour concerter les opérations de la campagne de 1745, ayant été arrêté et conduit prisonnier en Angleterre, le Roi choisit, pour le remplacer, le comte de Courten, qui s'acquitta de cette commission à la satisfaction des trois princes.

Lieutenant-général des armées du Roi, janvier 1748.

Nommé grand'croix de l'ordre de Saint-Louis en mars 1757, il n'en obtint les provisions qu'en 1761.

Mort à Paris le 29 janvier 1766.

DE SABREVOIS (*Henri, marquis*),
Servit volontaire dans le régiment de Vendôme.
Aide de l'artillerie du parc en février 1706.
Officier pointeur, août même année.
Commissaire ordinaire de l'artillerie, novembre 1707.
Reçu chevalier de l'ordre de Saint-Louis en 1721.
Commissaire provincial de l'artillerie, août même année.
Commandant de l'école de Strasbourg et de celle de la Fère en 1728.
Commandant de l'école d'artillerie de Grenoble en 1743, et de celle de Besançon en 1746.
Maréchal-de-camp, janvier 1748.
Commandant en second de l'artillerie de l'armée d'Italie, même année.
Lieutenant-général de l'artillerie, avril 1750.
Lieutenant-général des armées du Roi, mai 1758.

ANDRAULT (*Jean-Baptiste-Louis*), marquis DE MAULEVRIER-LANGERON, né le 3 novembre 1677,
Capitaine au régiment de dragons d'Hanvoile, juillet 1693.
Aide-de-camp du maréchal Catinat.
Colonel du régiment d'infanterie d'Anjou (depuis Aquitaine), sur la démission du marquis d'Hautefort, janvier 1697.
Maréchal-de-camp, mars 1710.
Lieutenant-général des armées du Roi, mars 1720.

Ambassadeur extraordinaire en Espagne.
Reçu chevalier de l'ordre de Saint-Louis en 1721.
Chevalier de l'ordre de la Toison-d'Or le 14 octobre suivant.
Commandeur de l'ordre de Saint-Louis le 1er janvier 1728.
Gouverneur de Briançon, mai 1737.
Maréchal de France, mars 1745.
Mort le 22 mars 1754.

Du TROU DE VILLETANG (*Thomas*),
Officier dans un régiment d'infanterie.
Ingénieur en 1706.
Lieutenant-réformé à la suite du régiment de la marine en 1711.
Capitaine-réformé en 1714.
Ingénieur en chef en 1717.
Reçu chevalier de l'ordre de Saint-Louis en 1721.
Lieutenant-colonel-réformé, juin 1744.
Colonel-réformé à la suite du même régiment le 27 du même mois.
Brigadier des armées du Roi en 1748.
Directeur des fortifications de Normandie en 1754.
Il quitta le service en 1758.
Mort le 29 août 1760.

DE CHEBROU DE LA ROULIÈRE (*Jean-Victor*),
Premier capitaine au régiment Mestre-de-camp-général-dragons.
Lieutenant-colonel du même régiment.
Reçu chevalier de l'ordre de Saint-Louis en 1721.

PENE DE VAUBONNET (*Louis*),
Capitaine au régiment de Picardie.
Ingénieur en chef à Mont-Dauphin et à Montpellier.
Reçu chevalier de l'ordre de Saint-Louis en 1721.

DE MAZANCOURT (*Joseph-Joachim*), *seigneur* DE FRENOY,
Capitaine au régiment de Bourgogne-infanterie en 1714.
Reçu chevalier de l'ordre de Saint-Louis en 1721.
Capitaine à la suite du régiment de Givry-cavalerie en 1726.

Gouverneur des pages de la chambre du Roi en la même année.

Mort au mois de janvier 1773.

DE RIGAUD (*Louis-Philippe*), *comte* DE VAUDREUIL,
Lieutenant-général des armées navales.
Reçu chevalier de l'ordre de Saint-Louis en 1721.
Commandeur le 1er juillet 1734.
Grand'croix le 14 novembre 1746.
Mort à Tours le 27 novembre 1763.

DE BILLY (*Jean-François*), *seigneur* DE MONTGUIGNARD,
Capitaine au régiment du Roi-dragons.
Capitaine des gardes du comte de Charolois.
Premier gentilhomme du comte de Clermont-Prince.
Mestre-de-camp de cavalerie.
Chevalier de Saint-Lazare.
Reçu chevalier de l'ordre de Saint-Louis en 1721.

DE LA PLANCHE DE MORTIERES (*Jules-Claude-Pierre*),
seigneur de MERVILLIERS,
Colonel du régiment de Belsance-infanterie.
Maréchal-général-des-logis des camps des armées du Roi.
Reçu chevalier de l'ordre de Saint-Louis en 1721.

DU TROUSSET D'HÉRICOURT (*Louis*),
Enseigne de vaisseaux du Roi.
Lieutenant-de-Roi du petit Goave près du Cap.
Reçu chevalier de l'ordre de Saint-Louis en 1721.
Mort à Paris le 3 avril 1738.

LIMOJON (*Jean-Noël*), *seigneur* DE JONQUEIRETTES,
Capitaine au régiment de Condé-infanterie en 1706.
Reçu chevalier de l'ordre de Saint-Louis le 31 janvier 1722.

DE COUCY (*Philippe*), *seigneur* DE BERCY, né à Poisecourt, près Reims, le 22 décembre 1682,
Cadet en 1694.
Sous-lieutenant au régiment de Picardie, février 1696.

Lieutenant-réformé dans le régiment de Grancey en 1698.
Enseigne au même régiment en 1699.
Lieutenant, novembre 1702.
Capitaine, août 1705.
Reçu chevalier de l'ordre de Saint-Louis le 20 février 1722.
Capitaine de grenadiers dans le même régiment (alors Sou‑
vré), mars 1733.
Commandant du second bataillon, août 1734.
Lieutenant-colonel le 18 décembre suivant.
Brigadier des armées du Roi, mars 1747.
Mort le 10 novembre 1762.

DE LA MOTTE (*Louis*), *seigneur* DE VILLERS,
Reçu chevalier de l'ordre de Saint-Louis le 22 mai 1722.
Lieutenant-colonel d'artillerie en 1749.
Mort à Metz le 30 novembre 1751.

GAULMYN (*Nicolas*), *seigneur* DE SEAUVE,
Capitaine aux régimens d'Estrades-dragons, de Bellisle et de Bonnelles.
Reçu chevalier de l'ordre de Saint-Louis le 28 mai 1722.

DE LA LAURENCIE (*Bertrand*), *seigneur* DE CHARRAS,
Capitaine au régiment Royal-Piémont-cavalerie.
Lieutenant des maréchaux de France à Saint-Jean d'An‑
gély.
Reçu chevalier de l'ordre de Saint-Louis le 17 juin 1722.

CONSTANTIN (*Gabriel-Félix*), *seigneur* DE LA LORIE,
Capitaine au régiment d'Hudicourt-cavalerie.
Capitaine dans celui de Lorraine.
Grand-prévôt de la maréchaussée de Touraine.
Reçu chevalier de l'ordre de Saint-Louis le 14 juin 1722.

DE MASSOL (*George-Marie-Louis*), *marquis* DE MASSOL‑
COLONGES,
Capitaine de dragons au régiment de Belleisle.
Chevalier de l'ordre du Roi.
Gentilhomme ordinaire de Sa Majesté.

Envoyé extraordinaire à Gênes.
Chevalier d'honneur du parlement de Dijon.
Reçu chevalier de l'ordre de Saint-Louis en juin ou juillet 1722.
Chambellan du Roi Stanislas en 1747.

De BASSAT (*Jean-Baptiste*),
Servit cinq ans dans le régiment de Noailles-infanterie.
Officier pointeur dans l'artillerie en avril 1705.
Commissaire extraordinaire de l'artillerie en 1707.
Commissaire ordinaire en 1711.
Commissaire provincial, août 1721.
Reçu chevalier de l'ordre de Saint-Louis en 1722.
Commissaire provincial privilégié, octobre 1729.
Lieutenant d'artillerie, février 1734.
Lieutenant-général d'artillerie, décembre suivant.
Brigadier des armées du Roi, août 1736.
Maréchal-de-camp, mai 1745.
Commandant de l'artillerie au département de la Picardie.
Lieutenant-général des armées du Roi, mai 1748.

De CARUEL (*Nicolas*),
Capitaine au régiment de Namps-infanterie.
Reçu chevalier de l'ordre de Saint-Louis, par le Roi, le 20 avril 1723, à l'âge de cent onze ans et six mois.
Mort le 6 février 1726, âgé pour lors de cent quatorze ans, et le plus ancien chevalier de tous les ordres de France.

De CRUGY (*Jean-Armand*), comte DE MARCILLAC,
Capitaine au régiment de Marcillac-cavalerie.
Reçu chevalier de l'ordre de Saint-Louis en 1723.

GELAS DE VOISINS (*Daniel-François*), vicomte DE LAUTREC, né en 1686,
(Connu d'abord sous le nom de chevalier d'Ambres).
Reçu chevalier de Malte de minorité.
Mousquetaire en 1701.

Capitaine au régiment de Lautrec-dragons, octobre 1705.

Colonel d'un régiment d'infanterie qui prit son nom, sur la démission du sieur d'Urban, mars 1710.

Colonel-lieutenant du régiment d'infanterie de la Reine, sur la démission du marquis de Béthune, avril 1711.

Il se rendit à Malte à la citation générale de tout l'ordre pour la défense de cette île, menacée par les Turcs. Le grand-maître le fit brigadier des troupes qu'il avait levées à cette occasion en mai 1715.

Brigadier des armées du Roi, avril 1721.

Quitta la croix de Malte et fut reçu chevalier de l'ordre de Saint-Louis en 1723.

(Il prit alors le nom de vicomte de Lautrec).

Lieutenant-général en Haute-Guienne, sur la démission du marquis d'Ambres, son frère, mars 1727.

Maréchal-de-camp, août 1734.

Inspecteur-général de l'infanterie, janvier 1737.

Plénipotentiaire à Genève, octobre même année.

Lieutenant-général des armées du Roi, mars 1738.

Nommé chevalier des ordres du Roi, février 1743.

Ambassadeur extraordinaire auprès de l'Empereur Charles VII au mois de mai même année.

Obtint, en juin suivant, la permission de porter les marques de l'ordre du Saint-Esprit en attendant sa réception.

Reçu chevalier des ordres du Roi le 2 février 1745.

Commandant dans les provinces de Lyonnais, Forez, Beaujolois et dans la ville de Lyon.

Commandant à Namur en 1747.

Gouverneur des ville et prévôté du Quesnoy.

Maréchal de France le 24 février 1757.

Mort le 14 février 1762.

DE BEAUHARNAIS DE BEAUVILLE (*Guillaume*),

Capitaine de vaisseaux du Roi.

Nommé chevalier de l'ordre de Saint-Louis le 23 décembre 1721, et reçu le 20 janvier 1724.

Mort au petit Goaye en 1741.

De BEAULIEU de BARNEVILLE (*Toussaint-Augustin*),
fils du seigneur de Barneville, reçu chevalier en 1694,
Capitaine au régiment Royal-étranger-cavalerie en 1711.
Reçu chevalier de l'ordre de Saint-Louis le 26 janvier 1724.

De SELLIER du PIN (*Jean-Pierre*),
Garde-du-corps du Roi.
Capitaine au régiment de Savine en 1702, et successivement dans ceux du Maine et de Blaisois.
Reçu chevalier de l'ordre de Saint-Louis le 12 février 1724.
Mort le 11 décembre 1754.

Le MERCIER de MAISONCELLE (*Louis*),
Lieutenant au régiment de Médoc.
Commandant à l'île de la Grande-Terre à la Guadeloupe.
Reçu chevalier de l'ordre de Saint-Louis en 1724.

De ZELGER (*Joseph-Daniel*),
Cadet au régiment des Gardes-Suisses en 1704.
Enseigne de la colonelle du régiment de Pfiffer, août 1706.
Sous-lieutenant, avril 1707.
Second lieutenant, janvier 1709.
Sous-lieutenant au régiment des Gardes-Suisses, avril 1710.
Second lieutenant, février 1713.
Premier lieutenant, novembre 1719.
Reçu chevalier de l'ordre de Saint-Louis en juillet 1725.
Obtint une commission pour tenir rang de colonel, mars 1742.
Brigadier des armées du Roi, janvier 1748.
Mort en 1763.

SCHWEITZER de BUONAS (*Louis*),
Capitaine aux Gardes-Suisses.
Reçu chevalier de l'ordre de Saint-Louis au mois de juillet 1725.

De VAUCHOUX (*le marquis*),
Mestre-de-camp de cavalerie.

Gouverneur de Concaro et de Dieuze.

Reçu commandeur de l'ordre de Saint-Louis le 4 novembre 1725.

DE BEAUCOURT,
Mestre-de-camp du régiment de Beaucourt-dragons.
Reçu chevalier de l'ordre de Saint-Louis en 1725.

TOUSTAIN (*Charles*), *seigneur* DE FONTEBOSC et DE LIMESY,
Capitaine au régiment de Champagne.
Lieutenant des maréchaux de France à Rouen.
Reçu chevalier de l'ordre de Saint-Louis avant l'année 1726, qu'il se retira, après trente-quatre ans de service.
Mort à Rouen en 1766.

DE SELLIER DU PIN (*Pierre*), frère du garde-du-corps du Roi, reçu en 1724.
Officier au régiment de Savine.
Reçu chevalier de l'ordre de Saint-Louis en 1726.
Officier dans le régiment du Maine en 1735.
Mort à Manosque au mois de septembre 1766.

D'ARREGGER (*François-Antoine*),
Cadet au régiment de Castellas, octobre 1709.
Enseigne, mars 1710.
Enseigne au régiment des Gardes-Suisses, mars 1711.
Sous-lieutenant, mai suivant.
Second lieutenant, octobre 1716.
Premier lieutenant, juin 1719.
Reçu chevalier de l'ordre de Saint-Louis le 13 septembre 1727.
Il obtint une commission pour tenir rang de capitaine en décembre 1733.
Capitaine d'une demi-compagnie de Vigier, mai 1740.
Brigadier des armées du Roi, mai 1744.
Mort à Soleure au mois d'août 1763.

Du MERLE (*Léonor-Jean*), *seigneur* d'Auval,
Enseigne de vaisseaux du Roi.
Reçu chevalier de l'ordre de Saint-Louis le 13 septembre 1727.

De MOREAU (*Jean-François*), *marquis* d'Avrolle, fils du seigneur d'Aurolle, tué à la bataille d'Hochtet en 1704, reçu chevalier sous Louis XIV,
Reçu chevalier de l'ordre de Saint-Louis en 1727.
Capitaine aux Gardes-Françaises, avec rang de colonel, en 1733.
Mort en 1743, des blessures qu'il reçut à la bataille d'Etlingen.

De la BRUSLERIE,
Nommé chevalier de l'ordre de Saint-Louis le 7 mars 1728.

De MORANT (*Charles-Pierre*), *seigneur et baron* de Colonçée, d'Azarbec et d'Etouvy,
Lieutenant de vaisseaux du Roi.
Reçu chevalier de l'ordre de Saint-Louis le 5 avril 1728.
Mort à Vire le 19 février 1742.

BELI de BELFORT (*Jean-Baptiste-Conrard*),
Lieutenant-colonel du régiment de Féerdoff-suisse, avec rang de colonel.
Reçu chevalier de l'ordre de Saint-Louis au mois de mai 1728.

De BILLY d'ANTILLY (*Alexandre-François*), *seigneur* de Famechon,
Lieutenant aux Gardes-Françaises.
Reçu chevalier de l'ordre de Saint-Louis au mois de mai 1728.

De la FONTAINE SOLARE (*François*), *comte* de la Boissière,
Capitaine au régiment de Bretagne-infanterie.

Lieutenant-de-Roi à Dieppe.
Reçu chevalier de l'ordre de Saint-Louis au mois de juin 1728.

DE BALTHAZAR DE VÉSANCY (*Marc-Louis-Isaac*),
Lieutenant-colonel du régiment de Diesbach, avec rang de colonel.
Reçu chevalier de l'ordre de Saint-Louis le 22 novembre 1728.
Mort au camp de Dunkerque le 10 octobre 1742.

DE LA ROCHE (*Antoine*),
Capitaine au régiment d'Urfé.
Reçu chevalier de l'ordre de Saint-Louis en 1728.

FREDY DE VALENSON (*Dominique*),
Lieutenant provincial d'artillerie, avec rang de colonel.
Reçu chevalier de l'ordre de Saint-Louis le 25 avril 1729.
Mort au château de Coubertin le 21 juillet 1741.

D'ARMAND DE CHÂTEAUVIEUX (*Joseph*),
Capitaine de carabiniers.
Reçu chevalier de l'ordre de Saint-Louis le 29 juillet 1729.
Mort le 23 mai 1749.

BARDON DE GROBOIS (*Claude-Barthélemy*),
Chevalier de Saint-Lazare.
Capitaine au régiment de Normandie.
Reçu chevalier de l'ordre de Saint-Louis le 14 octobre 1729.

DE LA LAURENCIE (*Charles-Henri*), *seigneur* DE VILLENEUVE-LA-COMTESSE,
Capitaine aux régimens d'Aubusson et de Cayeux-cavalerie.
Reçu chevalier de l'ordre de Saint-Louis le 29 octobre 1729.

AMMANN (*Jacques-Christophe*),
Lieutenant-colonel du régiment de Karrer-suisse.

Reçu chevalier de l'ordre de Saint-Louis en 1729.
Mort le 3 juillet 1750.

De RIGAUD de CAVAGNAL (*Pierre*), marquis de Vaudreuil,
Capitaine de vaisseaux du Roi.
Gouverneur du Canada.
Reçu chevalier de l'ordre de Saint-Louis en 1729.
Commandeur en 1757.
Grand'croix en 1758.

De ROSSET de CEILHES (*Pons*), marquis de Rocozel,
Sous-lieutenant au régiment d'infanterie de Flandre en juin 1708.
Lieutenant, avril 1709.
Capitaine, juillet 1711.
Colonel-réformé à la suite du régiment de Montpellier, mars 1722.
Gouverneur de Lunel (dont la charge avait été créée pour lui) en décembre 1723.
Colonel du régiment d'Angoumois, juin 1725.
Gouverneur de Brescou, avril 1728.
Brigadier des armées du Roi, janvier 1729.
Gouverneur de Sommières, octobre suivant.
Reçu chevalier de l'ordre de Saint-Louis avant 1730.
Commandant à Castres et dans l'évêché de Lavaur en mars 1730.
Maréchal-de-camp, décembre 1731.
Commandeur de l'ordre de Saint-Louis le 4 mai 1732.
Lieutenant-général des armées du Roi, août 1734.
Commandant à Verdun en novembre suivant.
Lieutenant-général et commandant du Roussillon, et gouverneur du Mont-Louis en avril 1736.
Grand'croix de l'ordre de Saint-Louis le 1er janvier 1737.

De CONTADES (*Charles-Pierre-Erasme, chevalier*),
Capitaine au régiment d'infanterie de la Feuillade en 1704.

Sous-lieutenant au régiment des Gardes-Françaises, avril 1709.

Sous-aide-major, octobre 1712.

Lieutenant, août 1721.

Reçu chevalier de l'ordre de Saint-Louis avant 1730.

Lieutenant de grenadiers en mars 1730, avec rang de colonel en avril suivant.

Aide-major-général de l'armée d'Italie, octobre 1733.

Brigadier des armées du Roi, octobre 1734.

Commandeur de l'ordre de Saint-Louis le 1er janvier 1737.

DE NEUFVILLE (*Louis-François*), duc DE VILLEROY, né le 13 octobre 1695,

(Connu d'abord sous le nom de marquis de Villeroy).

Lieutenant-de-Roi en Lyonnais.

Mousquetaire en 1712.

Lieutenant-général en Lyonnais, Forez et Beaujolais, sur la démission de son père, en octobre même année.

Il se démit de la charge de lieutenant-de-Roi en faveur du marquis d'Alincourt, son frère.

Colonel du régiment de Lyonnais, sur la démission de son père, février 1714.

Obtint la seconde compagnie des Gardes-du-corps du Roi, en survivance de son père, en décembre 1716.

Duc et pair de France, sur la démission de son père, au mois de février 1722.

Il fut reçu au parlement comme pair le 22 du même mois, prit alors le nom de duc de Rets et entra en exercice de la charge de capitaine des gardes-du-corps conjointement avec son père.

Reçu chevalier de l'ordre de Saint-Louis en mars 1730.

Il devint duc de Villeroy et capitaine en titre des gardes, à la mort de son père, le 22 avril 1734.

Brigadier des armées du Roi, février suivant.

Gouverneur et lieutenant-général du Lyonnais, Forez et Beaujolais, mai même année.

Chevalier des ordres du Roi, janvier 1737.
Maréchal-de-camp, mars 1738.

De REYNOUD (*François-Ignace*),
Enseigne au régiment des Gardes-Suisses, juin 1709.
Sous-lieutenant, octobre même année.
Capitaine d'une demi-compagnie dans le régiment d'Hessy, octobre 1719.
Capitaine d'une demi-compagnie dans le régiment des Gardes-Suisse, août 1726.
Reçu chevalier de l'ordre de Saint-Louis en 1730.
Brigadier des armées du Roi, février 1743.
Mort à Fribourg en septembre 1751.

D'ARGOUD (*Pierre-Maurice*),
Chef de bataillon au régiment de Piémont.
Reçu chevalier de l'ordre de Saint-Louis en 1730.

De ROHAN MONTAUBAN (*Charles, prince*), comte DE ROCHEFORT, né le 7 août 1693,
Mousquetaire en 1710.
Capitaine de cavalerie dans le régiment de la Trémoille (depuis Balincourt), août 1711.
Guidon de la compagnie des gendarmes de la garde du Roi, novembre 1716.
Obtint, en 1717, une commission pour tenir rang de mestre-de-camp de cavalerie.
Colonel du régiment de Picardie en juin même année.
Gouverneur des ville et château de Nîmes en septembre 1722.
Reçu chevalier de l'ordre de Saint-Louis en 1730.
Brigadier des armées du Roi, février 1734.
Maréchal-de-camp, octobre même année.
Lieutenant-général des armées du Roi, février 1743.
Mort le 25 février 1766.

D'AZÉMAR DE PANNAT (*François*), comte DE LA SERRE,
Sous-lieutenant au régiment du Roi en décembre 1711.

Lieutenant, octobre 1712.

Aide-major de son régiment, avec rang de capitaine, décembre 1717.

Reçu chevalier de l'ordre de Saint-Louis en 1730.

Aide-major-général de l'infanterie de l'armée d'Italie, octobre 1733.

Capitaine de grenadiers de son régiment, novembre 1734.

Obtint une commission pour tenir rang de colonel d'infanterie, novembre 1735.

Commandant du quatrième bataillon du régiment, juillet 1736.

Major de son régiment, août 1742.

Brigadier des armées du Roi, mai 1744.

Lieutenant-colonel du régiment du Roi, août même année.

Commandeur de l'ordre de Saint-Louis le 5 novembre 1745.

Obtint la permission de porter les honneurs de grand'croix le 19 août 1747.

Maréchal-de-camp, janvier 1748.

Commandant à Dunkerque, juillet suivant.

Gouverneur de l'hôtel royal des Invalides, novembre 1753.

Inspecteur-général surnuméraire de l'infanterie, février 1757.

Lieutenant-général des armées du Roi, mai 1758.

Il obtint la place d'inspecteur, vacante par la promotion du marquis de Contades à l'état de maréchal de France.

Grand'croix de l'ordre de Saint-Louis, avril 1761.

DE CHABERT DE BURGNES,

Enseigne de vaisseaux en 1729.

Reçu chevalier de l'ordre de Saint-Louis depuis 1730.

DES GOTS,

Enseigne de vaisseaux en 1728.

Reçu chevalier de l'ordre de Saint-Louis depuis 1730.

DE PENANDREFF DE KERANSTRET,

Enseigne de vaisseaux du Roi en 1727.

Reçu chevalier de l'ordre de Saint-Louis depuis 1730.

D'ANGLADE (*Joseph*),
   Capitaine au régiment de Bourbonnais en 1705.
   Reçu chevalier de l'ordre de Saint-Louis le 30 mai 1731.
   Mort à Condom le 10 janvier 1751, après quarante ans de service.

De MENOU (*René-François, marquis*),
   Exempt des gardes-du-corps en 1728.
   Reçu chevalier de l'ordre de Saint-Louis au mois d'octobre 1731.
   Mort le 30 décembre 1765.

De FONBANIDE,
   Capitaine de génie.
   Reçu chevalier de l'ordre de Saint-Louis en 1731.

De BERNON (*Pierre*), chevalier D'OUESTREVILLE, né le 11 décembre 1682, au château d'Ouestreville,
   Capitaine au régiment de Maillé en 1702.
   Reçu chevalier de l'ordre de Saint-Louis en 1731.

De BEAUHARNAIS (*Charles, marquis*),
   Lieutenant-général des armées navales.
   Gouverneur du Canada.
   Reçu commandeur de l'ordre de Saint-Louis le 22 mars 1732.
   Mort le 12 juin 1749, après soixante-trois ans de service.

D'AUBER (*François*), seigneur DE PEYRELONGUE,
   Major du régiment de Vogué-cavalerie.
   Reçu chevalier de l'ordre de Saint-Louis le 1er novembre 1732.

Du BREUIL (*Etienne*), seigneur DE LA BROSSE,
   Capitaine au régiment de Ruffec.
   Reçu chevalier de l'ordre de Saint-Louis le 25 novembre 1732.
   Mort à Strasbourg le 13 avril 1743.

Du VAUCEL (*Jacques-Barthélemy*), *seigneur* du Vaucardel,
Mousquetaire de la garde du Roi.
Reçu chevalier de l'ordre de Saint-Louis le 9 novembre 1732.

De la MOTTE (*Henri-Charles, seigneur*),
Reçu chevalier de l'ordre de Saint-Louis le 29 décembre 1732.
Colonel au corps royal de l'artillerie et du génie en 1755.
Quitta le service en 1759.

De CONFLANS (*Hubert*), *comte* de Brienne, né vers 1690,
Chevalier de Saint-Lazare en 1705.
Entra dans la marine en 1706.
Enseigne de vaisseaux en 1712.
Lieutenant en 1727.
Lieutenant des gardes de la marine à Rochefort en 1731.
Reçu chevalier de l'ordre de Saint-Louis en 1732.
Capitaine de vaisseaux du Roi en 1734.
Commandant des gardes de la marine de Brest en 1741.
Gouverneur et lieutenant-général des îles sous le vent de l'Amérique en 1747.
Prisonnier en Angleterre, il fut échangé contre le général Ligonnier en 1748.
Chef d'escadre en la même année.
Lieutenant-général des armées du Roi en 1752.
Vice-amiral de France à la mort du marquis de Macnemara, novembre 1756.
Maréchal de France le 18 mars 1758.

De RAFFELIS (*Charles*), *chevalier* de Soissons,
Capitaine de galères.
Reçu chevalier de l'ordre de Saint-Louis en 1732.

De CAPDEVILLE (*Barnard, chevalier*), *seigneur* du Poy,
Argelouse, etc.,
Capitaine au régiment de dragons d'Epinay.
Reçu chevalier de l'ordre de Saint-Louis en 1732.

D'ARMAND DE LAURENCIN (*Léon*), *comte* DE MISON,
Mousquetaire en 1700.
Capitaine dans le régiment de cavalerie de Jeoffreville (depuis Tarento et Bellefond), mars 1701.
Colonel du régiment d'infanterie de Flandre, décembre 1705.
Brigadier des armées du Roi, février 1719.
Inspecteur-général de l'infanterie, avril 1733.
Reçu commandeur de l'ordre de Saint-Louis le 23 octobre suivant.
Maréchal-de-camp, février 1734.
Tué à la bataille de Parme en la même année.

DE MONTENACH (*François-Antoine, chevalier*),
Lieutenant aux Gardes-Suisses, avec rang de colonel.
Reçu chevalier de l'ordre de Saint-Louis le 9 mai 1733.

DE MONTIGNY (*Nicolas-Louis, marquis*),
Cornette au régiment de dragons de Châtillon (depuis Goesbriand) en février 1712.
Capitaine, mars 1714.
Sa compagnie réformée, il fut entretenu capitaine-réformé à la suite du même régiment, octobre suivant.
Il passa capitaine-réformé à la suite du régiment du colonel-général de la cavalerie en avril 1718.
Exempt de la compagnie de Villeroi des gardes-du-corps du Roi, mai 1723.
Il obtint une commission pour tenir rang de mestre-de-camp de cavalerie le 22 février 1726.
Reçu chevalier de l'ordre de Saint-Louis le 8 juin 1733.
Brigadier des armées du Roi, mai 1744.
Obtint, le 11 février 1747, un brevet pour tenir rang d'enseigne dans sa compagnie.
Maréchal-de-camp le 16 du même mois.
Troisième enseigne de sa compagnie, mai 1753.
Deuxième enseigne, juin 1755.
Mort le 7 mai 1759.

D'ERLACH (*Pierre*, comte),
   Cadet au régiment des Gardes-Suisses, mars 1712.
   Enseigne de la compagnie de son père, février 1715.
   Capitaine de cette compagnie, avril suivant.
   Reçu chevalier de l'ordre de Saint-Louis en 1733.
   Brigadier des armées du Roi, janvier 1740.
   Mort le 2 juin 1741.

DE RATTSKY (*George-Bor*, baron), fils de Georges, baron de Rattsky et de Suzanne Balogrie, né au château de Salamanza en Hongrie,
   Mestre-de-camp-réformé à la suite des régimens de hussards, novembre 1707.
   Colonel d'un régiment de hussards de son nom, décembre suivant.
   Brigadier de cavalerie, février 1719.
   Commandeur de l'ordre de Saint-Louis le 12 juin 1734.
   Maréchal-de-camp, août suivant.
   Mort le 5 septembre 1742.

DE COSSÉ (*Jean-Paul-Timoléon*), duc DE BRISSAC, né le 12 octobre 1692,
   (Connu d'abord sous le nom de chevalier de Brissac.)
   Chevalier de Malte.
   Garde-marine en 1713.
   Volontaire sur les galères de Malte en 1714.
   Capitaine-réformé à la suite du régiment de cavalerie de Villeroi en juillet 1718.
   Capitaine à la suite du régiment de son frère aîné, avril 1719.
   Mestre-de-camp-réformé à la suite du régiment de Brissac, juillet 1721.
   Capitaine au régiment de Villeroi, en conservant son rang de mestre-de-camp, février 1727.
   Pair de France, à la mort de son frère aîné, le 18 avril 1732.

16*

(Prit alors le titre de duc de Brissac).

Grand panuetier de France, aussi à la mort de son frère, le 24 du même mois.

Mestre-de-camp d'un régiment de cavalerie de son nom (depuis la Rochefoucaud), mars 1734.

Reçu chevalier de l'ordre de Saint-Louis le 30 juin suivant.

Brigadier des armées du Roi, octobre même année.

Chevalier des ordres du Roi le 2 février 1743.

Maréchal-de-camp le 20 du même mois.

Lieutenant-général des armées du Roi, janvier 1750.

Gouverneur des ville et château de Salces, à la mort du comte de Cossé, son frère, en septembre 1754.

Gouverneur de Sarre-Louis en 1759.

Obtint du Roi les entrées de sa chambre en août 1760.

Depuis maréchal de France et gouverneur de Paris.

Mort le 17 décembre 1780.

DE GONTAUT (*Louis-Antoine*), duc DE BIRON, né le 2 février 1701,

(Connu d'abord sous le nom de comte de Biron).

Il entra garde-marine en 1716.

Colonel-réformé à la suite du régiment de Chartres, janvier 1719.

Capitaine de cavalerie au régiment de Noailles, février 1727.

Colonel-lieutenant du régiment Royal-Roussillon infanterie, sur la démission du marquis de Ximenes, juillet 1729.

Brigadier des armées du Roi, février 1734.

Reçu chevalier de l'ordre de Saint-Louis le 30 juin suivant.

Inspecteur-général de l'infanterie en juillet.

Maréchal-de-camp en octobre de la même année 1734.

Colonel-lieutenant et inspecteur de son régiment d'infanterie, à la mort du marquis de Pezé, janvier 1735.

Duc de Biron, sur la démission de son frère, le 29 février 1740.

Lieutenant-général des armées du Roi, février 1743.

Reçu chevalier de ses ordres le 1er janvier 1744.

Colonel du régiment des Gardes-Françaises, à la mort du duc de Grammont, en mai 1745.

Reçu au parlement comme pair de France, août 1749.

Maréchal de France le 24 février 1757.

Mort le 3 novembre 1788.

DE LA CHASSE DE VÉRIGNY,

Capitaine au régiment d'infanterie d'Enghien.

Reçu chevalier de l'ordre de Saint-Louis le 20 juillet 1734.

DE MARCA (*Louis-François*), seigneur DE LA MARQUE,

Capitaine au régiment du Maine, et depuis dans celui d'Eu.

Reçu chevalier de l'ordre de Saint-Louis le 25 juillet 1734.

Major de la Rochelle en 1738.

VARUVIAS DE PEGNA BLANCA (*Don Juan-Velasquez*), *marquis* DE COVARUVIAS,

Après avoir servi Philippe V avec beaucoup de zèle, il fut fait brigadier de ses armées en décembre 1707.

Il vint s'établir en France en 1727, et fut, le 16 mars, confirmé dans son grade de brigadier.

Maréchal-de-camp, octobre 1728.

Grand'croix honoraire de l'ordre de Saint-Louis le 1er août 1734.

Lieutenant-général des armées du Roi, janvier 1739.

Mort le 24 décembre de la même année, à Versailles, où il demeurait.

DE GROUCHES (*Nicolas-Antoine*), *marquis* DE CHEPY et DE GRÉBAUVAL, né le 18 septembre 1668,

Page du Roi en 1683.

Mousquetaire en 1684.

Cornette au régiment de cavalerie d'Orléans, janvier 1689.

Capitaine dans le même régiment, sur la démission de son frère aîné, décembre suivant.

Lieutenant-colonel de son régiment, janvier 1706.

Colonel d'un régiment de cavalerie de son nom, juillet 1708.

Brigadier des armées du Roi, février 1719.

Il se démit de son régiment, que l'on accorda à son fils en 1728, et y conserva une compagnie qu'il commandait encore en 1734.

Maréchal-de-camp le 1ᵉʳ août 1734.

Commandeur de l'ordre de Saint-Louis le même jour.

Mort le 25 avril 1751.

D'HOZIER DE LA GARDE (*Jean*),

Aide-major et capitaine des portes de Strasbourg.

Major et commandant au château de Lichtemberg.

Reçu chevalier de l'ordre de Saint-Louis le 12 novembre 1734.

Mort le 2 août 1747.

TEYSSIER (*Jean-Blaise*), *seigneur* DE CHAUNAC,

Capitaine au régiment de Biron, et depuis dans ceux de Villeroi et de Conti-cavalerie.

Reçu chevalier de l'ordre de St.-Louis le 10 décembre 1734.

DEXMIER D'ARCHIAC (*Jean-Louis*), *comte* DE SAINT-SIMON, né le 15 novembre 1714,

Enseigne de la colonelle du régiment de Monconseil (depuis Trainel et Durfort) en août 1726.

Lieutenant de la même compagnie en septembre suivant.

Eut rang de capitaine en septembre 1730.

Reçu chevalier de l'ordre de Saint-Louis, à dix-neuf ans, en 1734, pour s'être distingué à la bataille de Parme, où il avait reçu des blessures dangereuses.

Major de son régiment en mai 1740.

Aide-major-général d'infanterie de l'armée du Rhin, septembre 1743.

Obtint le rang de colonel d'infanterie en novembre 1744.

Brigadier des armées du Roi, mai 1748.

Colonel-réformé à la suite de son régiment, juin 1752.

Maréchal-de-camp en juillet 1762.

DE VILLETTE (*Nicolas-Joseph-Roger*), *seigneur* D'AVENAY,
Capitaine au régiment de Normandie.
Major et commandant à Caen.
Reçu chevalier de l'ordre de Saint-Louis en 1734.
Mort le 25 février 1755.

DE CAMBIS (*Louis-Dominique*), *comte* DE VELLERON, baptisé le 10 août 1669,
(Connu d'abord sous le nom de chevalier de Velleron).
Cornette au régiment de cavalerie de Jeoffreville, mars 1689.
Lieutenant au même régiment en 1691.
Capitaine en 1692.
Exempt de la compagnie de Lorges (depuis Luxembourg) en 1697.
Obtint rang de mestre-de-camp de cavalerie en 1703.
Gouverneur des ville, viguerie et citadelle de Sisteron en 1709.
Deuxième enseigne de sa compagnie, même année.
Brigadier des armées du Roi, mars 1710.
Premier enseigne de sa compagnie en 1716.
Maréchal-de-camp en 1719.
Troisième lieutenant de la même compagnie en 1720.
Ambassadeur en Savoie en 1724.
Deuxième lieutenant en 1729.
Premier lieutenant en 1732.
Grand'croix de l'ordre de Saint-Louis en 1734.
Lieutenant-général des armées du Roi, même année.
Ambassadeur en Angleterre, novembre 1736.
Chevalier des ordres du Roi en 1739.
Mort à Londres en 1740.

DE SALIGNAC (*Jacques*), *comte* DE FÉNÉLON, frère du lieutenant-général des armées du Roi, reçu chevalier sous Louis XIV,
Commandeur de l'ordre de Saint-Lazare.
Capitaine au régiment Royal-Piémont.

Mestre-de-camp à la suite de celui de Dauphin-étranger-cavalerie.
Reçu chevalier de l'ordre de Saint-Louis en 1734.

GOBELIN (*Nicolas-Louis*), *marquis* d'OFFÉMONT,
Reçu chevalier de l'ordre de Saint-Louis en 1734, après la bataille de Parme, où il perdit un œil.

Du BOIS de SAINT-VINCENT (*Gabriel*),
Capitaine de grenadiers au régiment de Béarn.
Major du même régiment.
Reçu chevalier de l'ordre de Saint-Louis en 1734.
Major de Landrecies en 1748.
Mort à Apt en 1753, de la suite des blessures qu'il avait reçues à la bataille de Rocoux en 1746.

De FLÉCELLES (*Germain-Christophe*), *marquis* de BRÉGG,
Capitaine au régiment du Roi-infanterie.
Enseigne des gendarmes de Berri.
Mestre-de-camp-réformé à la suite du régiment Royal-étranger-cavalerie en 1722.
Reçu chevalier de l'ordre de Saint-Louis le 1ᵉʳ janvier 1735.
Mort au mois d'août 1762.

De CALOUIN (*Raimond*),
Capitaine au régiment de Champagne en 1710.
Reçu chevalier de l'ordre de Saint-Louis le 31 janvier 1735.

De BERNAY (*le comte*),
Sous-lieutenant aux Gardes-Françaises.
Reçu chevalier de l'ordre de Saint-Louis le 1ᵉʳ mars 1735.

De BOCCARD (*François-Philippe*),
Enseigne surnuméraire au régiment de Castellas en août 1715.
Enseigne en octobre suivant.
Enseigne au régiment des Gardes-Suisses, juillet 1718.
Sous-lieutenant, octobre 1719.
Second lieutenant, juillet 1720.

Aide-major, à la création de cette charge, juin 1729.
Reçu chevalier de l'ordre de Saint-Louis le 30 mars 1735.
Major du régiment des Gardes-Suisses, avril 1738.
Brigadier des armées du Roi, mai 1745.
Maréchal-de-camp, mai 1748.
Colonel d'un régiment suisse de son nom, mars 1752.
Commandant à Ruremonde en mai 1759.
Lieutenant-général des armées du Roi, décembre suivant.
Mort en 1783.

POTERAT D'ASSENAY (*Claude*, *chevalier*),
Commandeur de l'ordre de Saint-Lazare.
Maître-d'hôtel ordinaire du Roi.
Lieutenant-colonel du régiment d'Orléans.
Brigadier des armées du Roi.
Reçu chevalier de l'ordre de Saint-Louis le 2 avril 1735.
Mort le 13 septembre 1766.

DE LAMBERT (*Henri*, *marquis*), né le 14 décembre 1690,
Mousquetaire du Roi dans la première compagnie en 1707.
Lieutenant pour le Roi des ville et citadelle de Saintes, sur la démission de son oncle, Henri de Lambert, le 26 avril 1715.
Lieutenant-réformé au régiment de la Tour-cavalerie le 6 septembre 1719.
Capitaine-réformé au même régiment le 31 janvier 1720.
Capitaine au même régiment (depuis Chabrillant), le 12 mars 1725.
Reçu chevalier de l'ordre de Saint-Louis le 11 mai 1735.
Commandait sa compagnie au siége de Prague en 1742.
Mort le 27 mai 1785.

SALOMON (*François*), chevalier D'AMBLY,
Chevalier de Saint-Lazare.
Lieutenant aux Gardes-Françaises.
Reçu chevalier de l'ordre de Saint-Louis en 1735.
Tué à la bataille d'Etlingen en 1743.

PRAROMANN (*Joseph-Nicolas*),
  Capitaine-aide-major au régiment des Gardes-Suisses, avec rang de colonel.
  Reçu chevalier de l'ordre de Saint-Louis en 1735.

DE PUJOL (*Jean-Baptiste-Denis-Joseph*), chevalier DE PUJOL,
  Chevalier de Saint-Lazare.
  Lieutenant-colonel au corps des carabiniers.
  Major-général de l'armée de Corse.
  Reçu chevalier de l'ordre de Saint-Louis en 1735.
  Maréchal-de-camp en 1780.
  Mort en 1789.

DE COMINGES (*Bernard*), baron DE SAINT-LARY,
  Major du régiment de Vibraye-dragons.
  Lieutenant-colonel de celui de Caraman.
  Reçu chevalier de l'ordre de Saint-Louis en 1735.

DE GODERNEAUX (*Jean-Gilles*),
  Colonel de dragons.
  Commandant de la première brigade de la légion royale, avec rang de lieutenant-colonel.
  Reçu chevalier de l'ordre de Saint-Louis en 1735.
  Obtint sa retraite après cinquante ans de service.

DE BERSELLY (*le comte*),
  Lieutenant-colonel.
  Reçu chevalier de l'ordre de Saint-Louis avant 1736.

DE DIENNE DU CHAILADET DE MONTVELLIER (*Balthazar*),
  Chef d'escadre des galères.
  Reçu chevalier de l'ordre de Saint-Louis en 17...
  Commandeur le 21 janvier 1736.
  Quitta le service au mois de mai 1739.

AUBERT DE RASSAY (*Jean-Baptiste-Auguste-César-Pierre*),
  Lieutenant-colonel du régiment de Joyeuse-infanterie.
  Reçu chevalier de l'ordre de Saint-Louis le 20 mars 1736.

MARCLÉSY (*Jean-Joseph-Nicolas*),
 Lieutenant-colonel du régiment de Courten-suisse, avec rang de colonel.
 Reçu chevalier de l'ordre de Saint-Louis au mois de mars 1736.
 Tué à la bataille de Fontenoy en 1745.

PESTALOZZI (*César-Hippolyte*),
 Cadet aux gardes en 1718.
 Enseigne de la compagnie de Vigier en janvier 1721, et de celle de Machet en novembre 1726.
 Sous-lieutenant de cette dernière compagnie en août 1729.
 Second lieutenant, janvier 1734.
 Reçu chevalier de l'ordre de Saint-Louis le 13 avril 1736.
 Aide-major de son régiment en avril 1738.
 Il obtint le rang de colonel d'infanterie le 22 mars 1742.
 Brigadier des armées du Roi, janvier 1748.
 Eut rang de capitaine au régiment des Gardes-Suisses, et commanda en cette qualité la compagnie lieutenante-colonelle en mars 1752.
 Commandant de la compagnie générale en novembre 1757.
 Maréchal-de-camp, février 1761.
 Lieutenant-général des armées du Roi.
 Mort en 1790.

BERAUD D'ARIMONT (*Louis*), marquis DE LA HAYE,
 Capitaine de grenadiers au régiment de Champagne.
 Lieutenant-de-Roi d'Huningue.
 Chambellan et premier veneur du duc de Berri.
 Reçu chevalier de l'ordre de Saint-Louis le 20 avril 1736.
 Mort le 24 mars 1754.

DE PAGÈS (*Abraham*),
 Capitaine au régiment d'Anjou-infanterie.
 Commandant au fort de l'Escale en Catalogne.
 Reçu chevalier de l'ordre de Saint-Louis le 14 mai 1736.
 Mort à Longwy le 5 octobre 1740.

De PLANTA de WILDENBERG (*Louis-Auguste, baron*),
Capitaine aux Gardes-Suisses.
Reçu chevalier de l'ordre de Saint-Louis au mois de mai 1736.
Lieutenant-général des armées du Roi en 1760.
Mort le 15 août de la même année.

De VERGNETTE du LABIT (*Claude-Antoine*),
Lieutenant au régiment colonel-général-cavalerie.
Reçu chevalier de l'ordre de Saint-Louis le 8 juin 1736.
Quitta le service en 1739.

De SAINCTIGNON (*Jean*), *seigneur* de GRAND-FAILLY,
Capitaine au régiment de Pons-cavalerie.
Nommé chevalier de l'ordre de Saint-Louis le 27 juillet 1736. Il fut reçu par le comte de Belleisle, lieutenant-général.
Mort en 1743.

PIOCHARD de la BRULERIE (*Jean-Etienne*),
Maréchal-des-logis de la première compagnie des mousquetaires.
Mestre-de-camp de cavalerie.
Reçu chevalier de l'ordre de Saint-Louis au mois de juillet 1736.
Quitta le service en 1756.

DESRIBIER,
Premier lieutenant, avec rang de capitaine, au régiment de Royal-la-Marine.
Reçu chevalier de l'ordre de Saint-Louis en 1736.

Du PAC (*Henri*), seigneur de PONT-FERME,
Capitaine au régiment de Normandie en 1717.
Reçu chevalier de l'ordre de Saint-Louis en 1736.

De JAMBON de la CHARTRIE (*Charles-Antoine*),
Capitaine au régiment du Perche.
Reçu chevalier de l'ordre de Saint-Louis en 1736.

DE LA TAILLE *(Jean)*, *seigneur* DE FRÊNAY,
 Lieutenant de vaisseaux du Roi.
 Capitaine d'une compagnie franche de la marine.
 Reçu chevalier de l'ordre de Saint-Louis en 1736.

DE CREIL NANCRÉ *(Jean-François)*, *marquis* DE CREIL,
 Mousquetaire en 1699.
 Capitaine au régiment de dragons de Sainte-Hermine (depuis Rohan), novembre 1701.
 Colonel du régiment d'infanterie de Bassigny, mars 1705.
 Brigadier des armées du Roi, février 1719.
 Capitaine-lieutenant de la compagnie des grenadiers à cheval du Roi, septembre 1730.
 Maréchal-de-camp, février 1734.
 Reçu chevalier de l'ordre de Saint-Louis en 17...
 Commandeur le 1er janvier 1737.
 Lieutenant-général des armées du Roi, mars 1738.
 Commandant à Maubeuge et dans le Hainaut, octobre 1742.
 Grand'croix de l'ordre de Saint-Louis le 16 mars 1743.
 Gouverneur de Thionville en mars 1744.
 Commandant aux Évêchés en l'absence du comte Belleisle au mois d'août suivant.
 Mort à Thionville le 30 juillet 1753.

DE CONTADES *(George-Erasme* ou *Louis-George-Erasme, marquis)*, né au mois d'octobre 1704,
 Second enseigne au régiment des Gardes-Françaises en février 1720.
 Premier enseigne en juillet suivant.
 Gouverneur de Beaufort en Anjou, en survivance de son père, en juin 1721.
 Lieutenant aux gardes, juin 1724.
 Capitaine, juin 1729.
 Colonel du régiment d'infanterie de Flandre, à la promotion du marquis de Mison au grade de maréchal-de-camp, mars 1734.

Colonel du régiment d'Auvergne, à la mort du comte de Clermont, juin suivant.
Brigadier des armées du Roi, octobre même année.
Entré en jouissance du gouvernement de Beaufort, à la mort de son père, le 3 octobre 1735.
Reçu chevalier de l'ordre de Saint-Louis en 17...
Commandeur le 1er janvier 1737.
Maréchal-de-camp, janvier 1740.
Inspecteur-général de l'infanterie, janvier 1745.
Lieutenant-général des armées du Roi, avril même année.
Maréchal de France le 24 août 1758.
Chevalier des ordres du Roi le 1er janvier 1759.

DE LALLOUETTE DE VERNICOURT (*André-Jean*),
Mousquetaire en 1691.
Capitaine au régiment d'Estrades-dragons en avril 1695.
Lieutenant-colonel du régiment de Châtillon-dragons, lors de sa levée, en décembre 1702.
Lieutenant-colonel-réformé à la suite du régiment de Goësbriand, lorsque le sien fut réformé, en août 1714.
Mestre-de-camp-réformé à la suite du même régiment en août 1718.
Inspecteur-général de la cavalerie et des dragons en mars 1720.
Brigadier des armées du Roi, octobre 1723.
Maréchal-de-camp, août 1734.
Reçu chevalier de l'ordre de Saint-Louis en 17...
Commandeur le 1er janvier 1737, en quittant le service.
Mort le 25 mars 1762.

DE CHABANNES-PIONSAC (*François-Antoine*), COMTE DE CHABANNES,
Chevalier de Saint-Lazare en 1701.
Sous-lieutenant au régiment de Navarre en 1703.
Capitaine-réformé à la suite du même régiment en 1705.
Sous-lieutenant de la colonelle en mai 1706.

Capitaine à la place de son frère aîné, qui passa enseigne aux gardes, octobre même année.

Enseigne aux gardes, novembre 1707.

Sous-lieutenant, mars 1709.

Lieutenant, mars 1711.

Capitaine, août 1716.

Major en janvier 1730.

Brigadier des armées du Roi en février 1734.

Major-général de l'infanterie à l'armée du Rhin, conjointement avec M. de la Javelière, puis avec M. de Salières, de 1734 à 1735.

Reçu chevalier de l'ordre de Saint-Louis en 17...

Commandeur le 1er juillet 1737.

Grand'croix le 24 août suivant.

Maréchal-de-camp, mars 1738.

Lieutenant-général des armées du Roi, mai 1744.

Lieutenant-colonel du régiment des Gardes-Françaises dans le même mois.

Gouverneur des ville et citadelle de Verdun, juin 1745.

Commandant sur les côtes du Poitou, d'Aunis et de Saintonge en octobre 1746.

Mort à Paris le 23 décembre 1754.

DE BONNET (*Pierre*),
Lieutenant-colonel du régiment de Besançon.
Commandant à Joinville.
Reçu chevalier de l'ordre de Saint-Louis le 1er juillet 1737.
Mort à Besançon le 20 septembre 1754.

DE RUEL (*Louis*),
Commandant de bataillon au régiment de Languerue.
Reçu chevalier de l'ordre de Saint-Louis au mois d'août 1737.

DE JAMBON (*Cyr-Yves*), seigneur DE SAINT-CYR,
Sous-brigadier des gardes-du-corps.
Reçu chevalier de l'ordre de Saint-Louis au mois d'août 1737.

DE JAMBON DE SAINT-CYR D'ESTRANCOURT,
Capitaine au régiment du Perche.
Lieutenant-de-Roi de Cette.
Reçu chevalier de l'ordre de Saint-Louis au mois d'août 1737.

PASQUET DU BOUSQUET (*Henri*), petit-fils de Jean de Pasquet, reçu page du Roi en 1625.
Entré volontaire au régiment de Guienne-infanterie en 1699.
Capitaine au régiment de Barville en 1702.
Capitaine de grenadiers au même régiment (alors Riberac) en avril 1709.
Il s'empara, à la tête de sa compagnie, du fort d'Arleux, d'après les ordres du maréchal de Montesquiou, qui en rendit compte au Roi, en 1711.
Commandant du premier bataillon du régiment de Pessac en janvier 1734.
Reçu chevalier de l'ordre de Saint-Louis le 25 septembre 1737.
Commandant du bataillon d'Angoumois, avec rang de lieutenant-colonel en août 1748.
Mort le 14 décembre 1750.

D'AUGER (*Philippe-Eugène* ou *Louis-Philippe*, *chevalier*),
Mousquetaire en 1695.
Cornette au régiment de cavalerie de Villeroi en mars 1696.
Capitaine au régiment de Fiennes-cavalerie, décembre suivant.
Exempt de la compagnie de Lorges (depuis Luxembourg) en juillet 1698, avec rang de mestre-de-camp de cavalerie en mai 1705.
Brigadier des armées du Roi, février 1719.
Troisième enseigne de sa compagnie, août 1720.
Deuxième enseigne, décembre 1727.
Premier enseigne, avril 1729.
Troisième lieutenant, septembre suivant.

Deuxième lieutenant, février 1730.
Premier lieutenant, février 1734.
Maréchal-de-camp, même mois.
Reçu chevalier de l'ordre de Saint-Louis en 17...
Commandeur le 1er octobre 1737.
Lieutenant-général des armées du Roi, mars 1738.
Lieutenant-général au gouvernement de la Provence et du Roussillon en mai 1742.
Grand'croix de l'ordre de Saint-Louis le 25 janvier 1750.
Mort le 8 février 1761.

VAULTIER DE LA GRANDERIE (*Jean-Hyacinthe-Alexandre*),
Capitaine au régiment Dauphin-infanterie en 1735.
Nommé chevalier de l'ordre de Saint-Louis le 12 novembre 1737, et reçu le 15 par M. de Ganges, commandeur dudit ordre et gouverneur des Invalides.
Quitta le service en 1746.

DE ROLL (*Louis-Joseph, baron*),
Lieutenant-colonel du régiment de Witmer, avec rang de colonel.
Reçu chevalier de l'ordre de Saint-Louis le 2 décembre 1737, après avoir quitté la croix de Malte.

CABALAR (*Joachim*),
Cadet au régiment de Mai (depuis Diesbach) en 1711.
Enseigne en 1714.
Sous-lieutenant en 1720.
Lieutenant, même année.
Capitaine commandant la demi-compagnie de Bachmann, avec rang de capitaine, en 1727.
Reçu chevalier de l'ordre de Saint-Louis en 1737.
Lieutenant-colonel du même régiment en 1742.
Obtint rang de colonel en 1743.
Brigadier des armées du Roi en 1747.
Quitta le service au mois de mai 1755.
Mort en 1776.

GIRARDIER (*Pierre*),
   Cadet au régiment d'Hessy en avril 1705.
   Enseigne, avril 1715.
   Sous-lieutenant, mars 1719.
   Lieutenant, avril 1720.
   Capitaine-lieutenant, juillet 1722, avec rang de capitaine en décembre 1724.
   Capitaine d'une demi-compagnie en 1737.
   Reçu chevalier de l'ordre de Saint-Louis en la même année.
   Lieutenant-colonel du même régiment, et capitaine d'une autre demi-compagnie en octobre 1749.
   Brigadier des armées du Roi, mai 1758.
   Mort à Toulon en 1779.

SURY de STEINBRUGG (*Ours-Joseph-Guillaume*),
   Lieutenant-colonel du régiment de Seedorff.
   Colonel d'infanterie.
   Reçu chevalier de l'ordre de Saint-Louis au mois de février 1738.

De BARGETON (*Denis-Mathieu*),
   Capitaine au régiment de Santerre.
   Major de Maubeuge.
   Reçu chevalier de l'ordre de Saint-Louis le 18 mars 1738.

Del PEIROU de MURAT (*Jean*),
   Aide-major de brigade des chevau-légers de la garde.
   Reçu chevalier de l'ordre de Saint-Louis le 1er mai 1738.

De CASTELLAS (*Rodolphe*),
   Cadet au régiment de Bettens en mai 1723.
   Enseigne surnuméraire, janvier 1724.
   Enseigne en pied, avril suivant.
   Sous-lieutenant, juillet 1725.
   Enseigne aux gardes, avril 1727.
   Sous-lieutenant de la compagnie de Castellas en octobre 1736.

Commanda cette compagnie et eut rang de capitaine en mars 1737.

Reçu chevalier de l'ordre de Saint-Louis le 6 juin 1738.

Capitaine de grenadiers, mai 1742.

Capitaine de la demi-compagnie qu'il commandait, à la mort de M. de Castellas, son oncle, le 10 mars 1743.

Brigadier des armées du Roi, mai 1745.

Maréchal-de-camp, mai 1748.

Colonel d'un régiment suisse de son nom, mars 1756.

Inspecteur-général des Suisses et des Grisons, janvier 1759.

Lieutenant-général des armées du Roi, décembre suivant.

Commandeur de l'ordre de Saint-Louis le 1er avril 1761.

Grand'croix le 5 mars 1769.

DE ROLL D'EMMENHOLTZ (*François-Joseph-George-Ignace, baron*),

Cadet au régiment de Diesbach en mai 1723.

Enseigne surnuméraire, mai 1724.

Enseigne au régiment de Brendlé, mars 1727.

Enseigne aux Gardes-Suisses, juillet même année.

Sous-lieutenant, avril 1731.

Deuxième lieutenant, juillet 1733.

Premier lieutenant, septembre 1735.

Reçu chevalier de l'ordre de Saint-Louis le 6 juin 1738.

Capitaine-lieutenant de la compagnie de Machet en mai 1740.

Capitaine-lieutenant de la compagnie générale, septembre 1741.

Brigadier des armées du Roi, mars 1747.

Mort à Paris le 16 novembre 1757.

DE SAINCTIGNON (*Eric, baron*),

Capitaine en 1734.

Colonel du régiment de Saxe-infanterie.

Nommé chevalier de l'ordre de Saint-Louis le 6 juillet 1738.

LE PRESTRE (*Louis-Gabriel*), marquis DE VAUBAN,

Lieutenant-réformé au régiment d'infanterie du Roi en 1721.

Capitaine, septembre 1732.

Reçu chevalier de l'ordre de Saint-Louis le 17 août 1738.

Capitaine de grenadiers en novembre 1747, avec rang de colonel en janvier 1748.

Commandant de bataillon, janvier 1756.

Brigadier des armées du Roi, février 1759.

Il avait depuis long-temps le gouvernement de Châtillon en Bresse lorsqu'il quitta le service en 1759.

Mort le 22 mai 1760.

DE LA PIERRE (*Jean-Toussaint*), *marquis* DE FREMEUR, né le 27 juin 1696 à Hennebon,

Mousquetaire en 1719.

Capitaine au régiment de colonel-général-dragons en août 1721.

Mestre-de-camp-lieutenant de ce régiment en février 1727.

Reçu chevalier de l'ordre de Saint-Louis le 22 octobre 1738.

Brigadier de dragons, janvier 1740.

Maréchal-de-camp, mars 1744.

Lieutenant-général des armées du Roi, mai 1748.

Gouverneur de Montmédy en juillet 1756.

Commandant à Mahon (île Minorque) le 1er mai 1758.

Mort à Mahon, dans son commandement, le 2 avril 1759.

Le Roi lui fit ériger un monument dans l'église de cette ville.

DE REDMONT (*François*), *marquis* DE MONTMORT,

Lieutenant au régiment de dragons en 1721.

Capitaine au même régiment, février 1723.

Maréchal-des-logis de la cavalerie en avril 1734, avec rang de mestre-de-camp de cavalerie en novembre 1735.

Nommé chevalier de l'ordre de Saint-Louis le 29 décembre 1738.

Troisième enseigne de la compagnie de Villeroi des gardes du-corps du Roi en mai 1742.

Brigadier des armées du Roi, mai 1744.

Deuxième enseigne de sa compagnie, décembre même année.
Premier enseigne, mai 1745.
Troisième lieutenant, septembre 1747.
Maréchal-de-camp, janvier 1748.
Deuxième lieutenant de sa compagnie, mars 1753.
Premier lieutenant, juin 1755.
Major, février 1758.
Lieutenant-général des armées du Roi, mai suivant.
Commandeur de l'ordre de Saint-Louis le 15 août 1760.
Grand'croix le 1ᵉʳ avril 1761.

De BULLIOUD,
Lieutenant des maréchaux de France à Vendôme.
Reçu chevalier de l'ordre de Saint-Louis en 1738.

GUYHO du CHAFFAUT,
Sous-brigadier de la deuxième compagnie des Mousquetaires.
Reçu chevalier de l'ordre de Saint-Louis en 1738.

De COURT de la BRUYÈRE,
Lieutenant-général des armées navales.
Reçu chevalier de l'ordre de Saint-Louis en 17...
Commandeur le 18 mai 1739.

Du LAU de la COSTE (*Jean*), *comte* d'ALLEMANS,
Sous-lieutenant au régiment du Roi en 1704.
Lieutenant, février 1705.
Capitaine, novembre 1708.
Commandant de bataillon avec rang de colonel, août 1734.
Lieutenant-colonel de son régiment, juillet 1736.
Brigadier des armées du Roi la même année.
Reçu chevalier de l'ordre de Saint-Louis en 17...
Commandeur le 5 juin 1739.
Gouverneur de Coignac, avril 1741.
Gouverneur de Doullens en mai 1750.
Mort le 14 février 1763.

De GAUTHIER de GIRENTON (*Jean-Charles*), *marquis* de Chateauneuf, dit le *marquis* du Rousset de Girenton,
- Sous-lieutenant au régiment d'infanterie de Tournon en avril 1693.
- Entré, avec le même grade, au régiment de Sourches (depuis Vaudreuil) en avril 1694.
- Lieutenant, septembre 1696.
- Capitaine, novembre 1697.
- Capitaine de grenadiers, mars 1708.
- Commandant du deuxième bataillon, décembre 1712.
- Lieutenant-colonel du même régiment (alors Saint-Simon), août 1719.
- Brigadier des armées du Roi, février 1734.
- Lieutenant-de-Roi de Blaye.
- Maréchal-de-camp, mars 1738.
- Reçu chevalier de l'ordre de Saint-Louis en 17...
- Commandeur le 5 juin 1739.
- Quitta le service à cette époque.
- Mort le 24 février 1751.

De ROGRES (*Louis-René*), *marquis* de Champignelles,
- (Connu d'abord sous le nom de comte de Champignelles).
- Lieutenant-réformé au régiment de cavalerie de Toulouse au mois de février 1720.
- Capitaine-réformé en avril 1722.
- Capitaine-réformé au régiment des cuirassiers du Roi, avril 1727.
- Capitaine en pied, octobre suivant.
- Deuxième cornette de la première compagnie des mousquetaires, avec rang de mestre-de-camp de cavalerie en mai 1738.
- Reçu chevalier de l'ordre de Saint-Louis en 1739.
- Premier cornette en septembre 1740.
- Deuxième enseigne, mai 1741.
- Brigadier des armées du Roi, mai 1745.
- Maréchal-de-camp, mai 1748.

(Prit le nom de marquis de Champignelles, à la mort de son père, en avril 1756).

Lieutenant-général des armées du Roi en décembre 1759;
Mort en 1784.

De LOSTANGES (*Jean-Baptiste*),
Capitaine au régiment d'Aquitaine-cavalerie.
Reçu chevalier de l'ordre de Saint-Louis en 1739.
Mort en 1740, âgé de vingt-six ans.

De la CROIX de CHEVRIÈRE, *comte* de Sayve,
Capitaine-général des armées du Roi d'Espagne.
Commandant de Montesa et d'Arès.
Vice-Roi de Valence.
Reçu grand'croix honoraire de l'ordre de Saint-Louis en 1739.

Du ROURE (*Jacques*),
Major du régiment d'Auvergne en 1739.
Major-général de l'armée de Westphalie.
Reçu chevalier de l'ordre de Saint-Louis avant 1740.
Colonel d'infanterie.
Mort à Ratisbonne le 19 janvier 1743.

De la TOUR du PIN de la CHARCE (*René-François-André, comte*),
Reçu chevalier de l'ordre de Saint-Louis avant 1740.
Colonel-lieutenant du régiment de Bourbon-infanterie en 1740.
Brigadier des armées du Roi le 18 juin 1768.

De ROQUEFEUIL (*le comte*),
Lieutenant-colonel du régiment de Beauvilliers-cavalerie.
Reçu chevalier de l'ordre de Saint-Louis avant 1740.
Brigadier des armées du Roi en 1745.

De JAUBERT, *chevalier* de l'Estang,
Lieutenant-colonel du régiment de Saint-Simon-cavalerie.
Reçu chevalier de l'ordre de Saint-Louis avant 1740.
Brigadier des armées du Roi en 1748.

De SABRAN *(André-Antoine, vicomte)*,
    Reçu chevalier de l'ordre de Saint-Louis avant 1740.
    Mestre-de-camp de cavalerie en 1746.
    Major de la gendarmerie en 1757.
    Brigadier des armées du Roi en 1759.

Du TILLET *(Charles-Claude)*, seigneur De Montramé,
    Capitaine au régiment de la Reine-cavalerie.
    Exempt des gardes-du-corps, avec rang de colonel.
    Reçu chevalier de l'ordre de Saint-Louis avant 1740.
    Brigadier des armées du Roi en 1747.

De BAUDEAN *(Louis-Barnabé)*, comte De Parabère,
    Capitaine de carabiniers.
    Brigadier des armées du Roi.
    Reçu chevalier de l'ordre de Saint-Louis avant 1740.
    Quitta le service en 1745.

LE RIGET *(Jean-François)*, marquis De la Faye,
    Reçu chevalier de l'ordre de Saint-Louis avant 1740.
    Colonel-lieutenant du régiment Royal-Comtois en 1745.
    Mort de ses blessures, à Gennes, le 21 mai 1747.

De MURAT De la BROUSTE,
    Capitaine de vaisseaux du Roi en 1738.
    Reçu chevalier de l'ordre de Saint-Louis avant 1740.

De SAINT-LÉGIER De la SAUSSAYE,
    Capitaine de vaisseaux du Roi en 1738.
    Reçu chevalier de l'ordre de Saint-Louis avant 1740.

De PLOEUC *(le comte)*,
    Capitaine de vaisseaux du Roi en 1734.
    Reçu chevalier de l'ordre de Saint-Louis avant 1740.

De SAURINS De MURAT,
    Capitaine de vaisseaux du Roi en 1738.
    Reçu chevalier de l'ordre de Saint-Louis avant 1740.

De LUSSIGNY,
Lieutenant de vaisseaux du Roi en 1738.
Reçu chevalier de l'ordre de Saint-Louis avant 1740.

D'OSMOND (*René-Jean, marquis*),
Capitaine au régiment de Clermont-prince-cavalerie en 1734.
Gouverneur d'Argentan.
Reçu chevalier de l'ordre de Saint-Louis avant 1740.

De BESIADE (*Charles-Théophile*), marquis D'AVARAY,
Mousquetaire en 1719.
Lieutenant-réformé au régiment de dragons d'Orléans en 1720.
Capitaine-réformé au même régiment en 1721, et dans celui de la Reine-dragons en 1722.
Capitaine au régiment de dragons d'Armenonville en 1725.
Deuxième cornette de la première compagnie des mousquetaires le 9 février 1729, avec rang de mestre-de-camp de cavalerie le même jour.
Colonel du régiment d'infanterie de Nivernais, vacant par la mort de son frère, en 1734. (Il prit alors le nom de marquis d'Avaray).
Reçu chevalier de l'ordre de Saint-Louis avant 1740.
Brigadier des armées du Roi en 1740.
Maréchal-de-camp en 1744.
Mort le 30 mai 1746.

GIGAULT (*Charles-Bernardin-Godefroy*), marquis DE BELLEFONDS,
Lieutenant-réformé au régiment de cavalerie de Lorges en 1723.
Capitaine au régiment Royal-étranger en 1725.
Gouverneur et capitaine des chasses de Vincennes, sur la démission du marquis du Châtelet en 1733.
Colonel du régiment d'infanterie de la Marche en 1734.
Reçu chevalier de l'ordre de Saint-Louis avant 1740.

Brigadier des armées du Roi, janvier 1740.

Colonel du régiment de Champagne en 1741.

Maréchal-de-camp en 1744.

Mort le 20 janvier 1747.

CHABOT *(Louis-Marie-Bretagne-Dominique)*, duc de Rohan, né le 17 janvier 1710,

(Connu d'abord sous le nom de comte de Perhoet).

Lieutenant-réformé à la suite du régiment de cavalerie de Lorraine en février 1723.

Capitaine-réformé à la suite du même régiment en mai suivant.

Duc de Rohan-Chabot, sur la démission de son père, le 18 août 1727.

Colonel du régiment de Vermandois en 1734.

Colonel d'un régiment de cavalerie de son nom en 1738.

Pair de France, à la mort de son père, le 10 août suivant.

Reçu chevalier de l'ordre de Saint-Louis avant 1740.

Gouverneur de Lectoure en janvier 1743.

Brigadier des armées du Roi en février même année.

De BRIQUEVILLE *(François-Pierre)*, comte de la Luzerne, né le 20 août 1704,

Lieutenant-réformé au régiment d'infanterie d'Orléans en 1719.

Capitaine-réformé à la suite du même régiment, novembre 1720.

Exempt de la compagnie des gardes-du-corps (depuis Luxembourg), juin 1726, avec rang de mestre-de-camp de cavalerie en février 1731.

Reçu chevalier de l'ordre de Saint-Louis avant 1740.

Troisième enseigne de sa compagnie, octobre 1740.

Deuxième enseigne, juillet 1742.

Brigadier des armées du Roi, février 1743.

Premier enseigne de sa compagnie, août suivant.

Maréchal-de-camp, mai 1745.

Troisième lieutenant de sa compagnie, janvier 1747.

Lieutenant-général des armées du Roi, mai 1748.
Deuxième lieutenant de sa compagnie, juin 1750.
Commandeur de l'ordre de Saint-Louis le 22 août 1754.
Premier lieutenant de sa compagnie, avril 1760.

DE VARANGE (*Louis-Henri*), seigneur DE SAINT-GRAS, baron de SAINTE-JULIE,
Capitaine au régiment de Normandie.
Gentilhomme de la cour du Roi Stanislas.
Reçu chevalier de l'ordre de Saint-Louis avant 1740.
Mort à Ligny en Barrois le 18 mars 1763.

DE GROUCHES DE GRIBAUVAL (*Jacques-Étienne*), marquis DE CHEPY, né au mois de novembre 1707,
Cornette au régiment de son père en 1718.
Capitaine-réformé à la suite du même régiment en 1719.
Capitaine en 1722.
Mestre-de-camp du même régiment, sur la démission de son père, en 1728.
Reçu chevalier de l'ordre de Saint-Louis avant 1740.
Brigadier des armées du Roi en 1740.
Maréchal-de-camp en 1744.
Mort à Paris le 21 juillet 1750.

DE MELUN (*Jean-Alexandre-Théodore, comte*),
Connétable héréditaire de Flandre.
Mestre-de-camp-lieutenant du régiment Royal-infanterie de 1724 à 1738.
Reçu chevalier de l'ordre de Saint-Louis avant 1740.

DE FIENNES (*Charles-Maximilien, marquis*), des vicomtes de Fruges et des comtes de Lumbres, né au mois de septembre 1701,
Capitaine-réformé à la suite du régiment de cavalerie d'Orléans en 1718.
Mestre-de-camp-réformé à la suite du même régiment en 1722.
Capitaine en 1727.

Capitaine dans le régiment des cuirassiers en 1735.
Mestre-de-camp d'un régiment de cavalerie de son nom en la même année.
Reçu chevalier de l'ordre de Saint-Louis avant 1740.
Brigadier des armées du Roi en 1740.
Maréchal-de-camp en 1744.
Quitta le service en 1747.
Mort le 10 février 1750.

D'AGUESSEAU (*Henri-Louis, chevalier*), né le 27 mai 1703,
Mousquetaire en 1718.
Lieutenant-réformé au régiment de cavalerie de la Roche-guyon en 1720.
Guidon de la compagnie des gendarmes d'Anjou en 1721.
Obtint le rang de mestre-de-camp de cavalerie, même année.
Enseigne de la même compagnie en 1723.
Sous-lieutenant de la compagnie des gendarmes d'Orléans en 1725.
Capitaine-lieutenant de la compagnie des chevau-légers d'Anjou en 1734.
Capitaine-lieutenant de la compagnie des gendarmes de Flandre en la même année.
Reçu chevalier de l'ordre de Saint-Louis avant 1740.
Brigadier des armées du Roi en 1740.
Maréchal-de-camp en 1744.
Mort le 10 février 1747.

De MONTBEL (*Jules-Henri*), *seigneur* de Champeron,
Lieutenant-colonel du régiment de Noailles-duc en 1732.
Mestre-de-camp de cavalerie.
Reçu chevalier de l'ordre de Saint-Louis avant 1740.
Mort au mois de décembre 1759.

De BARENTIN (*Charles-Jean-Pierre*), *marquis* de Montchal, *vicomte* de la Mothe, *seigneur* de Nogent,
Enseigne des gendarmes écossais.
Mestre-de-camp de cavalerie.
Reçu chevalier de l'ordre de Saint-Louis avant 1740.

Brigadier des armées du Roi en 1745.
Mort le 16 avril 1763.

DE GEOFFROY DU ROURET (*Jean-Baptiste*), frère du capitaine de vaisseaux,
Maréchal-des logis de la première compagnie des mousquetaires, où il entra dès 1709.
Mestre-de-camp de cavalerie.
Reçu chevalier de l'ordre de Saint-Louis avant 1740.

JUBERT (*Augustin-Toussaint*), comte DE BOUVILLE,
Enseigne de la colonelle du régiment Royal-la-Marine en février 1722.
Deuxième enseigne au régiment des Gardes-Françaises, juin 1726.
Premier enseigne, avril 1727.
Sous-lieutenant, février 1732.
Reçu chevalier de l'ordre de Saint-Louis avant 1740.
Sous-lieutenant de grenadiers en décembre 1740.
Lieutenant, janvier 1743.
Lieutenant de grenadiers en mars 1744, avec rang de colonel d'infanterie en mars 1745.
Capitaine en juin suivant.
Brigadier des armées du Roi, février 1759.
Maréchal-de-camp, juillet 1762.
Mort en 1780.

DE LA VERGNE DE TRESSAN (*Louis-Élisabeth*, comte), né le 4 novembre 1705,
Lieutenant en second au régiment de cavalerie de Ruffec en février 1719.
Lieutenant, janvier 1721.
Lieutenant-réformé au régiment d'Orléans-cavalerie en février suivant.
Mestre-de-camp-réformé à la suite du même régiment, octobre 1722.
Capitaine au régiment de cavalerie de Bongard, février 1727.

Troisième enseigne de la compagnie de Noailles des gardes-du-corps du Roi, mai 1735.

Deuxième enseigne, décembre 1738.

Reçu chevalier de l'ordre de Saint-Louis avant 1740.

Brigadier des armées du Roi, janvier 1740.

Premier enseigne de sa compagnie, juin 1743.

Troisième lieutenant, décembre même année.

Maréchal-de-camp, mai 1744.

Commandant à Boulogne en novembre 1746.

Lieutenant-général des armées du Roi, mai 1748.

Commandant à Toul et dans l'évêché, novembre 1749.

Commandant de Bitche et de la Lorraine-Allemande en 1760.

Membre des académies des sciences de Paris, de Montpellier, de Berlin et des sociétés royales de Nancy et de Londres, et associé étranger de la société d'Edimbourg.

Mort en 1783.

De NOAILLES (*Louis*), duc d'Ayen, né le 21 avril 1713, (Connu d'abord sous le nom de comte d'Ayen).

Capitaine de la compagnie écossaise des gardes-du-corps du Roi, Gouverneur général du Roussillon, et particulier des ville et citadelle de Perpignan, gouverneur et capitaine des chasses de Saint-Germain-en-Laye, en survivance du duc de Noailles, son père (depuis maréchal de France), en février 1718.

Mousquetaire en 1729.

Mestre-de-camp du régiment de Noailles-cavalerie, sur la démission de son père, en mars 1730.

Commanda la compagnie écossaise des gardes-du-corps, conjointement avec son père, à dater du 1er janvier 1732.

Créé duc d'Ayen par lettres données à Versailles au mois de février 1737, enregistrées le 12 dudit mois au parlement de Paris, et à celui de Bordeaux le 16 mars de la même année.

Reçu chevalier de l'ordre de Saint-Louis avant 1740.

Brigadier des armées du Roi, janvier 1740.
Maréchal-de-camp, mai 1743.
Aide-de-camp du Roi en 1744 et 1745.
Lieutenant-général de ses armées, janvier 1748.
Chevalier de ses ordres le 1er janvier 1749.
Se démit de son régiment de cavalerie en faveur de son fils en janvier 1754.
Entra en jouissance du gouvernement de Saint-Germain-en-Laye en décembre suivant, sur la démission de son père, et de la compagnie des gardes-du-corps en décembre 1758, aussi sur la démission de son père.
Mort en 1793.

BAZIN (*Louis-Gabriel*), *marquis* DE BEZONS, né le 1er janvier 1700,
Mousquetaire en 1716.
Capitaine au régiment de cavalerie de Noailles, avril 1717.
Mestre-de-camp d'un régiment de cavalerie de son nom, mars 1718.
Mestre-de-camp du régiment Dauphin-étranger-cavalerie, août 1719.
Gouverneur des ville et citadelle de Cambrai, en survivance du maréchal de Bezons, son père, en mai 1720, prit possession de ce gouvernement à la mort de son père le 22 mai 1733.
Brigadier des armées du Roi, février 1734.
Maréchal-de-camp, mars 1738.
Reçu chevalier de l'ordre de Saint-Louis peu de temps avant sa mort, qui arriva le 22 juillet 1740.

DE MERCASTEL, frère du sieur de Montfort de la Hetroy,
Capitaine de grenadiers.
Reçu chevalier de l'ordre de Saint-Louis avant 1740.
Mort à Malines en 1747, des blessures qu'il avait reçues au siége de Berg-op-Zoom.

De la TOUR,
>   Maréchal-des-logis de la première compagnie des mousquetaires.
>   Reçu chevalier de l'ordre de Saint-Louis avant 1740.
>   Tué à la bataille d'Etlingen en 1743.

De MALLEVAULT,
>   Enseigne de vaisseaux du Roi en 1721.
>   Reçu chevalier de l'ordre de Saint-Louis avant 1740.

De GUEROUST de BOISCLAIREAU (*Paul-Ignace, comte*),
>   Enseigne au régiment d'infanterie de Montconseil (depuis Trainel, Brancas, Durfort, Lastic, etc.) en septembre 1726.
>   Capitaine, février 1734.
>   Aide-major, en conservant son rang de capitaine, mai suivant.
>   Reçu chevalier de l'ordre de Saint-Louis avant 1740.
>   Capitaine de grenadiers, décembre 1747.
>   Major de son régiment, juin 1752.
>   Commandant du second bataillon, avril 1754.
>   Obtint le rang de colonel d'infanterie en août 1758.
>   Lieutenant-colonel en septembre de la même année.
>   Lieutenant-de-Roi de Munster à la prise de cette place.
>   Brigadier des armées du Roi en décembre 1750.
>   Maréchal-de-camp, juillet 1762.
>   Depuis gouverneur d'Oléron.
>   Mort en 1781.

De BROC (*Michel-Armand, marquis*),
>   Lieutenant-réformé au régiment du Roi en janvier 1722.
>   Lieutenant en pied, novembre 1724.
>   Capitaine, mars 1734.
>   Reçu chevalier de l'ordre de Saint-Louis avant 1740.
>   Lieutenant de la colonelle, en conservant son rang de capitaine, en mars 1744.

Colonel du régiment d'infanterie d'Aunis, août 1747.
Colonel-lieutenant du régiment de Bourbon-infanterie, février 1749.
Brigadier des armées du Roi, octobre 1758.
Maréchal-de-camp, février 1761.
Depuis gouverneur de Landau et commandeur de l'ordre de Saint-Louis.
Mort en 1774.

Du PUIS,
Enseigne de vaisseaux du Roi en 1727.
Reçu chevalier de l'ordre de Saint-Louis avant 1740.

DE SAINT-QUINTIN (*Alexandre*), marquis DE BLET,
Lieutenant des chevau-légers d'Anjou.
Reçu chevalier de l'ordre de Saint-Louis avant 1740.
Brigadier des armées du Roi en 1743.

DE SAINT-MAURE (*Louis-Marie, comte*),
Premier écuyer commandant la grande écurie du Roi en 1720.
Colonel du régiment Royal-étranger, mai suivant.
Brigadier des armées du Roi, août 1734.
Reçu chevalier de l'ordre de Saint-Louis avant 1740.
Maréchal-de-camp, janvier 1740.
Mort le 14 septembre 1763.

DE LEVIS DE CHATEAUMORAND (*François-Charles, marquis*),
Mousquetaire en 1716.
Lieutenant en second au régiment de cavalerie de Levis, mai 1718.
Capitaine-réformé à la suite de ce régiment, septembre 1719.
Capitaine, mai 1722.
Mestre-de-camp du même régiment, février 1727.
Lieutenant-général du gouvernement du Bourbonnais, vacant par la mort du duc de Levis, juin 1734.

Reçu chevalier de l'ordre de Saint-Louis avant 1740.
Brigadier des armées du Roi, janvier 1740.
Maréchal-de-camp, mai 1744.
Lieutenant-général des armées du Roi en mai 1748.
Mort le 22 janvier 1751.

De SÉGENT (*Louis-Guillaume*),
Reçu chevalier de l'ordre de Saint-Louis avant 1740.
Ingénieur en chef à Dunkerque en 1740.
Directeur du génie.
Commissaire-ordonnateur de la Basse-Flandre.
Intendant de l'armée du maréchal de Saxe.

Du BOUCHET (*Louis* ou *Louis-François*), comte DE SOURCHES, né le 23 novembre 1711,
Prévôt de l'hôtel et grand-prévôt de France, sur la démission de son père, en février 1719.
Mousquetaire en 1727.
Quatrième cornette de la compagnie des chevau-légers de la garde du Roi, avec rang de mestre-de-camp de cavalerie, mars 1728.
Troisième cornette, mai 1733.
Reçu chevalier de l'ordre de Saint-Louis avant 1740.
Brigadier des armées du Roi, janvier 1740.
Deuxième cornette, mai 1742.
Maréchal-de-camp, mai 1744.
Lieutenant-général des armées du Roi, mai 1748.

TROTTI (*Jacques* ou *Joachim-Jacques*), marquis DE LA CHETARDIE, né le 3 octobre 1705,
Lieutenant-réformé au régiment du Roi en juin 1721.
Lieutenant, juillet 1726.
Aide-major, avec rang de capitaine, en février 1730.
Colonel du régiment d'infanterie de Tournaisis, mars 1734.
Ambassadeur en Russie, août 1739.
Reçu chevalier de l'ordre de Saint-Louis avant 1740.
Brigadier des armées du Roi, janvier 1740.

Reçu chevalier des ordres de Saint-André et de Sainte-Anne de Russie le 1er septembre 1742.
Maréchal-de-camp en mai 1745.
Lieutenant-général des armées du Roi, mai 1748.
Ambassadeur en Sardaigne, avril 1749.
Gouverneur du Port-Louis, août 1754.
Mort à Hanau le 1er janvier 1758.

DE VILLARS LE ROBERT DE GRANGEMONT (*Thomas-François-Antoine*),
Page de madame la duchesse de Berri en 1714.
Enseigne au régiment des Gardes-Françaises, septembre 1718.
Sous-lieutenant, juin 1723.
Sous-aide-major, avril 1726.
Lieutenant, août 1735.
Aide-major, mai 1738.
Reçu chevalier de l'ordre de Saint-Louis avant 1740.
Obtint le rang de colonel en décembre 1743.
Celui de capitaine en mai 1744.
Capitaine le 30 août suivant.
Brigadier des armées du Roi, mai 1748.
Mort au mois de mars 1763.

DE PARAVICINI (*Jean-Baptiste, baron*),
Enseigne surnuméraire de la compagnie franche de son père en 1715.
Enseigne, mai 1722.
Sous-lieutenant, février 1724.
Capitaine de ladite compagnie, septembre 1726.
Incorporé avec elle dans le régiment suisse depuis Waldener en 1735.
Reçu chevalier de l'ordre de Saint-Louis avant 1740.
Obtint le rang de lieutenant-colonel en 1747.
Lieutenant-colonel de son régiment en 1744.
Brigadier des armées du Roi en 1758.
Tué à l'attaque de Dillembourg le 7 janvier 1760.

DE CORDOUAN (*Henri-Philippe*), *marquis* DE LANGEY,
Garde-du-corps du Roi dans la compagnie de Charost.
Enseigne aux Gardes en 1717.
Sous-lieutenant, janvier 1718.
Lieutenant, mars 1721.
Capitaine, mai 1727.
Reçu chevalier de l'ordre de Saint-Louis avant 1740.
Brigadier des armées du Roi, février 1743.
Capitaine de grenadiers, mars suivant.
Tué à la tête de sa compagnie, qu'il commandait à la bataille de Dettingen.

D'ALLART (*Hugues-Charles*),
Officier-pointeur en 1711.
Commissaire extraordinaire de l'artillerie en 1719.
Commissaire ordinaire, février 1732.
Commissaire provincial, février 1734.
Reçu chevalier de l'ordre de Saint-Louis avant 1740.
Lieutenant d'artillerie, novembre 1744.
Brigadier des armées du Roi le 10 mai 1748.

DE LA BAUME-LE-BLANC (*Louis-César*), *duc* DE LA VALLIÈRE, né le 9 octobre 1708,
(Connu d'abord sous le nom de marquis de la Vallière).
Gouverneur-général du Bourbonnais, en survivance de son père, au mois de mai 1722.
Mousquetaire en 1725.
Colonel d'un régiment d'infanterie de son nom en juillet 1727.
Duc, sur la démission de son père, février 1732.
(Il prit le titre de duc de Vaujours).
Pair de France, à la mort de son père, le 22 août 1739.
(C'est alors qu'il prit le nom de duc de la Vallière).
Reçu chevalier de l'ordre de Saint-Louis avant 1740.
Brigadier des armées du Roi, janvier 1732.
Capitaine des chasses de la varenne du Louvre, avril 1748.
Grand-fauconnier de France en mai suivant.

Nommé chevalier des ordres du Roi le 2 février 1749, reçu le 25 mai suivant.

Mort à Paris en novembre 1780.

D'ESCAJEULS (*Marie-Jacques, baron*), né le 16 octobre 1682,
Page du Roi en 1696.
Cornette au régiment du Roi-cavalerie en 1700.
Capitaine en novembre 1702.
Major, février 1720.
Lieutenant-colonel en février 1721, avec rang de mestre-de-camp de cavalerie en mars 1733.
Troisième enseigne de la compagnie de Noailles des gardes-du-corps du Roi dans le même mois.
Deuxième enseigne, juin 1734.
Premier enseigne, février 1735.
Troisième lieutenant, mai suivant.
Deuxième lieutenant, décembre 1738.
Reçu chevalier de l'ordre de Saint-Louis avant 1740.
Brigadier des armées du Roi, janvier 1740.
Premier lieutenant de sa compagnie, juin 1743.
Maréchal-de-camp, mai 1744.
Lieutenant-général des armées du Roi, mai 1748.
Mort à Fontainebleau le 1er octobre 1752.

DE ROSSET DE ROCCOSEL (*André-Hercule*), duc DE FLEURY, né le 27 septembre 1715,
(Connu d'abord sous le nom de marquis de Fleury).
Enseigne dans le régiment d'Angoumois, août 1726.
Lieutenant en 1727.
Passa lieutenant au régiment de la marine en 1728.
Capitaine au même régiment en 1730.
Colonel du régiment d'infanterie d'Angoumois, décembre 1731.
Mestre-de-camp-lieutenant du régiment Royal-dragons en 1734.
Sénéchal de Carcassonne, de Beziers et de Limoux en juin suivant.

(278)

Gouverneur d'Aiguemorte en septembre même année.

Duc de Fleury, pair de France, sur la démission de son père, le 30 mai 1736.

Gouverneur-général de la Lorraine et du Barrois par provisions du Roi de Pologne, données à Lunéville, le 24 octobre 1737.

Il eut, le 10 mai 1738, un brevet du Roi, portant permission d'accepter le gouvernement des ville et citadelle de Nancy.

Reçu chevalier de l'ordre de Saint-Louis avant 1740.

Brigadier des armées du Roi, janvier 1740.

Premier gentilhomme de la chambre du Roi, à la mort du duc de la Trémouille, en 1741.

Maréchal-de-camp, mai 1744.

Lieutenant-général des armées du Roi en mai 1748.

Pair de France en 1751.

Obtint le grand-bailliage de Nancy, en survivance du marquis de Custine, en 1752.

Chevalier des ordres du Roi en 1753.

Il entra en possession du grand-bailliage de Nancy au mois de novembre 1757, à la mort du marquis de Custine, tué à Rosback.

LE SÉNÉCHAL (*Louis-Alexandre-Xavier*), marquis DE CARCADO, né le 21 février 1712,

Mousquetaire.

Colonel du régiment d'infanterie de Bresse, sur la démission du marquis de Montmorency, son beau-père, en 1733.

Reçu chevalier de l'ordre de Saint-Louis avant 1740.

Brigadier des armés du Roi en 1743.

Maréchal-de-camp, mai 1745.

Lieutenant-général des armées du Roi, mai 1748.

Mort en son château de Carcado en 1763.

DE DURFORT DURAS (*Louis*), *duc* DE LORGES, né le 18 février 1714.

(Connu d'abord sous le nom de chevalier de Lorges).

Capitaine au régiment de cavalerie de Lorges (depuis Randon) en 1727.
Colonel-lieutenant du régiment Royal-la-Marine, mars 1734.
Reçu chevalier de l'ordre de Saint-Louis avant 1740.
Brigadier des armées du Roi en 1743.
Menin de M. le Dauphin en 1745.
Maréchal-de-camp, mai même année.
Lieutenant-général des armées du Roi en 1748.
Obtint un brevet de duc le 21 avril 1759, et prit le même jour le nom de duc de Lorges.

BAUYN (*Charles-Prosper*), marquis DE PEREUSE, né le 5 juin 1710,
Lieutenant au régiment d'infanterie du Roi en 1731.
Capitaine au régiment de cavalerie de Béthune, mars 1732.
Colonel au régiment d'infanterie de Blaisois en 1735.
Reçu chevalier de l'ordre de Saint-Louis avant 1740.
Brigadier des armées du Roi, mai 1744.
Maréchal-de-camp, janvier 1748.
Lieutenant-général des armées du Roi, janvier 1758.
Mort en 1776.

DE CLERON (*Charles-Bernard*), comte d'HAUSSONVILLE,
Mousquetaire en 1717.
Capitaine au régiment de cavalerie de Ruffec en 1720.
Colonel-lieutenant du régiment Royal-Roussillon d'infanterie en 1734.
Grand-louvetier du Roi de Pologne, duc de Lorraine et de Bar en 1737.
Reçu chevalier de l'ordre de Saint-Louis avant 1740.
Brigadier des armées du Roi en 1744.
Maréchal-de-camp en 1748.
Mort le 4 février 1754.

DE CRUSSOL DES SALES (*François-Emmanuel*, *marquis*), né le 2 janvier 1708,
Lieutenant-réformé au régiment du Roi en 1720.

Enseigne, mai 1722.

Capitaine au régiment de cavalerie de Bourbon en 1723.

Mestre-de-camp-lieutenant du même régiment, sur la démission du marquis de Montausier, son frère, octobre même année.

Reçu chevalier de l'ordre de Saint-Louis avant 1740.

Brigadier des armées du Roi, janvier 1740.

Maréchal-de-camp, août 1744.

Lieutenant-général des armées du Roi, mai 1748.

Gouverneur de l'île d'Oléron en 1756.

Mort le 8 avril 1761.

De COUET (*Joseph-Marie*), *marquis* de Marignane,

Mousquetaire dans la deuxième compagnie en 1715.

Sous-lieutenant de la compagnie des chevau-légers de la garde du Roi, avec rang de mestre-de-camp de cavalerie en 1718.

Premier sous-lieutenant, août 1719.

Gouverneur des fort et château de Portecros en février 1728.

Brigadier des armées du Roi, août 1734.

Reçu chevalier de l'ordre de Saint-Louis avant 1740, et *depuis commandeur*.

Maréchal-de-camp en 1740.

Lieutenant-général des armées du Roi, mai 1745.

Mort le 24 ou le 25 février 1752.

De BOURBON (*Louis-Jean-Marie*), *duc* de Penthièvre, né le 16 novembre 1725,

Amiral de France, en survivance de M. le comte de Toulouse, son père, en janvier 1734.

Gouverneur et lieutenant-général de Bretagne, aussi en survivance, en décembre 1736.

Colonel d'un régiment d'infanterie.

Mestre-de-camp d'un régiment de cavalerie, à la mort de son père, en 1737.

Grand-veneur de France en 1738.
Chevalier de la Toison-d'Or en avril suivant.
Reçu chevalier de l'ordre de Saint-Louis avant 1740.
Chevalier des ordres du Roi le 2 février 1742.
Maréchal-de-camp en 1743.
Lieutenant-général des armées du Roi, mai 1744.
Commandant en Bretagne pendant l'année 1747.
Il se démit, au mois de janvier 1755, de la charge de grand-veneur en faveur de M. le prince de Lamballe, son fils.

COLBERT DE TORCY (*Jean-Baptiste-Joachim*), *marquis* DE CROISSY, né le 25 janvier 1703,
Mousquetaire en 1718.
Colonel-lieutenant du régiment Royal-infanterie en 1719.
Capitaine des gardes de la porte en 1723.
Brigadier des armées du Roi en 1734.
Reçu chevalier de l'ordre de Saint-Louis avant 1740.
Maréchal-de-camp en 1740.
Lieutenant-général des armées du Roi en 1744.
Chevalier de ses ordres en 1775.
Mort en 1777.

DE CLERMONT D'AMBOISE DE REYNEL (*Jean-Baptiste-Louis, marquis*), né le 12 octobre 1702,
(Connu d'abord sous le nom de marquis de Reynel).
Il obtint, en naissant, le gouvernement de Chaumont, le grand-bailliage de cette ville et celui de Provins, qui vaquaient par la mort de son père.
Capitaine-réformé à la suite du régiment de cavalerie de Berri en 1718.
Colonel du régiment d'infanterie de Santerre en 1723.
Brigadier des armées du Roi en 1734.
Lieutenant-général du gouvernement d'Orléanais au département du Blaisois, Dunois, Vendômois, bailliage d'Amboise et dépendances en 1736.
Maréchal-de-camp en mars 1738.

Reçu chevalier de l'ordre de Saint-Louis avant 1740.
Lieutenant-général des armées du Roi en 1744.
Gouverneur de Mont-Dauphin en 1749.
Mort le 18 septembre 1761.

DE BOURBON (*Louis-François*), *prince* DE CONTI, né le 13 août 1717,
Nommé en naissant comte de la Marche.
Colonel du régiment d'infanterie de Brie en 1726.
Prince de Conti à la mort de son père, le 4 mai 1727.
Colonel de Conti-infanterie, après la mort de son père, en la même année.
Gouverneur et lieutenant-général du Poitou après son père, juin même année.
Chevalier des ordres du Roi en 1732.
Colonel du régiment de cavalerie, ci-devant Alincourt, en 1733.
Maréchal-de-camp, juin 1734.
Lieutenant-général des armées du Roi, juillet 1735.
Reçu chevalier de l'ordre de Saint-Louis avant 1740.
Grand-Prieur de France le 15 avril 1749.
Gouverneur du château d'Alais et du pays des Cévennes en 1751.
Mort en 1776.

DE MONTMORENCY-LUXEMBOURG (*Charles-François-Christian*), *prince* DE TINGRY, né le 30 novembre 1713,
(Connu d'abord sous le nom de comte de Luxe).
Servit un an dans les mousquetaires.
Capitaine au régiment de cavalerie depuis Bourgogne en 1730.
Colonel du régiment d'infanterie de Soissonnais en 1731.
Son père, devenu maréchal de France, au mois de janvier 1735, sous le nom de maréchal de Montmorency, il prit le nom de prince de Tingry.
Colonel du régiment d'infanterie de Touraine en 1738.
Reçu chevalier de l'ordre de Saint-Louis avant 1740.

Brigadier des armées du Roi en 1740.

Maréchal-de-camp en 1744.

Aide-de-camp du Roi en 1745.

Lieutenant-général du gouvernement de Flandre, à la mort de son père, en 1746, et gouverneur de la ville de Valencienne.

Lieutenant-général des armées du Roi, mai 1748.

Mort en 1787.

DE LA RODE DE SENEZERGUES (*Étienne-Guillaume*), né le 29 août 1709,

Enseigne au régiment de la Sarre en 1726.

Lieutenant en 1729.

Capitaine, mars 1734.

Reçu chevalier de l'ordre de Saint-Louis avant 1740.

Major, août 1745.

Commandant du second bataillon, juin 1747.

Obtint le rang de colonel en 1756.

Brigadier des armées du Roi en 1759.

Il servit en Canada depuis le mois de novembre 1755 jusqu'à sa mort, qui arriva en 1759, qu'il fut tué à la prise de la ville de Québec.

DE LA LIVE DE PAILLY (*Jacques-Christophe*),

Lieutenant au régiment de Lyonnais en 1728.

Capitaine en 1729.

Reçu chevalier de l'ordre de Saint-Louis avant 1740.

Maréchal-général-des-logis des camps et armées du Roi en 1743.

Obtint le rang de lieutenant-colonel en 1744.

Brigadier des armées du Roi en 1748.

Vendit sa charge de maréchal-général-des-logis au mois d'octobre 1749.

DE LA ROCHEFONTENILLE (*Louis-Antoine*), marquis DE RAMBURES,

Mousquetaire en 1716.

Colonel du régiment de Navarre en 1719;
Brigadier des armées du Roi en 1734.
Reçu chevalier de l'ordre de Saint-Louis avant 1740.
Maréchal-de-camp en 1740.
Mort au mois de juin 1755.

DE MONTMORENCY (*Joseph-Maurice-Annibal*), comte DE MONTMORENCY-LUXEMBOURG et DE TINGRY, *marquis* DE BRÉVAL, né le 15 novembre 1717,
(Connu d'abord sous le nom de marquis de Bréval).
Mousquetaire en 1732,
Capitaine dans le régiment de cavalerie de Clermont en 1735.
Colonel du régiment d'infanterie de Flandre, mai 1739.
Reçu chevalier de l'ordre de Saint-Louis avant 1740.
Brigadier des armées du Roi en 1744.
Colonel-lieutenant du régiment d'infanterie de M. le Dauphin en 1756.
Maréchal-de-camp, janvier 1748.
Lieutenant-général des armées du Roi, mai 1758.
Mort à Pau, au mois de septembre 1762.

DE ROCHECHOUART (*Jean-Victor*), duc DE MORTEMART, né le 30 octobre 1712,
(Connu d'abord sous le nom de marquis de Blainville).
Mousquetaire en 1729.
Capitaine de cavalerie au régiment de Saint-Simon en 1730.
Colonel du régiment du Dauphiné en 1734.
Reçu chevalier de l'ordre de Saint-Louis avant 1740.
Colonel du régiment de Navarre en 1740.
Brigadier des armées du Roi en 1743.
Duc et pair de France, sur la démission de son père, en 1753.
(Il prit le titre de duc de Mortemart à la mort de son père, le 16 janvier 1757).
Mort le 31 juillet 1771.

DE LA QUEUILLE (*Louis-Gilbert-Gaspard*), *marquis* DE CHATEAUGAY,

Lieutenant-réformé au régiment d'infanterie du Roi en avril 1730.
Lieutenant, septembre 1731.
Capitaine, avril 1735.
Reçu chevalier de l'ordre de Saint-Louis avant 1740.
Colonel du régiment d'infanterie de Nice, septembre 1744.
Brigadier des armées du Roi en 1748.
Mort le 3 mai 1758.

DE BROC (*Armand-René-François, marquis*), *seigneur* DE CHEMIRE,

Second enseigne au régiment des Gardes-Françaises en 1728.
Premier enseigne, janvier 1730.
Sous-lieutenant, juillet 1733.
Lieutenant, décembre 1734.
Reçu chevalier de l'ordre de Saint-Louis avant 1740.
Lieutenant de grenadiers, juillet 1743.
Capitaine en octobre suivant.
Brigadier des armées du Roi en 1748.
Mort à Paris le 2 août 1757.

DE MORNAY (*Christophe-Léonor*), *comte* DE MONTCHE-VREUIL,

Enseigne au régiment des Gardes-Françaises en 1726.
Sous-lieutenant, novembre 1730.
Lieutenant, mars 1734.
Reçu chevalier de l'ordre de Saint-Louis avant 1740.
Capitaine, juillet 1743.
Brigadier des armées du Roi en 1748.
Quitta le service en 1755.
Mort en 1785.

FRESLON DE SAINT-AUBIN (*Emmanuel*),

Second enseigne au régiment des Gardes-Françaises en 1725.

Premier enseigne, septembre 1726.
Sous-lieutenant, mai 1727.
Lieutenant, février 1732.
Reçu chevalier de l'ordre de Saint-Louis avant 1740.
Lieutenant de grenadiers, avril 1742.
Capitaine, février 1743.
Capitaine de grenadiers, juin 1745.
Brigadier des armées du Roi en 1748.
Mort le 24 août 1753.

De MONTBOISSIER (*Charles-Henri-Philippe, vicomte*), né le 15 mars 1719,
(Connu d'abord sous le nom de chevalier de Montboissier).
Servit deux ans dans les mousquetaires.
Reçu chevalier de l'ordre de Saint-Louis avant 1740.
Capitaine dans le régiment d'Anjou en 1740.
Colonel d'un régiment d'infanterie de son nom en 1743.
Colonel du régiment d'Aunis en 1745.
Brigadier des armées du Roi en 1747.
Mort le 24 février 1751.

De REYNOLD (*Joseph*),
Cadet au régiment des Gardes-Suisses en 1719.
Enseigne, octobre même année.
Sous-lieutenant, juillet 1720.
Second lieutenant, octobre 1729.
Lieutenant de la compagnie des Cent-Suisses de la garde ordinaire du Roi en 1733.
Reçu chevalier de l'ordre de Saint-Louis avant 1740.
Obtint le rang de capitaine au régiment des Gardes Suisses en 1741.
Brigadier des armées du Roi en 1747.
Mort le 4 mars 1761.

ROCHECHOUART (*François-Charles, comte*), marquis DE FAUDOAS, né le 26 août 1703,
Mousquetaire en 1719.

Lieutenant-réformé au régiment de cavalerie depuis Sainte-Aldegonde), février 1721.

Capitaine au régiment de cavalerie du Roi en mai 1722.

Colonel d'un régiment d'infanterie de son nom (depuis Montrevel), mars 1734.

Reçu chevalier de l'ordre de Saint-Louis avant 1740.

Brigadier des armées du Roi, février 1743.

Colonel du régiment d'infanterie d'Anjou (depuis Aquitaine), mars même année.

Maréchal-de-camp en mai 1745.

Lieutenant-général des armées du Roi en mai 1748.

Ministre du Roi auprès de l'Infant, duc de Parme, en 1754.

Gouverneur et lieutenant-général de l'Orléanais en 1757.

Reçu chevalier des ordres du Roi le 2 février 1759.

Mort le 25 août 1784.

D'HARCOURT (*Henri-Claude, comte*), né le 1er janvier 1704,

(Connu d'abord sous le nom de chevalier d'Harcourt).

Mousquetaire en 1720.

Capitaine-réformé à la suite du régiment colonel-général des dragons en 1721.

Mestre-de-camp-réformé à la suite du même régiment en 1722.

Guidon de la compagnie des gendarmes d'Orléans, avec rang de mestre-de-camp de cavalerie en 1723.

Premier cornette de la compagnie des chevau-légers de Berri en 1725.

Colonel d'un régiment de dragons de son nom (depuis Flamarens) en 1728.

Reçu chevalier de l'ordre de Saint-Louis avant 1740.

Brigadier des armées du Roi en 1740.

Maréchal-de-camp, mai 1743.

Lieutenant général des armées du Roi en 1748.

Lieutenant-général au gouvernement de l'Orléanais en 1755.

Mort en 1770.

PHÉLIPPEAUX (*Paul-Jérôme*), marquis DE PONTCHARTRAIN, né le 25 avril 1703,

Lieutenant-réformé au régiment du mestre-de-camp-général des dragons en 1718.

Capitaine-réformé au même régiment en 1719.

Sous-lieutenant de la compagnie des gendarmes de la Reine, avec rang de mestre-de-camp de cavalerie, mars même année.

Capitaine-lieutenant de la compagnie des gendarmes Anglais, septembre 1726.

Brigadier des armées du Roi, août 1734.

Reçu chevalier de l'ordre de Saint-Louis avant 1740.

Maréchal-de-camp, janvier 1740.

Inspecteur-général de la cavalerie, mars 1744.

Lieutenant-général des armées du Roi, mai 1745.

Lieutenant-général au gouvernement d'Aunis en 1746, à la mort du comte de Guiry.

Gouverneur de Ham en septembre 1754.

Mort en 1775.

DE BOUFFLERS (*Joseph-Marie, duc*), né le 22 mars 1706, (Connu d'abord sous le nom de comte de Milly. Il prit celui de comte de Boufflers à la mort de son frère aîné, le 22 mars 1711).

Colonel d'un régiment d'infanterie, dont ce frère aîné était colonel, le 28 du même mois.

Gouverneur et lieutenant-général de Flandre, en survivance de son père, en avril suivant.

Duc de Boufflers, pair de France, à la mort de son père, le 22 août suivant.

Gouverneur de Beauvais et lieutenant-de-Roi du Beauvoisis, vacant par la mort du maréchal son père, en septembre même année.

Colonel-réformé à la suite du régiment de Solre en 1720.

Colonel du même régiment en 1721, et de celui de Bourbonnais en juillet 1727.

Brigadier des armées du Roi, août 1734.
Reçu chevalier de l'ordre de Saint-Louis avant 1740.
Maréchal-de-camp en 1740.
Reçu chevalier des ordres du Roi le 2 février 1743.
Aide-de-camp du Roi en 1744.
Lieutenant-général de ses armées, même année.
Gouverneur de Flandre et de Hainaut.
Gouverneur et souverain bailli de Lille.
Grand-bailli et gouverneur de Beauvais et du Beauvoisis.
Mort de la petite vérole à Gênes, où il commandait, universellement regretté, le 2 juillet 1747.

DE ROTHE ou ROOTH (*Charles-Édouard, comte*), né le 23 décembre 1710,
Capitaine en second au régiment d'infanterie de Rooth en 1719.
Capitaine, juin 1729.
Colonel du même régiment, sur la démission de son père, mai 1733.
Reçu chevalier de l'ordre de Saint-Louis avant 1740.
Brigadier des armées du Roi, février 1743.
Maréchal-de-camp, mai 1745.
Lieutenant-général des armées du Roi, mai 1748.
Inspecteur-général des troupes irlandaises et écossaises, mars 1759.
Mort en 1766.

LE TELLIER DE LOUVOIS (*Louis-César*), duc D'ESTRÉES, né le 2 juillet 1695,
(Connu d'abord sous le nom de chevalier de Louvois).
Chevalier de Malte le 4 mai 1697.
Cadet dans la compagnie Mestre-de-camp du régiment de cavalerie d'Anjou (depuis Aquitaine) en 1716.
Capitaine, mars 1717.
Mestre-de-camp-lieutenant du régiment royal Roussillon-cavalerie, sur la démission du marquis de Saumery, mars 1718.

Exerça, pour son neveu, la charge de capitaine-colonel de la compagnie des Cent-Suisses de la garde du Roi en avril 1722.

(Il prit le nom de marquis de Courtenvaux).

Brigadier des armées du Roi, février 1734.

Maréchal-de-camp, mars 1738.

Substitué au nom et aux armes d'Estrées par lettres-patentes du mois de mai 1739.

(Se fit appeler comte d'Estrées).

Reçu chevalier de l'ordre de Saint-Louis avant 1740.

Inspecteur-général de la cavalerie en janvier 1743.

Lieutenant-général des armées du Roi, mars 1744.

Reçu chevalier de ses ordres le 2 février 1746.

Maréchal de France en février 1757.

Ministre d'État en juillet 1758.

Depuis duc d'Estrées et gouverneur de Metz, du pays Messin et de Verdun.

Mort en 1771.

DE DURFORT DE LORGES (*Guy-Michel*), duc DE RENDAN, né le 26 août 1704,

(Connu d'abord sous le nom de comte de Lorges).

Mousquetaire en 1719.

Mestre-de-camp-réformé à la suite du régiment de cavalerie de Saint-Simon en janvier 1720.

Mestre-de-camp d'un régiment de cavalerie de son nom (depuis Lautrec), octobre 1723.

Duc de Quintin, sur la démission de son père, juillet 1728.

(Prit le nom de duc de Durfort).

Lieutenant-général au gouvernement de la Franche-Comté, sur la démission du duc de Harcourt, en mai 1730.

Seigneur de Rendan, par la donation que lui fit une de ses tantes, en mai 1733.

(Prit le nom de duc de Rendan).

Brigadier des armées du Roi, août 1734.

Reçu chevalier de l'ordre de Saint-Louis avant 1740.

Maréchal-de-camp, janvier 1740.

Commandant en Franche-Comté en mars 1741.

Nommé chevalier des ordres du Roi le 1ᵉʳ janvier 1745; reçu le 2 février.

Lieutenant-général des armées du Roi, mai suivant.

Gouverneur des ville et citadelle de Blaye en mars 1755.

Obtint les entrées de la chambre du Roi, en considération de ses services, en juillet 1758.

Maréchal de France en 1768.

DE BOURBON (*Louis*), *comte* DE CLERMONT, né le 15 juin 1709,

Colonel du régiment d'infanterie d'Enghien en 1710.

Nommé aux abbayes du Bec en 1717; de Saint-Claude en 1718; de Marmoutiers-les-Tours et de Chalis en 1721; de Cercamp en 1723.

Mestre-de-camp du régiment de Clermont-cavalerie, janvier 1724.

Nommé chevalier des ordres du Roi le 2 février; reçu le 3 juin.

Maréchal-de-camp, juin 1734.

Lieutenant-général des armées du Roi, juillet 1735.

Nommé abbé de Saint-Germain-des-Prés en août 1737.

Reçu chevalier de l'ordre de Saint-Louis avant 1740.

Gouverneur-général de la Champagne et de la Brie en septembre 1751.

Elu l'un des quarante de l'académie française en 1753.

Général de l'armée d'Allemagne en janvier 1758.

DE REGNIER (*Claude-Louis-François*), *comte* DE GUERCHY, né le 1ᵉʳ août 1715,

Mousquetaire en 1730.

Capitaine au régiment de cavalerie de Toulouse, décembre 1731.

Colonel du régiment royal des Vaisseaux, novembre 1734.

Reçu chevalier de l'ordre de Saint-Louis avant 1740.

Brigadier des armées du Roi, février 1743.

Colonel et inspecteur du régiment d'infanterie du Roi, mai 1745.

Maréchal-de-camp, juin suivant.

Gouverneur d'Huningue à la mort de son père, février 1748.

Lieutenant-général des armées du Roi, mai suivant.

Nommé chevalier de ses ordres le 1er janvier 1759; reçu le 2 février.

Mort le 17 décembre 1767.

LE PELLERIN (*Marc-Antoine-François*), *marquis* DE GAU-VILLE,

Page du Roi en 1718.

Deuxième enseigne au régiment des Gardes-Françaises en 1723.

Premier enseigne, juin 1724.

Sous-lieutenant, mai 1726.

Lieutenant, juin 1727.

Capitaine dans le même régiment, juillet 1736.

Reçu chevalier de l'ordre de Saint-Louis avant 1740.

Brigadier des armées du Roi, mai 1745.

Commandant du sixième bataillon du régiment des Gardes en 1746.

Maréchal-de-camp, mai 1748.

Commandant du cinquième bataillon du régiment des Gardes en 1753.

Commandant du quatrième bataillon en 1759.

Lieutenant-général des armées du Roi, décembre même année.

Gouverneur de Neuf-Brisach en 1761.

Mort en 1772.

DE LA GUICHE (*Jean*), *comte* DE SIVIGNON, né le 14 juillet 1719.

Mousquetaire en 1734.

Aide-de-camp du comte de Belleisle en 1735.

Guidon de la compagnie des gendarmes de Bourgogne, avec rang de lieutenant-colonel de cavalerie, août 1736.

Reçu chevalier de l'ordre de Saint-Louis avant 1740.

Mestre-de-camp-lieutenant du régiment de cavalerie de Condé, février 1740.

Brigadier des armées du Roi, juillet 1746.
Maréchal-de-camp, décembre 1748.
Lieutenant-général des armées du Roi, décembre 1759.
Mort au mois de janvier 1770.

CHAMILLART (*Louis-Michel*), comte DE LA SUZE, né le 8 février 1709,
Grand-maréchal-des-logis de la maison du Roi, à la mort du marquis de Cany, son père, en 1716.
Mousquetaire en 1720.
Lieutenant-réformé au régiment de la marine, août 1722.
Enseigne de la Colonelle, novembre suivant.
Capitaine au régiment de cavalerie de Montrevel, janvier 1727.
Mestre-de-camp d'un régiment de dragons de son nom (depuis Chapt), mai 1731.
Reçu chevalier de l'ordre de Saint-Louis avant 1740.
Brigadier des armées du Roi, janvier 1740.
Maréchal-de-camp, mai 1744.
Lieutenant-général des armées du Roi, mai 1748.
Mort en 1774.

DE BAUFFREMONT (*Louis, marquis*), né le 21 novembre 1712,
Lieutenant-réformé au régiment de Bauffremont-dragons en 1723.
Capitaine, janvier 1728.
Colonel du même régiment, sur la démission de son père, décembre 1730.
Gouverneur de Seissel, sur la démission du marquis de Montmain, son beau-père, juin 1736.
Reçu chevalier de l'ordre de Saint-Louis avant 1740.
Brigadier des armées du Roi, janvier 1740.
Maréchal-de-camp, mai 1744.
Lieutenant-général des armées du Roi, mai 1748.
Obtint du grand-maître de Malte la permission de porter la croix de cet ordre en 1757.

Créé prince de l'empire, pour lui et ses descendans, pour ses frères et leurs descendans, par diplome de l'empereur François Ier, le 8 juin de la même année.

Mort en 1769.

LE GENDRE DE LORMOY (*Léon-François*), *comte* D'ONS en Bray,
(Connu d'abord sous le nom de M. le Gendre).
Lieutenant-réformé au régiment d'infanterie d'Orléans en 1718.
Capitaine dans le régiment de dragons de Saumery, même mois.
Mestre-de-camp-lieutenant du régiment du colonel-général de la cavalerie, septembre 1730.
Reçu chevalier de l'ordre de Saint-Louis avant 1740.
Brigadier des armées du Roi, janvier 1740.
Maréchal-de-camp, mai 1744.
Lieutenant-général des armées du Roi, mai 1748.
Mort en 1773.

DE ROSEN (*Anne-Armand, marquis*), né le 17 juillet 1711,
Mousquetaire en 1728.
Colonel du régiment de cavalerie allemande de son nom depuis Wurtemberg en 1729.
Reçu chevalier de l'ordre de Saint-Louis avant 1740.
Brigadier des armées du Roi, janvier 1740.
Maréchal-de-camp, mai 1744.
Lieutenant-général des armées du Roi, mai 1748.
Mort à Paris en novembre 1749.

D'ESPARBÈS DE LUSSAN D'AUBETERRE, *comte* DE JONSAC, né le 28 janvier 1714,
(Connu d'abord sous le nom de marquis de Jonsac).
Mousquetaire en 1728.
Capitaine au régiment de cavalerie de Villeroy, mai 1730.
Guidon de la compagnie des gendarmes de Berri, avec rang de lieutenant-colonel de cavalerie, août 1733.

Enseigne de la compagnie des gendarmes d'Orléans, mars 1734.

Sous-lieutenant de la compagnie des chevau-légers d'Orléans, avec rang de mestre-de-camp de cavalerie, août 1736.

Reçu chevalier de l'ordre de Saint-Louis avant 1740.

Capitaine des chevau-légers-Dauphin, décembre 1744.

Brigadier des armées du Roi, novembre 1745.

Lieutenant-général au gouvernement de Saintonge et d'Angoumois, sur la démission de son père, janvier 1747.

Gouverneur de Coullioure et du port de Vendre, sur la démission du comte de Jonsac, son grand-père, même année.

Maréchal-de-camp, mai 1748.

(Prit le nom de comte de Jonsac, à la mort de son père, le 3 juin 1750).

Lieutenant-général des armées du Roi, décembre 1759.

DE MAUPEOU (*Louis-Charles-Alexandre, marquis*), né le 9 avril 1716,

(Connu d'abord sous le nom de chevalier de Maupeou).

Lieutenant au régiment d'infanterie de Bigorre en 1734.

Capitaine, juin 1735.

Aide-major, août suivant.

Reçu chevalier de l'ordre de Saint-Louis avant 1740.

Colonel du même régiment, février 1740.

Brigadier des armées du Roi, août 1746.

Maréchal-de-camp, mai 1749.

Lieutenant-général des armées du Roi, décembre 1759.

GIGAULT (*Charles-Joseph-Bernardin*), comte DE BELLEFONDS,

Major du régiment de Brionne-cavalerie.

Reçu chevalier de l'ordre de Saint-Louis avant 1740.

Colonel du régiment de Chepy en 1744.

Brigadier des armées du Roi en 1747.

GAUTHIER (*Jacques*), seigneur DE LANCRIOL,

Reçu chevalier de l'ordre de Saint-Louis avant 1740.

Capitaine de vaisseaux du Roi en 1747.

De CROY-SOLRE (*Emmanuel, duc*), *prince* de Croy, né le 23 juin 1718,

    Prince du Saint-Empire, grand-veneur héréditaire du comté de Hainaut, à la mort de son père, en octobre 1723.

    Mousquetaire en 1736.

    Mestre-de-camp-lieutenant du régiment Royal-Roussillon-cavalerie en avril 1738.

    Reçu chevalier de l'ordre de Saint-Louis avant 1740.

    Brigadier des armées du Roi, juin 1745.

    Maréchal-de-camp, mai 1748.

    Commandant en Artois, Picardie, Calaisis, et Boulonnais, en janvier 1757.

    Chevalier des ordres du Roi le 2 février 1759.

    Lieutenant-général de ses armées en décembre suivant.

    Depuis maréchal de France et gouverneur de Condé.

    Mort en 1784.

De FAGES (*Joseph-Ignace*), *chevalier* de Monteils,

    Capitaine au régiment de Tavannes en 1712.

    Reçu chevalier de l'ordre de Saint-Louis avant 1740.

    Mort le 1er octobre 1748.

De PORTALÈS (*Louis-Hercule*), *marquis* de la Cheze,

    Lieutenant en second au régiment de cavalerie de Gesvres, août 1720.

    Deuxième cornette de la compagnie des chevau-légers de la Reine, avec rang de lieutenant-colonel de cavalerie, décembre 1731.

    Premier cornette de la compagnie des chevau-légers-Dauphin, mars 1734.

    Sous-lieutenant de la compagnie des gendarmes de Flandre, avec rang de mestre-de-camp de cavalerie, janvier 1735.

    Reçu chevalier de l'ordre de Saint-Louis avant 1740.

    Capitaine-lieutenant de la compagnie des gendarmes de Berri, janvier 1742.

Brigadier des armées du Roi, mai 1744.

Maréchal-de-camp, janvier 1748.

Lieutenant-général des armées du Roi, mai 1758.

DE DREUX (*Michel*), *marquis* DE BREZÉ, né le 15 juin 1700,
Mousquetaire en 1717.

Colonel du régiment d'infanterie de Guienne, mars 1718.

Grand-maître des cérémonies de France, sur la démission de son père, le 19 mai 1720.

Major-général du camp de la Moselle, août 1732.

Brigadier des armées du Roi, février 1734.

Maréchal-de-camp, mars 1738.

Reçu chevalier de l'ordre de Saint-Louis avant 1740.

Inspecteur-général d'infanterie, mars 1741.

Lieutenant-général des armées du Roi, mai 1744.

Commandant en chef de la Flandre et du Hainaut, février 1749.

Gouverneur des îles de Sainte-Marguerite et de Saint-Honorat, à la mort de son père, en mars suivant.

Gouverneur des ville, château et pays de Loudun le 22 avril.

Prévôt et maître des cérémonies de l'ordre du Saint-Esprit le 3 juillet de la même année 1749.

Mort le 17 février 1754.

GIGAULT (*Charles-Bernardin-Godefroy*), *marquis* DE BELLEFONDS,

D'abord lieutenant-réformé au régiment de cavalerie de Lorges en 1723.

Capitaine au régiment Royal-étranger en 1725.

Gouverneur et capitaine des chasses de Vincennes, sur la démission du marquis du Châtelet, en mai 1733.

Colonel du régiment d'infanterie de la Marche, mars 1734.

Reçu chevalier de l'ordre de Saint-Louis avant 1740.

Brigadier des armées du Roi, janvier 1740.

Colonel du régiment de Champagne, juin 1741.

Maréchal-de-camp, novembre 1744.

D'ALBERT D'AILLY (*Michel-Ferdinand*), vidame D'AMIENS, *duc* DE PECQUIGNY et DE CHAUNES, né le 31 décembre 1714,

Quitta l'état ecclésiastique et devint duc de Pecquigny, à la mort de son frère aîné, le 14 juillet 1731.

Mousquetaire en 1732.

Cornette de la compagnie des chevau-légers de la garde, avec rang de mestre-de-camp de cavalerie, mai 1733.

Lieutenant de la même compagnie, sur la démission de son père, février 1735.

Reçu chevalier de l'ordre de Saint-Louis avant 1740.

Brigadier des armées du Roi, janvier 1740.

Maréchal-de-camp, mai 1743.

Aide-de-camp du Roi en 1744.

Devint duc de Chaunes, pair de France, à la mort de son père, le 9 novembre de la même année.

Lieutenant-général du gouvernement de Bretagne, sur la démission du maréchal de la Fare, en juillet 1747.

Lieutenant-général des armées du Roi, janvier 1748.

Nommé chevalier des ordres du Roi en 1751; reçu le 2 février.

Gouverneur et lieutenant-général de Picardie et d'Artois en 1752.

Mort le 25 septembre 1769.

DE LANNION (*Hyacinte-Cajetan, comte*), né le 26 octobre 1719,

D'abord gouverneur de Vannes et d'Auray, février 1735.

Capitaine et conducteur du ban et arrière-ban des évêché, ports et hâvres de Vannes, en avril suivant.

Mousquetaire, juin 1736.

Guidon de la compagnie des gendarmes d'Orléans, avril 1738.

Colonel du régiment d'infanterie de Médoc, mars 1739.

Reçu chevalier de l'ordre de Saint-Louis avant 1740.

Il présida, en 1741, l'assemblée extraordinaire des États de Bretagne, en qualité de pair de cette province avec dispense d'âge accordée à cet effet par le Roi.

Colonel du régiment de Lyonnais, décembre 1745.

Brigadier des armées du Roi le 1er mai précédent.

Maréchal-de-camp, mai 1748.

Il présida les États de Bretagne en juillet 1752, et reçut une lettre du Roi qui lui marquait sa satisfaction de la part qu'il avait eue à la délibération par laquelle les États accordaient à Sa Majesté le don gratuit qu'elle leur avait fait demander.

Il passa à l'île Minorque, que le Roi érigea en gouvernement de province, et Sa Majesté pourvut le comte de Lannion du gouvernement et de la lieutenance-générale par provisions données à Compiègne le 23 juillet 1758.

Nommé chevalier des ordres du Roi le 1er janvier 1759; reçu le 2 février.

Lieutenant-général de ses armées en décembre même année.

Mort à Mahon, au mois d'octobre 1762.

PRUNIER DE SAINT-ANDRÉ (*René-Ismidon-Nicolas*), *comte et depuis marquis* DE VIRIEU, né le 10 avril 1702,

Mousquetaire en 1718.

Guidon de la compagnie des gendarmes de Berri, avec rang de lieutenant-colonel de cavalerie, mars 1719.

Obtint le rang de mestre-de-camp de cavalerie en 1722.

Enseigne de la même compagnie, septembre même année.

Gouverneur de Vienne, juillet 1737.

Sous-lieutenant de la compagnie des chevau-légers-Dauphin, avril 1738.

Reçu chevalier de l'ordre de Saint-Louis avant 1740.

Brigadier des armées du Roi, janvier 1740.

Capitaine de la compagnie des gendarmes d'Orléans, mai 1742.

Maréchal-de-camp, mai 1744.

Lieutenant-général des armées du Roi, mai 1748.
Mort le 25 novembre 1765.

De BROGLIE (*Victor-François, duc*), né le 19 octobre 1718,
(Connu d'abord sous le nom de comte de Broglie).
Capitaine dans le régiment de cavalerie de M. le Dauphin en 1734.
Colonel du régiment d'infanterie de Luxembourg, vacant par la mort du comte de Budes.
Reçu chevalier de l'ordre de Saint-Louis avant 1740.
Aide-major-général de l'infanterie de l'armée de Bohême, dont son père avait pris le commandement, avril 1742.
Brigadier des armées du Roi, même mois.
Continua ses fonctions d'aide-major-général sous le maréchal de Broglie, son père.
Maréchal-de-camp en 1745.
Devenu duc de Broglie par la mort de son père, le 22 octobre même année, il en prit le titre.
Inspecteur-général de l'infanterie, mai 1746.
Lieutenant-général des armées du Roi, mai 1748.
Gouverneur de Béthune en décembre 1751.
Obtint les entrées de la chambre du Roi en juillet 1758.
Nommé chevalier de ses ordres le 1ᵉʳ janvier 1759.
Créé prince de l'empire par diplome de l'empereur, donné à Vienne le 28 mai suivant.
Maréchal de France le 16 décembre de la même année 1759.

Le BASCLE D'ARGENTEUIL (*Charles-Nicolas-Mathieu*), *marquis* de Moulins, né le 17 janvier 1700,
Page du Roi en 1714.
Capitaine au régiment de cavalerie de Ruffec (depuis Barbançon), mars 1718.
Maréchal-général-des-logis des camps et armées du Roi, septembre 1728.
Major de son régiment, août 1735.
Reçu chevalier de l'ordre de Saint-Louis avant 1740.

Lieutenant-colonel du même régiment, octobre 1740.
Brigadier des armées du Roi, mars 1747.
Maréchal-de-camp, février 1759.

DE GIGAULT DE BELLEFONDS (*Armand-Louis-François, marquis*), né le 19 décembre 1707,
Cornette au régiment de cavalerie de Villars (depuis Rohan et Brionne) en 1729.
Capitaine, mars 1733.
Reçu chevalier de l'ordre de Saint-Louis avant 1740.
Major de son régiment, février 1740.
Brigadier des armées du Roi, mars 1747.
Maréchal-de-camp, mai 1758.

D'ENONVILLE (*Louis-René*), comte DE BRISAY, né le 17 mai 1701,
Mousquetaire en 1716.
Cornette de la compagnie des chevau-légers de la garde du Roi, janvier 1718.
Mestre-de-camp de cavalerie, mars même année.
Troisième cornette, janvier 1719.
Deuxième cornette en septembre suivant.
Premier cornette, octobre même année.
Brigadier des armées du Roi, août 1734.
Reçu chevalier de l'ordre de Saint-Louis avant 1740.
Maréchal-de-camp, janvier 1740.
Quitta le service, et obtint, le 3 novembre 1749, à la mort de son père, le gouvernement de l'Orléanais au département du pays Chartrain.

BRULART (*Louis-Philippe*), marquis DE PUISIEUX et DE SILLERY, né le 12 mai 1702,
(Connu d'abord sous le nom de comte de Sillery).
Mousquetaire en 1716.
Capitaine au régiment de cavalerie de Villeroi, mars 1719.
Gouverneur d'Epernai à la mort de son père, même mois.
Obtint le rang de mestre-de-camp de cavalerie en 1721.
(Prit le nom de marquis de Puisieux en 1727).

Capitaine au régiment Royal-Roussillon-cavalerie en 1730.

Mestre-de-camp d'un régiment de cavalerie de son nom, mars 1734.

Brigadier des armées du Roi, août 1734.

Ambassadeur auprès du Roi des Deux-Siciles en 1736.

Revint en France en 1739.

Reçu chevalier de l'ordre de Saint-Louis avant 1740.

Maréchal de camp en 1743.

Ministre plénipotentiaire au congrès de Breda en 1746.

Conseiller d'Etat d'épée, octobre même année.

Secrétaire d'état au département des affaires étrangères le 21 janvier 1747.

Ministre d'état le même jour.

Nommé chevalier des ordres du Roi le 1er janvier 1748; reçu le 2 février.

Lieutenant-général du gouvernement de Languedoc en 1751.

Mort le 2 décembre 1770.

DE BERINGHEN (*Henri-Camille, marquis*),
Premier écuyer du Roi.
Chevalier de ses ordres en 1731.
Lieutenant-général au gouvernement de Bourgogne.
Gouverneur de Châlons-sur-Saône.
Reçu chevalier de l'ordre de Saint-Louis avant 1740.

LE TELLIER (*François-Louis*), marquis DE SOUVRÉ et DE LOUVOIS, né le 8 septembre 1704,
(Connu d'abord sous le nom de marquis de Louvois).
Mousquetaire en 1716.
Lieutenant-général aux gouvernemens de Navarre et de Béarn, en survivance de son père en mai 1723.
Capitaine dans le régiment Royal-Cravates, janvier 1724.
Maître de la garde-robe du Roi, à la mort de son père, le 23 décembre 1725.
(Il prit alors le nom de marquis de Souvré).

Colonel d'un régiment d'infanterie de son nom (depuis Briqueville) en octobre 1730.

Brigadier des armées du Roi, octobre 1734.

Reçu chevalier de l'ordre de Saint-Louis avant 1740.

Maréchal-de-camp, février 1743.

Lieutenant-général des armées du Roi, janvier 1748.

Nommé chevalier de ses ordres le 2 février 1749; reçu le 15 mai suivant.

De la ROCHEFOUCAULD (*Alexandre-Nicolas*), comté de Surgères, né le 20 janvier 1709,

Mousquetaire en 1726.

Guidon de la compagnie des gendarmes d'Anjou, avec rang de lieutenant-colonel de cavalerie, septembre 1728.

Premier cornette de la compagnie des chevau-légers-Dauphin, janvier 1734.

Il obtint le rang de mestre-de-camp de cavalerie, et fut fait capitaine de la compagnie des chevau-légers de la Reine en mars même année.

Reçu chevalier de l'ordre de Saint-Louis avant 1740.

Mestre-de-camp d'un régiment de dragons de son nom (depuis Choiseul) en avril 1742.

Brigadier des armées du Roi, février 1743.

Maréchal-de-camp, novembre 1745.

Lieutenant-général des armées du Roi, mai 1748.

Mort le 29 avril 1760.

De RONCHEROLLES (*Claude - Thomas-Sibille - Gaspard-Nicolas-Dorothée, marquis*), né le 2 décembre 1704,

(Connu d'abord sous le nom de chevalier de Pont-Saint-Pierre).

Lieutenant-réformé au régiment du Roi en 1721.

Lieutenant, mai 1725.

Guidon de la compagnie des gendarmes de la Reine, avec rang de lieutenant-colonel de cavalerie, novembre 1726.

Obtint le rang de mestre-de-camp de cavalerie en novembre 1731.

Premier cornette de la compagnie des chevau-légers de Berri, mars 1733.
Sous-lieutenant de la compagnie des gendarmes écossais, juin 1739.
Reçu chevalier de l'ordre de Saint-Louis avant 1740.
Brigadier des armées du Roi, février 1743.
Maréchal-de-camp, mai 1745.
Troisième enseigne de la compagnie des gardes-du-corps depuis Luxembourg, mars 1746.
Lieutenant-général des armées du Roi, mai 1748.
Premier enseigne, juin 1750.
Troisième lieutenant, avril 1760.
Mort en 1789.

DE CHANGY (*Nicolas*), *comte* DE ROUSSILLON,
Lieutenant-réformé au régiment du Roi en 1717.
Lieutenant en second, mai 1718.
Lieutenant, janvier 1720.
Mestre-de-camp-réformé à la suite du régiment du mestre-de-camp-général de la cavalerie en 1722.
Colonel du régiment d'infanterie de Gâtinois, août 1726.
Brigadier des armées du Roi, août 1734.
Reçu chevalier de l'ordre de Saint-Louis avant 1740.
Maréchal-de-camp, février 1743.
Mort en 1773.

DE VION (*Claude-Charles-Urbain*), *seigneur* D'HUNAVILLE,
Exempt des gardes-du-corps.
Mestre-de-camp de cavalerie.
Reçu chevalier de l'ordre de Saint-Louis avant 1740.
Mort à Meulan le 24 février 1773, âgé de quatre-vingts ans.

DE BARRAS DE CHANTERCIER,
Capitaine de galères en 1725.
Reçu chevalier de l'ordre de Saint-Louis avant 1740.
Quitta le service en 1740.

De RIMBERLIEU,
  Lieutenant de vaisseaux du Roi.
  Reçu chevalier de l'ordre de Saint-Louis avant 1740, qu'il quitta le service.

De PELISSIER *(Jean-Joseph)*,
  Capitaine au régiment de Murat.
  Exempt des gardes-du-corps du Roi.
  Commandant à Simiane et Saint-Christol lors de la peste de 1720.
  Reçu chevalier de l'ordre de Saint-Louis avant 1740.
  Mort le 24 juin 1765.

De FONTAINES (*Charles-Louis*), *seigneur* de Cerisy,
  Capitaine de cavalerie.
  Reçu chevalier de l'ordre de Saint-Louis avant 1740.
  Servit trente-deux ans dans les gardes-du-corps.
  Mort à Eu le 22 mars 1772.

POLLIER de SAINT-QUINTIN,
  Lieutenant de vaisseaux du Roi.
  Reçu chevalier de l'ordre de Saint-Louis avant 1740.
  Il quitta le service vers cette époque.

RAOUL de la GUIBOURGÈRE,
  Capitaine de vaisseaux du Roi.
  Reçu chevalier de l'ordre de Saint-Louis avant 1740.
  Il quitta le service vers cette époque.

DIEUDONNÉ (*Emmanuel*), *marquis* d'Hautefort, né le 13 février 1700,
  (Connu d'abord sous le nom de chevalier d'Hautefort).
  Enseigne de la colonelle du régiment de Condé en 1717.
  Capitaine en second de la lieutenance colonelle, mars 1719.
  Colonel-réformé à la suite du même régiment, septembre suivant.
  Colonel-lieutenant à la mort de son frère, même mois.
  Brigadier des armées du Roi, août 1734.

Tom. II.

Reçu chevalier de l'ordre de Saint-Louis avant 1740.
Maréchal-de-camp, janvier 1740.
Ambassadeur à Vienne en 1749.
Nommé chevalier des ordres du Roi en 1751; reçu le 1ᵉʳ janvier 1753, au retour de son ambassade.
Mort le 30 janvier 1777.

De GOUFFIER (*Louis-Charles*), marquis d'Heilly, né le 27 septembre 1698,
Mousquetaire en 1716.
Capitaine au régiment de cavalerie de Saint-Simon en octobre 1717.
Mestre-de-camp-lieutenant du régiment de cavalerie de Condé, novembre 1719.
Brigadier des armées du Roi, août 1734.
Reçu chevalier de l'ordre de Saint-Louis avant 1740.
Maréchal-de-camp en janvier 1740.
Mort en 1778.

De RECOURT de LENS (*Yves-Marie*), comte de Ruppelmonde, né le 21 décembre 1707,
Capitaine-réformé au régiment d'infanterie allemande d'Alsace en 1722.
Colonel-réformé en mai suivant.
Capitaine, novembre 1725.
Colonel du régiment d'infanterie d'Angoumois, mars 1734.
Reçu chevalier de l'ordre de Saint-Louis avant 1740.
Brigadier des armées du Roi, août même année.
Maréchal-de-camp, février 1743.
Tué au combat de Pfaffenhoffen le 15 avril 1745.

De BEAUVAU (*Louis-Charles-Antoine, marquis*), né au mois d'avril 1710,
Capitaine au régiment de cavalerie de Lambesc (depuis Beauvau), à la mort de son frère aîné, le 28 septembre 1725.
Mestre-de-camp-lieutenant du régiment de cavalerie de la Reine, mars 1734.

Inspecteur-général de la cavalerie, décembre 1737.
Brigadier des armées du Roi, novembre 1738.
Reçu chevalier de l'ordre de Saint-Louis avant 1740.
Maréchal-de-camp, février 1743.
Tué au siége d'Ypres en 1744.

DE VICHY-CHAMRON (*Gaspard-Nicolas*, comte),
Lieutenant-réformé au régiment du commissaire-général de la cavalerie en 1716.
Capitaine-réformé au même régiment, août 1718.
Mestre-de-camp-réformé à la suite de ce régiment, janvier 1723.
Capitaine dans le régiment de cavalerie de Cayeux, février 1727.
Mestre-de-camp d'une brigade dans le régiment royal des carabiniers, avril 1734.
Brigadier des armées du Roi, octobre même année.
Reçu chevalier de l'ordre de Saint-Louis avant 1740.
Maréchal-de-camp en 1743.
Mort en 1781.

DE CALONNE (*Louis-Jacques*), marquis DE COURTEBONNE, né le 2 juin 1699,
Lieutenant-de-Roi en Artois, à la mort de son père, en 1705.
Mousquetaire en 1715.
Guidon de la compagnie des gendarmes de la Reine, juin 1716.
Sous-lieutenant de la même compagnie, novembre 1726.
Reçu chevalier de l'ordre de Saint-Louis avant 1740.
Brigadier des armées du Roi en 1740.
Capitaine-lieutenant de la compagnie des gendarmes Bourguignons, septembre 1741.
Maréchal-de-camp, mai 1744.
Mort le 11 août 1753.

DE ROBERT (*Louis-Jacques*);
   Lieutenant-réformé au régiment de Picardie en 1719.
   Lieutenant en second, octobre suivant.
   Lieutenant de la colonelle, mai 1720, avec rang de capitaine en décembre 1722.
   Reçu chevalier de l'ordre de Saint-Louis avant 1740.
   Obtint le rang de colonel d'infanterie en 1743.
   Aide-maréchal-des-logis de l'armée du Rhin, avril suivant.
   Lieutenant-de-Roi de Maubeuge, avril 1744.
   Brigadier des armées du Roi, septembre 1746.
   Lieutenant-de-Roi de Perpignan, avril 1749.
   Colonel-réformé à la suite du régiment de Picardie, février 1756.
   Maréchal-de-camp, mai 1758.

DE LA TOUR D'AUVERGNE (*Godefroy-Charles-Henri*), prince DE TURENNE et DU SAINT-EMPIRE, *duc* DE BOUILLON, D'ALBRET et DE CHATEAU-THIERRY, né le 26 janvier 1728,
   Obtint la charge de colonel-général de la cavalerie, sur la démission du comte d'Evreux, le 7 juillet 1740.
   Reçu chevalier de l'ordre de Saint-Louis avant 1740.
   Brigadier des armées du Roi, mars 1747.
   Grand-chambellan en survivance du duc de Bouillon, son père, février même année.
   Maréchal-de-camp, mai 1748.
   Chevalier de l'ordre de Saint-Hubert du Rhin en 1752.

DE ROUVROY SAINT-SIMON (*Armand-Jean*), duc DE RUFFEC, né le 2 août 1699,
   (Connu d'abord sous le nom de marquis de Ruffec).
   Mousquetaire en 1716.
   Colonel d'un régiment de cavalerie de son nom en septembre 1717.
   Grand d'Espagne, sur la démission de son père, en janvier 1722.

Brigadier des armées du Roi, février 1734.

Mestre-de-camp du régiment de cavalerie de Saint-Simon, sur la démission de son frère aîné, mars 1735.

Maréchal-de-camp, mars 1738.

Reçu chevalier de l'ordre de Saint-Louis avant 1740.

Il devint duc de Saint-Simon, pair de France, à la mort de son frère aîné, le 16 juillet 1746.

(Prit le nom de duc de Ruffec et fut reçu au parlement comme pair de France le 16 janvier 1747).

Mort le 20 mai 1754.

DE PARDAILLAN DE GONDRIN (*Louis*), duc D'ANTIN, né le 9 novembre 1707,

(Connu d'abord sous le nom de marquis de Gondrin).

Gouverneur-général de l'Orléanais, et gouverneur particulier d'Amboise, en survivance du duc d'Antin, son grand-père, en 1718.

Colonel-réformé à la suite du régiment de la Gervaisais, décembre 1722.

Duc et pair de France, sur la démission de son grand-père, le 31 mars 1724.

(Prit le titre de duc d'Epernon).

Colonel-lieutenant du régiment royal la marine, janvier 1727.

Colonel d'un régiment d'infanterie qui porta le nom de Gondrin, mars 1734.

Brigadier des armées du Roi, août même année.

Duc d'Antin, pair de France, à la mort de son grand-père, le 2 novembre 1736.

Reçu chevalier de l'ordre de Saint-Louis avant 1740.

Maréchal-de-camp, février 1743.

Commanda à Dunkerque jusqu'à sa mort.

Mort le 9 décembre même année.

DE LA ROCHEFOUCAULD LONGEAC (*Jean-Joseph, marquis*),

Enseigne dans le régiment de Navarre en 1730.

Capitaine au régiment de cavalerie d'Urfé (depuis du Châtelet, Beuvron et Fleury), novembre 1731.

Reçu chevalier de l'ordre de Saint-Louis avant 1740.

Mestre-de-camp d'un régiment de cavalerie de son nom,
mars 1743.

Brigadier des armées du Roi en janvier 1748.

Maréchal-de-camp, février 1759.

DE CHÂTELLARD D'HAUTERIVE (*François, marquis*),
né le 2 juin 1717,

Enseigne au régiment d'infanterie du Perche en 1731.

Lieutenant, mars 1733.

Capitaine, avril 1736.

Reçu chevalier de l'ordre de Saint-Louis avant 1740.

Capitaine au régiment des Gardes-Lorraines, lorsque son
régiment y fut incorporé, en mars 1744.

Aide-major-général de l'infanterie de l'armée du Rhin,
avril suivant.

Obtient le rang de colonel d'infanterie en novembre de la
même année 1744.

Aide-major-général de l'infanterie de l'armée du Roi, avril
1747.

Lieutenant-colonel de son régiment, octobre suivant.

Brigadier des armées du Roi, mai 1748.

Maréchal-de-camp, février 1761.

Mort en 1784.

DE DURAT DE LA SERRE (*Anne-François*), né en 1685,

Sous-lieutenant au régiment Royal-la-Marine en 1707.

Lieutenant en juillet 1708.

Capitaine, août 1713.

Reçu chevalier de l'ordre de Saint-Louis avant 1740.

Capitaine des grenadiers de son régiment en avril 1742.

Major, septembre 1743.

Lieutenant-colonel, février 1744.

Brigadier des armées du Roi, mars 1747.

Maréchal-de-camp, juillet 1756.
Mort en 1769.

Des RUAUX (*Jean-Elie*), *comte* de Rouffiac, né le 27 décembre 1703,
Lieutenant en second du régiment de Rouergue en 1720.
Aide-major, novembre 1727.
Capitaine, novembre 1728.
Il se retira, et rentra dans le même régiment, en conservant son rang, en janvier 1736.
Reçu chevalier de l'ordre de Saint-Louis avant 1740.
Capitaine de grenadiers, août 1741.
Major, mars 1743.
Lieutenant-colonel du même régiment, mai 1744.
Brigadier des armées du Roi, mars 1747.
Maréchal-de-camp, février 1759.

De PRUNIER (*Nicolas-François*), *chevalier* de Lemps, né le 22 mars 1710,
Chevalier de Malte en mars 1715.
Lieutenant-réformé au régiment d'infanterie de Bretagne, novembre 1722.
Lieutenant, juillet 1723.
Capitaine, novembre 1731.
Reçu chevalier de l'ordre de Saint-Louis avant 1740.
Capitaine de grenadiers, septembre 1745.
Major de son régiment, novembre 1746.
Lieutenant-colonel du même régiment, septembre 1751.
Colonel d'un régiment d'infanterie de son nom (depuis Vivarais), septembre 1759.
Maréchal-de-camp, février 1761.

DILLON (*Henri, comte*),
Enseigne de la colonelle du régiment de son père en 1716.
Capitaine-réformé à la suite du même régiment, novembre 1721.

Capitaine, mai 1730.

Obtint le rang de colonel d'infanterie, février 1735.

Major du régiment, novembre 1738.

Reçu chevalier de l'ordre de Saint-Louis avant 1740.

Colonel du même régiment, à la mort de son frère aîné, novembre 1741.

Brigadier des armées du Roi, février 1743.

Il quitta le service au mois de mai 1744 pour se retirer en Angleterre.

De SAINTE-CROIX de GUILLEM-CLERMONT-PASCA-LIS (*Cajetan-Xavier, chevalier*), né le 22 décembre 1708,

Lieutenant en second au régiment d'infanterie de Bourbon en 1721.

Enseigne de la colonelle en 1722.

Lieutenant en 1724.

Capitaine, mars 1731.

Reçu chevalier de l'ordre de Saint-Louis avant 1740.

Capitaine de grenadiers, août 1744.

Commandant d'un bataillon au même régiment en 1747.

Lieutenant-colonel de son régiment, avril 1748.

Brigadier des armées du Roi, octobre 1758.

Commandant à Belleîle en mars 1759.

Maréchal-de-camp, février 1761.

Mort de maladie à Saint-Domingue le 16 août 1762.

De MALIDES (*Louis* ou *Jean-Louis*),

Lieutenant-réformé au régiment d'infanterie de Conti en 1719,

Lieutenant en second, juillet, même année.

Gentilhomme à drapeau au régiment des Gardes-Françaises, mars 1728.

Deuxième enseigne, mars 1729.

Sous-lieutenant, mai suivant.

Lieutenant, décembre 1733.

Reçu chevalier de l'ordre de Saint-Louis avant 1740.
Aide-major, octobre 1742.
Capitaine, juillet 1743.
Brigadier des armées du Roi, janvier 1748.
Mort le 6 août de la même année.

DE FRANQUET (*Louis*), né à Condé le 10 juin 1697,
Il avait servi onze ans dans l'infanterie lorsqu'il fut reçu ingénieur en 1720.
Lieutenant-réformé à la suite du régiment de Piémont en 1732.
Capitaine-réformé en 1735.
Ingénieur en chef en 1736.
Reçu chevalier de l'ordre de Saint-Louis avant 1740.
Lieutenant-colonel-réformé en janvier 1747.
Colonel-réformé, février 1751.
Brigadier des armées du Roi, mai 1754.

DE BRUNET DE FIEFF,
Officier pointeur de l'artillerie en 1721.
Commissaire extraordinaire en 1725.
Commissaire ordinaire, août 1727.
Reçu chevalier de l'ordre de Saint-Louis avant 1740.
Commissaire provincial, janvier 1741.
Lieutenant, octobre 1743.
Brigadier des armées du Roi, mai 1748.
Mort en 1763.

DE LA ROCHE SAINT-ANDRÉ (*le chevalier*),
Lieutenant-réformé au régiment de Bresse en 1718.
Lieutenant en second, février 1719.
Capitaine en second, avril suivant.
Reçu chevalier de l'ordre de Saint-Louis avant 1740.
Capitaine de grenadiers, avril 1743.
Lieutenant-colonel, janvier 1747.
Brigadier des armées du Roi, mai 1748.
Lieutenant-de-Roi de Maubeuge, novembre même année.

LE VER (*Jean-Louis-Hubert*), *marquis* DE CAUX, né le 3 novembre 1704,

Page du Roi, avril 1721.

Lieutenant-réformé au régiment du Roi-infanterie, avril 1724.

Lieutenant, mai 1726.

Capitaine, août 1734.

Reçu chevalier de l'ordre de Saint-Louis avant 1740.

Colonel du régiment d'infanterie de Lorraine en 1745.

Brigadier des armées du Roi en 1748.

Mort en 1763.

DE LA RUE LANNOY (*Jacques-François, comte*),

Second enseigne au régiment des Gardes-Françaises en 1723.

Premier enseigne, mai 1726.

Sous-lieutenant, juin 1727.

Sous-lieutenant de grenadiers, juillet 1734.

Reçu chevalier de l'ordre de Saint-Louis avant 1740.

Lieutenant, mai 1740.

Aide-major, avril 1743.

Obtint le rang de colonel en mars 1744.

Capitaine aux Gardes, mai 1745.

Brigadier des armées du Roi, mai 1748.

DE CROY (*Louis-Ferdinand-Joseph*), duc D'HAVRÉ, né le 24 juin 1713,

(Connu d'abord sous le nom de prince d'Havré).

Duc, grand d'Espagne de la première classe, prince de l'empire, à la mort de son père, le 24 mai 1727.

(Il prit alors le nom de duc d'Havré).

Colonel-lieutenant du régiment de la Couronne, à la mort du marquis de Charost, tué à Clausen, le 11 novembre 1735.

Reçu chevalier de l'ordre de Saint-Louis avant 1740.

Brigadier des armées du Roi, février 1743.

Maréchal-de-camp, mai 1745.
Lieutenant-général des armées du Roi en mai 1748.
Gouverneur de Schelestadt, novembre 1753.
Blessé mortellement à la bataille de Filinghausen le 16 juillet 1761.
Mort à Soest le lendemain.

DE BETHISY (*Eugène-Eléonor*), *marquis* DE MEZIÈRES, né le 25 mars 1709,
Cornette de la compagnie mestre-de-camp du commissaire général de la cavalerie en 1720.
Guidon de la compagnie des gendarmes Ecossais, avec rang de mestre-de-camp de cavalerie, août 1722.
Enseigne, décembre 1733.
Sous-lieutenant de la compagnie des gendarmes de Berri, février 1739.
Reçu chevalier de l'ordre de Saint-Louis avant 1740.
Brigadier des armées du Roi, janvier 1740.
Maréchal-de-camp, mai 1744.
Lieutenant-général des armées du Roi, mai 1748.
Gouverneur de Longwy, novembre 1750.

DE LA TOUR DU PIN (*René-François-André, comte*), *baron* DE PLANTIERS et D'ALEYRAC,
Cornette au régiment de cavalerie de Bourbon en 1729.
Lieutenant, juin même année.
Capitaine, février 1730.
Reçu chevalier de l'ordre de Saint-Louis avant 1740.
Colonel-lieutenant du régiment d'infanterie de Bourbon, février 1740.
Brigadier des armées du Roi, mars 1747.
Mort en 1762.

DE LA PEYRE (*Gaspard, baron*),
Page de Madame.

Second enseigne au régiment des Gardes-Françaises, février 1720.

Premier enseigne, août 1722.

Lieutenant sans être sous-lieutenant, février 1728.

Obtint le rang de colonel en 1738.

Reçu chevalier de l'ordre de Saint-Louis avant 1740.

Capitaine, octobre 1740.

Brigadier des armées du Roi, mai 1744.

Mort le 1ᵉʳ juin 1745, des blessures qu'il reçut à la bataille de Fontenoy.

DE CRUSSOL (*Charles-Emmanuel*), duc D'UZÈS, né le 11 janvier 1707,

(Connu d'abord sous le nom de comte de Crussol).

Il obtint le gouvernement-général de la Saintonge et de l'Angoumois, en survivance de son père, en septembre 1720.

Lieutenant-réformé au régiment du Roi, janvier 1721.

Colonel-réformé à la suite du régiment de Lyonnais (depuis Monconseil), décembre même année.

Il passa, en la même qualité, à la suite du régiment de la Gervaisais, mars 1723.

Duc et pair de France, sur la démission de son père, au mois de janvier 1725.

(Il prit le titre de duc de Crussol).

Capitaine de cavalerie dans le régiment de Vaudray, février 1727.

Colonel du régiment d'infanterie de Médoc, janvier 1729.

Il reçut, à la bataille de Parme, une blessure très-dangereuse.

Brigadier des armées du Roi, août 1734.

Reçu chevalier de l'ordre de Saint-Louis avant 1740.

Après avoir servi en Italie pendant la campagne de 1735, il quitta le service à cause des suites de sa blessure, au mois de mars 1739.

Il succéda à son père dans le duché d'Uzès et dans le gouvernement de Saintonge le 20 juillet même année, et prit le nom de duc d'Uzès.

Mort le 3 février 1762.

DE SUC DE SAINT-AFRIQUE (*Pierre*), né le 9 avril 1699,
Sous-lieutenant dans le régiment de Charost (depuis Dauphiné) en 1713.
Volontaire dans le régiment d'Issenghyen, incorporé dans Poitou, en 1717,
Lieutenant en second, décembre 1718.
Lieutenant de la colonelle en 1724.
Aide-major, juin 1728.
Eut rang de capitaine, septembre 1730.
Reçu chevalier de l'ordre de Saint-Louis avant 1740.
Major, avril 1746.
Lieutenant-colonel, mars 1747.
Brigadier des armés du Roi, octobre suivant.
Lieutenant-de-Roi de Perpignan en juin 1753.

DE BERNAGE,
Lieutenant de galères, avec rang de capitaine.
Reçu chevalier de l'ordre de Saint-Louis avant 1740.
Quitta le service en 1740.

DE LA COSTE (*Etienne*), né le 26 septembre 1699,
Lieutenant en second dans le régiment de Beauce en 1720.
Lieutenant en 1722.
Capitaine en 1725.
Lieutenant de la colonelle, en conservant son rang de capitaine, en 1734.
Capitaine de grenadiers, août 1738.
Reçu chevalier de l'ordre de Saint-Louis avant 1740.
Lieutenant-colonel de son régiment, septembre 1744.
Brigadier des armées du Roi, mai 1748.

Lieutenant-colonel du régiment des grenadiers de France en 1749.

Il quitta le service en 1758.

Mort en 1784.

De DOMGERMAIN (*François-Charles-Fleutot*), né le 10 décembre 1708.

Cadet au régiment de Champagne en 1727.

Lieutenant en 1730.

Capitaine au même régiment, septembre 1739.

Reçu chevalier de l'ordre de Saint-Louis avant 1740.

Aide-major-général d'infanterie en 1745.

Aide-major-général-des-logis, juin 1747.

Capitaine de grenadiers de son régiment, mai 1754.

Colonel-réformé à la suite du régiment de Champage, mars 1757.

Brigadier des armées du Roi, février 1759.

Maréchal-de-camp, juillet 1762.

De CARONDELET de NOYELLES (*Louis*),

Capitaine au régiment de Rohan-Rochefort.

Reçu chevalier de l'ordre de Saint-Louis avant 1740.

Quitta le service en 1748.

De LORDAT (*Paul-Jacques, marquis*),

Gouverneur de Carcassonne.

Reçu chevalier de l'ordre de Saint-Louis avant 1740.

Mort le 3 août 1765.

VERON de SAVIGNY (*Simon-Marie*),

Chef de bataillon au régiment de Talaru.

Reçu chevalier de l'ordre de Saint-Louis avant 1740.

Mort à Langres le 24 novembre 1764.

De LEVIS (*Joseph-Chrysante, marquis*),

Capitaine des galères.

Reçu chevalier de l'ordre de Saint-Louis avant 1740.

Mort en 1764.

De la ROQUE de MILANY (*Claude-François, chevalier*),
Page du Roi en 1719.
Lieutenant au régiment de Flandre, octobre 1722.
Deuxième enseigne au régiment des Gardes-Françaises, avril 1725.
Premier enseigne, mars 1727.
Sous-lieutenant, décembre 1729.
Sous-aide-major, juillet 1734.
Lieutenant, décembre 1735.
Reçu chevalier de l'ordre de Saint-Louis avant 1740.
Aide-major, mars 1743.
Obtint le rang de colonel d'infanterie en décembre suivant.
Capitaine-lieutenant de la colonelle, mai 1745.
Brigadier des armées du Roi, mai 1748.
Maréchal-de-camp, février 1761.
Commandant du sixième bataillon du régiment des Gardes, octobre suivant.

De VASSÉ (*Armand-Mathurin, marquis*), né le 14 août 1708,
(Connu d'abord sous le nom de chevalier de Vassé).
Commandeur de la commanderie du Poitou.
Lieutenant-réformé au régiment de cavalerie de Beringhen (depuis Vassé), novembre 1723.
Capitaine, mars 1730.
Colonel du régiment de Picardie, novembre 1734.
Reçu chevalier de l'ordre de Saint-Louis avant 1740.
Gouverneur du château du Plessis-les-Tours, à la mort de son frère aîné, le 20 juillet 1742.
(Il prit le titre de marquis de Vassé).
Brigadier des armées du Roi, février 1743.
Maréchal-de-camp, mai 1745.
Mort en 1782.

GALLOWAY (*Jacques*), *lord* Dunkeld,
Garde-du-corps du Roi en 1722.

Garde de la manche en 1724.

Capitaine-réformé au régiment d'infanterie Irlandaise de Clare, juin 1731.

Capitaine en 1736, avec rang de colonel.

Reçu chevalier de l'ordre de Saint-Louis avant 1740.

Brigadier des armées du Roi, mai 1745.

Maréchal-de-camp, mai 1748.

Mort en 1780.

DAMAS D'ANTIGNY (*Joseph-François*), *marquis* DU RUFFEY,
Lieutenant au régiment d'infanterie de Boulonnais en 1724.

Capitaine, décembre 1725.

Colonel du même régiment, à la mort de son frère, en juin 1736.

Reçu chevalier de l'ordre de Saint-Louis avant 1740.

Brigadier des armées du Roi, mai 1745.

Maréchal-de-camp, janvier 1748.

Mort en 1782.

DE **PONS SAINT-MAURICE** (*Charles-Philippe, marquis*), né le 25 mars 1709,

Lieutenant-réformé au régiment d'Auvergne en 1722.

Capitaine-réformé dans le même régiment, janvier 1723.

Deuxième cornette de la compagnie des chevau-légers d'Anjou, avec rang de lieutenant-colonel de cavalerie, avril 1727.

Enseigne de la compagnie des gendarmes Bourguignons, janvier 1734.

Obtint le rang de mestre-de-camp de cavalerie en novembre suivant.

Sous-lieutenant de la compagnie des gendarmes d'Anjou, avril 1738.

Reçu chevalier de l'ordre de Saint-Louis avant 1740.

Mestre-de-camp d'un régiment de cavalerie de son nom, mars 1742.

Brigadier des armées du Roi, février 1743.

Maréchal-de-camp, mai 1745.
Lieutenant-général des armées du Roi, mai 1748.

DE MARNAIS DE SAINT-ANDRÉ DE LA BASTLE (*Charles*) comte DE VERCEIL,
Capitaine-réformé au régiment du colonel-général des dragons en 1722.
Exempt de la compagnie de Charost des gardes-du-corps du Roi, février 1723.
Gouverneur de Dôle, sur la démission de son père, octobre 1731.
Obtint le rang de mestre-de-camp de cavalerie en avril 1735.
Reçu chevalier de l'ordre de Saint-Louis avant 1740.
Brigadier des armées du Roi, mai 1744.
Aide-major de sa compagnie, avec rang d'enseigne, février 1748.
Maréchal-de-camp, même mois.
Second enseigne de sa compagnie (depuis Beauvau), janvier 1752.
Premier enseigne, mars suivant.
Troisième lieutenant, janvier 1755.
Lieutenant général des armées du Roi, décembre 1759.

DE TOULOUZE (*Bernard*), comte DE LAUTREC,
Page de M. le Régent.
Second enseigne du régiment des Gardes-Françaises en 1720.
Premier enseigne, mai 1721.
Enseigne de grenadiers, septembre 1727.
Sous-lieutenant, janvier 1731.
Sous-aide-major, novembre 1734.
Reçu chevalier de l'ordre de Saint-Louis avant 1740.
Lieutenant, juillet 1743.
Aide-major, même mois, avec rang de colonel d'infanterie en juin 1745.
Capitaine, mai 1752.
Brigadier des armées du Roi, février 1759.
Il quitta le service au mois de janvier 1761.

TOM. II. 21

De MONTMORENCY d'ACQUEST (*Joseph-Alexandre, comte*),

Lieutenant au régiment de Louvigny en 1710.

Cornette au régiment de cavalerie de Beaujeu, mai 1711.

Capitaine au régiment du Maine-cavalerie au mois de janvier 1713, en l'absence du marquis de Damas, qui était à Malte.

Capitaine-réformé à la suite du même régiment, au retour du chevalier de Damas, en 1715.

Passé en la même qualité à la suite du régiment colonel-général-cavalerie.

Capitaine en second en avril 1718, avec rang de mestre-de-camp de cavalerie en juillet 1721.

Se rendit, en 1725, avec la permission du Roi, auprès du Roi de Pologne, électeur de Saxe, qui le fit successivement sous-lieutenant des chevau-légers de sa garde, maréchal-de-camp, et lieutenant-général de ses armées.

Rentré en France en 1738, il obtint le grade de maréchal-de-camp.

Reçu chevalier de l'ordre de Saint-Louis avant 1740.

Lieutenant-général des armées du Roi.

Mort au mois de mars 1759.

De SESMAISONS (*Claude-François, marquis*),

Page du Roi en 1724.

Mousquetaire en 1727.

Cornette au régiment de cavalerie de Béthune en mars 1729.

Capitaine au régiment de cavalerie de Beaucaire, septembre 1731.

Exempt de la compagnie des gardes-du-corps du Roi depuis Beauvau, avril 1735.

Reçu chevalier de l'ordre de Saint-Louis avant 1740.

Eut rang de mestre-de-camp de cavalerie en 1740.

Brigadier des armées du Roi en janvier 1748, avec rang d'enseigne dans sa compagnie en février 1749.

Deuxième enseigne, janvier 1755.

Maréchal-de-camp, février 1759.

Depuis lieutenant des gardes-du-corps, et lieutenant-général des armées du Roi en 1767.

De QUELEN-STUER de CAUSSADE (*Antoine-Paul-Jacques*), duc de la Vauguyon, né le 17 janvier 1706, (Connu d'abord sous le nom de marquis de Saint-Mégrin).

Cadet dans la compagnie des gardes-du-corps de Noailles en 1721.

Capitaine au régiment de cavalerie de Noailles, juin 1729.

(Prit le nom de comte de la Vauguyon, à la mort de son frère, le 25 août 1730).

Colonel du régiment d'infanterie de Beauvoisis, novembre 1734.

Reçu chevalier de l'ordre de Saint-Louis avant 1740.

Brigadier des armées du Roi, février 1743.

Menin de M. le Dauphin, février 1745.

Maréchal-de-camp, mai suivant.

Gouverneur de Doullens, novembre 1747.

Lieutenant-général des armées du Roi, mai 1748.

Gouverneur de Coignac, mai 1750.

Nommé chevalier des ordres du Roi le 1ᵉʳ janvier 1753 ; reçu le 2 février.

Commandant dans le duché de Grubenhagen et bailliages en dépendans.

Gouverneur, premier gentilhomme de la chambre et grand-maître de la garde-robe des Princes, fils de M. le Dauphin, en février 1758.

Créé duc de la Vauguyon, pair de France par lettres données à Versailles au mois d'août de ladite année 1758. (Il en prit le nom).

Reçu au parlement comme pair de France le 11 janvier 1759.

Mort à Versailles le 4 février 1772.

De BOCCARD (*François-Nicolas*),
  Chef de bataillon, et depuis major du régiment de Vigier, avec rang de lieutenant-colonel.
  Reçu chevalier de l'ordre de Saint-Louis au mois de janvier 1740.

De MAILLY (*Joseph-Augustin*), *marquis* d'Haucourt,
  Mousquetaire en 1726.
  Enseigne au régiment de Mailly-infanterie, mars 1728.
  Guidon de la compagnie des gendarmes de la Reine, avec rang de lieutenant-colonel de cavalerie en mars 1733.
  Sous-lieutenant de la compagnie des chevau-légers de Berri, avec rang de mestre-de-camp de cavalerie, mars 1734.
  Capitaine-lieutenant de la compagnie des gendarmes de Berri, avril 1738.
  Reçu chevalier de l'ordre de Saint-Louis en février 1740.
  Capitaine-lieutenant de la compagnie des gendarmes Ecossais, janvier 1742.
  Brigadier des armées du Roi, février 1743.
  Maréchal-de-camp, mai 1745.
  Gouverneur d'Abbeville, septembre 1747.
  Lieutenant-général des armées du Roi, mai 1748.
  Inspecteur-général de la cavalerie et des dragons, mars 1749.
  Lieutenant-général au gouvernement de Roussillon, août suivant.
  Envoyé en Espagne par le Roi pour complimenter de sa part l'Infante, duchesse de Savoie, qu'il reçut ensuite en Roussillon.
  Il conclut avec l'Espagne, en 1750, un traité particulier qui fixait les limites des deux royaumes.
  Chevalier des ordres du Roi.
  Sénéchal et grand-bailli de Ponthieu.
  Maréchal de France.
  Mort pendant la révolution.

De REDING de FRAWENFELDT (*Antoine-Sébastien, baron*,
Enseigne au régiment suisse de Greder (depuis Affry), au mois d'avril 1714.
Sous-lieutenant, février 1715.
Capitaine d'une demi-compagnie au régiment de Castellas (depuis Morin), août 1719.
Reçu chevalier de l'ordre de Saint-Louis au mois de mars 1740.
Obtint le rang de lieutenant-colonel en mars 1744, et de colonel en août 1747.
Lieutenant-colonel de son régiment le 29 octobre de cette dernière année.
Obtint une seconde demi-compagnie en janvier 1748.
Colonel de son régiment, mars 1756.
Brigadier des armées du Roi, mai suivant.
Maréchal-de-camp, février 1761.
Mort le 10 juin 1770.

De REDING de BIBEREGG (*Joseph-Nazaire, baron*),
Cadet au régiment des Gardes-Suisses en 1725.
Enseigne, août 1726.
Sous-lieutenant, août 1729.
Capitaine d'une demi-compagnie au régiment des Gardes, et d'une demi-compagnie dans le régiment de Monin-suisse, à la retraite de son père, le 20 novembre 1735.
Reçu chevalier de l'ordre de Saint-Louis le 29 mai 1740.
Brigadier des armées du Roi, mai 1745.
Aide-de-camp du prince de Dombes en 1747.
Maréchal-de-camp, mai 1748.
Lieutenant-général des armées du Roi, en décembre 1759.
Mort en 1782.

De GANTÈS (*Jean-François, marquis*),
Cadet au régiment de Vermandois-infanterie en 1717.
Lieutenant en second au régiment d'infanterie de Provence en décembre 1719.
Capitaine, septembre 1730.

Reçu chevalier de l'ordre de Saint-Louis le 31 mai 1740.
Capitaine de grenadiers en décembre 1743.
Obtint le rang de lieutenant-colonel d'infanterie en octobre 1745.
Chef d'un corps de troupes légères qui porta son nom, en janvier 1746.
Brigadier des armées du Roi, janvier 1748.
Colonel des volontaires du Dauphiné, mars 1749.
Maréchal-de-camp, février 1759.
Lieutenant-général des armées du Roi, juillet 1762.
Commandeur de l'ordre de Saint-Louis en décembre 1771.
Mort à Paris le 3 avril 1776.

DE BANNES DE MONTGROS (*Jean*), *comte* D'AVÉSAN,
Mousquetaire dans la première compagnie en août 1722.
Brigadier, février 1727.
Maréchal-des-logis, mars 1734.
Aide-major le 27 février 1735, avec rang de mestre-de-camp de cavalerie à dater du même jour.
Reçu chevalier de l'ordre de Saint-Louis le 3 juin 1740.
Brigadier des armées du Roi, mai 1745.
Maréchal-de-camp, mai 1748.
Commandant à Ardres.

D'ARBONNIER DE DIZY (*Louis-Frédéric*),
Cadet au régiment de Villars-Chandieu en 1716.
Enseigne surnuméraire en la même année.
Capitaine d'une demi-compagnie franche suisse en février 1720.
Incorporé dans le régiment d'Hemel en novembre 1722.
Reçu chevalier de l'ordre de Saint-Louis au mois de novembre 1740.
Obtint le rang de lieutenant-colonel en mars 1744.
Lieutenant-colonel de son régiment, mai 1748.
Brigadier des armées du Roi, novembre 1755.
Colonel de son régiment, à la mort du baron de Planta, août 1760.

Maréchal-de-camp, février 1761.
Quitta le service en 1763.
Mort à Paris le 2 octobre 1780.

RAMEY DE MOLIÈRE (*Jean-Claude*),
Capitaine au régiment d'Orléans-infanterie.
Reçu chevalier de l'ordre de St.-Louis le 10 décembre 1740.

DE DIXMUDE DE MONT-BRUN (*Jean-Baptiste-Oudard, vicomte*),
Capitaine au régiment de Gèvres-cavalerie en 1726.
Reçu chevalier de l'ordre de Saint-Louis en 1740.
Obtint sa retraite en 1779.

DE CAYLUS (*le chevalier*),
Brigadier des armées du Roi.
Reçu chevalier de l'ordre de Saint-Louis en 17...
Commandeur en 1740.

DE MEYRONET (*Balthazar, chevalier*),
Capitaine au régiment du Luc.
Major de celui de Puisieux-cavalerie.
Reçu chevalier de l'ordre de Saint-Louis en 1740.

DE LAMBERVAL,
Capitaine aux Gardes-Françaises.
Lieutenant-de-Roi et commandant à Bayonne.
Reçu chevalier de l'ordre de Saint-Louis en 17...
Commandeur en 1740.

DE ROZEL,
Major du régiment de Royal-Comtois en 1740.
Reçu chevalier de l'ordre de Saint-Louis depuis 1740.

DE SADOURNY DES MAZIÈRES,
Aide-major et capitaine des portes de Douai en 1740.
Reçu chevalier de l'ordre de Saint-Louis depuis 1740.

DE MEZIÈRES,
Aide-major et capitaine des portes d'Huningue en 1740.
Reçu chevalier de l'ordre de Saint-Louis depuis 1740.

HULLIN DE MARGAT (*Jacques*),
   Capitaine au régiment d'Aquitaine.
   Reçu chevalier de l'ordre de Saint-Louis depuis 1740.
   Mort à Angers au mois de février 1772.

DE VENAULT DE LARDINIÈRE (*Pierre*),
   Capitaine au régiment de Lyonnais.
   Reçu chevalier de l'ordre de Saint-Louis depuis 1740.
   Retiré du service en 1758, après avoir servi vingt-cinq ans.

DE PARCEVAUX (*le chevalier*),
   Reçu chevalier de l'ordre de Saint-Louis depuis 1740.
   Capitaine de vaisseaux du Roi en 1751.

DE LORTIE PETIT-FIEF,
   Enseigne de vaisseaux du Roi en 1727.
   Reçu chevalier de l'ordre de Saint-Louis depuis 1740.

DE KERYAVILLY,
   Lieutenant de vaisseaux du Roi en 1730.
   Reçu chevalier de l'ordre de Saint-Louis depuis 1740.

DE MAUPIVART,
   Commandant au château de Taureau en Bretagne en 1740.
   Reçu chevalier de l'ordre de Saint-Louis depuis 1740.

DE LA SABLIÈRE,
   Major du régiment de Saint-Aignan en 1740.
   Reçu chevalier de l'ordre de Saint-Louis depuis 1740.

DE LA SABLIÈRE,
   Major de Colmar en Alsace en 1740.
   Reçu chevalier de l'ordre de Saint-Louis depuis 1740.

DE ROZÉ,
   Major du régiment de Bresse en 1740.
   Reçu chevalier de l'ordre de Saint-Louis depuis 1740.

DE SAINT-SAUVEUR,
   Aide-major et capitaine des portes de Besançon en 1740.
   Reçu chevalier de l'ordre de Saint-Louis depuis 1740.

Des LONGSCHAMPS,
Enseigne de vaisseaux du Roi en 1727, et enseigne de port à Brest.
Reçu chevalier de l'ordre de Saint-Louis depuis 1740.

De la SABLONIÈRE,
Aide-major et capitaine des portes du Randouillet à Besançon en 1740.
Reçu chevalier de l'ordre de Saint-Louis depuis 1740.

De SAINT-PAUL du CHAYLA (*le comte*),
Lieutenant-colonel du régiment du Rumain-cavalerie en 1740.
Reçu chevalier de l'ordre de Saint-Louis depuis 1740.

De la TOUR,
Lieutenant-colonel du régiment de Harcourt-dragons.
Reçu chevalier de l'ordre de Saint-Louis depuis 1740.

De SAILLY,
Premier capitaine-factionnaire du premier bataillon du régiment d'Eu en 1740.
Reçu chevalier de l'ordre de Saint-Louis depuis 1740.

De SAINT-AMAND,
Aide-major de Neuf-Brisach en 1740.
Reçu chevalier de l'ordre de Saint-Louis depuis 1740.

TRUDAINE,
Premier capitaine au régiment Royal-cavalerie en 1740.
Reçu chevalier de l'ordre de Saint-Louis depuis 1740.

De MONTAUBAN,
Commandant de bataillon au régiment de Monaco en 1740.
Reçu chevalier de l'ordre de Saint-Louis depuis 1740.

De SAINT-ROMAN,
Major du régiment de Chaillou-infanterie en 1740.
Reçu chevalier de l'ordre de Saint-Louis depuis 1740.

DE SAINT-ROMAN,
   Major de Péronne en 1740.
   Reçu chevalier de l'ordre de Saint-Louis depuis 1740.

DES VALLÉS,
   Aide-major du régiment de Saint-Mesme-dragons en 1740.
   Reçu chevalier de l'ordre de Saint-Louis depuis 1740.

DE LA TOUR DE MANS (*le comte*),
   Commandant au château de Blamont en 1740.
   Reçu chevalier de l'ordre de Saint-Louis depuis 1740.

ROGER,
   Aide-major et capitaine des portes de la citadelle de Cambray en 1740.
   Reçu chevalier de l'ordre de Saint-Louis depuis 1740.

DE RUILLÈRES,
   Lieutenant-colonel du régiment de Gondrin en 1740.
   Reçu chevalier de l'ordre de Saint-Louis depuis 1740.

GOUJON DE GARVILLE (*Charles-Jean-Louis-Claude*), *seigneur* D'IVILLE,
   Ancien mousquetaire de la garde du Roi.
   Capitaine-sous-lieutenant de la colonelle du colonel-général de la cavalerie.
   Capitaine au même régiment.
   Reçu chevalier de l'ordre de Saint-Louis depuis 1740.
   Obtint sa retraite en 1742.

DE HERICY (*François*),
   Capitaine au régiment de la Rochefoucaud-Langhac-cavalerie.
   Reçu chevalier de l'ordre de Saint-Louis depuis 1740.
   Obtint sa retraite en 1746.

DE PECHPEIROU DE COMINGES (*Gilles-Gervais*), *marquis* DE BEAUCAIRE,
   Lieutenant de la compagnie de son oncle au régiment de cavalerie de Lambesc en 1728.

Obtint le rang de capitaine en septembre 1731.
Capitaine au même régiment, mars 1735.
Mestre-de-camp de ce régiment, sur la démission de son oncle, mars 1736.
Reçu chevalier de l'ordre de Saint-Louis depuis 1740.
Brigadier des armées du Roi, mai 1745.
Maréchal-de-camp, janvier 1748.

BOIL DE CREVECŒUR (*Charles*),
Capitaine au régiment Royal-Barrois.
Reçu chevalier de l'ordre de Saint-Louis depuis 1740.
Obtint sa retraite en 1746.

LE BASCLE (*Jean-Louis-Nicolas*), *marquis* D'ARGENTEUIL,
Capitaine au régiment Royal-Roussillon-cavalerie.
Reçu chevalier de l'ordre de Saint-Louis depuis 1740.
Obtint sa retraite en 1752.

DE FAY DE PEIRAUD (*Pierre-François*), *seigneur* DE LA GIBOTIÈRE,
Capitaine au régiment de Royal-artillerie en 1720.
Reçu chevalier de l'ordre de Saint-Louis depuis 1740.

ROLLAND DE VERLOURY (*Marc-Antoine*),
Capitaine de vaisseaux du Roi.
Reçu chevalier de l'ordre de Saint-Louis depuis 1740.
Obtint sa retraite en 1764, après trente ans de service.

DE MONTAGU (*Jean*),
Capitaine de grenadiers au régiment de Bourbonnais.
Reçu chevalier de l'ordre de Saint-Louis depuis 1740.
Obtint sa retraite en 1767, après trente-trois ans de services.

DE BOUFFLERS ROUVEREL (*Edouard, marquis*), né le 7 octobre 1712,
Son père étant au service d'Espagne, il naquit à Majorque, vint en France et fut naturalisé en 1729.
Mousquetaire en 1736.

Reçu chevalier de l'ordre de Saint-Louis depuis 1740.
Capitaine au régiment de cavalerie de Chepy (depuis Bélle-fonds), avril 1741.
Colonel-lieutenant du régiment d'infanterie de Chartres, avril 1746.
Guidon de la compagnie des gendarmes de Bourgogne, mai 1753.
Brigadier des armées du Roi, février 1759.
Enseigne des gendarmes Bourguignons, même année.
Maréchal-de-camp, juillet 1762.
Mort en 1772.

DE ROCHE DE PONTET (*François-Pierre*),
Capitaine au régiment d'Aquitaine-infanterie.
Reçu chevalier de l'ordre de Saint-Louis depuis 1740.
Obtint sa retraite en 1759, après vingt-six ans de service.

DE MONTDESIR (*Jean-Augustin*),
Capitaine de grenadiers au régiment de Champagne.
Reçu chevalier de l'ordre de Saint-Louis depuis 1740.
Obtint sa retraite en 1743.

DE SAHUGUET D'AMARZIT (*Pierre-Joseph*), seigneur DE LA ROCHE,
Capitaine des carabiniers.
Reçu chevalier de l'ordre de Saint-Louis depuis 1740.
Obtint sa retraite en 1743.

LE BRET (*Jardin-Paul*), comte DE SELLES,
Capitaine-lieutenant des gendarmes Bourguignons.
Reçu chevalier de l'ordre de Saint-Louis depuis 1740.
Brigadier des armées du Roi en 1747.
Obtint sa retraite en 1758.

DE CELIER (*Gabriel-François*), marquis DE MALVIELLE, né le 12 avril 1717,
Cornette au régiment Royal-dragons en 1734.
Capitaine au même régiment, février 1735.
Reçu chevalier de l'ordre de Saint-Louis depuis 1740.

Major du régiment du Roi-dragons, à sa création, mars 1744.

Lieutenant-colonel de son régiment, décembre 1746.

Brigadier des armées du Roi, mai 1748.

Maréchal-de-camp, février 1761.

Mort à Cassel en 1763.

De la VALLÉE,

Capitaine des portes de Ham en 1740.

Reçu chevalier de l'ordre de Saint-Louis depuis 1740.

De la POMARÈDE,

Capitaine aide-major au régiment de Vexin en 1740.

Reçu chevalier de l'ordre de Saint-Louis depuis 1740.

D'APCHON (*Antoine-Marie, comte*), né le 9 avril 1714,

Page du Roi le 7 mai 1729.

Capitaine au régiment de dragons de Condé, novembre 1733.

Reçu chevalier de l'ordre de Saint-Louis depuis 1740.

Mestre-de-camp d'un régiment de dragons de son nom, novembre 1748.

Brigadier des armées du Roi en 1758.

Maréchal-de-camp, février 1761.

Gouverneur de M. le duc de Bourbon, mai 1762.

Depuis lieutenant-général des armées du Roi.

Chevalier de ses ordres.

Gouverneur de Brouage.

De ROCHEFORT (*le baron*),

Lieutenant provincial d'artillerie à Marseille, avec rang de colonel, en 1740.

Reçu chevalier de l'ordre de Saint-Louis depuis 1740.

De PRIQUELER,

Capitaine-aide-major au régiment de Rosen-allemand-cavalerie en 1740.

Reçu chevalier de l'ordre de Saint-Louis depuis 1740.

De SAINT ESTÈVE,
   Major du régiment de Vassé-cavalerie en 1740.
   Reçu chevalier de l'ordre de Saint-Louis depuis 1740.

De SAINT-DIDIER,
   Capitaine-aide-major au régiment de Montmorin en 1740.
   Reçu chevalier de l'ordre de Saint-Louis depuis 1740.

De FEILLENS (*Claude-Marie, marquis*),
   Colonel d'infanterie.
   Reçu chevalier de l'ordre de Saint-Louis depuis 1740.
   Mort le 5 décembre 1772.

De FROULAY (*Charles-Elizabeth, marquis*),
   Enseigne au régiment Royal-Comtois en 1733.
   Colonel du même régiment, à la promotion de son père au grade de maréchal-de-camp, en mars 1734.
   Reçu chevalier de l'ordre de Saint-Louis depuis 1740.
   Brigadier des armées du Roi, février 1743.
   Colonel du régiment de Champagne, janvier 1745.
   Menin de M. le Dauphin en février suivant.
   Maréchal-de-camp, novembre même année.
   Mort à Tongres le 11 juillet 1747.

Le VASSEUR, *dit* le chevalier de VILLEFRANCHE,
   Reçu chevalier de l'ordre de Saint-Louis depuis 1740.
   Capitaine de vaisseaux du Roi en 1757.

De RAYMOND (*Jean-François*),
   Major du régiment des Landes-infanterie.
   Reçu chevalier de l'ordre de Saint-Louis depuis 1740.
   Mort en 1763.

De TIMBRUNE (*Vincent-Sylvestre*), marquis DE VALENCE,
   Colonel du régiment de Béarn en 1734.
   Reçu chevalier de l'ordre de Saint-Louis depuis 1740.
   Colonel du régiment de Bourbonnais en 1747.
   Lieutenant-général des armées du Roi.

D'ANNEVILLE (*Guillaume-René*), marquis DE CHIFFREVAST, baron D'ANNEVILLE et DU SAINT-EMPIRE,
  Capitaine au régiment colonel-général-dragons.
  Reçu chevalier de l'ordre de Saint-Louis depuis 1740.
  Quitta le service en 1745.

DE CAMBIS (*Jacques-François*), comte D'ORSAN,
  Capitaine au régiment de Languedoc-dragons.
  Reçu chevalier de l'ordre de Saint-Louis depuis 1740.
  Colonel du régiment de Cambise-infanterie en 1749.
  Lieutenant-général des armées du Roi en 1784.
  Commandant en second en Languedoc, et gouverneur de Navarreins.

D'ESPINAY (*Nicolas-Hercule, chevalier*), comte DE ROSENDAL,
  Lieutenant-général des armées navales.
  Reçu chevalier de l'ordre de Saint-Louis depuis 1740, et depuis commandeur.
  Mort le 4 janvier 1752.

DE MORANS,
  Lieutenant-colonel du régiment de Mortemart.
  Reçu chevalier de l'ordre de Saint-Louis depuis 1740.
  Tué à la bataille d'Etlingen en 1743.

DE ROCHECHOUART (*Louis-Philippe-Esprit-Juvénal*), seigneur DE MONCEAU,
  Chevalier de l'ordre de Saint-Lazare.
  Capitaine de grenadiers au régiment de la Reine.
  Reçu chevalier de l'ordre de Saint-Louis depuis 1740.
  Mort à Nancy au mois de septembre 1743.

MARIN DE LA MALGUE (*Paul*),
  Capitaine de la marine au Canada.
  Commandant à l'Olsio *dit* la Belle-Rivière.
  Reçu chevalier de l'ordre de Saint-Louis depuis 1740.
  Mort en 1753.

De FETHISY (*Charles-Théophile*), *marquis* de Mezières, né le 4 septembre 1713,
  Enseigne au régiment de Picardie en 1724.
  Lieutenant, avril 1731.
  Capitaine au régiment de Bauffremont-dragons, mars 1734.
  Reçu chevalier de l'ordre de Saint-Louis depuis 1740.
  Aide maréchal-général-des-logis de la cavalerie de l'armée de Flandre, avril 1744, avec rang de mestre-de-camp de dragons en juin suivant.
  Brigadier de dragons, mai 1748.
  Maréchal-de-camp, février 1759.
  Depuis lieutenant-général des armées du Roi et gouverneur de Longwy.
  Mort le 17 novembre 1781.

De CREST de MERIC,
  Volontaire au régiment de Piémont.
  Lieutenant en second, octobre 1732.
  Lieutenant, décembre 1733.
  Capitaine, novembre 1740.
  Reçu chevalier de l'ordre de Saint-Louis depuis 1740.
  Lieutenant-colonel, décembre 1744.
  Brigadier des armées du Roi, mars 1746.
  Tué dans un combat près de Malines le 16 mai 1747.

De SEIGLIÈRE (*Louis-Armand*), *marquis* de Soyecourt, né le 29 janvier 1722,
  Lieutenant en second au régiment d'infanterie du Roi en 1738.
  Reçu chevalier de l'ordre de Saint-Louis depuis 1740.
  Lieutenant, avril 1742.
  Mestre-de-camp-lieutenant du régiment Dauphin-étranger-cavalerie, août même année.
  Brigadier des armées du Roi, janvier 1748.
  Maréchal-de-camp, février 1759.

De REINGRAFF (*Louis-Guillaume*), comte de Stein,
Lieutenant-réformé au régiment de Royal-Allemand en 1739.
Reçu chevalier de l'ordre de Saint Louis depuis 1740.
Capitaine dans le même régiment, octobre 1742.
Obtint le rang de mestre-de-camp de cavalerie, février 1746.
Brigadier des armées du Roi, février 1759.
Lieutenant-colonel de son régiment, juillet 1761.
Maréchal-de-camp, décembre même année.

De BROGLIE (*Charles-François, comte*), né le 20 août 1719,
Cornette au régiment de cavalerie de Berri en 1734.
Capitaine au régiment Dauphin-cavalerie, octobre même année.
Reçu chevalier de l'ordre de Saint-Louis depuis 1740.
Mestre-de-camp d'un régiment de cavalerie de son nom en avril 1741.
Brigadier des armées du Roi, mars 1747.
Colonel dans les grenadiers de France en 1752.
Ambassadeur auprès du Roi et de la république de Pologne.
Maréchal-de-camp en juillet 1756.
Reçu chevalier des ordres du Roi le 2 février 1757.
Maréchal-général-des-logis de l'armée d'Allemagne en 1759.
Lieutenant-général des armées du Roi, mai 1760.
Mort à Saint-Jean-d'Angely le 16 août 1781.

De la TOUCHE (*Charles-Nicolas, chevalier*),
Lieutenant-réformé au régiment de cavalerie allemande de Rosen (depuis Wirtemberg) en 1718.
Aide-major de son régiment, juillet 1722.
Obtint le rang de capitaine en 1725.
Major de son régiment, octobre 1733.
Reçu chevalier de l'ordre de Saint-Louis depuis 1740.
Obtint le rang de mestre-de-camp de cavalerie en 1743.

Aide-maréchal-général-des-logis de l'armée du Rhin en 1744.

Maréchal-général-des-logis en la même année.

Brigadier des armées du Roi en 1745.

Lieutenant-colonel de son régiment, juillet 1747.

Maréchal-de-camp, mai 1748.

Ministre plénipotentiaire du Roi auprès du Roi de Prusse en 1752.

Lieutenant-général des armées du Roi en 1759.

Mort en Franconie en 1777.

DE VILLENEUVE (*Claude-Alexandre*), comte DE VENCE,
Enseigne au régiment des Gardes-Françaises en 1719.

Sous-lieutenant, février 1728.

Sous-aide-major, mars 1727.

Lieutenant, mai 1739.

Colonel-lieutenant d'un régiment Royal-infanterie corse, août même année.

Reçu chevalier de l'ordre de Saint-Louis depuis 1740.

Brigadier des armées du Roi en mai 1745.

Maréchal-de-camp, mai 1748.

Lieutenant-général des armées du Roi, mai 1759.

Mort le 6 janvier 1760.

DE VINTIMILLE (*Jean-Baptiste-Félix-Hubert*), comte DE LUC, des comtes de Marseille, né le 23 juillet 1720,
(Connu d'abord sous le nom de comte de Vintimille).

Mousquetaire en 1736.

Capitaine au régiment de cavalerie d'Anjou (depuis Artois) en 1737.

Mestre-de-camp d'un régiment de cavalerie de son nom en 1739.

Reçu chevalier de l'ordre de Saint-Louis depuis 1740.

Brigadier des armées du Roi en 1745.

(Il prit le nom de comte du Luc à la mort de son père, le 17 mars 1748).

Il obtint le gouvernement de Porquerolles et de Lingoustier, et la charge de lieutenant-de-Roi en Provence, qui vaquait par la mort de son père, en 1748.

Maréchal-de-camp en mai même année.

Inspecteur-général surnuméraire de la cavalerie et des dragons, décembre 1754.

Lieutenant-général des armées du Roi, décembre 1759.

Mort en 1777.

DE SAULX (*Charles-Michel-Gaspard*), *comte* DE TAVANNES, né le 30 novembre 1713,

Enseigne au régiment d'infanterie de Quercy en 1730.

Colonel de ce régiment en janvier 1731.

Reçu chevalier de l'ordre de Saint-Louis depuis 1740.

Brigadier des armées du Roi en janvier 1740.

Maréchal-de-camp, mai 1744.

Menin de M. le Dauphin en septembre 1747.

Lieutenant-général des armées du Roi en 1748.

Gouverneur du château du Taureau en Bretagne en 1752.

Chevalier d'honneur de la Reine en 1755.

Mort le 2 février 1784.

DU BOUCHET (*Louis*), *marquis* DE SOURCHES, né le 23 novembre 1711,

Prévôt de l'hôtel et grand-prévôt de France, sur la démission de son père, en 1719.

Mousquetaire en 1727.

Quatrième cornette de la compagnie des chevau-légers de la garde du Roi, avec rang de mestre-de-camp de cavalerie, mars 1728.

Troisième cornette, mai 1733.

Reçu chevalier de l'ordre de Saint-Louis depuis 1740.

Brigadier des armées du Roi, janvier 1740.

Deuxième cornette de sa compagnie, mai 1742.

Maréchal-de-camp, mai 1744.

Lieutenant-général des armées du Roi en 1748.

Mort en 1787.

D'AUMONT (*Louis-Marie-Augustin*, *duc*), né le 28 août 1709,

(Connu d'abord sous le nom de marquis de Villequier).

Duc d'Aumont, pair de France, à la mort de son père, le 5 novembre 1723.

Premier gentilhomme de la chambre du Roi, aussi à la mort de son père, même année.

Mousquetaire en 1726.

Capitaine au régiment de cavalerie de Ruffec, février 1727.

Colonel d'un régiment de cavalerie de son nom (depuis Damas) en 1728.

Reçu chevalier de l'ordre de Saint-Louis depuis 1740.

Brigadier des armées du Roi en 1740.

Maréchal-de-camp en 1743.

Reçu chevalier des ordres du Roi le 2 février 1745.

Aide-de-camp du Roi, mai 1747.

Lieutenant-général de ses armées, janvier 1748.

Gouverneur de Compiégne et capitaine des chasses et dépendances, sur la démission du duc d'Humières, même année.

Gouverneur du Boulonais, des ville et château de Boulogne, de Monthulin et d'Estaples en 1751.

Mort le 14 avril 1782.

COLBERT (*Louis-René-Edouard*), comte DE MAULEVRIER, né le 14 décembre 1699,

Mousquetaire en 1717.

Lieutenant-général au gouvernement d'Anjou et du Saumurois, août même année.

Colonel du régiment de Piémont, mars 1719.

Brigadier des armées du Roi, août 1734.

Reçu chevalier de l'ordre de Saint-Louis depuis 1740.

Maréchal-de-camp, janvier 1740.

Lieutenant-général des armées du Roi, mai 1745.

Gouverneur de Saint-Jean-Pied-de-Port en mai 1748.

Ministre du Roi près l'Infant, duc de Parme.

Mort à Parme le 29 novembre 1750.

DE FRANQUETOT (*Jean-Antoine-François*), *marquis* DE COIGNY, né le 27 septembre 1702,

Mousquetaire en 1716.

Deuxième capitaine-lieutenant de la colonelle-générale des dragons, avril 1718.

Mestre-de-camp-réformé à la suite du même régiment, août même année.

Gouverneur et grand-bailli des ville et château de Caen, sur la démission de son père, en mai 1719.

Capitaine au régiment de dragons d'Orléans, mars 1727.

Colonel-général des dragons, sur la démission de son père, le 15 janvier 1734.

Brigadier des armées du Roi le même jour.

Maréchal-de-camp, août même année.

Gouverneur de Choisi en novembre 1739.

Reçu chevalier de l'ordre de Saint-Louis depuis 1740.

Chevalier des ordres du Roi le 2 février 1743.

Lieutenant-général de ses armées le 20 du même mois.

Mort le 4 mars 1748.

DE ROUGÉ (*Pierre-François, marquis*),

Garde-du-corps en 1726.

Capitaine au régiment de dragons de la Suze, mars 1728.

Colonel du régiment d'infanterie de Vermandois, avril 1738.

Reçu chevalier de l'ordre de Saint-Louis depuis 1740.

Brigadier des armées du Roi en mai 1745.

Maréchal-de-camp en 1748.

Lieutenant-général des armées du Roi en décembre 1759.

Gouverneur de Givet et de Charlemont en 1761.

Mort le 16 juillet de la même année.

DE VALTER (*Marie-Joseph-François*), *comte* DE LUTZEL-BOURG,

Deuxième enseigne au régiment des Gardes-Françaises en 1726.

Premier enseigne, février 1727.

Sous-lieutenant, mai suivant.

Lieutenant, janvier 1730.

Deuxième cornette de la compagnie des chevau-légers d'Anjou, avec rang de lieutenant-colonel de cavalerie, janvier 1734.

Guidon de la compagnie des gendarmes écossais, avec rang de mestre-de-camp de cavalerie, avril 1738.

Reçu chevalier de l'ordre de Saint-Louis depuis 1740.

Sous-lieutenant de la compagnie des chevau-légers d'Anjou en mai 1742.

Capitaine-lieutenant de la compagnie des gendarmes d'Anjou en 1744.

Brigadier des armées du Roi, mai 1745.

Capitaine-lieutenant des gendarmes de Bourgogne, décembre même année.

Maréchal-de-camp en 1748.

Lieutenant-général des armées du Roi en 1759.

Mort à Fulde le 19 janvier 1762.

Du PRAT DE NANTOUILLET (*Louis-Antoine*), marquis DE BARBANÇON,

Lieutenant-réformé au régiment du Roi en février 1731.

Enseigne, septembre suivant.

Capitaine au régiment de cavalerie de Toulouse, mars 1734.

Mestre-de-camp d'un régiment de cavalerie de son nom en mars 1735.

Reçu chevalier de l'ordre de Saint-Louis depuis 1740.

Brigadier des armées du Roi en mai 1744.

Maréchal-de-camp, janvier 1748.

Inspecteur-général de la cavalerie et des dragons en 1754, après la mort du comte du Chayla.

Lieutenant-général des armées du Roi, mai 1758.

Mort en 1777.

DE VOGUÉ (*Charles-François-Elzéard, marquis*), né le 14 juillet 1713,

Mousquetaire en 1729.

Capitaine dans le régiment de dragons d'Armenonville, novembre 1730.

Mestre-de-camp-lieutenant du régiment de cavalerie d'Anjou (depuis Artois), mars 1736.

Reçu chevalier de l'ordre de Saint-Louis depuis 1740.

Maréchal-général-des-logis de la cavalerie de l'armée d'Italie en avril 1745.

Brigadier des armées du Roi en novembre suivant.

Mestre-de-camp-lieutenant du régiment Dauphin-dragons en 1746.

Maréchal-de-camp, janvier 1748.

Inspecteur-général surnuméraire de la cavalerie et des dragons, mars 1758.

Lieutenant-général des armées du Roi, décembre même année.

Inspecteur-général de la cavalerie après la mort du comte de Galiffet, mai 1760.

Chevalier des ordres du Roi en 1778.

Commandant en Provence.

Mort en 1782.

De VOYER (*Marc-René*), *marquis* D'ARGENSON, né le 20 septembre 1722,

Mousquetaire en 1738.

Reçu chevalier de l'ordre de Saint-Louis depuis 1740.

Deuxième cornette de la compagnie des chevau-légers d'Anjou (depuis Provence), avec rang de lieutenant-colonel de cavalerie, janvier 1742.

Mestre-de-camp-lieutenant du régiment de cavalerie de Berri en 1743.

Lieutenant-général au gouvernement de l'Alsace, avril 1745.

Brigadier des armées du Roi en mai suivant.

Maréchal-de-camp, mai 1748.

Inspecteur-général de la cavalerie et des dragons, juin 1751.

Directeur-général des haras du Royaume, sur la démission du comte d'Argenson, son père, en janvier 1752.

Gouverneur de Vincennes en septembre 1754.

Nommé lieutenant-général des armées du Roi en 1758, en considération de la distinction avec laquelle il combattit à la journée de Lutzelberg.

Mort en 1782.

DE LORRAINE (*Camille-Louis*), prince DE MARSAN, né le 19 décembre 1725,

D'abord ecclésiastique, et connu sous le nom de prince Camille.

Entra aux mousquetaires en quittant l'état ecclésiastique.

Reçu chevalier de l'ordre de Saint-Louis depuis 1740.

Colonel d'un régiment de cavalerie de son nom en 1743.

Brigadier des armées du Roi, mars 1747.

Maréchal-de-camp, mai 1748.

Reçu chevalier des ordres du Roi le 2 février 1756.

Lieutenant-général des armées du Roi, juin 1758.

(Il prit le nom de prince de Marsan, au mois de février 1762).

Mort en 1782.

D'ORLÉANS (*Louis-Philippe, duc*), né le 12 mai 1725,

(Connu d'abord sous le nom de duc de Chartres).

Colonel d'un régiment d'infanterie de son nom, en mars 1737.

Reçu chevalier de l'ordre de Saint-Louis depuis 1740.

Chevalier des ordres du Roi le 5 juin 1740.

Maréchal-de-camp, juillet 1743.

Lieutenant-général des armées du Roi, mai 1744.

Gouverneur-général du Dauphiné, en survivance du duc d'Orléans, son père, novembre 1747.

(Prit le nom de duc d'Orléans à la mort de son père, le 4 février 1752).

Colonel des régimens d'infanterie, de cavalerie et de dragons d'Orléans, mars même année.

Il remit celui d'infanterie de Chartres à M. le duc de Chartres.

Reçu chevalier de la Toison-d'Or le 9 décembre de la même année 1752.

Mort le 18 novembre 1785.

DE MONTMORENCY-LUXEMBOURG (*Charles-Paul-Sigismond*), duc DE BOUTEVILLE, né le 20 février 1697,

(Connu d'abord sous le nom de comte d'Olonne).

Mousquetaire en 1713.

(Prit le nom de duc d'Olonne, en se mariant, le 3 juillet suivant).

Capitaine au régiment Royal-Roussillon-cavalerie, novembre 1714.

Colonel d'un régiment d'infanterie de son nom, septembre 1716.

Colonel du régiment de Normandie, octobre 1721.

Lieutenant-général du gouvernement de Bourgogne au département du Charolois, à la mort du duc de Châtillon, son père, octobre 1731.

Brigadier des armées du Roi, février 1734.

Maréchal-de-camp, mars 1738.

Reçu chevalier de l'ordre de Saint-Louis depuis 1740.

Lieutenant-général des armées du Roi en mai 1744.

Gouverneur-général du Maine, du Perche et de Laval en mai 1745.

Mort en 1785.

DE MONTMORENCY (*Anne-Léon*, baron), né le 14 septembre 1705,

Lieutenant-réformé au régiment de cavalerie de Clermont, en novembre 1720.

Capitaine-réformé au même régiment, avril 1721.

Guidon de la compagnie des gendarmes d'Anjou, avec rang de lieutenant-colonel de cavalerie, juin 1723.

Premier cornette des chevau-légers de Berri, septembre 1728, avec rang de mestre-de-camp de cavalerie en août 1731.

Sous-lieutenant de la compagnie des gendarmes Dauphin, mars 1733.

Capitaine de la compagnie des gendarmes d'Anjou, février 1735.

Reçu chevalier de l'ordre de Saint-Louis depuis 1740.

Brigadier des armées du Roi en février 1743.

Capitaine-lieutenant de la compagnie des gendarmes de la Reine, décembre 1744.

Maréchal-de-camp, mai 1745.

Menin de M. le Dauphin en novembre 1746.

Lieutenant-général des armées du Roi, mai 1748.

Se démit de la compagnie des gendarmes de la Reine en faveur de son fils, au mois de juin suivant.

Reçu chevalier des ordres du Roi le 25 mai 1749.

Chevalier d'honneur de Mesdames de France en septembre 1750.

Gouverneur de Salins, octobre 1752.

Depuis commandant au pays d'Aunis.

Mort en 1785.

De MONTBOISSIER-BEAUFORT-CANILLAC (*Philippe-Claude*), comte DE MONTBOISSIER, né le 21 décembre 1712,

Mousquetaire en 1726.

Capitaine au régiment de cavalerie de Clermont en décembre 1728.

Deuxième cornette de la seconde compagnie des Mousquetaires, avec rang de mestre-de-camp, novembre 1734.

Premier cornette, février 1736.

Reçu chevalier de l'ordre de Saint-Louis depuis 1740.

Brigadier des armées du Roi, février 1743.

Deuxième enseigne de sa compagnie, juillet suivant.

Maréchal-de-camp, mai 1745.

Lieutenant-général des armées du Roi, mai 1748.

Premier enseigne, mai 1751.

Deuxième sous-lieutenant, juin 1753.

Premier sous-lieutenant, avril 1754.

Depuis chevalier des ordres du Roi, et capitaine-lieutenant de sa compagnie en 1766.

DE THIARD (*Anne-Louis-Henri*), *marquis* DE BISSY, né le 8 mai 1715,

Mousquetaire en 1729.

Capitaine au régiment de Villars-cavalerie, mars 1730.

Mestre-de-camp-lieutenant du régiment de cavalerie d'Anjou (depuis Aquitaine), octobre 1732.

Commissaire-général de la cavalerie, mars 1736.

Brigadier des armées du Roi, même mois.

Reçu chevalier de l'ordre de Saint-Louis depuis 1740.

Maréchal-de-camp en février 1743.

Le Roi lui accorda un brevet de nomination à l'ordre du Saint-Esprit, pour être reçu lorsqu'il auroit l'âge requis, mai 1744.

Lieutenant-général des armées du Roi, janvier 1748.

Mestre-de-camp-général de la cavalerie, avril suivant.

Mort le 3 mai de la même année, des blessures qu'il avait reçues au siége de Maestricht, et universellement regretté.

LE PRÊTRE (*Jacques-Philippe-Sébastien*), *comte* DE VAUBAN,

Lieutenant-réformé au régiment du Roi, avril 1717.

Lieutenant en second, février 1718.

Lieutenant, avril 1719.

Capitaine, novembre 1723.

Guidon de la compagnie des gendarmes d'Orléans, avec rang de lieutenant-colonel de cavalerie, février 1730.

Enseigne de la compagnie des gendarmes de Flandre, janvier 1734.

Obtint le rang de mestre-de-camp de cavalerie en novembre même année.

Reçu chevalier de l'ordre de Saint-Louis depuis 1740.

Sous-lieutenant de la compagnie des chevau-légers de la Reine en février 1740.

Brigadier des armées du Roi, mai 1744.

Maréchal-de-camp, janvier 1748.

Lieutenant-général des armées du Roi, mai 1758.

Mort le 14 juin 1760.

DE PERUSSIS (*Louis-Elizabeth, marquis*),

Mousquetaire vers 1718.

Deuxième cornette de la première compagnie en 1727, avec rang de mestre-de-camp de cavalerie.

Premier cornette, février 1729.

Deuxième enseigne, janvier 1737.

Premier enseigne, mai 1738.

Reçu chevalier de l'ordre de Saint-Louis depuis 1740.

Brigadier des armées du Roi, janvier 1740.

Maréchal-de-camp, mai 1744.

Lieutenant-général des armées du Roi, mai 1748.

Gouverneur d'Ardres en novembre 1750.

Deuxième sous-lieutenant de sa compagnie, décembre 1751.

Premier sous-lieutenant, juillet 1754.

Mort en 1771.

DE MOLETTE (*Pierre*), *marquis* DE MORANGIES,

Lieutenant-réformé au régiment du Roi en 1723.

Troisième guidon de la compagnie des gendarmes de la garde du Roi le 23 novembre 1727.

Obtint le rang de mestre-de-camp de cavalerie le même jour.

Deuxième guidon, avril 1728.

Troisième enseigne, mai 1730.

Deuxième enseigne, décembre 1731.

Premier enseigne, mai 1732.

Deuxième sous-lieutenant, juillet 1733.

Premier sous-lieutenant, octobre 1739.

Reçu chevalier de l'ordre de Saint-Louis depuis 1740.

Brigadier des armées du Roi, janvier 1740.

Maréchal-de-camp, mai 1744.

Lieutenant-général des armées du Roi, mai 1748.
Mort en 1774.

De DONS de PIERREFEU (*Esprit-Auguste*),
Mousquetaire en 1716.
Capitaine au régiment de cavalerie de Villeroi (depuis Conti) en 1721.
Reçu chevalier de l'ordre de Saint-Louis depuis 1740.
Major de son régiment en novembre 1740.
Lieutenant-colonel du même régiment, avril 1743.
Brigadier des armées du Roi, mai 1744.
Maréchal-de-camp, mai 1748.
Mort le 14 septembre 1757.

Le BLOND du PLOUY (*Charles-François*), né le 4 juin 1710,
Mousquetaire en 1725.
Capitaine au régiment de cavalerie de Cheppy, février 1727.
Passa, avec sa compagnie, dans le régiment de cavalerie de Bretagne en mars 1730.
Reçu chevalier de l'ordre de Saint-Louis depuis 1740.
Major de son régiment en août 1741.
Lieutenant-colonel, février 1744.
Brigadier des armées du Roi, janvier 1748.
Maréchal-de-camp, février 1761.

ENNEBERG (*Salomon*),
Lieutenant-colonel dans les troupes du Roi de Pologne, gouverneur et commandant à Dantzick en 1733 et 1734.
Obtint le rang de colonel dans les troupes de France en novembre même année.
Brigadier des armées du Roi, mars 1738.
Reçu chevalier de l'ordre de Saint-Louis depuis 1740.
Maréchal-de-camp, juillet 1740.
Mort en 1748.

Du BLAISEL de la NEUFVILLE (*Antoine-Joseph, baron*),
Enseigne au régiment de Picardie en 1730.
Capitaine, octobre 1734.

Reçu chevalier de l'ordre de Saint-Louis depuis 1740.

Lieutenant-colonel du régiment de troupes légères de Grassin en janvier 1744.

Brigadier des armées du Roi, juillet 1747.

Colonel-lieutenant du régiment des volontaires de Clermont, à sa création, en mai 1758.

Maréchal-de-camp, février 1759.

Lieutenant-général des armées du Roi, juillet 1762.

Gouverneur du château d'Ardelot.

BIDAL (*Claude-Etienne*), *marquis* D'ASFELD, né le 1er septembre 1719,

Mousquetaire en 1735.

Capitaine au régiment Royal-cavalerie, février 1736.

Mestre-de-camp d'un régiment de cavalerie de son nom, avril 1738.

Reçu chevalier de l'ordre de Saint-Louis depuis 1740.

Mestre-de-camp d'un régiment de dragons aussi de son nom en juin 1744.

Brigadier des armées du Roi, mai 1745.

Maréchal-de-camp, mai 1748.

DE ROCHEFORT D'AILLY (*Charles, chevalier*), né le 17 septembre 1713,

Cadet à Perpignan en 1728.

Enseigne au régiment de la Couronne, septembre même année.

Lieutenant, août 1729.

Capitaine dans le même régiment, novembre 1733.

Reçu chevalier de l'ordre de Saint-Louis depuis 1740.

Aide-major-général de l'infanterie de l'armée d'Italie en juin 1745.

Capitaine de grenadiers de son régiment, février 1753.

Colonel-réformé à la suite du régiment de la Couronne, avril 1756.

Lieutenant-colonel du régiment de grenadiers Royaux de Bruslard en 1757.

Brigadier des armées du Roi, février 1759.
Maréchal-de-camp, juillet 1762.

DE TOMBEBEUF (*Louis-Guy-Sacriste*), *marquis* DE MONT-POUILLAN, né le 13 septembre 1714,
Page du Roi, avril 1734.
Lieutenant en second au régiment du Roi, juillet 1736.
Lieutenant, octobre suivant.
Reçu chevalier de l'ordre de Saint-Louis depuis 1740.
Capitaine au même régiment, janvier 1744.
Colonel du régiment d'infanterie de la Sarre, à la mort de son frère, février 1747.
Brigadier des armées du Roi, février 1759.
Maréchal-de-camp, juillet 1762.

LE MERCIER DE LA SOURCE (*Simon-Louis*), né le 20 août 1716,
Cornette au régiment Royal-Piémont-cavalerie en 1733.
Capitaine au régiment de cavalerie d'Anjou (depuis Aquitaine), mars 1739.
Reçu chevalier de l'ordre de Saint-Louis depuis 1740.
Aide-maréchal-général-des-logis de la cavalerie de l'armée du Roi en mai 1746.
Major du même régiment, mars 1757.
Brigadier des armées du Roi, février 1761.
Maréchal-de-camp, juillet 1762.
Depuis contrôleur-général de la maison du Roi.

DE MOLETTE (*Jean-François-Charles*), *comte* DE MORANGIES, né en 1726,
Reçu chevalier de l'ordre de Saint-Louis depuis 1740.
Mousquetaire en 1742.
Entra dans la compagnie des gendarmes de la garde en 1744.
Colonel du régiment d'infanterie de Languedoc, mai 1748.
Brigadier des armées du Roi, février 1761.
Maréchal-de-camp, juillet 1762.

De JEAN de ROQUEMAURE (*Jean-Georges*), né le 15 juillet 1706,

Enseigne au régiment d'infanterie de la Reine en 1733.
Lieutenant, juin 1734.
Reçu chevalier de l'ordre de Saint-Louis depuis 1740.
Capitaine de grenadiers en juin 1746.
Commandant du deuxième bataillon, mai 1754.
Obtint le rang de lieutenant-colonel en 1755.
Brigadier des armées du Roi, février 1760.
Maréchal-de-camp, décembre 1762.

De LANJAMET de VAUCOULEURS (*Pierre-Georges, comte*), né le 1ᵉʳ janvier 1703,

Lieutenant en second au régiment du Roi en 1721.
Lieutenant, février suivant.
Capitaine, janvier 1732.
Reçu chevalier de l'ordre de Saint-Louis depuis 1740.
Colonel du régiment d'infanterie de Gâtinois en septembre 1746.
Brigadier des armées du Roi, mai 1748.
Le régiment de Gâtinois ayant été réformé et incorporé dans celui de Lorraine, le comte de Lanjamet fut établi major du régiment des grenadiers de France en février 1749.
La majorité de ce régiment ayant été supprimée, il fut fait commandant en second du même régiment en juillet 1756.
Maréchal-de-camp, février 1761.
Mort en 1776.

D'USSON (*François-Armand*), marquis de Bonnac, né à Constantinople le 7 décembre 1716,

Enseigne au régiment d'infanterie de Touraine en 1733.
Lieutenant, décembre même année.
Capitaine, juin 1734.
Lieutenant-de-Roi du pays de Foix, sur la démission de son père, en juin 1738.

Gouverneur des châteaux d'Usson et de Quérigut, à la mort de son père, le 1er octobre suivant.
Chevalier de l'ordre de Saint-André de Russie en 1739.
Reçu chevalier de l'ordre de Saint-Louis avant 1740.
Colonel d'un régiment d'infanterie de son nom, mars 1743.
Brigadier des armées du Roi, juillet 1747.
Maréchal-de-camp, août 1749.
Ambassadeur en Hollande en novembre 1751.
Lieutenant-général des armées du Roi, juillet 1762.

BOIVIN DE BAQUETOT (*Alexis-Madeleine-Paul*), marquis DE BACQUEVILLE,
Mousquetaire en 1732.
Guidon de la compagnie des gendarmes d'Orléans, avec rang de lieutenant-colonel de cavalerie, novembre 1734.
Premier cornette de la compagnie des chevau-légers d'Anjou, avril 1738.
Reçu chevalier de l'ordre de Saint-Louis depuis 1740.
Sous-lieutenant de la compagnie des gendarmes d'Orléans, avec rang de mestre-de-camp de cavalerie, mai 1742.
Brigadier des armées du Roi, janvier 1748.
Maréchal-de-camp, février 1759.

RUBLE,
Major du régiment de Durfort.
Reçu chevalier de l'ordre de Saint-Louis depuis 1740.
Tué à la bataille de Crewelt en 1758.

D'ISARN DE CAMBON (*Louis-Alexandre*),
Lieutenant-colonel du régiment de Touraine.
Reçu chevalier de l'ordre de Saint-Louis depuis 1740.
Mort des blessures qu'il reçut au siége de Cassel en 1762.

DE LA FOREST,
Capitaine au régiment de Bourbonnais.
Reçu chevalier de l'ordre de Saint-Louis depuis 1740.
Tué au combat de Warbrang en 1760.

De MARVAL,
   Officier d'infanterie.
   Reçu chevalier de l'ordre de Saint-Louis depuis 1740.
   Brigadier des armées du Roi en 1759.

De CUSTINE de GUERMANGE (*Jean-Philippe, comte*),
   Capitaine-lieutenant des gendarmes anglais.
   Mestre-de-camp de cavalerie.
   Reçu chevalier de l'ordre de Saint-Louis depuis 1740.
   Mort des blessures qu'il reçut à la bataille de Minden en 1759.

De LISLEAU,
   Enseigne de vaisseaux du Roi en 1727.
   Reçu chevalier de l'ordre de Saint-Louis depuis 1740.

De L'ESTANG de PARADE (*Joseph-Melchior, marquis*),
   Lieutenant des grenadiers à cheval.
   Reçu chevalier de l'ordre de Saint-Louis depuis 1740.
   Quitta le service en 1767.

GRENELLE de PIMONT (*François*),
   Capitaine de grenadiers au régiment de Vexin, avec rang de lieutenant-colonel.
   Reçu chevalier de l'ordre de Saint-Louis depuis 1740.
   Quitta le service en 1767.

De RUNES (*Etienne-Louis*),
   Capitaine au régiment de Royal-Lorraine.
   Reçu chevalier de l'ordre de Saint-Louis depuis 1740.
   Réformé en 1762, après vingt-sept ans de service.

De RENOUARD (*Charles-François-Eléonor*), comte de Villayer,
   Lieutenant-colonel du régiment Mestre-de-camp-général cavalerie.
   Reçu chevalier de l'ordre de Saint-Louis depuis 1740.
   Lieutenant-colonel du régiment Royal-Cravates en 1763.
   Mort au mois de mai 1764.

De BARVILLE (*Nicolas*),
  Capitaine de carabiniers.
  Reçu chevalier de l'ordre de Saint-Louis depuis 1740.
  Obtint sa retraite en 1762.
  Mort en 1777.

De ROUGÉ du PLESSIS BELLIÈRE (*le comte*),
  Reçu chevalier de l'ordre de Saint-Louis depuis 1740.
  Colonel des régimens de Foix en 1758, de Rougé en 1761, et de celui de Flandre en 1762.
  Lieutenant-général des armées du Roi.
  Mort en 1786.

BOCHART (*Jacques-Charles*), marquis de Champigny,
  Chef d'escadre des armées navales.
  Gouverneur-général de la Martinique.
  Reçu chevalier de l'ordre de Saint-Louis depuis 1740, et depuis commandeur.
  Mort le 20 mars 1754.

De FULCONIS (*François*), fils du conseiller en la cour des comptes de Provence, reçu chevalier avant 1715,
  Reçu chevalier de l'ordre de Saint-Louis depuis 1740.
  Capitaine de vaisseaux du Roi en 1757.

D'ANDLAU (*le baron*),
  Exempt des gardes-du-corps.
  Reçu chevalier de l'ordre de Saint-Louis depuis 1740.
  Brigadier des armées du Roi en 1745.
  Mort en 1786.

AUBERT de COURCERAC,
  Reçu chevalier de l'ordre de Saint-Louis depuis 1740.
  Capitaine de vaisseaux du Roi en 1756.

De LISARDAIS,
  Reçu chevalier de l'ordre de Saint-Louis depuis 1740.
  Capitaine de vaisseaux du Roi en 1757.
  Mort à Brest en 1769.

AUBE DE BRACQUEMONT (*Jean-François*),
   Reçu chevalier de l'ordre de Saint-Louis depuis 1740.
   Capitaine de vaisseaux du Roi en 1757.

DE MARQUESSAC,
   Lieutenant de vaisseaux du Roi en 1738.
   Reçu chevalier de l'ordre de Saint-Louis depuis 1740.

DE LAVAL MONTMORENCY (*Joseph-Pierre, comte*),
   Menin de M. le Dauphin.
   Reçu chevalier de l'ordre de Saint-Louis depuis 1740.
   Colonel du régiment de Guienne en 1747.
   Tué à la bataille d'Hastembecke en 1757.

DE FLACHS-LANDEN (*le marquis*),
   Reçu chevalier de l'ordre de Saint-Louis depuis 1740.
   Mestre-de-camp-lieutenant du régiment Royal-Cravates en 1747.
   Mort en 1755.

DE BLOIS (*le chevalier*),
   Reçu chevalier de l'ordre de Saint-Louis depuis 1740.
   Capitaine de vaisseaux du Roi en 1757.

DANDASNE DE LINCOURT,
   Reçu chevalier de l'ordre de Saint-Louis depuis 1740.
   Capitaine de vaisseaux du Roi en 1757.

DOUGLAS (*le comte*),
   Reçu chevalier de l'ordre de Saint-Louis depuis 1740.
   Colonel du régiment de Languedoc en 1743.

DE BIRAGUE,
   Lieutenant de vaisseaux du Roi en 1731.
   Reçu chevalier de l'ordre de Saint-Louis depuis 1740.

LE BLANC,
   Commandant de Gruns.
   Reçu chevalier de l'ordre de Saint-Louis depuis 1740.
   Capitaine-châtelain du prince de Soubise en 1755.

DE BIZEMONT (*Nicolas-Balthazar-Melchior*, *comte*),
   Reçu chevalier de l'ordre de Saint-Louis depuis 1740.
   Aide-major-général de l'armée de Flandre en 1747.
   Colonel à la suite du régiment de Lyonnais.

DE PUJOL (*Augustin-Abel*, *marquis*),
   Exempt de la compagnie des gardes-du-corps écossais en 1733.
   Reçu chevalier de l'ordre de Saint-Louis depuis 1740.
   Obtint le rang de mestre-de-camp de cavalerie en mars 1744.
   Brigadier des armées du Roi, mai 1748.
   Troisième enseigne de sa compagnie, octobre 1752.
   Deuxième enseigne, janvier 1759.
   Maréchal-de-camp, février 1761.
   Premier enseigne, janvier 1762.
   Mort en 1784.

DE LA VIEFVILLE (*François-Joseph-Jean*, *marquis*), né le 13 juillet 1714,
   Lieutenant au régiment d'infanterie de Béarn en 1730.
   Capitaine au régiment de cavalerie de Noailles, octobre 1736.
   Reçu chevalier de l'ordre de Saint-Louis depuis 1740.
   Mestre-de-camp d'un régiment de cavalerie de son nom, août 1743.
   Brigadier des armées du Roi, janvier 1748.
   Maréchal-de-camp, février 1759.
   Mort en 1776.

DE CARVOISIN (*Charles-Louis*), marquis D'ACHY,
   Cornette au régiment de dragons d'Orléans en 1729.
   Lieutenant, mai 1731.
   Capitaine au même régiment, janvier 1735.
   Deuxième cornette de la première compagnie des mousquetaires, avec rang de mestre-de-camp de cavalerie en 1740.

Reçu chevalier de l'ordre de Saint-Louis depuis 1740.
Premier cornette en 1741.
Brigadier des armées du Roi, mars 1747.
Deuxième enseigne, mars 1750.
Premier enseigne, décembre 1751.
Deuxième sous-lieutenant, juillet 1754.
Premier sous-lieutenant, juin 1756.
Maréchal-de-camp, mai 1758.
Mort en 1784.

Du FRETOY (*Louis-Auguste*), *marquis* d'Estourmel,
Lieutenant-réformé dans le régiment de Chambonas-cavalerie en 1719, et dans celui de cavalerie de Toulouse (depuis Penthièvre) en juillet 1720.
Capitaine, novembre 1722.
Major de son régiment, février 1732.
Obtint le rang de mestre-de-camp de cavalerie en 1740.
Troisième enseigne de la compagnie des gardes-du-corps (depuis Luxembourg), mai même année.
Second enseigne en octobre suivant.
Reçu chevalier de l'ordre de Saint-Louis depuis 1740.
Premier enseigne, juillet 1742.
Troisième lieutenant, août 1743.
Deuxième lieutenant, janvier 1747.
Brigadier des armées du Roi, mars même année.
Maréchal-de-camp, mai 1748.
Premier lieutenant, juin 1750.
Gouverneur de Crotoy en 1760.
Mort en 1780.

De TALLEYRAND PÉRIGORD (*Daniel-Marie-Anne*), *marquis*), né au mois d'août 1706,
Mousquetaire en 1732.
Capitaine dans le régiment de cavalerie du Roi, août 1733.
Colonel du régiment d'infanterie de Saintonge, mars 1734.
Colonel du régiment de Normandie, juillet 1737.
Reçu chevalier de l'ordre de Saint-Louis depuis 1740.

Brigadier des armées du Roi, février 1743.
Menin de M. le Dauphin en 1745.
Tué au siége de Tournay la même année.

DE LOSTANGES (*Armand-Louis-Stanislas*), marquis DE SAINT-ALVERE, né le 3 septembre 1722,
Mousquetaire en 1736.
Capitaine au régiment de cavalerie d'Anjou (depuis Artois) en 1739.
Reçu chevalier de l'ordre de Saint-Louis depuis 1740.
Mestre-de-camp-lieutenant du régiment des cuirassiers du Roi, janvier 1748.
Premier écuyer de Madame Adélaïde de France, en survivance du marquis de l'Hôpital, son beau-père, mai 1754.
Brigadier des armées du Roi, novembre 1758.
Maréchal-de-camp, février 1761.
Mort à Paris le 6 février 1769.

DE CAULAINCOURT (*Marie-Louis, marquis*), né le 6 décembre 1719,
Cornette au régiment royal-cavalerie en 1733.
Capitaine dans le même régiment, avril 1738.
Reçu chevalier de l'ordre de Saint-Louis depuis 1740.
Exempt de la compagnie de Charost des gardes-du-corps du Roi, février 1744.
Obtint le rang de mestre-de-camp de cavalerie en mai 1745.
Maréchal-général-des-logis de la cavalerie de l'armée d'Allemagne, mars 1757.
Brigadier des armées du Roi, décembre même année.
Maréchal-de-camp, février 1761.
Mort en 1774.

DE BOISSE (*Ambroise-Joseph-François-Dulcène, marquis*), né le 16 février 1722,
Lieutenant-réformé au régiment du Roi en 1738.
Lieutenant en second, juillet même année.

Enseigne de la colonelle, octobre 1739.

Reçu chevalier de l'ordre de Saint-Louis depuis 1740.

Guidon de la compagnie des gendarmes anglais, avec rang de lieutenant-colonel de cavalerie, avril 1743.

Sous-lieutenant de la compagnie des chevau-légers de Berri, avec rang de mestre-de-camp de cavalerie, décembre 1744.

Brigadier des armées du Roi, mai 1748.

Capitaine de la compagnie des gendarmes d'Orléans, août 1759.

Maréchal-de-camp, février 1761.

Mort en 1772.

De VALBELLE (*Joseph-Ignace-Côme-Alphonse-Roch*, marquis), né le 6 mai 1725,

L'un des quatre barons du Dauphiné.

Lieutenant-de-Roi de Provence, et grand-sénéchal de Marseille à la mort de son père, en 1735.

Mousquetaire en 1740.

Reçu chevalier de l'ordre de Saint-Louis depuis 1740.

Troisième guidon de la compagnie des gendarmes de la garde ordinaire du Roi le 12 juillet 1743.

Obtint le rang de mestre-de-camp de cavalerie le même jour.

Second guidon, même année.

Brigadier des armées du Roi, janvier 1748.

Maréchal-de-camp, février 1761.

Mort en 1766.

De GRÉGOIRE (*Hyacinthe-Philémon*), marquis DE SAINT-SAUVEUR,

Enseigne au régiment d'infanterie de Forês en 1726.

Lieutenant, janvier 1730.

Capitaine, juillet 1734.

Reçu chevalier de l'ordre de Saint-Louis depuis 1740.

Aide-major-général de l'infanterie de l'armée du Roi en Flandre, avril 1744.

Obtint le rang de colonel d'infanterie en novembre même année.

Mestre-de-camp-réformé à la suite du régiment du colonel-général des dragons, avril 1745.

Aide-maréchal-général-des-logis de l'armée de Flandre, même année.

Brigadier des armées du Roi, mai 1747.

Troisième enseigne de la compagnie des gardes-du-corps du Roi depuis Luxembourg, juillet 1753.

Maréchal-de-camp, février 1759.

Deuxième enseigne de sa compagnie, juillet 1762.

Premier enseigne dans le même mois.

Troisième lieutenant la même année.

Mort en 1774.

DE CUSTINE (Marc-Antoine, marquis),

Lieutenant-réformé dans Royal-Allemand en 1727.

Capitaine-réformé au même régiment, même année.

Capitaine dans le même régiment, octobre 1733.

Colonel du régiment d'infanterie de Hainaut, avril 1738.

Reçu chevalier de l'ordre de Saint-Louis depuis 1740.

Colonel d'un régiment d'infanterie de son nom, juin 1744.

Brigadier des armées du Roi, mai 1745.

Maréchal-de-camp, mai 1748.

Le Roi de Pologne lui avoit donné les gouvernemens de Pont-à-Mousson et de Saint-Mihiel en mars de la même année.

Mort des blessures qu'il reçut à la bataille de Rosback en 1757.

DE BINET,

Major du régiment Royal-Corse en 1739.

Reçu chevalier de l'ordre de Saint-Louis depuis 1740.

DE BILOUART DE KERLEREC DE KERVASEGAN (Louis),

Reçu chevalier de l'ordre de Saint-Louis depuis 1740.

Capitaine de vaisseaux du Roi en 1751.

Gouverneur de la Louisiane.

De CRUSSOL (*Louis-François-Charles*), *marquis* de Montausier,
   Mestre-de-camp-lieutenant du régiment de Bourbon-cavalerie en 1719.
   Reçu chevalier de l'ordre de Saint-Louis depuis 1740.
   Mort le 1er septembre 1769.

De BILLY,
   Reçu chevalier de l'ordre de Saint-Louis depuis 1740.
   Capitaine de vaisseaux du Roi en 1754.

De TILLECOURT,
   Aide-major du régiment de Lorraine en 1740.
   Chef de bataillon au même régiment.
   Reçu chevalier de l'ordre de Saint-Louis depuis 1740.
   Tué dans l'Inde en 1758.

De FONTETTE (*Bernard, comte*),
   Chevalier d'honneur du parlement de Bourgogne.
   Capitaine de galères en 1732.
   Reçu chevalier de l'ordre de Saint-Louis depuis 1740.
   Chef d'escadre des armées navales en 1754.
   Mort le 15 mars 1767.

De VOUTRON (*Nicolas*),
   Reçu chevalier de l'ordre de Saint-Louis depuis 1740.
   Capitaine de vaisseaux du Roi en 1756.
   Chef d'escadre des armées navales.

De MALARTIC (*Ambroise-Eulalie, chevalier*),
   Reçu chevalier de l'ordre de Saint-Louis depuis 1740.
   Capitaine au régiment de Vermandois en 1759.
   Aide-major en 1765.
   Il fit en Amérique les fonctions de major, et fut fait depuis major du régiment provincial de Montauban.

De DAMPIERRE,
   Lieutenant de vaisseaux du Roi en 1734.
   Reçu chevalier de l'ordre de Saint-Louis depuis 1740.

De la ROCHE COURBON (*Jacques-Charles*, *marquis*),
Cornette au régiment de cavalerie de Berri en 1734.
Capitaine, janvier 1739.
Reçu chevalier de l'ordre de Saint-Louis depuis 1740.
Colonel du régiment d'infanterie de Luxembourg, décembre 1745.
Brigadier des armées du Roi, mai 1748.
Colonel à la suite des grenadiers de France en 1749.
Colonel du régiment de Forez, même année.
Mort le 10 janvier 1757.

De VALLIÈRE (*Louis-Florent*, *chevalier*), né le 19 juin 1721,
Mousquetaire en décembre 1736.
Capitaine au régiment de Peyre, avril 1738.
Reçu chevalier de l'ordre de Saint-Louis depuis 1740.
Major de son régiment, février 1741.
Mestre-de-camp de celui des volontaires Corses, avril 1757.
Brigadier des armées du Roi le 20 février 1761.
Colonel-commandant de la légion royale le même jour.
Maréchal-de-camp, juillet 1762.
Mort en 1775.

De LEVIS (*François-Gaston* ou *Louis-Marie-François-Gaston*, *marquis*), né le 25 mars 1720,
(Connu d'abord sous le nom de chevalier de Levis).
Lieutenant en second au régiment de la marine au mois de mars 1735.
Lieutenant en juin suivant.
Capitaine, juin 1737.
Reçu chevalier de l'ordre de Saint-Louis depuis 1740.
Aide-maréchal-général-des-logis de l'armée d'Italie, avril 1747.
Colonel-réformé à la suite de son régiment, février 1756.
Brigadier des armées du Roi, mars même année.

Maréchal-de-camp, octobre 1758.

Lieutenant-général des armées du Roi, février 1761.

(Prit, au mois de mars 1762, en se mariant, le nom de marquis de Levis).

Depuis maréchal de France, capitaine des gardes de Monsieur et gouverneur de la province d'Artois.

Mort à Arras en 1787.

De GRAMMONT (*Antoine-Adrien-Charles, comte*), né le 23 juillet 1726.

Gentilhomme à drapeau au régiment des Gardes-Françaises, mars 1738.

Deuxième enseigne, mai 1739.

Premier enseigne, août suivant.

Capitaine, mars 1740.

Reçu chevalier de l'ordre de Saint-Louis depuis 1740.

Major des gardes, en survivance du chevalier de Vaudreuil, mai 1744.

Colonel du régiment de Hainaut, à la mort de son père, le 11 mai 1745.

(Prit alors le titre de comte de Grammont).

Brigadier des armées du Roi, mars 1747.

Colonel-lieutenant du régiment d'infanterie de M. le Dauphin, janvier 1748.

Menin de ce prince au mois de septembre 1752.

Commandant dans toute l'étendue du gouvernement de Bayonne en mars 1756.

Maréchal-de-camp, mai 1758.

Mort à Bayonne le 23 septembre 1762.

De NARBONNE-LARA (*Jean-François*), duc de Narbonne,

Lieutenant au régiment de Tallard-infanterie au mois de septembre 1733.

Capitaine, août 1740.

Reçu chevalier de l'ordre de Saint-Louis depuis 1740.

Colonel-réformé à la suite de son régiment, janvier 1748.

Colonel du régiment d'infanterie de Soissonnais, février 1759.

Gentilhomme de la chambre de l'Infant, duc de Parme, même mois.
Maréchal-de-camp, juillet 1762.

DE MONTY (*Charles, marquis*),
Enseigne au régiment Royal-Italien en 1738.
Colonel-réformé à la suite de ce régiment, février 1740.
Reçu chevalier de l'ordre de Saint-Louis depuis 1740.
Colonel-lieutenant, à la mort du prince de Carignan, avril 1741.
Brigadier des armées du Roi, janvier 1748.
Commandant à Voltry.
Maréchal-de-camp, juillet 1756.
Lieutenant-général des armées du Roi, juillet 1762.

DE L'HOPITAL SAINTE-MÊME (*Jacques-Raymond*), comte DE L'HOPITAL, né le 10 mars 1720,
Cornette au régiment de Vitry-dragons en décembre 1734.
Capitaine, juillet 1738.
Mestre-de-camp de ce régiment, sur la démission du marquis de l'Hopital, septembre 1739.
Reçu chevalier de l'ordre de Saint-Louis depuis 1740.
Brigadier des armées du Roi, mai 1745.
Lieutenant des maréchaux de France à Dourdan.
Maréchal-de-camp, mai 1748.
Commandant en second de la province de Dauphiné, janvier 1755.
Lieutenant-général des armées du Roi, juillet 1762.
Mort en 1774.

D'ESTUT (*Claude-Charles-Louis*), marquis DE TRACY, né en 1723,
Enseigne au régiment d'infanterie d'Ouroy en 1737.
Lieutenant, avril 1739.
Reçu chevalier de l'ordre de Saint-Louis depuis 1740.
Capitaine au régiment des Cravates, mai 1743.
Deuxième cornette de la compagnie des chevau-légers

d'Anjou, avec rang de lieutenant-colonel de cavalerie, décembre 1744.

Enseigne de la compagnie des gendarmes d'Anjou, décembre 1745.

Sous-lieutenant de la compagnie des gendarmes Dauphins, janvier 1748.

Obtint le rang de mestre-de-camp de cavalerie le même mois.

Capitaine-lieutenant de la compagnie des chevau-légers d'Orléans, septembre 1754.

Capitaine-lieutenant de la compagnie des gendarmes de Flandre, mai 1759.

Brigadier des armées du Roi, février 1761.

Maréchal-de-camp, juillet 1762.

Mort en 1766.

DE GESTAS (*Charles-Jean-Henri*), *marquis* DE L'ESPEROUX,
Enseigne au régiment d'infanterie de Chartres, en 1724.

Capitaine, mars 1731.

Guidon de la compagnie des gendarmes de Berri, avec rang de lieutenant-colonel de cavalerie, mars 1737.

Enseigne de la compagnie des gendarmes d'Anjou, février 1740.

Reçu chevalier de l'ordre de Saint-Louis depuis 1740.

Obtint le rang de mestre-de-camp de cavalerie, mars 1743.

Sous-lieutenant de la compagnie des chevau-légers de Bretagne, décembre même année.

Capitaine-lieutenant de la compagnie des chevau-légers de Bretagne, juin 1745.

Capitaine-lieutenant de la compagnie des gendarmes de Flandre, janvier 1747.

Brigadier des armées du Roi, janvier 1748.

Maréchal-de-camp, février 1759.

Mort le 30 avril 1770.

DE FORESTE DE BELIDORT (*Bernard*),
Commissaire ordinaire de l'artillerie en 1725.

Reçu chevalier de l'ordre de Saint-Louis depuis 1740.

Capitaine-réformé à la suite du régiment de Metz en 1741.
Lieutenant-colonel-réformé à la suite du même régiment en 1743.
Colonel-réformé aussi à la suite du même régiment en 1747.
Brigadier des armées du Roi en 1759.
Inspecteur-général des mineurs de France et de l'arsenal de Paris.
Membre des académies des sciences de Paris, Londres et Berlin, et censeur royal.
Mort le 8 septembre 1761.

D'ESPARBÈS DE LUSSAN (*Joseph-Henri*), marquis D'AUBE-TERRE, né le 24 janvier 1714,
Mousquetaire en 1730.
Capitaine au régiment de cavalerie de Peyre en 1734.
Colonel du régiment d'infanterie de Provence en 1738.
Reçu chevalier de l'ordre de Saint-Louis depuis 1740.
Brigadier des armées du Roi en 1744.
Maréchal-de-camp en 1748.
Ambassadeur à Vienne en 1752.
Ambassadeur extraordinaire en Espagne en 1756.
Chevalier des ordres du Roi en 1757.
Lieutenant-général des armées du Roi en 1758.
Nommé ambassadeur extraordinaire et plénipotentiaire pour le congrès qui devait se tenir à Augsbourg en 1761.
Maréchal de France.
Mort en 1788.

DE MONTÉCLER (*Hyacinthe-François-Georges, marquis*), né le 8 mai 1719,
Mousquetaire en 1736.
Deuxième cornette de la compagnie des chevau-légers de la Reine, avec rang de lieutenant-colonel de cavalerie en février 1739.
Reçu chevalier de l'ordre de Saint-Louis depuis 1740.
Premier cornette de la première compagnie des chevau-légers d'Anjou en mai 1742, avec rang de mestre-de-camp de cavalerie en décembre 1743.

Brigadier des armées du Roi, février 1748.

Sous-lieutenant de la compagnie des gendarmes écossais, février 1752.

Maréchal-de-camp, février 1759.

Mort en son château de la Rougère le 5 octobre 1764.

De BERTON (*Louis*), duc DE CRILLON et DE MAHON,

Lieutenant en second au régiment du Roi en 1733.

Lieutenant dans le même régiment, août 1734.

Colonel du régiment d'infanterie de Bretagne, avril 1738.

Reçu chevalier de l'ordre de Saint-Louis depuis 1740.

Colonel d'un régiment d'infanterie de son nom, janvier 1745.

Brigadier des armées du Roi, même année.

Maréchal-de-camp, octobre 1746.

Lieutenant-général des armées du Roi, mai 1758.

Grand d'Espagne, chevalier de la Toison-d'Or, capitaine-général des armées du Roi d'Espagne.

Mort à Madrid en mai 1796.

De NOISET DE SAINT-PAUL,

Ingénieur en 1720.

Reçu chevalier de l'ordre de Saint-Louis depuis 1740.

Lieutenant-réformé à la suite du régiment de Lyonnais, mars 1742.

Ingénieur en chef en 1743.

Capitaine-réformé, juin 1744.

Lieutenant-colonel-réformé à la suite du régiment Lyonnais, janvier 1747.

Colonel, janvier 1748.

Commandant en second les ingénieurs de l'armée d'Allemagne en 1758.

Brigadier des armées du Roi, février 1759.

Maréchal-de-camp, décembre 1762.

Directeur-général des fortifications des places de l'Artois, janvier 1764.

Mort en 1776.

De BETTE (*Emmanuel-Ferdinand*), *marquis* de Leyde, né à Madrid le 13 janvier 1724,
Grand d'Espagne de la première classe, grand-bailli du pays d'Alost en naissant.
Lieutenant au régiment des gardes Wallonnes, mars 1735.
Capitaine, avec commission de colonel, août 1737.
Reçu chevalier de l'ordre de Saint-Louis depuis 1740.
Colonel du régiment d'infanterie d'Afrique, janvier 1745.
Brigadier des armées du Roi, même année.
Premier écuyer de l'Infante, duchesse de Parme.
Maréchal-de-camp, août 1749.
Mort en 1787 ou 1788.

De DURFORT PILLE (*Sarrain, comte*),
Reçu chevalier de l'ordre de Saint-Louis depuis 1740.
Mort en 1755.

De MONTALEMBERT (*Marc-René, marquis*),
Membre de l'académie royale des sciences.
Cornette au régiment de cavalerie de Conti en 1733.
Capitaine au même régiment, mars 1734.
Reçu chevalier de l'ordre de Saint-Louis depuis 1740.
Capitaine des gardes de M. le Prince de Conti en 1742.
Obtint le rang de mestre-de-camp de cavalerie en 1745.
Gouverneur du château de Saint-André-de-Villeneuve-lès-Avignon, en survivance de son père, en 1748; entra en possession de ce gouvernement à sa mort, le 30 avril 1751.
Lieutenant-général du gouvernement de Saintonge et d'Angoumois, sur la démission du comte de Jonsac, en 1752.
Troisième cornette de la compagnie des chevau-légers de la garde du Roi, juillet même année.
Brigadier des armées du Roi, mai 1758.
Deuxième cornette, même année.
Membre de l'académie impériale des sciences de Saint-Pétersbourg en 1760.
Maréchal-de-camp, février 1761.

Tom. II. 24

Premier cornette de sa compagnie, juillet suivant.
Deuxième enseigne en 1762.
Mort le 28 mars 1800, doyen des généraux des armées françaises. Il fut inhumé dans le jardin de son hôtel, rue de la Roquette, faubourg Saint-Antoine.

DE HALLENCOURT (*Charles-François-Gabriel*), *marquis* DE DROMÉNIL,

Mousquetaire.
Deuxième cornette de la compagnie des chevau-légers Dauphin, avec rang de lieutenant-colonel, en juillet 1731.
Premier cornette de la compagnie des chevau-légers de la Reine, mars 1734.
Sous-lieutenant de la compagnie des gendarmes Bourguignons, avec rang de mestre-de-camp de cavalerie, même année.
Capitaine-lieutenant de la compagnie des chevau-légers d'Anjou, février 1740.
Reçu chevalier de l'ordre de Saint-Louis depuis 1740.
Brigadier des armées du Roi, mai 1744.
Capitaine des gendarmes Dauphin, décembre même année.
Maréchal-de-camp, janvier 1748.
Mort le 27 décembre 1749.

DE LEVIS (*Louis-Marie-François-Gaston*), *marquis* DE MIREPOIX,

(Connu d'abord sous le nom de comte de Levis-Leran).
Mousquetaire en 1737.
Reçu chevalier de l'ordre de Saint-Louis depuis 1740.
Colonel du régiment d'infanterie de Beauce, décembre 1745.
Colonel-lieutenant du régiment Royal-la-Marine, février 1749.
Lieutenant-général en Bourbonnais, à la mort du comte de Levis-Châteaumorand, son beau-père, mai 1751.
Brigadier des armées du Roi, juillet 1756.
(Il prit le titre de marquis de Mirepoix le 25 septembre

1757, après la mort du maréchal de Mirepoix, et se démit de son régiment en quittant le service, au mois de juillet 1759).

De MARCHES de CELLERIER (*André*),
Garde-du-corps du Roi.
Capitaine de cavalerie en 1733.
Reçu chevalier de l'ordre de Saint-Louis depuis 1740.

De la TULLAYE,
Reçu chevalier de l'ordre de Saint-Louis depuis 1740.
Capitaine de vaisseaux du Roi en 1762.

De TERRAS (*Louis-Jacques*),
Reçu chevalier de l'ordre de Saint-Louis depuis 1740.
Capitaine de vaisseaux du Roi en 1756.

De SAINT-VAL,
Major d'Arras en 1740.
Reçu chevalier de l'ordre de Saint-Louis depuis 1740.

De SAINT-CLAUDE,
Aide-major et capitaine des portes de Douai en 1740.
Reçu chevalier de l'ordre de Saint-Louis depuis 1740.

Du TILLET,
Lieutenant aux Gardes-Françaises, avec rang de lieutenant-colonel, en 1740.
Reçu chevalier de l'ordre de Saint-Louis depuis 1740.

Le GRAS,
Capitaine de grenadiers au régiment de Souvré en 1740.
Reçu chevalier de l'ordre de Saint-Louis depuis 1740.

De ROCHON,
Aide-major et capitaine des portes de Brest en 1740.
Reçu chevalier de l'ordre de Saint-Louis depuis 1740.

De SECOUSSE,
Capitaine-aide-major au régiment Dauphin-cavalerie en 1740.
Reçu chevalier de l'ordre de Saint-Louis depuis 1740.

DE MAURIS HUNLAHAM,
  Capitaine-commandant une brigade d'officiers réformés du régiment de Dillon en 1740.
  Reçu chevalier de l'ordre de Saint-Louis depuis 1740.

AMPROUX (*Henri-Gabriel*), comte DE LA MASSAIS,
  Lieutenant en second au régiment du Roi en 1725.
  Lieutenant, juillet 1727.
  Capitaine, août 1734.
  Colonel du régiment de Piémont, février 1740.
  Reçu chevalier de l'ordre de Saint-Louis depuis 1740.
  Brigadier des armées du Roi, février 1746.
  Maréchal-de-camp, mai 1749.
  Mort à Paris le 7 octobre 1764.

DE LA VALLIÈRE,
  Major de l'île Royale en Canada en 1740.
  Reçu chevalier de l'ordre de Saint-Louis depuis 1740.

DE TOUCHERONDE,
  Aide-major de l'hôtel royal des Invalides en 1740.
  Reçu chevalier de l'ordre de Saint-Louis depuis 1740.

DE PAYAN DE L'ESTANG (*Joseph*),
  Capitaine dans les volontaires de Schomberg.
  Reçu chevalier de l'ordre de Saint-Louis depuis 1740.
  Lieutenant-colonel-réformé à la suite du régiment de Lowendal-infanterie en 1745.

DE SAINT-QUENTIN,
  Lieutenant provincial d'artillerie, avec rang de colonel, en 1740.
  Reçu chevalier de l'ordre de Saint-Louis depuis 1740.

DE GRAMMONT DE L'ESPARRE (*Antoine-Antonin*, duc),
  (Connu d'abord sous le nom de comte de l'Esparre).
  Gentilhomme à drapeau au régiment des Gardes-Françaises en 1735.
  Capitaine, février 1738.

Duc, par brevet du 18 février 1739. Il prit le titre de duc de l'Esparre.
Colonel du régiment de Bourbonnais, février 1740.
Reçu chevalier de l'ordre de Saint-Louis depuis 1740.
Brigadier des armées du Roi, mai 1745.
Son père ayant été tué à la bataille de Fontenoy, il devint duc de Grammont, pair de France, et en prit le titre.
Le Roi lui donna, le 15 du même mois, le gouvernement général de la Navarre et du Béarn, avec le gouvernement particulier de Pau et de Bayonne.

DEXMIER D'ARCHIAC (*Jean*), chevalier DE SAINT-SIMON,
Reçu chevalier de l'ordre de Saint-Louis depuis 1740.
Colonel à la suite du régiment de Moncouseil en 1752.
Lieutenant-général des armées du Roi en 1780.

DE THEAS (*François*), comte DE THORENE et DU SAINT-EMPIRE,
Officier au régiment de Vermandois.
Reçu chevalier de l'ordre de Saint-Louis depuis 1740.
Commandant en second à Saint-Domingue en 1763.
Maréchal-de-camp en 1770.

DE FERSEN (*Frédéric-Axel, comte*),
Capitaine-réformé à la suite du régiment d'Alsace en 1736.
Reçu chevalier de l'ordre de Saint-Louis depuis 1740.
Colonel-réformé à la suite du même régiment en 1744.
Colonel d'un régiment d'infanterie de son nom en 1745.
Brigadier des armées du Roi en 1748.

ANDREY (*Louis-Charles-Claude*), chevalier DE FONTENAY,
Aide du parc de l'artillerie en 1712.
Officier-pointeur en 1713.
Commissaire extraordinaire de l'artillerie en décembre 1716.
Commissaire ordinaire, août 1721.
Commissaire-provincial, mars 1732.
Reçu chevalier de l'ordre de Saint-Louis depuis 1740.
Lieutenant d'artillerie en mai 1742.

Brigadier des armées du Roi, mai 1744.

Maréchal-de-camp, janvier 1748.

Lieutenant-général de l'artillerie au département général de Bretagne, avril 1750.

Inspecteur-général du corps royal de l'artillerie, janvier 1759.

Lieutenant-général des armées du Roi en décembre suivant.

Mort en 1774.

DE L'AUBESPINE (*Charles-François, marquis*),

Reçu chevalier de l'ordre de Saint-Louis depuis 1740.

Mestre-de-camp à la suite du régiment Mestre-de-camp-général-cavalerie en 1752.

Brigadier des armées du Roi en 1758.

Mort en 1785.

DE MAUGIRON (*Louis-François, comte*),

Mousquetaire en 1738.

Mestre-de-camp d'un régiment de cavalerie de son nom, sur la démission du comte de Sassenage, son beau-père, en septembre 1740.

Reçu chevalier de l'ordre de Saint-Louis depuis 1740.

Brigadier des armées du Roi, mars 1747.

Maréchal-de-camp, mai 1758.

Lieutenant-général des armées du Roi, juillet 1762.

Mort à Valence le 15 mars 1767.

DE BRANCAS (*Bréfile Hyacinthe*), comte DE CERESTE,

Reçu chevalier de l'ordre de Saint-Louis depuis 1740.

Chevalier des ordres du Roi en 1763.

Mort le 25 avril 1784.

DE PLANTA,

Reçu chevalier de l'ordre de Saint-Louis depuis 1740.

Colonel du régiment de Planta en 1756.

DE LA VILLENEUVE,

Brigadier des gardes-du-corps.

Reçu chevalier de l'ordre de Saint-Louis depuis 1740.

De KERRET de KERAVEL (*le comte*),
   Cornette de la troisième compagnie des Mousquetaires.
   Reçu chevalier de l'ordre de Saint-Louis depuis 1740.
   Brigadier des armées du Roi en 1759.
   Mort en 1785.

De DAMPIERRE (*le comte*),
   Major du régiment de Noailles-duc-cavalerie.
   Reçu chevalier de l'ordre de Saint-Louis depuis 1740.
   Mestre-de-camp d'un régiment de son nom en 1747.
   Brigadier des armées du Roi en 1758.
   Mort en 1785.

Le BLANC (*Jacques-Etienne*), sire de Cloys, seigneur de Maison,
   Lieutenant-colonel de brigade au corps des carabiniers.
   Reçu chevalier de l'ordre de Saint-Louis depuis 1740.
   Brigadier des armées du Roi en 1748.
   Mort le 11 octobre 1783.

De KERHOENT (*le comte*),
   Reçu chevalier de l'ordre de Saint-Louis depuis 1740.
   Brigadier des armées du Roi en 1748.
   Sous-lieutenant des chevau-légers d'Aquitaine.
   Mort en 1782.

De CASTELLANE NOVEJEAN (*Michel-Ange, comte*),
   Capitaine au régiment d'Orléans-dragons.
   Reçu chevalier de l'ordre de Saint-Louis depuis 1740.
   Brigadier des armées du Roi en 1748.
   Ambassadeur à la Porte.
   Mort en 1782.

D'OSSUN (*Pierre-Paul, marquis*), né le 29 janvier 1713,
   Mousquetaire en 1730.
   Capitaine au régiment de dragons de Condé, avril 1733.
   Reçu chevalier de l'ordre de Saint-Louis depuis 1740.
   Guidon de la compagnie des gendarmes de la Reine, avec rang de lieutenant-colonel de cavalerie, mai 1742.

Enseigne de la compagnie des gendarmes d'Anjou, décembre 1743.

Capitaine-lieutenant de la compagnie des chevau-légers de Berri, avec rang de mestre-de-camp de cavalerie, décembre 1744.

Capitaine-lieutenant de la compagnie des chevau-légers de la Reine, décembre 1745.

Brigadier des armées du Roi, mai 1747.

Ambassadeur auprès du Roi de Naples en 1752.

Nommé chevalier des ordres du Roi le 1er janvier 1757.

Chevalier de la Toison-d'Or en la même année.

Grand-d'Espagne.

Maréchal-de-camp, février 1761.

Ambassadeur extraordinaire en Espagne.

Conseiller-d'état d'épée, en janvier 1762.

Depuis lieutenant-général des armées du Roi, gouverneur de Valenciennes, lieutenant-général de la province d'Artois.

Mort à Paris le 22 février 1788.

MICAULT,

Colonel-réformé à la suite du régiment de Flandre.

Reçu chevalier de l'ordre de Saint-Louis depuis 1740.

Brigadier des armées du Roi en 1759.

De BONNAIRE CHAILLOUX,

Lieutenant de grenadiers à cheval.

Reçu chevalier de l'ordre de Saint-Louis depuis 1740.

Brigadier des armées du Roi en 1758.

Mort en 1781.

De LALLY (*Michel*), né le 1er juillet 1714,

Cadet au régiment de Dillon en 1734.

Lieutenant-réformé, septembre même année.

Lieutenant, octobre 1735.

Reçu chevalier de l'ordre de Saint-Louis depuis 1740.

Capitaine-réformé, janvier 1744.

Capitaine dans le régiment de Lally, octobre même année.

Obtint le rang de colonel en mars 1747.
Commandant du second bataillon du même régiment, novembre 1756.
Brigadier des armées du Roi, même mois.

DE LA TOUR DU PIN DE LA CHARCE (*Philippe-Antoine-Gabriel-Victor-Charles, marquis*),
Mousquetaire en 1736.
Capitaine au régiment de cavalerie d'Anjou, sur la démission du marquis de la Charce, son père, avril 1738.
Reçu chevalier de l'ordre de Saint-Louis depuis 1740.
Il obtint le gouvernement de Nyons, vacant par la mort de son père, en septembre 1746.
Colonel d'un régiment d'infanterie de son nom en octobre suivant.
Nommé gouverneur et lieutenant-général des pays du Maine, Perche, Laval, et gouverneur particulier de la ville du Mans, sur la démission du duc de Boutteville, octobre 1749.
Brigadier des armées du Roi, juillet 1758.
Maréchal-de-camp, février 1761.

DE LA TRÉMOILLE (*Jean-Bretagne-Charles-Godefroy*), duc DE THOUARS,
Pair de France.
Reçu chevalier de l'ordre de Saint-Louis depuis 1740.
Colonel aux grenadiers de France en 1752.
Mestre-de-camp-lieutenant du régiment d'Aquitaine-cavalerie en 1755.
Et depuis de celui d'Artois.
Maréchal-de-camp en 1770.

DE CHABANNE PIONZAC (*Jean*), marquis DE LA PALICE, comte et premier baron D'AUVERGNE, né le 3 octobre 1714,
Gentilhomme à drapeau au régiment des Gardes-Françaises en 1729.

Deuxième enseigne, novembre 1731;

Cornette dans le régiment de la Reine-dragons, novembre 1733.

Capitaine au même régiment, janvier 1735.

Deuxième cornette de la deuxième compagnie des mousquetaires, avec rang de mestre-de-camp de cavalerie, juin 1740.

Reçu chevalier de l'ordre de Saint-Louis depuis 1740.

Premier cornette, juillet 1743.

Brigadier des armées du Roi, mars 1747.

Deuxième enseigne, mai 1751.

Premier enseigne, juin 1753.

Deuxième sous-lieutenant, avril 1754.

Maréchal-de-camp, mai 1758.

Mort en 1787 ou 1788.

BERNARD, *chevalier* DE LUCHET,

Reçu chevalier de l'ordre de Saint-Louis depuis 1740.

Lieutenant-colonel du régiment de Beauvoisis en 1759.

DES MARETS (*Yves-Marie*), *comte* DE MAILLEBOIS, né le 3 août 1715,

Mousquetaire en 1730.

Lieutenant-réformé dans la compagnie des sapeurs du bataillon de la Borie du régiment royal-artillerie, mai 1733.

Colonel du régiment d'infanterie de la Sarre, mars 1734.

Colonel-lieutenant du régiment d'infanterie de M. le Dauphin, novembre suivant.

Maître de la garde-robe du Roi, sur la démission de son père, en 1736.

Reçu chevalier de l'ordre de Saint-Louis depuis 1740.

Aide-maréchal-général-des-logis de l'armée du Bas-Rhin en 1741.

Brigadier des armées du Roi, février 1743.

Maréchal-général-des-logis de l'armée d'Italie en 1744.

Maréchal-de-camp en mai suivant.

Inspecteur-général de l'infanterie, octobre 1745.
Lieutenant-général des armées du Roi, mai 1748.
Gouverneur de Douai, sur la démission de son père, en 1753.
Nommé chevalier des ordres du Roi en 1757; reçu le 2 février suivant.

D'ARGOUGES (*Charles-Louis*), marquis de Rannes,
Mousquetaire.
Capitaine dans le régiment de la Reine-dragons en 1729.
Mestre-de-camp du régiment de dragons de Languedoc, avril 1738.
Reçu chevalier de l'ordre de Saint-Louis depuis 1740.
Brigadier des armées du Roi, mai 1744.
Maréchal-de-camp, janvier 1748.
Mort en 1789.

De PONS SAINT-MAURICE (*Emmanuel-Louis-Auguste*, comte), né le 20 octobre 1712,
(Connu d'abord sous le nom de chevalier de Pons).
Entra cornette au régiment de cavalerie de Brissac en mars 1729.
Capitaine au régiment de cavalerie de Saint-Simon (depuis Sabran), juin 1733.
Colonel du régiment d'infanterie de Bassigny, février 1740.
Reçu chevalier de l'ordre de Saint-Louis depuis 1740.
Brigadier des armées du Roi, juillet 1746.
Maréchal-de-camp, mai 1748.
Mestre-de-camp-lieutenant du régiment d'Orléans-dragons, février 1749.
(Il prit le nom de comte de Pons Saint-Maurice lors de son mariage, le 1er mai 1759).
Lieutenant-général des armées du Roi en décembre même année.
Premier gentilhomme de la chambre de M. le duc d'Orléans et gouverneur de M. le duc de Chartres.

De RICOUART (*Antoine, comte*), d'Hérouville de Claye,
   Enseigne dans le régiment d'infanterie de Bourgogne, octobre 1728.
   Capitaine, mai 1730.
   Colonel du même régiment, mars 1734.
   Reçu chevalier de l'ordre de Saint-Louis depuis 1740.
   Brigadier des armées du Roi, février 1743.
   Major-général de l'infanterie de l'armée de Flandre en 1744.
   Inspecteur-général de l'infanterie, septembre 1747.
   Lieutenant-général des armées du Roi, mai 1748.

De VARIGNON (*Michel*), né le 30 juin 1695,
   Lieutenant de milice en 1719.
   Lieutenant en second au régiment d'infanterie de Provence, mai 1720.
   Lieutenant en 1721.
   Capitaine, août 1726.
   Aide-major du régiment, décembre 1727.
   Major, septembre 1732.
   Reçu chevalier de l'ordre de Saint-Louis depuis 1740.
   Obtint le rang de lieutenant-colonel en 1744.
   Lieutenant-colonel, octobre 1746.
   Brigadier des armées du Roi, mai 1748.
   Maréchal-de-camp, juillet 1762.
   Depuis commandant à Boulogne et dans le Boulonnais.
   Mort en 1772.

De MARNIÈRES,
   Reçu chevalier de l'ordre de Saint-Louis depuis 1740.
   Capitaine de vaisseaux du Roi en 1756.

De DILLON (*Robert*), comte de Roscommon, né à Twamore en Irlande, le 30 novembre 1712,
   Lieutenant au régiment de Rothe en 1733.
   Capitaine-réformé, février 1739.
   Reçu chevalier de l'ordre de Saint-Louis depuis 1740.

Capitaine, septembre 1741.
Obtint le rang de colonel en mars 1747.
Capitaine de grenadiers, mars 1757.
Brigadier des armées du Roi, février 1759.
Major de son régiment, mai 1761.
Lieutenant-colonel, février 1764.

DE POLY SAINT-THIÉBAUT (*François-Gaspard*, comte),
Lieutenant au régiment d'infanterie du Maine en 1727.
Capitaine au régiment des cuirassiers du Roi, octobre 1734.
Reçu chevalier de l'ordre de Saint-Louis depuis 1740.
Colonel du régiment d'infanterie des Landes en janvier 1748.
Mestre-de-camp d'un régiment de cavalerie de son nom, janvier 1749.
Brigadier des armées du Roi, février 1758.
Maréchal-de-camp, février 1761.
Depuis lieutenant-général des armées du Roi et chevalier d'honneur de sa chambre des comptes de Dôle.
Mort en 1783.

GOYON DE MATIGNON (*Marie-François-Auguste*), comte DE GACÉ,
Reçu chevalier de l'ordre de Saint-Louis depuis 1740.
Mestre-de-camp-lieutenant du régiment de cavalerie du Roi en 1748.
Brigadier de ses armées en 1761.
Mort au mois de février 1763.

DES MONSTIERS (*François-Martial* ou *François-Louis-Martial*), vicomte DE MERINVILLE,
Mousquetaire en 1738.
Reçu chevalier de l'ordre de Saint-Louis depuis 1740.
Troisième guidon de la compagnie des gendarmes de la garde du Roi, avec rang de mestre-de-camp de cavalerie en septembre 1741.
Deuxième guidon, octobre suivant.

Premier guidon, mai 1742.
Troisième enseigne, novembre 1743.
Brigadier des armées du Roi en mars 1747.
Deuxième enseigne de sa compagnie, mars 1748.
Premier enseigne, octobre 1749.
Deuxième sous-lieutenant, novembre 1753.
Maréchal-de-camp, mai 1758.
Premier sous-lieutenant de sa compagnie, avril 1761.
Lieutenant-général des armées du Roi, juillet 1762.

DE TOULONGEON D'ERNSKERCK (*Jean-François-Joseph, marquis*), *comte* DE CHAMPLITE,
Cornette des chevau-légers de la garde.
Mestre-de-camp de cavalerie.
Reçu chevalier de l'ordre de Saint-Louis depuis 1740.
Brigadier des armées du Roi en 1744.
Mort en 1781.

DE NUGENT (*Pierre, chevalier-baronnet*),
Lieutenant au régiment de Nugent-cavalerie (depuis Fitz-James) en 1717.
Capitaine-réformé à la suite de ce régiment en octobre 1718.
Capitaine en février 1727, avec rang de mestre-de-camp de cavalerie en mars 1735.
Reçu chevalier de l'ordre de Saint-Louis depuis 1740.
Brigadier des armées du Roi, mai 1745.
Maréchal-de-camp, mai 1748.
Lieutenant-colonel de son régiment, juin suivant.
Lieutenant-général des armées du Roi, juillet 1762.
Mort en 1783.

DE RIOULT DE DOUILLY (*Séraphin-Marie*), *marquis* DE CURSAY,
Lieutenant-réformé au régiment Royal-Roussillon-cavalerie en 1718.
Lieutenant en second, février 1719.

Lieutenant-réformé au régiment de cavalerie de Gesvres, mai 1723.

Capitaine-réformé, juin suivant.

Capitaine dans la brigade de Grieu (depuis Valcourt et Guiry) du régiment royal des carabiniers, avril 1729.

Reçu chevalier de l'ordre de Saint-Louis depuis 1740.

Aide-maréchal-général-des-logis de l'armée de Haute-Alsace en 1743, de l'armée du Rhin en 1744, de celle de Souabe en la même année, de celle du Bas-Rhin en 1745, de celle d'Italie en 1747.

Colonel du régiment de Tournaisis-infanterie en la même année.

Brigadier des armées du Roi, mai 1748.

Commandant en Corse, en l'absence de M. Chauvelin, en janvier 1749.

Maréchal-de-camp, août suivant.

Commandant en Franche-Comté, en l'absence du duc de Randan, en 1757.

Lieutenant-général des armées du Roi, juillet 1762.

Mort en 1766.

DE MAROLLES (*Henri*),

Reçu chevalier de l'ordre de Saint-Louis depuis 1740.

Capitaine de vaisseaux du Roi en 1754.

DE MARQUISIAN,

Reçu chevalier de l'ordre de Saint-Louis depuis 1740.

Capitaine de vaisseaux du Roi en 1754.

DE LANGLE (*le vicomte*),

Reçu chevalier de l'ordre de Saint-Louis depuis 1740.

Capitaine de vaisseaux du Roi en 1756.

DE MUSSUILLAC,

Reçu chevalier de l'ordre de Saint-Louis depuis 1740.

Lieutenant de vaisseaux du Roi en 1757.

Lieutenant de la compagnie des gardes du pavillon à Brest.

DE MONTCALM DE SAINT-VÉRAN (*Jean-Paul-Joseph*),
    Reçu chevalier de l'ordre de Saint-Louis depuis 1740.
    Capitaine de vaisseaux du Roi en 1754.

DE MOESLIEN,
    Reçu chevalier de l'ordre de Saint-Louis depuis 1740.
    Capitaine de vaisseaux du Roi en 1754.

DE MARCONVILLE (*le chevalier*),
    Reçu chevalier de l'ordre de Saint-Louis depuis 1740.
    Capitaine de vaisseaux du Roi en 1754.

PELET (*Louis-Henri*), dit *le marquis* DE NARBONNE-PELET,
    Enseigne au régiment du Perche-infanterie en 1727.
    Lieutenant en la même année.
    Capitaine au régiment de dragons d'Orléans, novembre 1733.
    Reçu chevalier de l'ordre de Saint-Louis depuis 1740.
    Mestre-de-camp-réformé à la suite de son régiment, août 1741.
    Aide-maréchal-général-des-logis de l'armée de Westphalie en 1742, de l'armée de Haute-Alsace en 1743, de celle du Rhin en 1744, de celle de Souabe en la même année, et enfin de l'armée du Bas-Rhin en 1745.
    Brigadier de dragons en la même année.
    Maréchal-de-camp, mai 1748.
    Lieutenant-général des armées du Roi, décembre 1759.
    Commandeur de l'ordre de Saint-Louis le 1er avril 1761.
    Commandant au pays d'Aunis, en Saintonge et en Angoumois.
    Mort le 26 avril 1774.

DE ROCHECHOUART FAUDOAS (*Jean-Louis-Roger, marquis*), né le 1er février 1716,
    Enseigne de la colonelle du régiment d'Anjou-infanterie en 1730.
    Lieutenant, octobre 1733.
    Capitaine, janvier 1734.

Reçu chevalier de l'ordre de Saint-Louis depuis 1740.

Major de son régiment en mai 1744.

Colonel-lieutenant, juillet 1746.

Brigadier des armées du Roi, mai 1748.

Maréchal-de-camp en février 1761.

Lieutenant-général des armées du Roi en 1765.

Commandant en Provence.

Chevalier des ordres du Roi en 1776.

Mort à Paris le 13 mai de la même année.

DE SAINT-PERN (*le chevalier*),

Lieutenant en second au régiment du Roi en 1735.

Lieutenant, mai 1738.

Reçu chevalier de l'ordre de Saint-Louis depuis 1740.

Capitaine, août 1742.

Colonel-lieutenant du régiment d'infanterie de Penthièvre, décembre 1745.

Brigadier des armées du Roi, octobre 1758.

Maréchal-de-camp, février 1761.

Lieutenant-général des armées du Roi.

DE MUSSET DE BONAVENTURE (*Alexandre-Henri*), né le 8 octobre 1685,

Page de Monsieur en 1701.

Sous-lieutenant au régiment de Chartres-infanterie en 1703.

Lieutenant en la même année.

Capitaine, mars 1706.

Lieutenant de la colonelle, septembre 1713.

Capitaine, juillet 1730.

Capitaine de grenadiers, août 1731.

Commandant du second bataillon, décembre 1734.

Major de son régiment, avril 1735.

Reçu chevalier de l'ordre de Saint-Louis depuis 1740.

Lieutenant-colonel de son régiment en décembre 1741.

Brigadier des armées du Roi, mai 1745.

Lieutenant-de-Roi de la Rochelle en mars 1754.
Mort au mois de janvier 1761.

D'ESPARBES DE LUSSAN (*Antoine-Augustin, comte*),
Reçu chevalier de l'ordre de Saint-Louis depuis 1740.
Colonel du régiment de Périgord en 1762.
Brigadier des armées du Roi.

DE MONTMORENCY-LUXEMBOURG (*Charles-François-Frédéric, duc*), né le 31 décembre 1702,
(Connu d'abord sous le nom de duc de Montmorency).
Colonel du régiment d'infanterie de Touraine, à la promotion du duc de Maillebois au grade de maréchal-de-camp, en mars 1718.
Gouverneur-général de la Normandie, sur la démission de son père, en octobre suivant.
Brigadier des armées du Roi, février 1734.
Maréchal-de-camp en 1738.
Reçu chevalier de l'ordre de Saint-Louis depuis 1740.
Chevalier des ordres du Roi le 1er janvier 1744.
Aide-de-camp du Roi en mai suivant.
Lieutenant-général de ses armées, même mois.
Capitaine d'une compagnie des gardes-du-corps, à la mort du maréchal de Harcourt, juillet 1750.
Maréchal de France le 24 février 1757.
Mort le 18 mai 1764.

DE BREHAN (*Marie-Jacques, marquis*),
Lieutenant aux Gardes-Françaises.
Reçu chevalier de l'ordre de Saint-Louis depuis 1740.
Colonel du régiment de Médoc en 1745.
Colonel de celui de Picardie.
Maréchal-de-camp.
Mort à Paris le 31 mai 1764.

DE THIARD (*Claude*), comte DE BISSY, baptisé le 14 octobre 1721,
Mousquetaire en 1736.

Capitaine au régiment commissaire-général de la cavalerie, avril 1738.

Reçu chevalier de l'ordre de Saint-Louis depuis 1740.

Deuxième cornette de la seconde compagnie des mousquetaires, avec rang de mestre-de-camp de cavalerie, en août 1743.

Brigadier des armées du Roi, janvier 1748.

Premier cornette de sa compagnie, mai 1751.

Deuxième enseigne, juin 1753.

Gouverneur des ville et château d'Auxonne, sur la démission du marquis de Bissy, son parent en août suivant.

Premier enseigne de sa compagnie, avril 1754.

Mestre-de-camp-réformé à la suite du régiment commissaire-général-cavalerie, mars 1757.

Maréchal-de-camp, février 1759.

Lieutenant-général des armées du Roi en juillet 1762.

DE CLERMONT (*Louis-Claude*), marquis DE MONTOISON,
Capitaine-lieutenant des chevau-légers d'Aquitaine.

Reçu chevalier de l'ordre de Saint-Louis depuis 1740.

Brigadier des armées du Roi en 1759.

Mort en 1787 ou 1788.

DU HAUTOY (*Léopold-Charles, marquis*),
Reçu chevalier de l'ordre de Saint-Louis depuis 1740.

Colonel-lieutenant du régiment Royal-Roussillon-infanterie en 1750.

DE SCEPEAUX (*Jacques-Bertrand*), marquis DE BEAUPRÉAU, né le 25 février 1704,

(Connu d'abord sous le nom de marquis de Scepeaux).

Lieutenant-réformé dans le régiment de cavalerie de Villeroy en 1721.

Capitaine au régiment de cavalerie de Montrevel, avril 1722.

Colonel du régiment d'infanterie de Lyonnais, novembre 1735.

Obtint la lieutenance-générale du gouvernement d'Anjou et du pays Saumurois en 1738.

Reçu chevalier de l'ordre de Saint-Louis depuis 1740.

Brigadier des armées du Roi, février 1743.

Maréchal-de-camp, mai 1745.

Lieutenant-général des armées du Roi, mai 1748.

Mort le 10 janvier 1778.

DE FROULAY (*René-Marie*), comte DE TESSÉ, né au mois de décembre 1707,

Lieutenant au régiment de Champagne en 1726.

Enseigne de la colonelle en novembre suivant.

Capitaine, mai 1728.

Colonel d'un régiment d'infanterie de son nom, septembre 1731.

Colonel-lieutenant du régiment d'infanterie de la Reine, août 1734.

Premier écuyer de la Reine, sur la démission de son père, octobre 1735.

Grand d'Espagne de la première classe, sur la démission de son père, par décret donné à Buen-Retiro le 8 juillet 1737.

Brigadier des armées du Roi, janvier 1740.

Reçu chevalier de l'ordre de Saint-Louis depuis 1740.

Tué à la défense de Prague, à la sortie du 22 août 1742, où il fit des prodiges de valeur.

DE MARCEL DE BLAIN (*Joseph-Pierre-Louis*), marquis DU POËT,

Capitaine de grenadiers au régiment de Royal-Vaisseaux.

Reçu chevalier de l'ordre de Saint-Louis depuis 1740.

Il quitta le service en 1759.

OCAHANE,

Capitaine commandant la première brigade française d'officiers réformés en 1740.

Reçu chevalier de l'ordre de Saint-Louis depuis 1740.

De LOPRIAC (*Guy-Marie*), comte DE DONGES,
Lieutenant-réformé au régiment de cavalerie de Marteville en 1720.
Mestre-de-camp-réformé dans le régiment de Lambert (depuis Beaucaire), décembre 1722.
Capitaine dans le même régiment, février 1727.
Colonel du régiment d'infanterie de Soissonnais, avril 1738.
Brigadier des armées du Roi, janvier 1740.
Reçu chevalier de l'ordre de Saint-Louis depuis 1740.
Maréchal-de-camp, mai 1744.
Mort subitement le 29 juillet 1764.

COLBERT (*François-Gilbert*), marquis DE CHABANAIS, né le 7 septembre 1705,
Mousquetaire en 1720.
Lieutenant-réformé au régiment de cavalerie d'Orléans, décembre 1721.
Capitaine audit régiment, novembre 1725.
Deuxième cornette de la compagnie des chevau-légers d'Orléans, avec rang de lieutenant-colonel de cavalerie, décembre 1726.
Guidon de la compagnie des gendarmes écossais, avec rang de mestre-de-camp de cavalerie, décembre 1733.
Sous-lieutenant de la compagnie des gendarmes de Bretagne, avril 1738.
Reçu chevalier de l'ordre de Saint-Louis depuis 1740.
Brigadier des armées du Roi, février 1742.
Capitaine-lieutenant de la même compagnie, avril 1744.
Maréchal-de-camp, novembre 1745.
Lieutenant-de-Roi du comté Nantois.
Mort le 23 décembre 1765.

DE CRUSSOL (*Pierre-Emmanuel, marquis*), né le 16 avril 1717,
Mousquetaire en 1732.
Capitaine au régiment royal-Roussillon-cavalerie, mars 1734.

Colonel du régiment d'infanterie de l'Isle-de-France, avril 1738.
Reçu chevalier de l'ordre de Saint-Louis depuis 1740.
Brigadier des armées du Roi, mai 1744.
Maréchal-de-camp, janvier 1748.
Ministre du Roi auprès du duc de Parme en 1750.
Chevalier des ordres du Roi le 2 février 1753.
Mort le 5 janvier 1758.

BIGOT (*Sébastien-François*), dit le *vicomte* DE MOROGUES,
Reçu chevalier de l'ordre de Saint-Louis depuis 1740.
Lieutenant-général des armées navales en 1771.
Inspecteur-général du corps royal d'artillerie de la marine.

Du MOURIEZ,
Reçu chevalier de l'ordre de Saint-Louis depuis 1740.
Commissaire ordonnateur à l'armée du Bas-Rhin en 1758.

DE MONTCALVEL (*Guy*),
Reçu chevalier de l'ordre de Saint-Louis depuis 1740.
Major du régiment de la Marche-infanterie en 1759.

MULLER,
Reçu chevalier de l'ordre de Saint-Louis depuis 1740.
Major du régiment de Berchény-hussards en 1758.

DE NEUFCARRES (*Charles-Henri*),
Reçu chevalier de l'ordre de Saint-Louis depuis 1740.
Aide-major-général de l'armée du maréchal d'Estrées en 1757.
Major du régiment de Champagne.

DE LA JONQUIERE TAFFANEL (*Clément, marquis*),
Reçu chevalier de l'ordre de Saint-Louis depuis 1740.
Chef d'escadre en 1771.
Lieutenant-général des armées navales en juillet 1780.
Mort dans les prisons de Toulon le 12 mars 1795.

LE VICOMTE, *comte* DE BLANGIS,
Aide-Major des Gardes-Françaises.

Reçu chevalier de l'ordre de Saint-Louis depuis 1740.
Colonel du régiment d'Angoumois en 1759.
Colonel-lieutenant de celui de la Couronne en 1762.
Lieutenant-général des armées du Roi en 1784.
Mort en 1790 ou 1791.

DUREY DE SAUROY (*Joseph*), *marquis* DU TERRAIL,
(Connu d'abord sous le nom de Martigny).
Enseigne au régiment d'infanterie d'Estaing (depuis Noailles) en 1728.
Lieutenant, mars 1729.
Capitaine en décembre suivant.
Lieutenant-général du Verdunois en 1733.
Capitaine au régiment royal cavalerie, mars 1734.
Deuxième cornette de la seconde compagnie des mousquetaires, avec rang de mestre-de-camp de cavalerie, février 1736.
(Il prit le nom de marquis du Terrail le 26 mai 1738, en épousant mademoiselle de Goesbriant).
Mestre-de-camp du régiment de dragons de la Reine, juin 1740.
Reçu chevalier de l'ordre de Saint-Louis depuis 1740.
Brigadier des armées du Roi, octobre 1744.
Maréchal-de-camp, janvier 1748.
Mort le 12 juin 1770.

TIMBRUNE (*Claude-Sylvestre*), *chevalier* DE TIMBRUNE-VALENCE,
Capitaine au régiment du Roi.
Reçu chevalier de l'ordre de Saint-Louis depuis 1740.
Colonel du régiment de Béarn en 1748.
Lieutenant-général des armées du Roi en 1780.
Mort en 1784.

AUBERY (*Jean-Baptiste-Louis*), *comte* DE VATTAN,
Enseigne au régiment des Gardes-Françaises, février 1720.
Sous-lieutenant, octobre 1725.

Lieutenant, janvier 1727.
Capitaine-lieutenant de la compagnie colonelle, décembre 1734.
Reçu chevalier de l'ordre de Saint-Louis depuis 1740.
Capitaine d'une compagnie de grenadiers, mars 1744.
Brigadier des armées du Roi en mai suivant.

ROUSSEL de BOUILLANCOURT,
Maréchal-général-des-logis des camps et armées du Roi.
Reçu chevalier de l'ordre de Saint-Louis depuis 1740.

De BOUCHIER de GIVRAY (*Samson*),
Chef de bataillon au régiment d'Orléans.
Reçu chevalier de l'ordre de Saint-Louis depuis 1740.
Il quitta le service en 1757.

Du METZ,
Mestre-de-camp-réformé à la suite du régiment de Moustier.
Reçu chevalier de l'ordre de Saint-Louis depuis 1740.
Brigadier des armées du Roi en 1760.

De SPARRE (*Alexandre-Magnus, comte*),
Reçu chevalier de l'ordre de Saint-Louis depuis 1740.
Colonel-lieutenant au régiment Royal-Suédois en 1756.
Maréchal-de-camp en 1770.
Mort en 1787 ou 1788.

D'ESPINCHAL (*Louis, marquis*),
Ancien-major du régiment Royal-Roussillon-cavalerie.
Reçu chevalier de l'ordre de Saint-Louis depuis 1740.
Mestre-de-camp du régiment d'Espinchal en 1759.
Maréchal-de-camp en 1770.
Mort en 1781.

D'ESPAGNET (*Joseph*),
Capitaine au régiment des grenadiers royaux de Provence.
Reçu chevalier de l'ordre de Saint-Louis depuis 1740.
Tué à l'affaire de l'Assiette en 1747.

D'ANNAT DE MONTMAUR,
   Reçu chevalier de l'ordre de Saint-Louis depuis 1740.
   Capitaine de vaisseaux du Roi en 1748.

DE MONTMORIN (*Jean-Baptiste-Caliste*), *marquis* DE SAINT-
   HEREM, né le 5 août 1727.
   Enseigne au régiment d'infanterie de Montmorin en 1739.
   Reçu chevalier de l'ordre de Saint-Louis depuis 1740.
   Lieutenant de la colonelle, mars 1741.
   Capitaine, mars 1743.
   Colonel du même régiment, lors de la promotion de son
      père au grade de maréchal-de-camp, décembre 1745.
   Gouverneur de Fontainebleau, en survivance de son père,
      en 1755.
   Brigadier des armées du Roi, février 1759.
   Maréchal-de-camp, décembre 1762.
   Mort en 1781.

DE BALBI (*Jean-Luc-Ignace, comte*),
   Avait servi dans les troupes de la république de Gênes
      lorsqu'il entra au service de France.
   Colonel à la suite du régiment Royal-Italien en novembre
      1746.
   Reçu chevalier de l'ordre de Saint-Louis depuis 1740.
   Brigadier des armées du Roi, mai 1748.
   Comte du Saint-Empire.
   Naturalisé par lettres du mois de janvier 1750, registrées à
      la chambre des comptes le 30 du même mois.
   Mort à Ajaccio le 7 septembre 1758.

CHAUMONT DE LA GALAISIÈRE (*Paul*), *comte* DE
   MAREIL,
   Lieutenant de la colonelle du régiment d'Enghien en 1729.
   Capitaine dans ce régiment, avril 1732.
   Lieutenant-colonel du régiment des gardes Lorraines, à la
      création de ce régiment, en mai 1740.
   Reçu chevalier de l'ordre de Saint-Louis depuis 1740.

Colonel d'un régiment de milice du duché de Lorraine, septembre 1742.

Colonel-lieutenant du régiment de Royal-Lorraine, à sa création, le 30 janvier 1744.

Brigadier des armées du Roi, juillet 1747.

De BENYO,

Ancien officier de hussards.

Commandant à Bar-le-Duc.

Reçu chevalier de l'ordre de Saint-Louis depuis 1740.

Mort à Bar-le-Duc.

De ZUCKMANTEL (*François-Antoine, baron*),

Lieutenant en second au régiment de Picardie en 1734.

Lieutenant en avril suivant.

Reçu chevalier de l'ordre de Saint-Louis depuis 1740.

Capitaine au même régiment en juin 1741.

Obtint le rang de lieutenant-colonel d'infanterie en janvier 1746.

Colonel-réformé à la suite du régiment d'Alsace, avril 1747.

Ministre plénipotentiaire du Roi auprès de l'électeur Palatin en 1753.

Brigadier des armées du Roi, février 1759.

Colonel-commandant du régiment d'infanterie allemande de Saint-Germain, avril suivant.

Colonel-commandant du régiment de Nassau, lorsque le sien y fut incorporé, en janvier 1760.

Commandant à Ziegenheim, sous le comte d'Espiés, en la même année.

Maréchal-de-camp, juillet 1762.

Ministre plénipotentiaire du Roi près l'électeur de Saxe en 1763.

Il était l'un des directeurs de la noblesse immatriculée de la Basse-Alsace.

Commandeur de l'ordre de Saint-Louis en 1766.

HEBERT (*Anne-Charles*),
Cornette au régiment de dragons de la Suze en 1731.
Capitaine au régiment de dragons de Languedoc, décembre 1734.
Reçu chevalier de l'ordre de Saint-Louis depuis 1740.
Exempt de la compagnie de Noailles des gardes-du-corps du Roi en mars 1743.
Aide-major, avec rang de mestre-de-camp de cavalerie, en mai 1745.
Deuxième aide-major-général des gardes-du-corps, avec rang d'enseigne, en avril 1747.
Premier aide-major en janvier 1750, avec rang de lieutenant, en mars 1753.
Brigadier des armées du Roi, mai 1758.
Maréchal-de-camp, juillet 1762.
Depuis gouverneur de Salces.

MASSO (*Charles*), comte DE LA FERRIÈRE,
Lieutenant-réformé au régiment de cavalerie de Villeroi en 1722.
Capitaine-réformé au même régiment, janvier 1724.
Exempt de la compagnie de Villeroi des gardes-du-corps du Roi, juin 1730.
Obtint le rang de mestre-de-camp de cavalerie et la charge de sénéchal du Lyonnais, à la mort de son père, le 27 décembre 1739.
Reçu chevalier de l'ordre de Saint-Louis depuis 1740.
Aide-major de sa compagnie, avril 1743.
Brigadier des armées du Roi, mai 1745.
Enseigne de sa compagnie, avril 1747.
Maréchal-de-camp, mai 1748.
Second enseigne de sa compagnie, juin 1755.
Premier enseigne, même mois.
Troisième lieutenant, février 1758.
Lieutenant-général des armées du Roi, décembre 1759.

DE BRANCAS (*Louis*, *duc*), né le 5 mai 1714,
(Connu d'abord sous le nom de comte de Lauragais).
Mousquetaire en 1730.
Duc, sur la démission du duc de Brancas, son père, en juillet 1731. (Il prit le nom de duc Lauragais).
Capitaine dans le régiment de cavalerie de la Ferronnays, juillet 1733.
Colonel du régiment d'infanterie d'Artois, mars 1734.
Reçu chevalier de l'ordre de Saint-Louis depuis 1740.
Brigadier des armées du Roi, février 1743.
Colonel d'un régiment d'infanterie de son nom (depuis Briqueville), mars suivant.
Maréchal-de-camp, mai 1745.
Chevalier de la Toison-d'Or en juin suivant.
Lieutenant-général des armées du Roi, mai 1748.
Pair de France le 18 février 1751.
Gouverneur de Guise en 1758.
Il n'a point servi depuis, et il prit le nom de duc de Brancas, à la mort de son père, le 29 février 1760.

PREVOST (*Jacques-Charles*), marquis DU BARAIL,
Lieutenant-réformé au régiment du Roi en 1720.
Lieutenant en second, janvier 1722.
Lieutenant, novembre même année.
Obtint le rang de capitaine en septembre 1732.
Capitaine, mars 1733.
Reçu chevalier de l'ordre de Saint-Louis depuis 1740.
Colonel du régiment de Vivarais, mars 1743.
Brigadier des armées du Roi, mai 1744.
Maréchal-de-camp, janvier 1748.
Commandant à Dunkerque en 1754.
Lieutenant-général des armées du Roi, décembre 1758.

DE BARRY,
Lieutenant-colonel du régiment de Barwick en 1740.
Reçu chevalier de l'ordre de Saint-Louis depuis 1740.

De ROOWER (*Hyacinthe-Joseph*), comte de Bergeick,
- Capitaine-réformé au régiment de dragons de Languedoc en 1722.
- Capitaine dans le régiment de dragons de Vitry, février 1729.
- Obtint le rang de mestre-de-camp de cavalerie en septembre 1739.
- Reçu chevalier de l'ordre de Saint-Louis depuis 1740.
- Aide-maréchal-général-des-logis de l'armée du Rhin, avril 1743.
- Colonel-lieutenant du régiment Royal-Wallon, juillet 1744.
- Brigadier des armées du Roi, mai 1745.
- Maréchal-de-camp, mai 1748.
- Lieutenant-général des armées du Roi, décembre 1759.

De BRANCAS (*Louis-Paul, marquis*), duc de Céreste, né le 25 mai 1718.
- (Connu d'abord sous le nom de chevalier de Brancas).
- Mousquetaire en 1733.
- Capitaine dans le régiment Royal-Piémont de cavalerie, novembre 1737.
- Colonel d'un régiment de cavalerie de son nom, octobre 1739.
- Reçu chevalier de l'ordre de Saint-Louis depuis 1740.
- Brigadier des armées du Roi, mai 1745.
- Gouverneur des ville et château de Nantes, sur la démission du maréchal de Brancas, son père, en février 1747.
- (Il prit, au mois de mars suivant, en se mariant, le nom de marquis de Brancas).
- Maréchal-de-camp, mai 1748.
- Grand d'Espagne de première classe, à la mort de son frère aîné, le 3 février 1753.
- Lieutenant-général du gouvernement de Provence, vacant par la mort de son frère, en avril suivant.
- Lieutenant-général des armées du Roi, décembre 1759.

De SALIGNAC (*François-Louis*), *marquis* de Fénélon, né le 7 novembre 1722,
  Lieutenant en second au régiment du Roi en 1737.
  Guidon de la compagnie des gendarmes de Berri en février 1740.
  Reçu chevalier de l'ordre de Saint-Louis depuis 1740.
  Obtint le rang de lieutenant-colonel de cavalerie en 1741.
  Colonel du régiment d'infanterie de la Fère, mai 1743.
  Brigadier des armées du Roi, juillet 1747.
  Maréchal-de-camp, février 1759.
  Lieutenant-général des armées du Roi, juillet 1762.
  Gouverneur et lieutenant-général de la Martinique en 1763.

D'ASPREMONT (*Henri, chevalier*), né le 7 mai 1702,
  Lieutenant au régiment de Gensac (depuis Vivarais) en 1720.
  Capitaine, février 1732.
  Reçu chevalier de l'ordre de Saint-Louis depuis 1740.
  Capitaine de grenadiers, août 1743.
  Lieutenant-colonel, avril 1745.
  Brigadier des armées du Roi, juillet 1747.
  Lieutenant-de-Roi des châteaux de Bayonne en octobre 1756.

De JOYEUSE (*Jean-Armand, marquis*), né le 24 avril 1718,
  Lieutenant du régiment de cavalerie d'Anjou en janvier 1734.
  Lieutenant de la mestre-de-camp, mars suivant.
  Capitaine dans le même régiment, décembre même année.
  Colonel du régiment d'infanterie de Ponthieu, juin 1740.
  Reçu chevalier de l'ordre de Saint-Louis depuis 1740.
  Brigadier des armées du Roi, janvier 1748.
  Colonel du régiment des grenadiers de France, février 1749.
  Colonel du régiment de Tournaisis, août suivant.
  Colonel d'un régiment d'infanterie de son nom (depuis Aunis), février 1751.
  Il quitta le service à cause de sa mauvaise santé.

De BELA (*chevalier*),
Capitaine de dragons au service du Roi de Pologne.
Lieutenant-colonel-réformé à la suite du régiment de Metz en 1736.
Reçu chevalier de l'ordre de Saint-Louis depuis 1740.
Lieutenant-colonel-réformé à la suite du régiment de Bercheny, décembre 1743.
Colonel du régiment des Cantabres, décembre 1745.
Brigadier des armées du Roi, janvier 1748.

De VARAX,
Lieutenant-colonel du régiment Royal-Cravates en 1740.
Reçu chevalier de l'ordre de Saint-Louis depuis 1740.
Brigadier des armées du Roi en 1747.
Mort en 1786.

De SOMBREMARE,
Commandant au château de Gueuras en 1740.
Reçu chevalier de l'ordre de Saint-Louis depuis 1740.

De SOIL,
Capitaine de grenadiers au régiment de Rouergue en 1740.
Reçu chevalier de l'ordre de Saint-Louis depuis 1740.

De SOBY,
Aide-major au régiment Dauphin-dragons en 1740.
Reçu chevalier de l'ordre de Saint-Louis depuis 1740.

SOPTÉ de MONBLANC,
Major de Carcassonne en 1740.
Reçu chevalier de l'ordre de Saint-Louis depuis 1740.

De SOLEMY,
Lieutenant-colonel du régiment de Conti-infanterie en 1740.
Reçu chevalier de l'ordre de Saint-Louis depuis 1740.

PIC de la MIRANDOLLE,
Major du régiment de Montmorin en 1740.
Reçu chevalier de l'ordre de Saint-Louis depuis 1740.

WIET GIRARD,
> Aide-major en 1740.
> Lieutenant-colonel du régiment de Berchény-hussards, avec rang de mestre-de-camp.
> Reçu chevalier de l'ordre de Saint-Louis depuis 1740.

De SOLINHIAC,
> Major du régiment de la Reine-cavalerie en 1740.
> Reçu chevalier de l'ordre de Saint-Louis depuis 1740.

NIHELL (*Jacques*),
> Lieutenant-colonel du régiment de Dillon-Irlandais.
> Reçu chevalier de l'ordre de Saint-Louis depuis 1740.
> Mort à Aire le 27 septembre 1763.

De SOLIÉ,
> Major d'Aiguemorte en 1740.
> Reçu chevalier de l'ordre de Saint-Louis depuis 1740.

De FRINGAU (*François-Nicolas*),
> Commandant du bataillon-réformé du régiment de Lorraine.
> Reçu chevalier de l'ordre de Saint-Louis depuis 1740.
> Obtint, en 1764, une pension de retraite de 800 liv.

SIGISMOND (*Manuel*),
> Brigadier des gardes-du-corps du Roi en 1739.
> Reçu chevalier de l'ordre de Saint-Louis depuis 1740.

De SOIZE (*le chevalier*),
> Capitaine-aide-major au régiment de Poitou en 1740.
> Reçu chevalier de l'ordre de Saint-Louis depuis 1740.

ROUSSEL de PREVILLE,
> Capitaine de l'artillerie de la marine en 1735.
> Reçu chevalier de l'ordre de Saint-Louis depuis 1740.

De CLAVEL (*le chevalier*),
> Reçu chevalier de l'ordre de Saint-Louis depuis 1740.
> Capitaine de vaisseaux du Roi en 1749.

De LASTIC SAINT-JAL (*comte*),
    Reçu chevalier de l'ordre de Saint-Louis depuis 1740.
    Mestre-de-camp du régiment de Saint-Jal-cavalerie en 1744.
    Lieutenant-général des armées du Roi.

De BASTARD (*Antoine*),
    Capitaine au régiment de Foix.
    Reçu chevalier de l'ordre de Saint-Louis depuis 1740.
    Obtint sa retraite en 1746.
    Mort le 7 janvier 1780.

LAMBERT,
    Colonel, Ingénieur en chef à Schelestadt.
    Maréchal-de-camp.
    Reçu chevalier de l'ordre de Saint-Louis depuis 1740.
    Mort en 1772.

D'ESPARBÈS de LUSSAN (*Louis-Henri-Théophile*), comte d'Aubeterre,
    Colonel-lieutenant du régiment Royal-Vaisseaux.
    Reçu chevalier de l'ordre de Saint-Louis depuis 1740.
    Mort le 27 juillet 1747, des blessures qu'il reçut à la bataille de Laufeldt.

De MORTIÈRES GEDOUYN (*le chevalier*),
    Capitaine de grenadiers au régiment de Normandie.
    Reçu chevalier de l'ordre de Saint-Louis depuis 1740.
    Tué au siége de Berg-op-Zoom en 1747.

De la TAILLE (*Edme, chevalier*),
    Capitaine aide-major au régiment de la Marine en 1740.
    Aide-major-général de l'armée d'Italie.
    Reçu chevalier de l'ordre de Saint-Louis depuis 1740.
    Mort à Briançon, des blessures qu'il reçut à l'affaire de l'assiette en 1747.

De BELLEMARRE (*Nicolas*),
    Capitaine au régiment de Grassin.

Tom. II.

Reçu chevalier de l'ordre de Saint-Louis depuis 1740.
Mort des blessures qu'il reçut à la bataille de Laufeldt.

D<small>E</small> MESMAY (*Jean-François*, *chevalier*),
Chevalier de Saint-Lazare.
Officier d'infanterie.
Reçu chevalier de l'ordre de Saint-Louis depuis 1740.
Mort le 27 mai 1747.

D<small>E</small> RUPPIERRE (*Charles*), *seigneur* D<small>E</small> B<small>UISSON</small>,
Capitaine au régiment Royal-cavalerie.
Reçu chevalier de l'ordre de Saint-Louis depuis 1740.
Mort de la suite des blessures qu'il reçut à la bataille de Laufeldt.

D<small>E</small> LAURENCIN D<small>E</small> PERSANGE (*le comte*),
Lieutenant-colonel commandant le régiment de Normandie.
Lieutenant-de-Roi à Phalsbourg.
Reçu chevalier de l'ordre de Saint-Louis depuis 1740.
Mort des blessures qu'il reçut au siége de Berg-op-Zoom.

D<small>U</small> GRAVIER (*Jean-Jacques*), *seigneur* D<small>E</small> L<small>A</small> G<small>OSSE</small>,
Officier supérieur d'artillerie.
Reçu chevalier de l'ordre de Saint-Louis depuis 1740.
Mort à Anvers le 29 août 1749, des blessures qu'il avait reçues au siége de Berg-op-Zoom.

D<small>E</small> TACHEREAU (*César*), *chevalier* D<small>ES</small> P<small>ICTIÈRES</small>,
Directeur-général de l'artillerie en Guienne.
Reçu chevalier de l'ordre de Saint-Louis depuis 1740.
Maréchal-de-camp en 1758.
Mort en 1778.

L<small>E</small> BRUN (*Joseph*), *marquis* D<small>E</small> D<small>INTEVILLE</small>,
Lieutenant de vaisseaux du Roi.
Reçu chevalier de l'ordre de Saint-Louis depuis 1740.
Mort le 3 janvier 1757.

L<small>E</small> BOUCHER D'AILLY (*Joseph*),
Lieutenant-colonel du régiment de la Reine-infanterie.

Lieutenant-de-Roi d'Amiens.
Reçu chevalier de l'ordre de Saint-Louis depuis 1740.
Mort à Abbeville le 1er avril 1754.

De SAILLY (*Louis-Hector, marquis*),
Mousquetaire en janvier 1736.
Capitaine dans le régiment de cavalerie de Conti, septembre 1738.
Colonel-lieutenant du régiment d'infanterie de Conti, juillet même année.
Reçu chevalier de l'ordre de Saint-Louis depuis 1740.
Brigadier des armées du Roi, mai 1748.
Il quitta le service au mois de décembre 1759.

De COLBERT LINIÈRES (*le marquis*), né le 8 avril 1709,
Lieutenant-réformé au régiment d'infanterie du Roi en 1728.
Lieutenant, mars 1729.
Capitaine en septembre suivant.
Guidon de la compagnie des gendarmes de Berri, mars 1734.
Cornette de la compagnie des chevau-légers de la Reine en novembre suivant.
Reçu chevalier de l'ordre de Saint-Louis depuis 1740.
Capitaine-lieutenant de la compagnie des chevau-légers de Bretagne, mai 1742.
Brigadier des armées du Roi, mai 1744.
Capitaine des gendarmes anglais, juin 1745.
Maréchal-de-camp, janvier 1748.
Mort le 24 juillet 1761.

De PLUVIERS (*Hyacinte, chevalier*),
Commissaire ordinaire d'artillerie en février 1732.
Commissaire provincial, février 1734.
Reçu chevalier de l'ordre de Saint-Louis depuis 1740.
Lieutenant d'artillerie, juillet 1746.
Brigadier des armées du Roi, janvier 1748.
Mort en 1757.

26*

JOUVIN DE LA BLACHETTE (*Claude-Alexis*),
Lieutenant-colonel des régimens de Belsunce, de Rougé et de Flandre.
Reçu chevalier de l'ordre de Saint-Louis depuis 1740.
Brigadier des armées du Roi en février 1761.

ROLLAND GANTELMI (*Jean-Joseph-Félix-Henri*), marquis DE REILLANNETTE, dit le *marquis* DES ROLANDS,
Capitaine au régiment de Clermont-Tonnerre-cavalerie.
Reçu chevalier de l'ordre de Saint-Louis depuis 1740.
Brigadier des armées du Roi en 1748.
Mort en 1787 ou 1788.

DE BRIQUEVILLE LA LUZERNE (*François-Philibert, comte*),
Lieutenant-colonel du régiment d'Escars.
Reçu chevalier de l'ordre de Saint-Louis depuis 1740.
Brigadier des armées du Roi en 1748.
Enseigne des gardes-du-corps en 1753.
Gouverneur de la Flèche.
Mort en son château de la Frelonnière le 11 avril 1762.

DE MALEZIEU DES TOURNELLES (*Charles-François*),
Lieutenant-colonel au corps des carabiniers.
Reçu chevalier de l'ordre de Saint-Louis depuis 1740.
Brigadier des armées du Roi en 1745.
Gouverneur de la Rochelle.
Mort à Châlons-sur-Saône le 3 septembre 1763.

DE MAISONCELLE,
Lieutenant-colonel du régiment de Clermont-prince-cavalerie.
Reçu chevalier de l'ordre de Saint-Louis depuis 1740.
Brigadier des armées du Roi en 1745.
Mort en 1781.

DE LAUGIER DE BEAUCOUSE (*Gaspard*),
Lieutenant de vaisseaux du Roi.

Reçu chevalier de l'ordre de Saint-Louis depuis 1740.
Mort à Mahon le 24 mai 1756, des blessures qu'il reçut dans le combat de M. de la Gallissonnière contre l'amiral Byng.

DE BUDES DE GUEBRIANT (*Joseph-Marie-Louis, comte*), Colonel-lieutenant au régiment de Penthièvre-infanterie.
Reçu chevalier de l'ordre de Saint-Louis depuis 1740.
Mort en 1755.

DE RONCHEROLLES (*Michel-Charles-Dorothée*), marquis DE PONT-SAINT-PIERRE, né le 19 avril 1703,
Lieutenant en second au régiment du Roi en 1721.
Lieutenant, avril 1722.
Mestre-de-camp-lieutenant du régiment Royal-Cravates, avril 1725.
Brigadier des armées du Roi, janvier 1740.
Reçu chevalier de l'ordre de Saint-Louis depuis 1740.
Mestre-de-camp-lieutenant du régiment de Berri, février 1742.
Troisième enseigne de la compagnie des gardes-du-corps du Roi depuis Luxembourg, juillet suivant.
Deuxième enseigne, août 1743.
Maréchal-de-camp, mai 1744.
Lieutenant-général des armées du Roi, mai 1748.

DE ROCHE (*Claude*), baron DE LA MOTTE,
Capitaine-major du régiment de Condé.
Reçu chevalier de l'ordre de Saint-Louis depuis 1740.
Major à Cologne après la bataille de Creweldt, où il fut grièvement blessé, en 1758.

DE LORRAINE (*Louis-Charles*), comte DE BRIONNE, né le 10 septembre 1735,
Gentilhomme à drapeau au régiment des Gardes-Françaises en 1740.
Gouverneur et lieutenant-général d'Anjou.
Gouverneur des villes et châteaux d'Angers et du Pont-de-

Cé, sur la démission de son père, le 8 juillet 1740.

Reçu chevalier de l'ordre de Saint-Louis depuis 1740.

Colonel du régiment d'infanterie d'Auxerrois, février 1742.

Mestre-de-camp d'un régiment d'infanterie de son nom, juin 1743.

Grand-écuyer de France, en survivance du prince Charles son grand-oncle, en mars 1745.

Brigadier des armées du Roi en mai de la même année.

Maréchal-de-camp, mai 1748.

Mort le 28 juin 1761.

HÉRAULT (*Jean-Baptiste-Martin*), seigneur DE SECHELLES,

Capitaine au régiment d'Apchon-dragons.

Colonel du régiment de Rouergue.

Reçu chevalier de l'ordre de Saint-Louis depuis 1740.

Mort des blessures qu'il reçut à la bataille de Minden en 1759.

DE BAUDIN DE VAUX DE LA BROSSE (*François*), né à Blois le 16 août 1702,

Enseigne au régiment de Nivernois en 1719.

Aide-major en 1725, avec rang de capitaine en août 1729.

Capitaine au même régiment, mars 1734.

Capitaine de grenadiers, juin 1740.

Reçu chevalier de l'ordre de Saint-Louis depuis 1740.

Lieutenant-colonel, juin 1741.

Brigadier des armées du Roi, novembre 1745.

Maréchal-de-camp, mai 1758.

Mort au mois de mars 1759.

JUBERT (*Louis-Nicolas*), comte DE BOUVILLE,

Mousquetaire en 1718.

Capitaine au régiment Royal-dragons, avril 1719.

Deuxième cornette de la compagnie des chevau-légers de la Reine, avec rang de lieutenant-colonel de cavalerie, mars 1734.

Reçu chevalier de l'ordre de Saint-Louis depuis 1740.

Brigadier des armées du Roi, mars 1747.

Sous-lieutenant de la compagnie des gendarmes anglais, février 1748.

Maréchal-de-camp, mai 1758.

DE MASSOUS,
Capitaine de grenadiers au régiment de Normandie.
Reçu chevalier de l'ordre de Saint-Louis depuis 1740.
Tué au siége de Berg-op-Zoom.

DE BOISSONNADE,
Major du régiment Royal-Vaisseaux.
Reçu chevalier de l'ordre de Saint-Louis depuis 1740.
Mort le 16 juillet 1747.

DE VASSIGNAC, *marquis* D'IMECOURT,
Colonel du régiment de Périgord.
Reçu chevalier de l'ordre de Saint-Louis depuis 1740.
Tué à l'affaire de l'Assiette en 1747.

DE CASTELNAU,
Capitaine au régiment de Béarn.
Reçu chevalier de l'ordre de Saint-Louis depuis 1740.
Mort en 1751.

DE DURAT (*Antoine*),
Capitaine au régiment Royal-la-Marine.
Reçu chevalier de l'ordre de Saint-Louis depuis 1740.
Mort en 1757.

DE L'ECUYER DE LA PAPOTIÈRE (*Denis*),
Capitaine au régiment de Piémont.
Reçu chevalier de l'ordre de Saint-Louis depuis 1740.
Tué à la bataille de Rosbach en 1757.

DE GALIFFET (*Christophe-Philippe, comte*),
Lieutenant-réformé au régiment d'infanterie du Roi en 1728.
Lieutenant, janvier 1731.
Aide-major du même régiment, novembre 1734.
Reçu chevalier de l'ordre de Saint-Louis depuis 1740.

Mestre-de-camp-lieutenant du régiment de cavalerie de la Reine, mars 1743.

Brigadier des armées du Roi, janvier 1748.

Lieutenant-général du gouvernement du duché de Bourgogne au département du Mâconnais, du gouvernement particulier de Mâcon, et de la capitainerie de la tour du pont de Mâcon en mars 1754.

Inspecteur-général surnuméraire de la cavalerie, février 1757.

Obtint la place d'inspecteur, qui vacait par la promotion du comte de Berchény à l'état de maréchal de France, en mars 1758.

Maréchal-de-camp, février 1759.

Mort d'apoplexie le 13 août 1759, après la bataille de Minden, où il s'était trouvé.

De SAINT-MARTIN,

Lieutenant-colonel d'un régiment depuis Berri.

Reçu chevalier de l'ordre de Saint-Louis depuis 1740.

Tué à la bataille de Sundorshausen en 1758.

De LORDAT,

Mestre-de-camp du régiment de Lordat, ci-devant Rosen-cavalerie, en 1734.

Reçu chevalier de l'ordre de Saint-Louis depuis 1740.

De REDON (*Charles*),

Chef de bataillon au régiment de Custine.

Reçu chevalier de l'ordre de Saint-Louis depuis 1740.

Mort le 19 juin 1749.

De PRÉVILLE (*François*), seigneur de Touchenoire,

Lieutenant-colonel d'infanterie.

Reçu chevalier de l'ordre de Saint-Louis depuis 1740.

Mort le 25 décembre 1749.

De ROCHE du MAZEL (*Jean-Baptiste*),

Capitaine au régiment d'Olonne.

Commandant à Genouillac.

Reçu chevalier de l'ordre de Saint-Louis depuis 1740.
Mort le 13 février 1748.

De PARADIS,
Commandant de Karisal.
Ingénieur en chef à Pondichery.
Reçu chevalier de l'ordre de Saint-Louis depuis 1740.
Tué au siége de cette ville en 1748.

De PREFONTAINE,
Capitaine au régiment de Picardie.
Reçu chevalier de l'ordre de Saint-Louis depuis 1740.
Mort à Saint-Tropez en 1748.

De COURT,
Chef de bataillon au régiment de Bourbonnais.
Reçu chevalier de l'ordre de Saint-Louis depuis 1740.
Tué en 1747 à l'affaire d'Exiles.

De MERIC,
Capitaine de grenadiers au régiment de Normandie.
Reçu chevalier de l'ordre de Saint-Louis depuis 1740.
Tué au siége de Tournay en 1745.

De GOUY D'ARCY (*Charles, marquis*),
Mousquetaire pendant quelques années.
Capitaine au régiment de Saint-Aignan-cavalerie (depuis Sabran et Talleyrand), mars 1734.
Reçu chevalier de l'ordre de Saint-Louis depuis 1740.
Colonel du régiment d'infanterie de Gâtinois en mars 1743.
Colonel-lieutenant du régiment de la Reine-infanterie, août 1746.
Brigadier des armées du Roi, septembre 1747.
Maréchal-de-camp, février 1759.
Lieutenant-général des armées du Roi en 1780.
Mort au mois d'août 1790.

De CHAUMONT de RIVERAY (*Philippe*),
Lieutenant au régiment d'infanterie d'Enghien en 1733.

Capitaine en décembre 1734.

Capitaine de grenadiers au régiment des gardes Lorraines, lors de sa création, le 1ᵉʳ mai 1740.

Lieutenant-colonel en septembre suivant.

Reçu chevalier de l'ordre de Saint-Louis depuis 1740.

Lieutenant-colonel du régiment Royal-Lorraine, à sa création, le 30 janvier 1744, avec rang de colonel d'infanterie à dater du même jour.

Brigadier des armées du Roi, mai 1748.

Colonel de son régiment en avril 1757.

Maréchal-de-camp, février 1761.

Lieutenant-général des armées du Roi en 1780.

Mort en 1782.

GOYON de GRIMALDY (*Marie-Charles-Auguste*), comte de Matignon, né le 1ᵉʳ janvier 1722,

Enseigne au régiment de Monaco-infanterie en 1739.

Reçu chevalier de l'ordre de Saint-Louis depuis 1740.

Capitaine au même régiment.

Colonel de celui de Forez en mai 1744.

Brigadier des armées du Roi, mai 1748.

Mort le 24 août 1749.

FOURNIER (*Esprit-Bruno*), comte d'Aultanne,

(Connu d'abord sous le nom de chevalier d'Aultanne).

Cornette au régiment de cavalerie d'Aultanne en 1706.

Lieutenant de la compagnie mestre-de-camp en 1709, avec rang de capitaine en mars 1710.

Incorporé dans le régiment de Gesvres, à la réformation du sien, en novembre 1713.

Major en octobre 1724, avec rang de lieutenant-colonel de cavalerie en 1740.

Reçu chevalier de l'ordre de Saint-Louis depuis 1740.

Aide-maréchal-général-des-logis de la cavalerie de l'armée de Bavière en 1741, avec rang de mestre-de-camp de cavalerie en février 1743, à sa rentrée en France.

Lieutenant-colonel de son régiment en août suivant.

Brigadier des armées du Roi, avril 1744.
Maréchal-de-camp, mai 1745.
Lieutenant-général des armées du Roi, août 1749.
Mort en 1782.

RIGOLLET de BOUSQUET (*Antoine*), né le 10 novembre 1694,
Sous-lieutenant au régiment d'infanterie de Vivarais en 1705.
Lieutenant en la même année.
Lieutenant au régiment d'infanterie d'Enghien en janvier 1707.
Capitaine, mai 1708.
Major, décembre 1733.
Reçu chevalier de l'ordre de Saint-Louis depuis 1740.
Obtint le rang de lieutenant-colonel en juillet 1747.
Lieutenant-colonel de son régiment, janvier 1751.
Lieutenant-de-Roi de Hanau en 1758.
Brigadier des armées du Roi, février 1759.
Maréchal-de-camp, juillet 1762.

De la LANDE (*Pierre*),
Lieutenant au régiment colonel-général-cavalerie.
Reçu chevalier de l'ordre de Saint-Louis depuis 1740.
Quitta le service en 1746, ayant eu une jambe emportée à la bataille de Fontenoi.

BEAU de MASCARON (*Louis*),
Capitaine au régiment d'Auvergne.
Commandant un corps de volontaires sous le maréchal de Saxe.
Reçu chevalier de l'ordre de Saint-Louis depuis 1740.
Mort à l'âge de vingt-un ans, le 12 octobre 1746, des blessures qu'il avait reçues à la bataille de Rocoux.

BAUDOIN (*Antoine-Séraphin*), chevalier de Soupire, né le 6 mai 1697,
Sous-lieutenant au régiment de la Marche en 1703.

Capitaine au régiment de cavalerie de Lenoncourt en janvier 1719.

Reçu chevalier de l'ordre de Saint-Louis depuis 1740.

Major, juillet 1742.

Aide-maréchal-général-des-logis de la cavalerie de l'armée du Rhin en avril 1744, avec rang de mestre-de-camp en la même année.

Aide-maréchal-général-des-logis de l'armée du Roi en 1745.

Brigadier des armées du Roi, mai 1748.

Maréchal-de-camp, novembre 1756.

Lieutenant-général des armées du Roi, juillet 1762.

Mort à Paris au mois de décembre 1770.

DE SAINT-ANDRÉ DU VERGER,

Chef d'escadre des armées navales.

Reçu chevalier de l'ordre de Saint-Louis depuis 1740.

Tué en 1759, dans le combat naval livré aux Anglais par le Maréchal de Conflans. Il y commandait le vaisseau le *Formidable*, de 80 canons.

DE SAINT-MAURIS (*Claude-François-Léonor*), comte DE MONTBARREY,

Cornette de la compagnie mestre-de-camp de la cavalerie en 1711.

Capitaine au régiment Royal-cavalerie en 1712.

Colonel du régiment d'infanterie de Lorraine en novembre 1734.

Reçu chevalier de l'ordre de Saint-Louis depuis 1740.

Brigadier des armées du Roi, février 1743.

Maréchal-de-camp, mai 1745.

Lieutenant-général des armées du Roi, mai 1748.

Mort le 30 mai 1751.

DE SÉGUR (*Philippe-Henri, comte*), né le 20 janvier 1724, (Connu d'abord sous le nom de marquis de Ségur).

Cornette au régiment de cavalerie de Rosen (depuis Egmont) en 1739.

Capitaine en 1740.

Reçu chevalier de l'ordre de Saint-Louis depuis 1740.

Colonel d'un régiment d'infanterie de son nom en août 1743.

Colonel d'un autre régiment d'infanterie de son nom (depuis Briqueville), décembre 1745.

Brigadier des armées du Roi, juillet 1747.

Gouverneur-général du pays de Foix, et lieutenant-général de la Champagne au département de Brie, en survivance de son père, en 1748.

Maréchal-de-camp, août 1749.

(Prit le nom de comte de Ségur, à la mort de son père, le 18 juin 1751).

Inspecteur-général-surnuméraire de l'infanterie en novembre 1756.

Lieutenant-général des armées du Roi, mai 1760.

Depuis maréchal de France, chevalier des ordres du Roi, ministre secrétaire d'état de la guerre, commandant en chef en Franche-Comté, etc.

DE MONFIQUET DE CULY,

Capitaine de vaisseaux du Roi.

Reçu chevalier de l'ordre de Saint-Louis depuis 1740.

Tué en 1759, dans le combat de M. de Conflans contre l'amiral Hawck.

DE MONFIQUET DE CULY, frère du précédent,

Capitaine de vaisseaux du Roi.

Reçu chevalier de l'ordre de Saint-Louis depuis 1740.

Tué en 1759, dans le combat de M. de Conflans contre l'amiral Hawck.

DES MONSTIERS (*François*), *comte* DE MERINVILLE, fils du marquis de Merinville, brigadier des armées du Roi en 1693,

Sous-lieutenant des gendarmes de Bretagne, avec rang de mestre-de-camp de cavalerie.

Reçu chevalier de l'ordre de Saint-Louis avant 1740.

Mestre-de-camp-lieutenant du régiment de Royal-Pologne en 1742.
Gouverneur de Narbonne.
Mort en 1746.

D'ESCARS (*François-Marie, marquis*), né le 8 octobre 1709,
Mousquetaire en octobre 1726.
Capitaine dans le régiment de cavalerie de Toulouse (depuis Penthièvre), mars 1729.
Colonel du régiment d'infanterie de Santerre, avril 1738.
Reçu chevalier de l'ordre de Saint-Louis depuis 1740.
Brigadier des armées du Roi, mai 1745.
Maréchal-de-camp, mai 1748.
Lieutenant-général du gouvernement du Limosin, à la mort de son père, le 1ᵉʳ septembre 1754.
Menin de M. le Dauphin.
Mort en 1759.

DE CARBRIANT DE PONTLO,
Lieutenant de vaisseaux du Roi en 1738.
Reçu chevalier de l'ordre de Saint-Louis depuis 1740.

DE PONTVALEY,
Capitaine de grenadiers au régiment de Champagne.
Reçu chevalier de l'ordre de Saint-Louis depuis 1740.
Mort à Nancy en 1744.

DE JOLAS,
Capitaine de grenadiers au régiment de Bouzols.
Reçu chevalier de l'ordre de Saint-Louis depuis 1740.
Tué en 1744, à l'affaire de Weissembourg.

DE POISSON,
Capitaine de grenadiers au régiment de Champagne.
Reçu chevalier de l'ordre de Saint-Louis depuis 1740.
Mort des blessures qu'il reçut à l'attaque de Weissembourg en 1744.

De CAUMIA (*François*),
   Capitaine de grenadiers au régiment de Briqueville.
   Reçu chevalier de l'ordre de Saint-Louis depuis 1740.
   Tué en 1746, au siége de Bruxelles.

De COURVAL (*Jacques*),
   Capitaine au régiment de Nice.
   Reçu chevalier de l'ordre de Saint-Louis depuis 1740.
   Mort le 16 juin 1752.

D'EON de GERMIGNEY (*Michel*),
   Garde-du-corps du Roi.
   Garde de la manche.
   Reçu chevalier de l'ordre de Saint-Louis depuis 1740.
   Mort à Nîmes le 20 août 1752.

De COURBON, *comte* de Blenac,
   Reçu chevalier de l'ordre de Saint-Louis depuis 1740.
   Lieutenant-général des armées navales en 1764.
   Commandant de la marine à Brest.

De BAILLET,
   Capitaine de grenadiers au régiment de Vatan.
   Reçu chevalier de l'ordre de Saint-Louis depuis 1740.
   Tué à la bataille de Minden en 1759.

De BRASSENS (*Jean-Marie, chevalier*),
   Capitaine au régiment de Piémont.
   Reçu chevalier de l'ordre de Saint-Louis depuis 1740.
   Tué à la bataille de Berghen le 13 avril 1759.

De CHANTOIS,
   Capitaine de grenadiers au régiment de Piémont.
   Reçu chevalier de l'ordre de Saint-Louis depuis 1740.
   Tué au siége de Bruxelles en 1746.

De GAUTHIER (*Jacques*),
   Capitaine au régiment de Duras-infanterie.
   Reçu chevalier de l'ordre de Saint-Louis depuis 1740.
   Tué à la bataille de Laufeldt le 2 juillet 1747.

De PANAY,
Capitaine de grenadiers au régiment de Navarre.
Reçu chevalier de l'ordre de Saint-Louis depuis 1740.
Mort le 28 novembre 1746, des blessures qu'il reçut à la bataille de Rocoux.

De MAGEINVILLE,
Capitaine de grenadiers au régiment de la Tour du Pin.
Reçu chevalier de l'ordre de Saint-Louis depuis 1740.
Tué à la bataille de Laufeldt.

De LA BOISSIÈRE,
Capitaine de grenadiers au régiment de Normandie.
Reçu chevalier de l'ordre de Saint-Louis depuis 1740.
Tué au siége de Berg-op-Zoom.

De BONY de LA VERGNE (*René, chevalier*),
Capitaine de grenadiers au régiment de Piémont.
Reçu chevalier de l'ordre de Saint-Louis depuis 1740.
Tué à la bataille de Berghen en 1759.

De CASTELLANE LA VALETTE,
Reçu chevalier de l'ordre de Saint-Louis depuis 1740.
Capitaine de vaisseaux du Roi en 1757.

De CASTELLANE SAINT-JEURS,
Reçu chevalier de l'ordre de Saint-Louis depuis 1740.
Capitaine de vaisseaux du Roi en 1757.

De LA GRANGE du CLUSEL (*le chevalier*),
Capitaine au régiment de Piémont.
Reçu chevalier de l'ordre de Saint-Louis depuis 1740.
Mort des blessures qu'il reçut à la bataille de Rosback en 1757.

De GRIGNOT des BUREAUX,
Capitaine au régiment de la Reine-infanterie.
Reçu chevalier de l'ordre de Saint-Louis depuis 1740.
Mort en 1756.

DES NOS (*Gilles-Marie, comte*), fils du chef d'escadre des armées navales ; reçu chevalier sous Louis XIV.
Capitaine de vaisseaux du Roi.
Reçu chevalier de l'ordre de Saint-Louis depuis 1740.
Mort à Brest le 27 avril 1754.

DE PUJOL D'ESTAMPS (*Jean*),
Capitaine de carabiniers.
Reçu chevalier de l'ordre de Saint-Louis depuis 1740.
Tué à la bataille de Fontenoy en 1745.

DE RAVEL (*Jean-Joseph*), chevalier D'ESCLAPON,
Mousquetaire de la première compagnie.
Reçu chevalier de l'ordre de Saint-Louis depuis 1740.
Capitaine au régiment de la Reine-dragons.
Lieutenant-colonel dudit régiment en 1748.

DE LONGUEAU (*Louis*), seigneur DE SAINT-MICHEL en Gatinais,
Gouverneur du fort Conestable de Péronne.
Reçu chevalier de l'ordre de Saint-Louis depuis 1740.
Mort le 1ᵉʳ janvier 1753.

DE VASSY (*Bruno-Emmanuel*), chevalier DE BRESSEY,
Reçu chevalier de l'ordre de Saint-Louis depuis 1740.
Mort en 1759.

D'ALBERT (*Charles-Philippe*), duc DE LUYNES,
Pair de France.
Chevalier des ordres du Roi.
Mestre-de-camp-général des dragons.
Reçu chevalier de l'ordre de Saint-Louis depuis 1740.
Mort le 2 novembre 1758.

D'ANNEVILLE (*Jean-Joseph*), chevalier DE CHIFFREVAST,
Capitaine de vaisseaux du Roi.
Reçu chevalier de l'ordre de Saint-Louis depuis 1740.
Périt sur mer en 1759.

GIGAULT (*Armand-Louis-François*), *marquis* DE BELLE-
FONDS,
Major du régiment de Rohan-cavalerie.
Reçu chevalier de l'ordre de Saint-Louis depuis 1740.
Colonel du régiment de Bellefonds en 1744.
Lieutenant-général des armées du Roi en 1780.

DE MARGUERIT (*Antoine, marquis*),
Reçu chevalier de l'ordre de Saint-Louis depuis 1740.
Colonel du régiment Royal-Lorraine en 1748.

D'AGAY DE MYON (*Philippe-Charles*),
Reçu chevalier de l'ordre de Saint-Louis depuis 1740.
Lieutenant-colonel du régiment de Blaisois en 1746.
Commandant et lieutenant-de-Roi au fort Griffon en
Franche-Comté.

D'AGAY (*le chevalier*), frère du précédent,
Capitaine au régiment de Guienne.
Reçu chevalier de l'ordre de Saint-Louis depuis 1740.
Major de Colmar en 1752.

DE GANNY (*le marquis*), *seigneur* DE BELLEFONDS,
Colonel en second du régiment de Forez.
Reçu chevalier de l'ordre de Saint-Louis depuis 1740.
Gouverneur d'Autun en 1752.

DE CREIL (*André-François*), *comte* DE CREIL,
Sous-lieutenant des grenadiers à cheval.
Reçu chevalier de l'ordre de Saint-Louis depuis 1740.
Mestre-de-camp lieutenant du régiment du Roi-dragons en
1744.
Mort à Spire le 9 octobre 1745.

CONSTANTIN DE MARANS (*Jules*),
Capitaine au régiment de Piémont.
Grand-prévôt de la maréchaussée de Touraine.
Reçu chevalier de l'ordre de Saint-Louis depuis 1740.
Tué à la bataille de Rosback en 1757.

PREVOST DE TRAVERSAY (*Abraham-Henri*),
Lieutenant de vaisseaux du Roi.
Aide-major de la marine.
Reçu chevalier de l'ordre de Saint-Louis depuis 1740.
Fit naufrage en 1757, sur les côtes de Bretagne, commaumandant la frégate le *David*.

DE VIRIEU (*Louis-François-René, comte*),
Colonel aux grenadiers de France.
Reçu chevalier de l'ordre de Saint-Louis depuis 1740.
Mort le 28 novembre 1757.

DE RICOUART (*Philippe-François*), comte D'HEROUVILLE,
Capitaine au régiment de Toulouse.
Reçu chevalier de l'ordre de Saint-Louis depuis 1740.
Mort le 11 septembre 1755.

ROCHETTE DE MALAUZAT,
Capitaine de grenadiers au régiment de Piémont.
Reçu chevalier de l'ordre de Saint-Louis depuis 1740.
Mort des blessures qu'il reçut à la bataille de Rosback en 1757.

DE ROQUELAURE (*Jean-Baptiste*),
Lieutenant au régiment de dragons de Thianges.
Reçu chevalier de l'ordre de Saint-Louis depuis 1740.
Mort à Schelestadt le 3 décembre 1753.

SIBON,
Reçu chevalier de l'ordre de Saint-Louis depuis 1740.
Capitaine de vaisseaux du Roi en 1746.

DE SOREL,
Reçu chevalier de l'ordre de Saint-Louis depuis 1740.
Capitaine de vaisseaux du Roi en 1748.

DE LA TAILLE (*Antoine-Hector*), seigneur DU BOULAY,
Capitaine au régiment de la Marine.
Reçu chevalier de l'ordre de Saint-Louis depuis 1740.
Mort le 1er mai 1754.

De TOULON de SAINTE-SALLE (*Jacques*),
Capitaine de cavalerie.
Reçu chevalier de l'ordre de Saint-Louis depuis 1740.
Mort le 11 février 1757.

De VANDES TURGOT,
Reçu chevalier de l'ordre de Saint-Louis depuis 1740.
Capitaine de vaisseaux du Roi en 1756.

De VANTELET,
Major, et depuis-lieutenant-colonel du régiment de Talley-rand-cavalerie.
Reçu chevalier de l'ordre de Saint-Louis depuis 1740.
Tué à la bataille de Minden en 1759.

De REMEON,
Maréchal-des-logis des chevau-légers de la garde.
Servait dans cette compagnie depuis 1739.
Reçu chevalier de l'ordre de Saint-Louis depuis 1740.

De VAUCONCOURT,
Major du régiment de Rouergue.
Reçu chevalier de l'ordre de Saint-Louis depuis 1740.
Tué à la bataille de Minden en 1759.

VAULTIER (*Georges-Jean-Gabriel*), comte de Moyencourt,
Capitaine au régiment de Touraine.
Reçu chevalier de l'ordre de Saint-Louis depuis 1740.
Tué à la bataille de Minden.

De VERNEUIL (*Jean-Baptiste*),
Reçu chevalier de l'ordre de Saint-Louis depuis 1740.
Capitaine d'une compagnie d'invalides en 1749.
Commandant au fort Saint-Vincent.

De VERNON,
Lieutenant colonel du régiment de Saint-Chamond.
Reçu chevalier de l'ordre de Saint-Louis depuis 1740.
Tué à la bataille de Rosback en 1757.

De VIDAL (*le chevalier*),
Capitaine au régiment de Picardie.
Reçu chevalier de l'ordre de Saint-Louis depuis 1740.
Tué à la bataille de Minden.

De la VIE,
Capitaine de grenadiers au régiment de Navarre.
Reçu chevalier de l'ordre de Saint-Louis depuis 1740.
Mort des blessures qu'il reçut à la bataille d'Hastembecke en 1757.

De VIENNE (*le marquis*),
Reçu chevalier de l'ordre de Saint-Louis depuis 1740.
Capitaine de vaisseaux du Roi en 1748.

De VIGNACOURT (*Charles-Antoine-François-Marie, marquis*),
Capitaine-lieutenant des gendarmes Dauphin.
Reçu chevalier de l'ordre de Saint-Louis depuis 1740.
Tué à la bataille de Minden.

DORIGNY (*Pierre-Adam*), seigneur de Dompmartin,
Reçu chevalier de l'ordre de Saint-Louis depuis 1740.
Capitaine de grenadiers au régiment de Champagne en 1744.
Mort le 13 juin 1774.

Du PERRIER de CLAVERYE (*Pierre*), seigneur de Bentujon,
Capitaine de grenadiers au régiment de Navarre.
Reçu chevalier de l'ordre de Saint-Louis depuis 1740.
Mort à Rennes en 1756.

De PIGNY,
Capitaine de grenadiers au régiment de Cambis.
Reçu chevalier de l'ordre de Saint-Louis depuis 1740.
Tué au siége du fort Saint-Philippe en 1756.

DE LA VILLEON,
 Reçu chevalier de l'ordre de Saint-Louis depuis 1740.
 Capitaine de vaisseaux du Roi en 1749.

DES PLACES DU LONG,
 Chef de bataillon au régiment de Piémont.
 Reçu chevalier de l'ordre de Saint-Louis depuis 1740.
 Tué à la bataille de Rosback en 1757.

DE PLAS,
 Reçu chevalier de l'ordre de Saint-Louis depuis 1740.
 Capitaine de vaisseaux du Roi en 1757.
 Chef d'escadre des armées navales.

DU PORTAL DE SAINT-ALBY,
 Capitaine de grenadiers au régiment de Bretagne.
 Reçu chevalier de l'ordre de Saint-Louis depuis 1740.
 Tué au siège du fort Saint-Philippe en 1756.

DE PROVIZY,
 Major du régiment colonel-général.
 Reçu chevalier de l'ordre de Saint-Louis depuis 1740.
 Mort des blessures qu'il reçut à la bataille de Minden.

LE PREVOST DE LA TOUCHE (*Mathurin-François*), chevalier DE LA TOUCHE,
 Lieutenant-colonel d'infanterie.
 Commandant les troupes du Roi aux Indes.
 Reçu chevalier de l'ordre de Saint-Louis depuis 1740.
 Mort le 21 octobre 1754.

DE COSTENTIN, dit *le chevalier* DE TOURVILLE,
 Reçu chevalier de l'ordre de Saint-Louis depuis 1740.
 Capitaine de vaisseaux du Roi en 1756.

DE RAMBURES,
 Reçu chevalier de l'ordre de Saint-Louis depuis 1740.
 Capitaine de vaisseaux du Roi en 1757.
 Major de la marine à Rochefort.

MACCARTY DE MACTEIGUE,
  Reçu chevalier de l'ordre de Saint-Louis depuis 1740.
  Capitaine de vaisseaux du Roi en 1757.
  Major-général de la marine à Rochefort.

D'ESPARBÈS DE LUSSAN (*Jean-Baptiste-Charles-Hubert, marquis*),
  Capitaine au régiment du Roi.
  Reçu chevalier de l'ordre de Saint-Louis depuis 1740.
  Colonel-lieutenant du régiment Royal-Vaisseaux en 1745.
  Mort des blessures qu'il reçut au siège de Bruxelles en 1746.

DE GOURNAY-DUC (*Charles-Marie*), seigneur DE PORT-SUR-SEILLE,
  Capitaine au régiment de la Tour-cavalerie (depuis Chabrillan),
  Chambellan du Roi Stanislas.
  Reçu chevalier de l'ordre de Saint-Louis depuis 1740.
  Mort en 1752.

THIERIET (*Jean-Joseph*),
  Lieutenant-colonel du régiment de Provence.
  Gouverneur de Saint-Paul en Artois.
  Reçu chevalier de l'ordre de Saint-Louis depuis 1740.
  Tué à la bataille de Plaisance le 16 juin 1746.

DE VALDERIE (*François-Alphonse*), marquis DE LESCURE,
  Reçu chevalier de l'ordre de Saint-Louis depuis 1740.
  Mestre-de-camp-lieutenant du régiment Dauphin-dragons en 1745.
  Menin de M. le Dauphin.
  Tué à la bataille de Plaisance en 1746.

PARCHAPPE (*Jean-Antoine-Pierre*),
  Mousquetaire de la garde du Roi.
  Reçu chevalier de l'ordre de Saint-Louis depuis 1740.
  Mort des blessures qu'il reçut à la bataille de Fontenoy en 1745.

DE GALLIFFET (*François*), *seigneur* DE CAFFIN,
  Gouverneur de la colonie des Trois-Rivières.
  Lieutenant-de-Roi de Montréal en Canada.
  Reçu chevalier de l'ordre de Saint-Louis depuis 1740.
  Mort à Avignon en 1746.

DE GALLIFFET (*Charles-François*), *seigneur* DE CAFFIN,
    fils du précédent,
  Capitaine aux Gardes-Françaises.
  Reçu chevalier de l'ordre de Saint-Louis depuis 1740.
  Mort le 12 décembre 1748.

DE RAYMOND (*Jean-Anne*), *seigneur* DE SAINT-AMANS,
  Lieutenant-colonel du régiment de la Reine-dragons.
  Reçu chevalier de l'ordre de Saint-Louis depuis 1740.
  Mort à Grasse, des blessures qu'il avait reçues en Italie en 1746.

BUFFOT (*Georges*),
  Commissaire provincial d'artillerie, avec rang de lieutenant-colonel.
  Reçu chevalier de l'ordre de Saint-Louis depuis 1740.
  Tué à la bataille de Plaisance en 1746.

DE BAUDEAN (*Louis-Henri*), *chevalier* DE PARABÈRE.
  Lieutenant de vaisseaux du Roi.
  Reçu chevalier de l'ordre de Saint-Louis depuis 1840.
  Major-général de l'escadre du duc d'Enville.
  Mort le 28 septembre 1746.

DE BELLOY,
  Capitaine de grenadiers au régiment de Navarre.
  Reçu chevalier de l'ordre de Saint-Louis depuis 1740.
  Mort des blessures qu'il reçut à la bataille de Rocoux en 1746.

DE MARSEUIL D'ERON,
  Capitaine au régiment Royal-infanterie.
  Reçu chevalier de l'ordre de Saint-Louis depuis 1740.
  Mort des blessures qu'il reçut à la bataille de Rocoux.

D'ANGLARS (*Charles-Gabriel*),
>Capitaine-aide-major au régiment de Chabot, et depuis au régiment de Royal-étranger-cavalerie.
>Reçu chevalier de l'ordre de Saint-Louis depuis 1740.
>Obtint sa retraite en 1757.
>Mort à son château de Craincourt sur la Seille le 27 janvier 1804, âgé de quatre-vingts ans.

RÉGNAULDOT (*Joseph*),
>Commissaire ordinaire d'artillerie, mars 1732.
>Commissaire provincial, mars 1734.
>Reçu chevalier de l'ordre de Saint-Louis depuis 1740.
>Lieutenant d'artillerie en 1746.
>Brigadier des armées du Roi en 1748.

DE BERGH (*Charles, baron*),
>Reçu chevalier de l'ordre de Saint-Louis depuis 1740.
>Colonel d'un régiment d'infanterie allemande de son nom en 1744.
>Brigadier des armées du Roi, mai 1748.

DE CLERMONT-TONNERRE (*Philippe-Ainard, comte*),
>Lieutenant-colonel du régiment d'Anjou-infanterie.
>Reçu chevalier de l'ordre de Saint-Louis depuis 1740.
>Mort au château de Cambrai en Normandie le 19 août 1751.

DE CHEFDEBIEN DE DARMISSAN,
>Capitaine de grenadiers au régiment de Piémont.
>Reçu chevalier de l'ordre de Saint-Louis depuis 1740.
>Mort des blessures qu'il reçut à la bataille de Rosback en 1757.

D'ORGIN DE MIRAVAL (*Félix*),
>Capitaine au régiment d'Enghien.
>Reçu chevalier de l'ordre de Saint-Louis depuis 1740.
>Tué en 1744, à l'attaque du village des Picards près Weissembourg.

DE KLINGENBERG,
   Officier-général des troupes saxonnes.
   Reçu chevalier de l'ordre de Saint-Louis depuis 1740.
   Obtint, le 10 février 1759, un brevet pour tenir rang de maréchal-de-camp dans les troupes de France.
   Il retourna en Saxe après la paix.

DE GODERNEAUX (*Jean*),
   Lieutenant-colonel du régiment d'Orléans-dragons, avec rang de colonel.
   Gouverneur de Mouzon.
   Reçu chevalier de l'ordre de Saint-Louis depuis 1740.
   Mort le 13 janvier 1751.

DE BLOTTEFIÈRE (*François*), *seigneur* DE VOYENNE,
   Capitaine de grenadiers au régiment de Miroménil.
   Reçu chevalier de l'ordre de Saint-Louis depuis 1740.
   Mort subitement à Compiègne le 25 mars 1745.

DE BARBERAY (*Antoine*),
   Lieutenant-colonel du régiment de Navarre.
   Lieutenant-de-Roi à Saint-Omer.
   Reçu chevalier de l'ordre de Saint-Louis depuis 1740.
   Mort à Saint-Omer au mois d'avril 1745.

DOÉ (*François*),
   Capitaine de grenadiers au régiment de Guienne.
   Reçu chevalier de l'ordre de Saint-Louis depuis 1740.
   Tué à l'affaire de l'assiette en 1747.

GUÉROULT DE ZERBOIS, fils du sieur de Boisroger, reçu avant 1709,
   Capitaine de grenadiers au régiment de Châtillon.
   Reçu chevalier de l'ordre de Saint-Louis depuis 1740.
   Tué au siège d'Hulst en 1747.

D'AZEMAR (*Roger*), *coseigneur* DE SOUBÈS,
   Lieutenant au régiment de Champagne.

Lieutenant de la maréchaussée à Tournon en Vivarais.
Reçu chevalier de l'ordre de Saint-Louis depuis 1740.
Major d'Aigues-Mortes en 1748.
Mort le 3 septembre 1751.

DE FOURNAS DE LA BROSSE (*Claude*), *baron* DE FABRE-
ZAN,
Chevalier de Saint-Lazare.
Capitaine au régiment Royal-la-Marine.
Reçu chevalier de l'ordre de Saint-Louis depuis 1740.
Mort en 1751.

DE CORNIER (*Etienne*),
Major du régiment de Blaisois.
Lieutenant-colonel du même régiment.
Reçu chevalier de l'ordre de Saint-Louis depuis 1740.
Mort en 1747.

GLUTZ (*Jean-François-Baptiste*),
Capitaine au régiment de la Cour-au-Chantre-suisse.
Reçu chevalier de l'ordre de Saint-Louis depuis 1740.
Mort à Bruxelles en 1747, de la suite de ses blessures.

DE MAILLIARDOR (*Jean-François*),
Lieutenant-colonel commandant le régiment de Monnin-
suisse.
Reçu chevalier de l'ordre de Saint-Louis depuis 1740.
Tué au siége de Berg-op-Zoom en 1747.

DE VALLON DU BOUCHERON D'AMBRUGEAC (*Fran-
çois*),
Capitaine au régiment Royal-des-Vaisseaux.
Reçu chevalier de l'ordre de Saint-Louis depuis 1740.
Mort de la suite des blessures qu'il avait reçues à la ba-
taille de Laufeldt.

DE BERNARD DE MONTESSUS, *baron* DE BELLEVÊVRE,
Capitaine au régiment d'Esclainvilliers.

Reçu chevalier de l'ordre de Saint-Louis depuis 1740.
Mort en 1748.

CHAPT (*Armand-Hyppolite-Gabriel*), marquis DE RASTI-
GNAC,
Capitaine au régiment mestre-de-camp-général-cavalerie.
Reçu chevalier de l'ordre de Saint-Louis depuis 1740.
Mort le 18 août 1748.

DE ROSSET DE ROCOZEL DE SEILLES (*Jean-Hercule*),
marquis DE PERIGNAN,
Chevalier des ordres du Roi en 1736.
Reçu chevalier de l'ordre de Saint-Louis depuis 1740.
Mort le 31 décembre 1748.

DU RAGET (*Jacques-François*), *seigneur* DU CHAMPBONIN,
Lieutenant au régiment de Banffremont.
Capitaine d'infanterie au bataillon de Saint-Dizier.
Reçu chevalier de l'ordre de Saint-Louis depuis 1740.
Mort en 1748.

DE SAISSEVAL (*Claude-François*), *seigneur* DE FEUQUIÈRES,
Major du régiment d'Ormoy.
Lieutenant-de-Roi et commandant à Ardres.
Reçu chevalier de l'ordre de Saint-Louis depuis 1740.
Mort à Ardres en 1748.

SINSON (*François*),
Garde du-corps du Roi.
Capitaine dans les troupes coloniales.
Major de Marie-Galande.
Reçu chevalier de l'ordre de Saint-Louis depuis 1740.
Mort en 1750.

DE L'ETENDUERE (*marquis*),
Chef d'escadre de la marine à Rochefort.
Reçu chevalier de l'ordre de Saint-Louis depuis 1740, et
depuis commandeur.
Mort au mois de mars 1750.

DE LA MARRE,
    Major du régiment de Barrois et de celui de Conti.
    Reçu chevalier de l'ordre de Saint-Louis depuis 1740.
    Commandant à Niort.
    Mort en 1749.

DE FOYAL (*Nicolas*), *seigneur* D'ALLONNES,
    Ancien commissaire d'artillerie.
    Capitaine de grenadiers royaux.
    Reçu chevalier de l'ordre de Saint-Louis depuis 1740.
    Tué au siége de Berg-op-Zoom.

DE CHOISEUL BEAUPRÉ (*Marie-Gabriel-Florent-Christophe, comte*),
    Reçu chevalier de l'ordre de Saint-Louis depuis 1740.
    Colonel du régiment de Boulonais en 1748, et de celui de Navarre en 1751.
    Lieutenant-de-Roi des provinces de Champagne et de Brie.
    Mort à Strasbourg le 6 septembre 1753.

ACHART DE JOUMARE (*Pierre-François*), *marquis* D'ARGENCE,
    Servit d'abord dans les mousquetaires.
    Capitaine dans le régiment de dragons de Condé en 1726.
    Mestre-de-camp-lieutenant du même régiment, avril 1738.
    Capitaine dans le régiment de dragons de Vibraye, en conservant son rang de mestre-de-camp, février 1740.
    Reçu chevalier de l'ordre de Saint-Louis depuis 1740.
    Brigadier des armées du Roi, mai 1745.
    Maréchal-de-camp, mai 1748.
    Mort le 16 mai 1760.

DE MAHÉ (*François*), *seigneur* DE LA BOURDONNAIS,
    Capitaine de vaisseaux du Roi.
    Gouverneur des îles de France et de Bourbon.
    Reçu chevalier de l'ordre de Saint-Louis depuis 1740.
    Mort à Paris en 1754.

LE MAIGRE DE LAULANHIER,
  Maréchal-des-logis des chevau-légers de Bourgogne.
  Reçu chevalier de l'ordre de Saint-Louis depuis 1740.
  Tué au service le 1er août 1759.

DE MANDELOT DE LAUCÉ,
  Reçu chevalier de l'ordre de Saint-Louis depuis 1740.
  Capitaine de vaisseaux du Roi en 1756.

DE MARCHAINVILLE,
  Reçu chevalier de l'ordre de Saint-Louis depuis 1740.
  Capitaine de vaisseaux du Roi en 1757.

MASERANY (*Joseph*), *seigneur* D'HERMÉ,
  Lieutenant et aide-major des Gardes-Françaises.
  Reçu chevalier de l'ordre de Saint-Louis depuis 1740.
  Mort le 15 décembre 1754.

DE MAUSSABRÉ (*Charles*), *seigneur* DE CHAMBERLIN,
  Maréchal-des-logis de la deuxième compagnie des Mousquetaires, avec rang de mestre-de-camp de cavalerie.
  Reçu chevalier de l'ordre de Saint-Louis depuis 1740.
  Mort en 1755.

DE MONCHY (*André-Théodose*),
  Capitaine de carabiniers.
  Reçu chevalier de l'ordre de Saint-Louis depuis 1740.
  Mort en 1756.

DE MONTJOUVENT,
  Lieutenant-colonel du régiment de Lameth.
  Reçu chevalier de l'ordre de Saint-Louis depuis 1740.
  Mort des blessures qu'il reçut à la bataille de Rosback en 1757.

DE MONTS (*Joseph-Raymond*),
  Capitaine de grenadiers au régiment de Poitou.
  Reçu chevalier de l'ordre de Saint-Louis depuis 1740.
  Mort des blessures qu'il reçut à la bataille de Rosback.

DE FOLIGNY,
   Reçu chevalier de l'ordre de Saint-Louis depuis 1740.
   Capitaine de vaisseaux du Roi en 1756.

DE GASCOING,
   Lieutenant-colonel du régiment de Picardie.
   Reçu chevalier de l'ordre de Saint-Louis depuis 1740.
   Tué à la bataille d'Hastembecke en 1757.

DE GEOFFROY DU ROURET (*César*),
   Capitaine de vaisseaux du Roi.
   Reçu chevalier de l'ordre de Saint-Louis depuis 1740.
   Mort à Toulon en 1753.

DE GRIMALDI (*Charles, comte*),
   Chevalier de Malte.
   Reçu chevalier de l'ordre de Saint-Louis depuis 1740.
   Capitaine de vaisseaux du Roi en 1754.
   Mort chef d'escadre des armées navales.

D'HARCOURT (*Guillaume, marquis*),
   Capitaine de vaisseaux du Roi.
   Reçu chevalier de l'ordre de Saint-Louis depuis 1740.
   Mort à Valognes le 28 février 1745.

HÉRON,
   Lieutenant de vaisseaux du Roi.
   Reçu chevalier de l'ordre de Saint-Louis depuis 1740.
   Tué sur l'*Aquilon*, dans un combat près l'île d'Oléron,
      au mois de mai 1756.

DE JOANNIS (*André*),
   Capitaine au régiment de Normandie.
   Commandant à Mantoue.
   Reçu chevalier de l'ordre de Saint-Louis depuis 1740.
   Mort à Aix le 17 septembre 1754.

DE COUTANCES LA SELLE (*le chevalier*),
   Reçu chevalier de l'ordre de Saint-Louis depuis 1740.
   Capitaine de vaisseaux du Roi en 1756.

De LONJON (*Etienne*),
  Capitaine au régiment de Languedoc-infanterie.
  Commandant au château de Bregançon près les îles d'Hières.
  Reçu chevalier de l'ordre de Saint-Louis depuis 1740.
  Mort capitaine d'invalides à Aigues-Mortes en 1757.

De LOUCELLES (*Georges-Jacques*),
  Officier au régiment de Berri-infanterie.
  Reçu chevalier de l'ordre de Saint-Louis depuis 1740.
  Mort en 1756, aux Invalides, après plus de cinquante ans de service.

De CARBONNIÈRES (*Jean-Maximin*), seigneur DE MAYAC,
  Capitaine au régiment de Guienne.
  Reçu chevalier de l'ordre de Saint-Louis depuis 1740.
  Mort à Sarlat au mois de novembre 1753.

De CARNÉ MARCEIN (*le comte*),
  Reçu chevalier de l'ordre de Saint-Louis depuis 1740.
  Capitaine de vaisseaux du Roi en 1756.
  Commandant la compagnie des gardes de la marine à Toulon.

De CASTELLANE LA VALETTE,
  Reçu chevalier de l'ordre de Saint-Louis depuis 1740.
  Capitaine de vaisseaux du Roi en 1756.

CLAVEAU,
  Lieutenant de port.
  Reçu chevalier de l'ordre de Saint-Louis depuis 1740.
  Commandant le *Sceptre* de 74 canons en 1757.

De COURCY (*Jacques-François*), seigneur D'HERVILLE,
  Lieutenant au régiment de Blaisois.
  Garde-du-corps du Roi.
  Officier d'invalides.
  Reçu chevalier de l'ordre de Saint-Louis depuis 1740.
  Mort en 1755, après avoir servi cinquante-deux ans.

De CHIEVRES,
Reçu chevalier de l'ordre de Saint-Louis depuis 1740.
Capitaine de vaisseaux du Roi en 1757.

COURTIN (*Jacques*), *seigneur* du Saussoy et de l'Affemas,
Ecuyer de la petite écurie du Roi.
Lieutenant-colonel du régiment du Maine.
Reçu chevalier de l'ordre de Saint-Louis depuis 1740.
Mort le 8 août 1754.

De CUGNAC d'AMPIERRE (*Anne-Gabriel, marquis*),
Lieutenant aux Gardes-Françaises.
Reçu chevalier de l'ordre de Saint-Louis depuis 1740.
Mort le 28 novembre 1755.

De DORTANS (*Claude-Marie-Joseph, vicomte*),
Capitaine de grenadiers au régiment d'Eu.
Reçu chevalier de l'ordre de Saint-Louis depuis 1740.
Tué à la bataille d'Hastembecke en 1757.

De FERMONT,
Chef de bataillon au régiment de Piémont.
Reçu chevalier de l'ordre de Saint-Louis depuis 1740.
Mort à Mersbourg le 12 novembre 1757, des blessures qu'il avait reçues à la bataille de Rosback.

De BARDONENCHE (*André*),
Chef de bataillon au régiment de la Couronne.
Reçu chevalier de l'ordre de Saint-Louis depuis 1740.
Mort en 1755.

D'ABLANCOURT,
Capitaine de grenadiers au régiment de Navarre.
Reçu chevalier de l'ordre de Saint-Louis depuis 1740.
Tué à la bataille d'Hastembecke le 26 juillet 1757.

BATAILLE de MANDELOT (*Henri-Charles*),
Reçu chevalier de l'ordre de Saint-Louis depuis 1740.
Capitaine de vaisseaux du Roi en 1756.
Mort le 11 avril 1762.

DE BARJOT DE LA COMBE (*Etienne*),
   Capitaine au régiment de Piémont.
   Reçu chevalier de l'ordre de Saint-Louis depuis 1740.
   Mort à Mersbourg en 1757, des blessures qu'il avait reçues à la bataille de Rosback.

DE BEAUMONT (*Antoine*), *marquis* D'AUTICHAMP,
   Capitaine au régiment mestre-de-camp-cavalerie.
   Lieutenant-de-Roi d'Anjou.
   Reçu chevalier de l'ordre de Saint-Louis depuis 1740.
   Commandant à Angers.
   Mort en 1753.

DE BEAUPRÉAU,
   Commandant au fort du Quêne en Canada.
   Reçu chevalier de l'ordre de Saint-Louis depuis 1740.
   Tué dans un combat donné le 9 juillet 1755.

DE BOISJOLLAN,
   Reçu chevalier de l'ordre de Saint-Louis depuis 1740.
   Capitaine de vaisseaux du Roi en 1758.

DE CALOUIN (*Bernard*), *seigneur* DE TREVILLE,
   Reçu chevalier de l'ordre de Saint-Louis depuis 1740.
   Capitaine au régiment de Navarre en 1757.

DU CAMP,
   Capitaine de grenadiers au régiment de la marine.
   Reçu chevalier de l'ordre de Saint-Louis depuis 1740.
   Tué à la bataille d'Hastembecke.

DE CAMPET DE SAUJON (*le marquis*),
   Reçu chevalier de l'ordre de Saint-Louis depuis 1740.
   Colonel-lieutenant du régiment d'Orléans-infanterie en 1747.

LE CARLIER (*Louis-Salomon*), *chevalier* D'HERLIES,
   Reçu chevalier de l'ordre de Saint-Louis depuis 1740.
   Capitaine de vaisseaux du Roi en 1757.
   Depuis chef d'escadre des armées navales.

De FONTENAY,
  Reçu chevalier de l'ordre de Saint-Louis depuis 1740.
  Capitaine de vaisseaux du Roi en 1754.

De DURFORT (*Louis-Charles, vicomte*),
  Chef de brigade des carabiniers.
  Reçu chevalier de l'ordre de Saint-Louis depuis 1740.
  Tué à la bataille de Minden en 1759.

De GALEAN (*Joseph-Gaspard*),
  Reçu chevalier de l'ordre de Saint-Louis depuis 1740.
  Capitaine de vaisseaux du Roi en 1751.

De GERMAY de CIREFONTAINE,
  Capitaine d'artillerie.
  Reçu chevalier de l'ordre de Saint-Louis depuis 1740.
  Tué à la bataille de Minden.

De GOUVELLO,
  Reçu chevalier de l'ordre de Saint-Louis depuis 1740.
  Capitaine de vaisseaux du Roi en 1756.

De GUIDY,
  Reçu chevalier de l'ordre de Saint-Louis depuis 1740.
  Capitaine de vaisseaux du Roi en 1754.
  Commandant la marine au Port-Louis.

HEBRAIL de CANAST (*Jean-François*),
  Capitaine au régiment de Vermandois.
  Reçu chevalier de l'ordre de Saint-Louis depuis 1740.
  Mort à Mahon le 25 avril 1759, des blessures qu'il avait reçues au siége du fort Saint-Philippe.

D'HELFFEMBERG (*François-Emmanuel-Jean-Népomucène, comte*),
  Reçu chevalier de l'ordre de Saint-Louis depuis 1740.
  Colonel du régiment de Royal-Bavière en 1747.
  Tué le 16° juillet 1760, à l'affaire d'Emsdorff.

D'HELMSTADT (*le comte*),
  Reçu chevalier de l'ordre de Saint-Louis depuis 1740.
  Mestre-de-camp-lieutenant du régiment de Bretagne-cavalerie en 1748 et de celui de Bourgogne en 1752.

D'ALZATTE (*Henri*), *vicomte* D'URTUBIE,
  Reçu chevalier de l'ordre de Saint-Louis depuis 1740.
  Capitaine de vaisseaux du Roi en 1748.
  Commandant la marine à Bayonne.

DE **BARGETON**,
  Major des grenadiers de France.
  Reçu chevalier de l'ordre de Saint-Louis depuis 1740.
  Tué à la bataille de Minden.

BARTH,
  Reçu chevalier de l'ordre de Saint-Louis depuis 1740.
  Capitaine de vaisseaux du Roi en 1748.
  Gouverneur de Saint-Domingue.

DE **BEAULIEU TIVAS**,
  Reçu chevalier de l'ordre de Saint-Louis depuis 1740.
  Capitaine de vaisseaux du Roi en 1754.

DE **BEAUSSIER** (*François*), *seigneur* DE CHAULANE,
  Reçu chevalier de l'ordre de Saint-Louis depuis 1740.
  Capitaine de vaisseaux en 1754.

DE **BEAUSSIER** DE L'ISLE,
  Reçu chevalier de l'ordre de Saint-Louis depuis 1740.
  Capitaine de vaisseaux du Roi en 1749.

BOISGELIN DE **KERSA**,
  Reçu chevalier de l'ordre de Saint-Louis depuis 1740.
  Capitaine de vaisseaux du Roi en 1754.

DE LA **BORDE NOGUÉS**,
  Reçu chevalier de l'ordre de Saint-Louis depuis 1740.
  Capitaine de vaisseaux du Roi en 1754.

De CABANOUS,
  Reçu chevalier de l'ordre de Saint-Louis depuis 1740.
  Capitaine de vaisseaux du Roi en 1751.

De CARBONNEL, comte de Canisy d'Hervilly,
  Capitaine au régiment du Roi-infanterie.
  Reçu chevalier de l'ordre de Saint-Louis depuis 1740.
  Mestre-de-camp du régiment Dauphin-dragons en 1748.
  Lieutenant-de-Roi de Ham.

De CASTILLON (François),
  Reçu chevalier de l'ordre de Saint-Louis depuis 1740.
  Capitaine de vaisseaux du Roi en 1751.

De CHARRY, marquis des Gouttes,
  Reçu chevalier de l'ordre de Saint-Louis depuis 1740.
  Capitaine de vaisseaux du Roi en 1746.

De CHARRY, chevalier des Gouttes,
  Reçu chevalier de l'ordre de Saint-Louis depuis 1740.
  Capitaine de vaisseaux du Roi en 1757.
  Chef d'escadre des armées navales.

De CHAUMONT de LUSSAC,
  Reçu chevalier de l'ordre de Saint-Louis depuis 1740.
  Capitaine de vaisseaux du Roi en 1749.

CHEVALIER,
  Reçu chevalier de l'ordre de Saint-Louis depuis 1740.
  Major de la Bastille en 1749.

De CHEZAC,
  Reçu chevalier de l'ordre de Saint-Louis depuis 1740.
  Capitaine de vaisseaux du Roi en 1751.
  Commandant la compagnie des gardes de la marine à Brest.

Le COMTE (Antoine),
  Capitaine au régiment de Piémont.
  Reçu chevalier de l'ordre de Saint-Louis depuis 1740.
  Tué en 1759, à la bataille de Berghen.

De CORBEAU (*Pierre-Aimé*),
   Lieutenant-colonel du régiment de Monaco.
   Reçu chevalier de l'ordre de Saint-Louis depuis 1740.
   Mort en 1759.

De CRESPIN,
   Capitaine-aide-major au régiment de Chepy-cavalerie.
   Reçu chevalier de l'ordre de Saint-Louis depuis 1740.
   Lieutenant-de-Roi de Longwy en juillet 1752.

De BLOTTEFIERE,
   Capitaine au régiment de Royal-Cravates-cavalerie.
   Reçu chevalier de l'ordre de Saint-Louis depuis 1740.
   Mort en 1746.

De BLOTTEFIÈRE (*François-Joseph*), *seigneur* de la Vieuville et de Voyenne,
   Reçu chevalier de l'ordre de Saint-Louis depuis 1740.
   Capitaine de vaisseaux du Roi en 1759.

JOFFROY,
   Capitaine au régiment de Royal-Vaisseaux.
   Reçu chevalier de l'ordre de Saint-Louis depuis 1740.
   Tué à la bataille de Laufeldt.

De LOMENIE, *comte* de Brienne,
   Colonel du régiment d'Artois.
   Reçu chevalier de l'ordre de Saint-Louis depuis 1740.
   Tué en 1747, à l'attaque des retranchemens d'Exiles.

De la THUILLERIE,
   Capitaine au régiment de Royal-Vaisseaux.
   Reçu chevalier de l'ordre de Saint-Louis depuis 1740.
   Tué à la bataille de Laufeldt.

De FOUCAUD (*Philibert, marquis*), *baron* d'Auberoche,
   Reçu chevalier de l'ordre de Saint-Louis depuis 1740.
   Capitaine de vaisseaux du Roi en 1757.

BORY,
> Reçu chevalier de l'ordre de Saint-Louis depuis 1740.
> Capitaine de vaisseaux du Roi en 1757.
> Chef d'escadre des armées navales.

De FAUCHER,
> Reçu chevalier de l'ordre de Saint-Louis depuis 1740.
> Capitaine de vaisseaux du Roi en 1757.
> Lieutenant-général des armées navales.

HERPIN,
> Reçu chevalier de l'ordre de Saint-Louis depuis 1740.
> Capitaine de vaisseaux du Roi en 1757.

De RICCÉ (*Marc-Hilaire*), chevalier DE L'OISE,
> Major du régiment de Nice.
> Commandant à Sarguemine.
> Reçu chevalier de l'ordre de Saint-Louis depuis 1740.
> Mort en 1747.

De FRONSAC,
> Capitaine de grenadiers au régiment de Normandie.
> Reçu chevalier de l'ordre de Saint-Louis depuis 1740.
> Tué en 1747, au siége de Berg-op-Zoom.

De MONTGRAND (*Gabriel-André*),
> Major du régiment de Saintonge.
> Reçu chevalier de l'ordre de Saint-Louis depuis 1740.
> Tué en 1747, à l'affaire de l'assiette.

De LA FAYE (*le marquis*),
> Colonel du régiment Royal-Comtois.
> Reçu chevalier de l'ordre de Saint-Louis depuis 1740.
> Tué dans la guerre d'Italie en 1747.

De GRILLE (*Antoine*),
> Major-général de l'armée du chevalier de Belleisle.
> Reçu chevalier de l'ordre de Saint-Louis depuis 1740.
> Tué à l'affaire de l'assiette.

De LORDAT (*Louis*), *seigneur* de Gensac,
   Reçu chevalier de l'ordre de Saint-Louis depuis 1740.
   Major du régiment de Languedoc-dragons en 1744.
   Mort à Paris en 1751, des suites de ses blessures.

MOREL (*Adrien*), *seigneur* de Courcy,
   Gouverneur de Valogues.
   Reçu chevalier de l'ordre de Saint-Louis depuis 1740.
   Mort en 1751.

De la FONS (*Charles*), *seigneur* de la Plesnoye,
   Lieutenant-colonel du régiment de Coudé.
   Reçu chevalier de l'ordre de Saint-Louis depuis 1740.
   Mort le 21 octobre 1750.

De la CONTÉ PIGACHE,
   Reçu chevalier de l'ordre de Saint-Louis depuis 1740.
   Capitaine de vaisseaux du Roi en 1757.

D'ALDART (*Joseph*), *seigneur* de Chatres,
   Chevalier baronnet d'Angleterre.
   Aide-major et lieutenant aux Gardes-Françaises.
   Reçu chevalier de l'ordre de Saint-Louis depuis 1740.
   Mort le 18 décembre 1750.

De la MOTTE (*Henri*), *seigneur* de Lepinois, second frère du seigneur de Villers, lieutenant-colonel d'artillerie, reçu le 22 mai 1722,
   Reçu chevalier de l'ordre de Saint-Louis le 16 février 1741.
   Commissaire provincial d'artillerie en 1743.

HOCART (*Louis, chevalier*),
   Lieutenant de carabiniers.
   Reçu chevalier de l'ordre de Saint-Louis le 28 février 1741.

De LORDAT de CASTAGNAC (*Alexandre*), frère du seigneur de Gensac, major du régiment de Languedoc-dragons; reçu depuis 1740,
   Mousquetaire du Roi de la première compagnie.

Capitaine au régiment de Lorraine en 1734.
Reçu chevalier de l'ordre de Saint-Louis le 23 avril 1741.
Quitta le service en 1757.

RAMEY (*Jean-Baptiste*), seigneur DE GRENIEUX,
Capitaine au régiment mestre-de-camp-général-dragons.
Aide-major au même régiment.
Reçu chevalier de l'ordre de Saint-Louis le 15 septembre 1741.

LE GRAND DE LA PILTIÈRE (*Mathieu*),
Capitaine au régiment de Beaujolois.
Reçu chevalier de l'ordre de Saint-Louis le 22 septembre 1741.

DE FITZ-JAMES (*Charles, duc*), né le 4 novembre 1712, (Connu d'abord sous le nom de comte de Fitz-James).
Gouverneur et lieutenant-général du Limosin, sur la démission du comte Henri de Fitz-James, son frère, en décembre 1729.
Mousquetaire en 1730.
Capitaine au régiment de cavalerie de Montrève, mars 1732.
Colonel d'un régiment de cavalerie irlandaise de son nom, mars 1733.
Duc de Fitz-James, pair de France, sur la démission de son frère aîné, en juillet 1736. (Il en prit le nom).
Brigadier des armées du Roi, janvier 1740.
Reçu chevalier de l'ordre de Saint-Louis en 1741.
Maréchal-de-camp, mai 1744.
Lieutenant-général des armées du Roi, mai 1748.
Reçu au parlement, en sa qualité de pair de France, le 17 mars 1755.
Nommé chevalier des ordres du Roi le 1er janvier 1756; reçu le 2 février.
Colonel du régiment d'infanterie de Berwick, à la mort de son frère, au mois de mai 1758.

Il se démit de ce régiment en faveur de son fils en février 1759.

Commandant dans la province de Languedoc et sur les côtes de la Méditerranée, en septembre 1761.

Depuis gouverneur du Limosin, commandant en Guienne, Navarre, Béarn et Bretagne, et maréchal de France.

Mort au mois de mars 1787.

De MONTAGNAC (*Pierre-Joseph*), *seigneur* de la Moncelle, fils de celui reçu en 1695, pour s'être distingué à la défense de Namur,

Reçu chevalier de l'ordre de Saint-Louis en 1741.

Colonel-général des milices de la souveraineté de Sedan en 1743.

Lieutenant-colonel du régiment de Rouergue en 1745.

Lieutenant-de-Roi de Longwy en 1748.

De KEREMAR (*Louis-Jean*), *seigneur* de Boischateau,

Reçu chevalier de l'ordre de Saint-Louis à la levée du siége de Lorient en 1741.

Capitaine de vaisseaux du Roi en 1756.

Brigadier de ses armées navales.

De SALIS de ZIZERS (*Jean-Henri-Antoine, baron*),

Cadet au régiment des Gardes-Suisses en 1726.

Enseigne dans la compagnie de son frère, janvier 1727.

Sous-lieutenant en juillet suivant.

Capitaine à la mort de son frère, octobre 1729.

Reçu chevalier de l'ordre de Saint-Louis en 1741.

Brigadier des armées du Roi, février 1743.

Maréchal-de-camp, avril 1746.

Mort en 1770.

Des BROSSES (*Joseph-Nicolas*), *baron* de Goulet,

Lieutenant-colonel du régiment de Chartres-cavalerie.

Reçu chevalier de l'ordre de Saint-Louis en 1741.

Maréchal-de-camp en 1768.

Commandeur de l'ordre de Saint-Louis le 28 octobre 1777.

KARRER (*Louis-Ignace, chevalier*),
    Colonel du régiment de Karrer.
    Reçu chevalier de l'ordre de Saint-Louis le 4 février 1742.
    Mort en 1752.

DE BESENVAL (*Pierre-Victor-Joseph, baron*),
    Cadet dans la compagnie générale des Suisses en 1731.
    Enseigne surnuméraire, janvier 1733.
    Capitaine aux Gardes-Suisses et dans le régiment de Bettins, à la mort de son père, en mars 1736.
    Enseigne dans sa compagnie en novembre suivant; ne fut reçu capitaine qu'en avril 1738.
    Reçu chevalier de l'ordre de Saint-Louis le 26 mars 1742.
    Brigadier d'infanterie en mars 1747.
    Maréchal-de-camp, mai 1758.
    Inspecteur-général des Suisses et Grisons en mars 1762.
    Lieutenant-général des armées du Roi en juillet suivant.
    Commandeur de l'ordre de Saint-Louis le 12 avril 1765.
    Grand'croix de l'ordre de Saint-Louis le 1er janvier 1766.
    Commandant en chef à Paris et dans les provinces de Champagne, de Brie, de Bourbonnais, de Berri, de Touraine et d'Orléanais en 1783.

PENE DE SAINT-LOUIS (*Jean-Ubalde*),
    Capitaine au régiment de Normandie.
    Ingénieur en chef à Embrun, à Peccais et à Aigues-Mortes.
    Reçu chevalier de l'ordre de Saint-Louis en 1742.

DE GUISCARD (*Raymond*), SEIGNEUR DE BAR,
    Capitaine au régiment de Royal-artillerie.
    Reçu chevalier de l'ordre de Saint-Louis en 1742.

DE BEAUVAU (*Charles-Just, prince*), né le 10 novembre 1720,
    Créé prince de l'empire, conjointement avec son père, par diplome impérial du 13 novembre 1722.
    Lieutenant-réformé au régiment de cavalerie de la Reine en décembre 1738.

Colonel du régiment des Gardes-Lorraines à sa formation, en mai 1740.

Volontaire à l'armée de Bohême, août 1741.

Reçu chevalier de l'ordre de Saint-Louis, en février 1743.

Obtint du Roi d'Espagne un brevet particulier pour jouir des honneurs de grand d'Espagne, pendant la vie de son père, en avril 1744.

Eut du Roi la permission d'accepter cet honneur en mars 1745.

Brigadier des armées du Roi, mai 1746.

Gouverneur de la ville et du château de Bar pour le Roi de Pologne, duc de Lorraine, juin 1747.

Maréchal-de-camp, mai 1748.

Grand d'Espagne, à la mort de son père, le 11 mai 1754.

Grand-maître de la maison du duc de Lorraine, octobre 1756.

Gouverneur et bailli-d'épée de la ville et du château de Lunéville, en novembre suivant.

Nommé chevalier des ordres du Roi le 1er janvier 1757; reçu le 2 février.

Capitaine de la compagnie des gardes-du-corps, dont la charge était vacante par la mort du maréchal de Mirepoix, en novembre même année.

Lieutenant-général des armées du Roi, décembre 1758.

Depuis maréchal de France.

Mort en 1791.

De VALLIÈRE (*Joseph*, *chevalier*),

Volontaire au siège de Kell en 1733.

Commissaire extraordinaire de l'artillerie en mars 1734.

Lieutenant provincial de l'artillerie en 1735.

Commissaire provincial en octobre 1739.

Reçu chevalier de l'ordre de Saint-Louis le 1er mars 1743.

Lieutenant d'artillerie le même jour.

Brigadier des armées du Roi, mai 1744.

Inspecteur-général des écoles d'artillerie, et inspecteur du régiment Royal-artillerie et des manufactures d'armes, sur la démission de son père, en mars 1747.

Maréchal-de-camp, en septembre suivant.

Lieutenant-général des armées du Roi, mai 1748.

Gouverneur de Bergues, à la mort de son père, le 6 janvier 1759.

Commandeur de l'ordre de Saint-Louis en 1771.

Mort en 1776.

DE CHAUMONT (*Alexandre-Charles*, *comte*), fils du marquis de Chaumont, capitaine de vaisseaux du Roi, mort en 1710.

Enseigne aux Gardes-Françaises en 1706.

Sous-lieutenant, décembre 1707.

Lieutenant, mai 1709.

Capitaine, mars 1716.

Capitaine de grenadiers, juin 1729.

Brigadier des armées du Roi, février 1734.

Maréchal-de-camp, mars 1738.

Reçu chevalier de l'ordre de Saint-Louis en 17...

Commandeur le 6 mars 1743.

Mort en 1772.

TECHTERMANN (*Jean-Joseph-Nicolas*),

Cadet au régiment de Hessy-suisse en 1727.

Enseigne dans celui de Bettens en la même année.

Enseigne aux Gardes-Suisses, février 1730.

Sous-lieutenant, août 1733.

Aide-major, mai 1740.

Reçu chevalier de l'ordre de Saint-Louis le 10 mars 1743.

Obtint le rang de colonel d'infanterie en mars 1744.

Brigadier des armées du Roi, mai 1748.

Major du régiment des Gardes-Suisses, avril 1760.

Maréchal-de-camp, février 1761.

Mort à Fribourg en juin 1770.

SCHNEIDER de WARTENSÉE (*Charles-Joseph-Balthazar*),
  Capitaine aux Gardes-Suisses, avec rang de colonel.
  Reçu chevalier de l'ordre de Saint-Louis le 19 mars 1743.
  Brigadier des armées du Roi en 1762.
  Mort en 1783.

De SALIS (*Mathieu*),
  Premier lieutenant aux Gardes-Suisses, avec rang de colonel.
  Reçu chevalier de l'ordre de Saint-Louis au mois de mars 1743.

De NOAILLES (*Philippe*), *duc* de Mouchy, né le 7 décembre 1715,
  (Connu d'abord sous le nom de comte de Noailles).
  Gouverneur et capitaine des chasses de la ville, du château et des parcs de Versailles, Marly et dépendances en juin 1720.
  (Le duc de Noailles, son père, en eut l'exercice pendant sa minorité).
  Mousquetaire en 1729.
  Capitaine au régiment de Montrevel-cavalerie, mai 1731.
  Colonel d'un régiment d'infanterie de son nom (depuis Saint-Chamond, Rosen, etc.), mars 1734.
  Entré en jouissance du gouvernement de Versailles en 1740.
  Grand d'Espagne de la première classe, sur la démission de son père, par brevet du 20 janvier 1741, et par décret du Roi d'Espagne, du 8 février suivant.
  Chevalier de l'ordre de Malte, pour lui et ses fils aînés, à perpétuité, par substitution aux priviléges de la maison d'Arpajon (dont il épousait l'héritière), par bulle du 28 septembre de la même année.
  Brigadier des armées du Roi, février 1743.
  Reçu chevalier de l'ordre de Saint-Louis le 11 avril suivant.
  Maréchal-de-camp, mai 1744.
  Adjoint à son père dans son ambassade en Espagne en

1746. Il y reçut son diplome de grand d'Espagne sous la dénomination de duc de Mouchy.

Nommé chevalier de la Toison-d'Or le 27 mai suivant. Il en eut le collier des mains de M. le Dauphin le 12 juillet de la même année.

Lieutenant-général des armées du Roi, mai 1748.

Nommé grand'croix de l'ordre de Malte le 16 novembre 1750; reçu par l'ambassadeur de Malte le 15 janvier 1751.

Ambassadeur extraordinaire auprès du Roi de Sardaigne en août 1755.

Depuis chevalier des ordres du Roi, commandant en Guienne, et maréchal de France.

DE MONTCALM (*Louis-Joseph, marquis*), né le 28 février 1712,

Enseigne au régiment de Hainaut-infanterie en 1721.

Capitaine, août 1729.

Colonel du régiment d'infanterie d'Auxerrois, mars 1743.

Reçu chevalier de l'ordre de Saint-Louis le 21 avril suivant.

Brigadier des armées du Roi, mars 1747.

Mestre-de-camp d'un régiment de cavalerie de son nom à l'incorporation du sien dans celui de Flandre en 1749.

Nommé pour commander toutes les troupes en Canada, il fut fait maréchal-de-camp en mars 1756.

Il se démit de son régiment en faveur de son fils.

Il obtint les marques de commandeur de l'ordre de Saint-Louis le 4 mars 1757.

Lieutenant-général des armées du Roi, octobre 1758.

Mort au siége de Québec le 14 septembre 1759, à quatre heures du matin, d'une blessure qu'il avait reçue la veille. Ce malheur causa la perte de Québec, qui se rendit le 18 du même mois.

DE ROHAN (*Charles*), *prince* DE SOUBISE, né le 16 juillet 1715,

Mousquetaire en 1731.

Troisième guidon de la compagnie des gendarmes de la

garde, à la promotion du marquis de Lignerac à la place de second guidon, avec rang de mestre-de-camp de cavalerie en mai 1732.

Deuxième guidon, juillet 1733.

Capitaine-lieutenant, sur la démission du prince de Rohan son grand-père, qui en conserva le commandement pendant six ans, le 6 juillet 1734.

Gouverneur et lieutenant-général de Champagne et de Brie, aussi sur la démission du prince de Rohan, le même jour.

Brigadier de cavalerie, janvier 1740.

Reçu chevalier de l'ordre de Saint-Louis par le Roi le 15 avril 1743.

Maréchal-de-camp, mai même année.

Aide-de-camp du Roi, mai 1744.

Lieutenant-général des armées du Roi, janvier 1748.

Duc de Rohan-Rohan, à la mort du prince de Rohan, janvier 1749.

Gouverneur-général de la Flande et du Hainaut, gouverneur, chef et grand-bailli de Lille, à la mort du duc de Boufflers, septembre 1751.

Maréchal de France en octobre 1758.

Ministre d'état, février 1759.

Grand'croix de l'ordre de Saint-Louis le 28 février 1779.

Mort en 1787.

De DAMAS (le comte),

Lieutenant-colonel de brigade au corps des carabiniers, avec rang de mestre-de-camp.

Reçu chevalier de l'ordre de Saint-Louis le 16 avril 1743.

Depuis maréchal-de-camp.

FIN DU TOME SECOND.

www.ingramcontent.com/pod-product-compliance
Lightning Source LLC
Chambersburg PA
CBHW051827230426
43671CB00008B/866